普通高等教育应用技能型精品规划教材·会计系列

管理会计基础

理论·实务·案例·实训

徐 哲 李 贺 路 萍 编著

上海财经大学出版社

图书在版编目(CIP)数据

管理会计基础：理论·实务·案例·实训/徐哲,李贺,路萍编著.
—上海：上海财经大学出版社,2017.1
(普通高等教育应用技能型精品规划教材·会计系列)
ISBN 978-7-5642-2648-0/F·2648

Ⅰ.①管⋯　Ⅱ.①徐⋯　②李⋯　③路⋯　Ⅲ.①管理会计-高等学
校-教材　Ⅳ.①F234.3

中国版本图书馆 CIP 数据核字(2016)第 314595 号

□　责任编辑　汝　涛
□　封面设计　张克瑶

GUANLI KUAIJI JICHU

管理会计基础

理论·实务·案例·实训

徐　哲　李　贺　路　萍　编著

上海财经大学出版社出版发行
(上海市武东路 321 号乙　邮编 200434)
网　　址:http://www.sufep.com
电子邮箱:webmaster @ sufep.com
全国新华书店经销
上海叶大印务发展有限公司印刷装订
2017 年 1 月第 1 版　2017 年 1 月第 1 次印刷

787mm×1092mm　1/16　24 印张　614 千字
印数:0 001—4 000　定价:45.00 元

前　言

　　管理会计是一门以现代企业所处的社会经济环境为背景,密切联系现代会计的预测、决策、规划、控制、考核评价等职能,系统地介绍现代管理会计的基本理论、基本方法和实用操作技术的课程。同时,它也是一门理论性较强、计算内容较多的课程。通过对该课程的学习,使学生领会管理会计的精髓,掌握管理会计的基本理论和基本方法,学会各种分析方法的应用技能和技巧,不断提高分析问题和解决问题的能力。根据"项目引导、任务驱动、实操技能"的课程体系要求,我们组织了"双师型"教师凭借多年的管理会计实践和教学经验编写了这本最新的应用技能型精品规划教材——《管理会计基础:理论·实务·案例·实训》。

　　本书的编写本着通俗易懂又不乏深度的原则,不论是理论还是实务,都围绕着应用技能型高等教育人才培养目标和培养模式,以就业和创新创业为导向,以管理会计实际工作岗位为核心,按照高等教育学生的认知特点,让学生在完成具体项目、任务的过程中构建相关理论知识,并形成职业素养,培养职业能力。在内容上,本书结合了目前最新的理论动向和大量的实际案例,在表述上力求语言平实凝练,使得纯理论的内容变得生动、通俗易懂、层次分明;实务部分,萃选精华,深入浅出,使学生更容易掌握管理会计的最新知识。

　　全书共涵盖12个项目,48个任务。在结构安排上,尽可能考虑到财经类不同层次和专业的需求,每一个项目都有"知识目标"、"技能目标"、"素质目标"、"项目引例";内容上含有"知识精讲";课后编排了"关键术语"、"应知考核"(包括单项选择题、多项选择题、判断题、简述题和计算题)、"应会考核"(包括观念应用、技能应用和案例分析)、"项目实训"(包括实训项目、实训情境和实训任务)。这样使学生在学习每一项目内容时做到有的放矢,增强学习效果;应知和应会考核对学生所学知识的巩固加深大有裨益,同时案例、实训又使学生加深对管理会计理论与实务的理解,学会在实际工作中把基本的理论和实务应用技巧付诸实践。

　　根据培养普通高等教育应用技能型人才的需要,本书力求体现以下特色:

　　1. 结构合理,体系规范。本书针对高等教育财经类课程的特点,将内容庞杂的管理会计基础知识系统性地呈现出来,力求做到理论知识必需、够用,体系科学规范,内容简明实用,帮助学生为今后从事相关工作打下基础。

　　2. 内容求新,突出应用。本书从高等教育的教学规律出发,与实际接轨,介绍了最新的管理会计的理论知识和案例,在注重管理会计必要的理论同时,强调管理会计实务基本技能的应用;主要引导学生"学中做"和"做中学",一边学理论,一边将理论知识加以应用,实现理论和实训一体化。

　　3. 栏目丰富,形式生动。本书栏目形式丰富多样,每个项目设有知识目标、技能目标、素质目标、项目引例、知识精讲、应知考核、应会考核、项目实训等栏目,丰富了教材内容与知识体系,也为教师教学和学生更好地掌握知识内容提供了首尾呼应、层层递进的可操作性教学方法。

　　4. 课程资源,配套上网。为了配合课堂教学,我们设计制作教师课件、习题参考答案、课程教学大纲、配套习题、模拟试卷等,实现网上运行,充分发挥网络课程资源的作用,探索课堂教学和网络教育有机结合的新途径,需要者可登录 http://www.sufep.com"教学资源"中下载。

本教材由徐哲、李贺、路萍编著,其中,徐哲撰写项目一至项目四,李贺撰写项目五至项目八、项目十二,路萍撰写项目九至项目十一,最后由李贺总纂并定稿。本教材适用于高等教育和应用技能型教育层次的会计学、财务管理、审计、资产评估等财经类专业方向的学生使用,同时也可作为专升本层次学生考试的辅助教材。本书在编写过程中,参阅了参考文献中所涉及的教材和著作,同时得到了上海财经大学出版社的大力支持,谨此一并表示衷心的感谢! 由于编写时间仓促,加之编者水平有限,本书难免存在一些不足之处,恳请专家、学者批评指正,以便改进与完善。

编 者

2016 年 10 月

目　录

模块三　预测和决策分析

模块四　预算、控制、战略分析

模块一

管理会计总论

项目一　管理会计概述

【知识目标】

理解：管理会计的形成过程和发展历程；管理会计的概念、作用、组织。

熟知：会计信息处理流程；管理会计理论框架、假设与原则、目标与职能、方法。

掌握：管理会计的基本内容和程序、管理会计的基础理论、管理会计与财务会计的关系、管理会计信息质量特征。

【技能目标】

能够认知管理会计在现代社会中的作用，提高专业会计理论的应用能力、职业判断能力和相关知识的更新能力。

【素质目标】

能够结合企业实际情况，提高分析和总结能力、语言表达能力和与人合作的能力。

【项目引例】

管理会计观点剖析

兴瑞公司最近招聘了一名从财务会计工作转入管理会计工作的会计人员李强，他对管理会计知识不太了解。以下是他对管理会计的个人观点：

(1)管理会计与财务会计的工作方法基本是一样的，都是记账、算账和报账。

(2)管理会计与财务会计是截然分开的，它们在工作上无任何联系。

(3)管理会计报告要在会计期末以报表的形式上报。

(4)管理会计吸收了经济学、管理学和数学等方面的研究成果，在方法上灵活多样。

(5)管理会计与其说是会计，不如说是企业管理的定量化方法。

(6)评价一个投资方案的优劣要用到管理会计方法。

(7)管理会计服务于企业外部，受会计法规的约束。

(8)管理会计的职能主要是满足企业各项管理职能的需要。

(9)管理会计的信息质量特征与财务会计的信息质量特征完全不同。

(10)在提供管理会计信息时可以完全不用考虑成本效益原则。

(11)一个管理会计师可以将手中掌握的信息资料随意提供给他人。

(12)与财务会计相比，管理会计不能算是一个独立的职业，它的职业化发展受到限制。

【讨论】　在学习管理会计之前，你对管理会计的初步看法是怎样的？

任务一　管理会计的形成与发展

一、管理会计的形成过程

20世纪初至今,管理会计已经得到迅速发展,不论在理论层面还是实践领域都取得了重大突破。20世纪70年代,以标准成本为起点而形成的基础性管理会计(包括执行性管理会计和决策性管理会计)已趋于成熟并定型化。20世纪后期,管理会计为适应新经济发展的需要,出现许多新的研究领域,使管理会计研究从深度、广度上都得到了进一步的发展。纵观管理会计的发展历程,可将其划分为三个阶段:管理会计的形成阶段、管理会计的快速发展阶段和管理会计的创新阶段。

(一)管理会计的形成阶段(20世纪初至20世纪50年代)

20世纪初期,人类社会在经济和科学技术双重力量的推动下取得了长足的发展,股份公司作为一种企业组织形式逐渐占据了主导地位。由于股权分散,加之企业经营管理日趋复杂化和专业化,导致所有权和经营权明显分离。企业治理结构的改变使股东对企业经营信息的需要越来越迫切,促进了财务会计的发展,与此同时,管理会计开始逐渐从财务会计中分离出来。20世纪20年代,西方资本主义国家逐渐进入了工业经济时期,但企业管理依然固守着传统的经验管理方法,难以摆脱管理混乱、经营粗放、资源浪费严重等现象。为探索先进的科学管理技术和方法,1911年,泰勒(F. W. Taylor)出版了《科学管理原理》一书,用科学管理理论取代了传统的经验管理方法,开创了企业管理的新纪元。泰勒科学管理学说的核心是强调提高生产和工作效率,着重从时间、动作中的机械作业等角度探索多余动作的节省,从而使工人的操作规程更加科学、合理,最大限度地提高了劳动生产率。

为了配合泰勒科学管理学说的推广应用,会计领域相继出现了"标准成本"、"预算控制"、"差异分析"等概念。美国工程师哈里森(G. C. Harrison)在1918~1920年间相继出版了《新工业时代的成本会计》、《成本会计的科学基础》等著作,提出了标准成本的概念;1930年,哈里森在长期研究的基础上又出版了《标准成本》一书,建立了标准成本计量理论与方法,正式将标准成本纳入会计系统。同一时期,预算控制也被引入会计中来,通过预算与实际结果的对比,计算预算差异,明确各部门的经济责任,从而改进了企业的经营管理工作。1922年,麦金西(J. O. Mckinsey)出版的《预算控制论》一书成为美国最早的管理会计专著。简言之,20世纪20年代以泰勒科学管理学说为基础形成的会计信息系统要求企业把生产经营中一切可能避免的损失和浪费尽可能缩减到最低限度,在管理上实行"最完善的计算和监督制度",即通过制定标准成本,实行严格的预算控制,并在事后进行差异分析,这是会计学为配合泰勒制的实施在计算和监督方面所取得的最大进展,实现了事前计算、事中控制、事后分析的结合。

在"标准成本"与"预算控制"理论日趋完善的同时,理论界又相继出现了成本性态分析、变动成本法、弹性预算及保本分析等方法。1933年,诺伯尔(Noble)创建了保本分析方法;1934年,威廉姆斯(J. H. Williams)出版了《弹性预算:费用控制和经理的活动》一书,标志着弹性预算的诞生。20世纪40年代,随着"分权管理"模式的出现,会计界又提出了责任会计理论与方法。1952 年,国际会计师联合会正式通过了"管理会计"这一专用名词。1953 年,世界会计协会巴黎会议正式承认管理会计是一门独立的学科,至此管理会计正式形成。

综上所述,20 世纪初期至 20 世纪 50 年代为管理会计的形成阶段,以泰勒科学管理学说为基础,以"标准成本"、"预算控制"和"差异分析"为主体,在企业方针、政策等战略已经确定的前提下,解决如何提高生产效率和工作效率的问题,属于局部性、执行性管理会计(Execution Management Accounting)阶段。

(二)管理会计的快速发展阶段(20 世纪 50 年代至 20 世纪 80 年代初期)

20 世纪 50 年代以后,西方国家进入"二战"后调整时期,经济发展出现许多新的特点:产品生产周期缩短,更新换代速度加快;产品工艺和加工过程复杂化;生产专业化程度较高;企业规模日趋扩大,生产经营越来越复杂。上述变化对企业管理提出了挑战:一方面要求企业内部管理更加合理化、科学化;另一方面要求企业具有灵活的反应能力和高度的适应能力,避免在激烈的市场竞争中被淘汰。

在经济形势日趋复杂的条件下,泰勒科学管理学说的局限性暴露得越来越明显。首先,它把重点放在对生产过程的管理上,强调个别环节、个别方面的高度标准化,旨在提高生产和工作效率,而对企业全局、企业与外部关系很少考虑,很可能导致企业在激烈的竞争中失败。其次,泰勒科学管理学说忽略了人的主动性和积极性,把人看作是机器的奴隶。正因为如此,泰勒科学管理学说已不能适应经济发展和市场竞争的需要,被现代管理科学所取代是历史的必然。

现代管理科学拥有运筹学和行为科学两大支柱,可以在很大程度上克服泰勒科学管理学说的局限性,适应"二战"后经济发展的需要,因而在企业管理中得到广泛应用。现代管理科学为管理会计的快速发展奠定了理论基石,引导管理会计更加注重预测和决策,形成以"决策会计"和"执行会计"为主体、立足全局并以服务企业、提高经济效益为核心的现代管理会计。该阶段管理会计已超越执行性管理会计,与原有管理会计比较,不论是在广度上还是在深度上都是不可同日而语的。它在会计学基础上,吸收了管理学、经济学、行为科学等学科的研究成果,丰富和发展了会计的内容和职能,将事后核算延伸到事前预测、事中控制和事后评价。

20 世纪 50 年代至 80 年代初期,西方国家管理会计研究步入快速发展阶段。1958 年,美国会计学会明确提出管理会计的方法体系,包括标准成本、预算管理、盈亏临界点分析、差量分析、变动成本法等。20 世纪 60 年代,电子技术的发展造就了"业绩会计"和"决策会计",从而使管理会计的理论方法体系进一步确定。20 世纪 70 年代以后,卡普兰的(E. H. Caplan)《管理会计和行为科学》、霍普伍德(A. G. Hopwood)的《会计系统和管理行为》、霍格伦(C. T. Horngren)的《管理会计导论》等优秀作品相继问世,将管理会计研究推向了高潮。

(三)管理会计的创新阶段(20 世纪 80 年代中期至今)

20 世纪 80 年代中期以后,社会经济条件发生重大变革,科学技术迅猛发展,管理会计进入一个崭新的发展阶段,出现了许多新的研究领域。

20 世纪 80 年代,随着社会经济的快速发展,产品需求出现多样化和个性化趋势,迫使传统的批量生产模式逐步向柔性化生产模式转换。该时期科学技术进步使生产流程趋于自动化,数控机床、计算机辅助设计与制造、弹性制造系统等先进手段被广泛应用,为柔性化生产提供了技术保证。生产模式和生产条件的转变使适用于批量生产的传统成本计算方法失去了应用基础,一种新的成本计算方法——作业成本法应运而生。1988~1990 年,库珀和卡普兰(Robin Cooper & Robert Kaplan)连续在《成本管理杂志》上发表了多篇文章,探讨作业成本计算方法,开辟了产品成本计算的新纪元。伴随着作业成本法的应用,围绕价值链优化和价值增值而展开的作业管理理论与方法产生了,极大地推动了组织变革,提高了企业竞争力。

20世纪80年代,著名管理学家西蒙(Harbert Simen)首次提出了"战略管理会计"一词。之后,西方理论界对此进行了深入研究,指出不同企业战略所要求的管理会计侧重点应有所区别。迈尔斯和斯诺(Ray Miles & Charles Snow)依据企业对外部环境变化所持的不同战略,将企业分为防卫型、开拓型、分析型和被动型四类,之后波特(Michael Porter)在1980~1990年的10年间,先后出版了《竞争战略》《竞争优势》《国家竞争优势》等著作。在上述战略思想的影响下,战略与管理会计结合的速度加快,促进了战略管理会计的进一步发展。同期,卡普兰教授对作业成本法进行了完善与拓展,将决策型战略管理会计研究推向了更高的阶段。

1992年,卡普兰和诺顿(Robert Kaplan & David Norton)提出平衡计分卡,首次将非财务指标引入业绩计量体系中来,从财务、顾客、内部业务流程、学习与成长四个方面综合计量企业经营业绩。之后几年,卡普兰和诺顿对平衡计分卡的理论与应用不断探索,形成了比较完整的理论和方法体系,尤其是使用战略地图将企业目标与日常经营过程联系起来,进一步丰富了平衡计分卡理论。2001年,卡普兰将平衡计分卡的应用由商业企业拓展到非营利组织,使其应用领域更为宽阔。

此外,这一时期还出现了众多新的研究视角,如为适应技术经济条件变化而形成的质量成本会计、人力资源会计、资本成本会计、会计信息系统等;基于学科交叉渗透而形成的行为会计、信息资源会计、委托代理会计等;基于世界经济一体化和国际性经济竞争而形成的战略管理与战略管理会计、国际管理会计等。它们极大地丰富和发展了管理会计的内容,使管理会计研究进入一个更高的发展阶段。

二、我国管理会计的发展历程

20世纪70年代末至80年代初,我国会计界正式将西方管理会计理论与方法引入中国。我国管理会计理论研究虽然起步较晚,但长期的生产实践使我国积累了丰富的素材,如20世纪50年代的班组经济核算、60年代的指标分解和资金归口管理、80年代的经济责任制、90年代邯郸钢铁厂推行的成本否决等,为管理会计研究奠定了很好的实践基础。

我国执行性管理会计阶段始于新中国成立,止于20世纪80年代经济体制改革。这一阶段虽然没有明确提出"管理会计"这个名词,但其基本思想已经具备。当时我国生产力发展水平很低,整个国民经济实行高度集中化管理,产品生产处于供不应求状态,管理上不需要研究市场需求,不需要过问流通领域问题,基本上照搬苏联20世纪50年代僵化的经济管理体制,会计上采取一系列措施,为提高生产和工作效率服务,如编制月度财务收支计划、建立流动资金分级归口管理、推行以班组核算为基础的厂内经济核算等。

我国经济建设以中共十一届三中全会为重要历史转折,进入一个新的历史发展阶段。1984年,中共十二届三中全会通过的《中共中央关于经济体制改革的决定》,明确了我国经济是在公有制基础上的有计划的商品经济,要求企业经营面向市场,实现从"以产定销"向"以销定产"转变,企业工作重点从提高生产效率向提高经济效益转变,企业领导者的地位由消极被动的执行者向独立自主的决策者转变。1992年,邓小平"南方讲话"开启了市场经济的序幕,明确了市场机制对优化社会资源配置的基础性作用。在该讲话精神指导下,我国的社会主义经济开始了市场化运作,实行政、企分开,国家经济管理职能集中于研究大政方针、制定宏观发展规划和统一调解等方面,而企业的供、产、销和人、财、物由企业自行决定、自主决策,使企业生产经营由过去单纯的执行性管理向决策性管理转变。与生产经营的新环境、新条件相适应,管理会计由执行性管理会计向决策性管理会计(Decision Management Accounting)转化。

三、管理会计的概念

"管理会计"一词最早源于1952年伦敦国际会计师联合会(IFAC)年会。会计学界虽然正式提出了这一术语,但对管理会计的定义众说纷纭,有关个人和组织依据各自的理解,从不同角度进行了概括性的描述。

(一)狭义管理会计

20世纪80年代以前,国外会计学界一直从狭义的角度定义管理会计,认为它仅仅服务于企业内部经营管理。典型的观点有如下几种:

1958年,美国会计学会(AAA)下属的管理会计委员会所下的定义为:"管理会计是运用适当的技术和概念来处理某个主体历史的、预期的数据,帮助管理人员制订具有适当经济目标的计划,并以实现这些目标、做出合理的决策为目的。"

1966年,美国会计学会在《基本会计理论公报》中对管理会计重新进行了界定,认为:"管理会计是运用适当的技术和概念,对经济主体实际的经济数据和预计的经济数据进行加工处理,以帮助管理人员制定合理的经济目标,并为实现该目标而进行合理决策。"

1982年,美国会计学者罗伯特(Robert)在《现代管理会计》一书中将管理会计定义为:"管理会计是一种收集、分类、总结、分析和报告信息的系统,有助于管理人员进行决策和控制。"

1988年,国际会计师联合会所属的常设分会财务和管理会计委员会所下的定义为:"管理会计是在一个组织内部,对管理人员用于规划、评价与控制的信息(财务的和经营的)进行确认、计量、积累、分析、处理、解释和传输的过程,以确保其资源的利用并对它们承担经营责任。"

20世纪70年代,管理会计被引入中国。我国会计学者基本上从狭义角度提出了管理会计的定义,比较有代表性的观点有如下三种:

汪家佑教授认为:"管理会计是西方企业为了加强内部经营管理,实现利润最大化,灵活运用多种多样的方式方法,收集、加工和阐明管理人员的计划和有效控制经济过程所需的信息,围绕成本、利润、资本三个中心,分析过去、控制现在、规划未来的一个会计分支。"

温坤教授认为:"管理会计是企业会计的一个分支。它运用一系列专门的方法来收集、分类、汇总、分析和报告各种经济信息,借以进行预测和决策,对经营业务进行控制,并对业绩进行评价,以保证企业改善经营管理,提高经济效益。"

李天民教授将管理会计定义为:"管理会计主要是通过一系列的专门方法,利用财务会计、统计及其他有关资料进行整理、计算、对比和分析,使企业内部各级管理人员能据以对整个企业及其各个责任单位的经济活动进行规划、控制与评价,并帮助企业领导做出各种专门决策的一整套信息处理系统。"

(二)广义管理会计

20世纪80年代以后,管理会计的服务范围逐步拓宽,由原来的企业内部扩展到股东、债权人、政府税务机关等多个利益相关者,出现了广义的管理会计概念。

1981年,全美会计师协会(NAA)下设的管理会计实务委员会发布的管理会计公告《MA1A:管理会计的定义》将管理会计界定为:"管理会计是向企业管理人员提供关于企业内部计划、评价、控制以及确保企业资源合理使用和经营责任履行所需财务信息的确认、计量、归集、分析、编报、解释和传递过程。管理会计还包括为诸如股东、债权人、规章制定机构及税务当局等非管理集团编制财务报告。"

1982年,英国成本和管理会计师协会指出:"管理会计是为管理人员提供所需信息的那一部分会计工作,使管理人员得以确定方针政策,对企业各项活动进行计划和控制,保护财产安全,向企业外部人员(股东等)和员工反映财务状况,对各个行动备选方案做出决策。"

本书将管理会计的基本概念概括为:管理会计是以加强企业经营管理、提高经济效益为目的,以企业经营活动为对象,通过对经营信息的加工和利用,实现对经营过程的预测、决策、规划、控制、考核和评价等职能的一个会计分支。

正确研究和理解管理会计应注意以下四点:

(1)从属性上看,管理会计属于管理学中会计学科的边缘学科,是以提高经济效益为最终目的的会计信息处理系统。

(2)从范围上看,管理会计既为企业管理人员的管理目标服务,也为股东、债权人、规章制度制定机构及税务局甚至国家行政机关等非管理集团服务。

(3)从内容上看,管理会计既要研究传统管理会计所要研究的问题,也要研究管理会计的新领域、新方法。

(4)从目的上看,管理会计运用一系列专门的方法,为管理和决策提供信息。

四、管理会计的特点

管理会计从财务会计中分离出来以后,形成了与财务会计并列的独立学科。与财务会计相比,管理会计具有以下特点:

(1)规划未来、控制现在是管理会计的本质特点。管理会计的基本点是面向未来,它以决策会计为主体,以未来尚未发生的会计事项为主要对象,帮助各级管理人员规划未来,为最优化决策提供信息。

(2)侧重于为企业内部的经营管理服务。由于服务的目的与财务会计不同,管理会计侧重以灵活多样的方式,为管理人员提供有用的信息,为决策服务。

(3)数学方法得到广泛的应用。财务会计一般只涉及初等数学,并且应用范围也很小。而管理会计为了适应现代化管理的需要,越来越多地采用现代化数学方法,如回归分析、线性规划、概率论等,用来解决比较复杂的经济问题。

(4)方式方法灵活多样,不受"公认会计准则的约束"。

(5)兼顾生产经营的全局和局部两个方面。

(6)不过分强调数据的精确性。只要数据能满足计算要求就行,不需要非常精确。

(7)不以货币为唯一计量单位,重视非货币计量的数据。

五、管理会计的作用

管理会计在现代企业管理中的作用,主要体现在以下三个方面。

(一)提供管理信息

现代企业生产经营活动需要大量的经济信息,不仅需要财务会计提供的财务成本、经营情况等方面的信息,还需要能适应企业内部管理的各种管理信息。这些管理信息既包括经过进一步加工后的财务信息,也包括大量具有特定形式和内容的非财务信息,如实际的和预期的、历史的和未来的、局部的和全局的、技术的和经济的等。管理会计信息系统就是为了满足特定的管理目标,通过输入数据并予以处理,转换成可以满足企业管理要求的输出信息。这些信息包括特殊报告、产品成本、顾客成本、预算、业绩报告，甚至还有人员之间的沟通等，以满足管理人员进行预测、决策、计划、控制等各项工作所需要的管理信息。

（二）直接参与决策

决策是现代企业经营管理的核心。决策过程是管理人员选择和决定未来经营活动方案的过程。只有正确地进行各种决策，企业才能实现未来生产经营的最优化运转。不过，要制定正确的决策，不仅需要及时获取管理信息，更需要对管理信息进行科学的加工和有效的运用。管理会计不是消极被动地提供管理信息，而是充分地利用其所掌握的丰富资料，严密地进行定量分析，积极、有效地帮助管理人员进行计划和决策，从而提高决策的科学性。特别是管理会计几乎涉及企业生产经营的整个过程和所有领域，因此，它不仅参与企业全局、战略性的决策计划，还参与企业内部各有关职能部门各种具体的决策计划。管理会计在提出和评价决策方案，帮助企业各级管理层做出正确的决策时，实际上也置身于决策计划过程，直接参与了企业的经营管理活动。

（三）实行业绩考评

为了确保预定目标的实现，必须对生产经营的过程和结果进行严密的跟踪和监控，将反映企业经营目标完成情况和经营计划执行过程的实际情况与实现目标、计划的预算进行对比分析和检查考核。为此，就要进行指标分解，形成各个"责任中心"的责任预算，使它们各自的目标、任务，以责任预算所规定的指标作为开展日常经营活动的准绳。各个责任中心在日常经营过程中，对预算的执行情况进行系统的记录和计量，将实际完成情况和预定目标进行对比，评价和考核各个责任中心及其有关人员的工作成果，通过信息反馈，及时对企业生产经营的各个方面充分发挥制约和促进作用。可见，实施业绩考评是保证生产经营活动得以按最优化原则进行的重要手段，也是衡量和控制决策、计划的实际执行，进而最终实现预定经营目标的可靠保证。

六、管理会计的组织

管理会计是现代企业组织机构中的重要组成部分。在西方发达国家的企业中，掌握公司所有权的股东一般是通过股东大会选出董事会，并将企业的经营管理权委托给董事会。在董事会中负主要责任的是董事长，负责监督总经理对整个公司的经营管理。

在总经理之下，设有人事、工程、财务、生产与销售等主要管理部门，分别由各相应部门的副总经理负责。财务副总经理领导下的两个部门，分别由总会计师与财务主任负责。总会计师负责财务会计、管理会计、税务、审计等业务，其中管理会计主要负责预测、决策和预算控制等工作。财务主任负责财务方面的决策，主持日常财务工作，如企业筹集资金、评价与选择投资方案、与金融部门和债权人交往、处理企业的投资和保险等业务。

目前，为了强化大中型企业的经营管理，提高经济效益，可在总会计师领导下，设置专门小组从事预测前景、参与决策、规划未来、控制和评价企业经济活动等管理会计工作。

由于总会计师主管的范围涵盖了财务会计和管理会计的所有方面，总会计师与企业最高领导——总经理的关系，正如美国斯坦福大学教授霍恩格伦所述："相当于船舶上的领航员与船长的关系。"这种比喻是非常形象的，因为没有领航员，船舶可能失去目标，但船舶的航行仍需船长发布命令，领航员只能依靠自己的知识和经验通知船长应怎样航行，才能不偏离航线。总之，总会计师在企业中起着参谋长的作用。

任务二 管理会计的基本内容、程序和职能

一、管理会计的基本内容

管理会计的基本内容是指与管理会计职能相适应的工作内容。根据前述的管理会计职能,可以把管理会计的基本内容大致归纳为两个方面,即"规划与决策会计"和"控制与业绩评价会计"。

(一)规划与决策会计

规划与决策会计是管理会计系统中为企业管理人员规划未来的生产经营活动服务的子系统,是为企业管理人员预测前景、参与决策和规划未来服务的。具体包括以下内容:

1. 经营预测

经营预测是指利用财务会计信息和其他相关信息,在调查研究和综合判断的基础上,对企业未来一定期间的生产经营活动进行科学的预测分析,为投资决策和经营决策提供依据。它一般包括销售预测、成本预测、利润预测和资金预测等。

2. 短期经营决策

短期经营决策是指根据企业经营目标,为了有效组织企业日常生产经营活动,合理利用经济资源,获取最佳的经济效益而进行的决策分析,为决策者提供可行性方案。它一般包括生产决策、存货决策和定价决策等。

3. 长期投资决策

长期投资决策是指在合理确定预期投资报酬水平、充分考虑资金时间价值和投资风险价值的基础上,为有效组织企业长期的、资本性投资而进行的决策分析,为决策者提供可行性方案。它一般包括固定资产投资决策、固定资产更新决策和无形资产投资决策等。

4. 全面预算

全面预算是指把通过预测、决策所确定的目标和任务,用数量和表格的形式进行表达和分解。它一般包括业务预算、专门预算和财务预算三大类。

(二)控制与业绩评价会计

控制与业绩评价会计是管理会计系统中为企业管理人员分析、评价和控制过去、现在和未来的生产经营活动服务的子系统。其内容包括:

1. 成本控制

根据成本预测、成本预算以及标准成本所确定的目标和任务,对生产经营过程中所发生的各项耗费和相应的降低成本措施的执行情况进行指导、监督、调节和干预,以完成成本目标和成本预算。

2. 责任会计

责任会计是指在分权管理的条件下,为适应责权利统一的要求,在企业内部建立若干层次的责任中心,并对其分工负责的经济活动进行规划、控制、评价的一种控制系统。它一般包括划分责任单位、编制责任预算、办理责任结算、实行责任控制和考评等环节。

应该指出,管理会计上述两个方面的内容并不是相互孤立,而是紧密联系的。规划与决策

会计阶段所形成的全面预算和责任预算,既是最终工作成果,又是以后阶段控制经济活动的依据,同时也是对责任单位进行业绩考评的标准。责任会计是管理会计两大部分的"结合部",它将两者联系在一起:划分责任单位、编制责任预算等属于规划与决策会计的内容;而日常核算、定期业绩报告、差异分析、实施反馈控制和业绩评价等则属于控制与业绩评价会计的内容。

二、管理会计的一般程序

管理会计是为企业管理服务的,因此,要说明管理会计的一般程序,首先应该明确企业管理的程序。

(一)企业管理循环

在企业管理实践中,通常把管理程序分为"规划"和"控制"两大部分,每一部分又可具体分成几个步骤,这些步骤周而复始地循环,因此也称为"企业管理循环"。具体包括以下六个步骤。

1. 判断情况

管理人员的重要任务之一就是正确分析和判断企业所处的内外部环境,充分占有企业经营活动的基本信息。只有科学、准确地把握企业的环境特征,才能形成正确的企业战略和经营目标。

2. 形成决策

根据环境判断的结果,对企业的经营目标、经营政策和具体措施进行科学的决策。这是管理的核心环节。

3. 合理组织

根据设定的经营目标,通过合理途径将企业的人力、财力、物力、信息、时间和空间等资源,以及生产经营活动中的供应、生产、销售、运输等环节进行有效的组织,力求以最小的劳动消耗和资金占用获得最大的经济效益。

4. 实际执行

根据经营目标、经营计划以及合理组织的要求,实施各项经济活动。

5. 监督指导

按照经营目标和经营计划,对实际执行情况进行监督和指导,发现问题应及时加以干预,以保证预期目标的实现。

6. 衡量业绩

对照经营目标和计划,对各单位、各部门经济活动的业绩进行评价、考核,从效率、效益角度考查经营目标、计划的实现程度。其衡量结果与下一轮的"判断情况"衔接起来,为下一期制订、修订经营目标、计划和措施提供依据,如图1—1所示。

(二)管理会计循环

管理会计既是会计与管理相结合的产物,又直接服务于企业管理。因此,企业管理的一般程序与步骤要求管理会计与之相配合,管理会计的相应程序也就构成了"管理会计循环"。具体包括以下六个步骤。

1. 财务报表分析

财务报表是根据公认会计原则(GAAP),采用统一、规范的语言反映企业一定时点的财务状况和一定时期的财务成果及现金流量情况,一般能够集中、客观地反映企业经济活动的历史信息。这些信息不仅满足外部报表使用者了解企业经营情况和财务状况的需要,也可以帮助

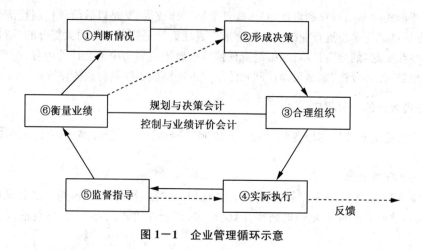

图1-1 企业管理循环示意

企业管理人员有效地进行企业经营状况和发展能力的分析与判断。

2. 预测、决策和编制全面预算

企业管理会面临日常生产经营决策和长期投资决策问题,管理会计可通过采用多种专门的预测分析和决策分析方法及技术,帮助企业决策者在若干备选方案中进行择优,然后通过编制全面预算,把预测、决策过程中确定的目标和任务用表格与数量形式进行反映。

3. 建立责任会计系统

根据企业性质和特点,在企业内部划分若干责任中心,按照责权利相结合的原则和激励约束原理,构建责任会计系统,把全面预算确定的综合指标进行分解,然后落实到各个责任单位,再根据预算标准对责任单位的业绩进行考核和评价。

4. 计量和定期编制业绩报告

采用标准成本制度和变动成本法,对全面预算和责任预算的执行情况进行跟踪、计量和记录,定期编制业绩报告。

5. 调节控制经济活动

根据各责任单位编制的业绩报告提供的实际数与预算数进行对比,若发现偏离了原定的目标和要求,应及时反馈给有关责任单位,以便调节和控制其经济活动。

6. 差异分析

根据业绩报告找出偏差发生的原因,并用以评价和考核各责任单位的工作业绩;根据分析,指出成绩与问题,并用以奖优罚劣;同时,还应向企业管理人员提出改进建议,以便结合下一轮的财务报表分析,为以后的预测分析、决策分析和预算编制提供依据。

管理会计循环如图1-2所示。

三、管理会计的职能

管理会计的职能主要包括:①组织职能,主要表现为根据企业的实际情况,设计并制订合理、有效的责任会计制度和各项具体会计工作的处理程序。②规划职能,主要是通过编制各种预算与规划确定的。③控制职能,主要表现为在企业中管理会计履行着控制经济过程的作用。④评价职能,主要表现为评价与考核企业的经营业绩。

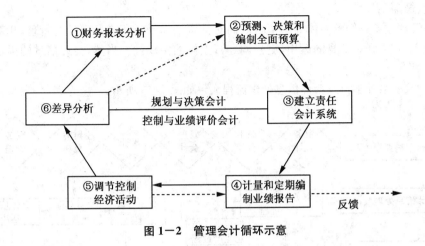

图 1—2　管理会计循环示意

任务三　管理会计的基础理论

一、管理会计在会计学科体系中的位置

在我国现有的会计教育中,对于管理会计的定位,特别是对其与财务会计、成本会计、财务管理等课程之间的关系处理得不够清楚,反映为相关教材内容雷同部分过多、教学进程时有脱节或重复、学生在学习过程中方向感不强等方面。要解决这些问题,首先应对会计学科有个全景式的视野与把握,然后分清这些课程各自的使命与职能,才可能把各自的位置界定得较为清楚。

（一）会计信息处理流程

一讲到会计,很多会计人就会条件反射式地浮现出"原始凭证—记账凭证—账簿—会计报表"这个处理流程。严格来说,这个标准化的流程是指狭义的会计,即财务会计的信息处理过程。站在会计学科体系或者微观经济单位对会计学科的需求层面看,这显然是不够的。

首先,会计主体在生产、经营、管理过程或活动中对会计信息的需求决定了,除了以上标准化过程所提供的财务会计信息以外,还需要许多也许是非标准化的会计信息及其处理过程。比如,根据销售预测来判断某种产品的定价及其产生的收益状况,根据某种商品的商业寿命周期来统筹分析各阶段的成本与收益状况等。这实际上就是管理会计信息及其处理过程。

包括会计报表在内的会计信息形成后,其真实性如何呢? 这就产生了对审计的需要。当然,不同类型的审计所针对的会计信息的范围是大有差异的。一般而论,独立审计所针对的是被众多利益相关者共同需要的、可称为公共信息产品的财务会计信息;而内部审计还应把只为会计主体经营管理决策与执行服务的管理会计信息包括进来。

会计信息(包括会计报表)的真实性得到一定保证之后,对它的分析与运用才有更加可以信任的基础,这就产生了财务(报表)分析,其基本目的就是帮助各利益相关者更好、更清楚、更有针对性地理解这些信息。当然,为不同利益相关者服务的财务分析在范围、深度、价值等方面大相径庭,为经营管理与执行而进行的财务分析所涉及的会计信息理应最广泛,展开的分析应最全面、最深刻。

财务管理主要是经营主体为增值目的而对其资金运动过程进行调控与管理,相对于会计类课程而言,它更强调信息的运用,更强调经营主体的主动性。当然,会计信息的提供是它的基础性支撑。

综上所述,会计学科及会计信息处理流程大致如图1—3所示。

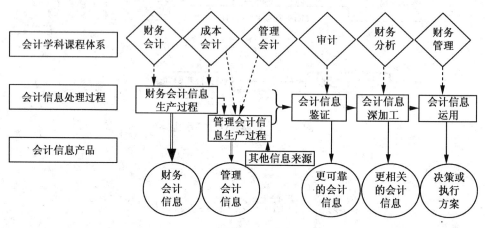

图1—3 会计学科及信息处理流程

(二)管理会计理论框架

管理会计理论框架是管理会计诸多理论要素及其相互联系的逻辑系统。迄今为止,理论界对此问题尚未达成一致意见,比较有代表性的观点有如下几种。

管理会计委员会提出的管理会计基本框架包括:管理会计目标、术语、概念、惯例、方法及会计活动管理等。

陈今池在《西方现代会计理论》一书中提出,管理会计框架包括:①管理会计目标;②管理会计概念;③管理会计特征;④管理会计技术。

宋献中在《中国管理会计——透视与展望》中指出,管理会计理论框架包括:①管理会计理论和方法基础;②管理会计本质;③管理会计目标;④管理会计对象;⑤管理会计基本要素,包括收入、成本、损益、现金流量等;⑥管理会计基本特征。

孟焰在《西方现代管理会计的发展及对我国的启示》中提出管理会计框架,包括:①管理会计目标;②管理会计对象;③管理会计假设;④管理会计本质;⑤管理会计要素;⑥管理会计特征;⑦管理会计方法体系。

孙茂竹在《管理会计的理论思考与架构》一书中明确管理会计框架包括:①管理会计假设;②管理会计对象;③管理会计目标;④管理会计信息质量特征;⑤管理会计职责;⑥管理会计重要活动。

综合各家观点,本书提出一个以基础理论为基石、以程序和方法为支撑,包括基础理论、成本归集与计算、预测与决策、控制与评价四大模块的管理会计框架体系(见图1—4)。其中,基础理论模块包括管理会计概念、假设与原则、目标职能与方法、信息质量特征等;成本归集与计算模块包括品种成本计算、分步成本计算、分批成本计算和作业成本计算;预测与决策模块包括本量利分析、预测分析、短期经营决策和长期投资决策;控制与评价模块包括全面预算管理、责任会计、成本控制、业绩评价与激励。

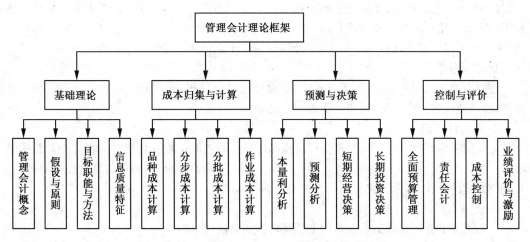

图1-4 管理会计理论框架

二、管理会计假设与原则

近年来,美国会计学会在对管理会计进行规范研究时,参照财务会计基本概念框架结构,提出管理会计假设与原则。各国学者对此展开研究,至今尚无统一定论。

(一)管理会计假设

管理会计假设是决定管理会计运行的基本前提,用于界定管理会计工作的时间和空间范围、统一管理会计操作方法和程序,是组织管理会计工作不可缺少的前提条件。管理会计假设包括如下四个方面。

1. 多层主体假设

该假设规定了管理会计工作对象的基本活动空间。管理会计侧重服务于企业内部,解决预测、决策、规划控制和业绩评价问题,其核算主体为企业内部的各个责任中心,包括企业整体、分公司(分厂)、车间、班组等,体现出研究主体的多层次性。

2. 理性行为假设

该假设包括两层概念:首先,管理会计在预测、决策、规划控制和业绩评价过程中,常常面临程序和方法的选择问题,不同程序和方法对工作结果会产生一定程度的影响,因此该假设假定人们在履行管理会计职能时,能够采取理性行为,自觉按照科学程序与方法行事;其次,该假设假定管理会计目标的提出完全出于理性考虑,从客观实际出发。

3. 合理分期假设

该假设也称灵活分期假设,是对管理会计对象在时间上所作的限定,即将企业持续不断的经营、筹资和投资活动划分为一定的区间段。会计分期的时间跨度不受年度、季度和月份约束,应根据企业实际需要,灵活分期并编制内部报告。

4. 充分占有信息假设

该假设假定人们在行使管理会计职能时,充分占有企业内外部相关信息,包括价值量信息和非价值量信息,并能满足现代信息处理技术的要求。

(二)管理会计原则

美国会计学会沿用财务会计原则框架,将管理会计原则概括为相关性原则、可靠性原则、一贯性原则、客观性原则、及时性原则、可理解性原则、重要性原则、效益大于成本原则和激励原则。本书采用冯巧根教授的观点,将管理会计原则归纳为六个方面:最优化原则、效益性原则、决策有用性原则、及时性原则、重要性原则和灵活性原则,下面分别加以说明。

1. 最优化原则

该原则要求人们在预测、决策工作中,按照优化设计思想,组织数据的收集、筛选、加工和处理,提供最优的管理信息,制定最优的管理决策。

2. 效益性原则

该原则有两层概念:第一,管理会计提供的信息必须能够体现管理会计为提高企业总体经济效益服务的要求;第二,管理会计活动必须坚持成本—效益原则,不论是信息收集与处理,还是决策方案的选择,其预期收益必须大于成本。

3. 决策有用性原则

该原则要求管理会计信息在质量上必须符合相关性和可信性要求。相关信息必须是决策有用的信息,有助于管理人员评价过去的决策,证实或修正过去的有关预测,因而具有反馈价值;相关信息还应具有预测价值,有助于管理人员预测未来的经营状况。可信性包括可靠性和可理解性两层概念,前者是指管理会计提供的信息误差必须在可接受的范围内,后者是指管理会计信息应清晰明了,不会导致决策者产生误解。

4. 及时性原则

该原则用于规范管理会计信息提供时间要求。及时的会计信息应在最短时间内,完成数据的收集、处理和传递工作。

5. 重要性原则

该原则要求人们在处理管理事项时,主次分明,重点突出。对关键会计事项应重点处理,对次要事项可简化处理。需要强调的是,遵循重要性原则必须兼顾效益性原则、决策有用性原则和及时性原则要求。

6. 灵活性原则

管理会计涉及的业务类型繁多,不同业务需要采用不同的处理程序和方法,因此管理会计信息处理不可能采用统一模式,应根据需要选择灵活多样的方法,提供多样化的管理信息。

三、管理会计目标与职能

(一)管理会计目标

管理会计目标是指在一定的经营环境下,管理会计活动要达到的目的和预期效果。管理会计目标的确定需要考虑两个因素:社会需求和实现的可能性。任何社会实践活动的预期效果都是由"需求"转化而来的,管理会计目标也不例外。但管理会计的社会需求并不一定都能转化为管理会计目标,只有经过管理会计特征"过滤"后的需求才有可能由管理会计来实现,成为管理会计目标。可见,管理会计目标是由需求和可能两个因素共同决定的。

管理会计目标包括总目标和具体目标两个层次。管理会计总目标是提高企业经济效益,实现最大的价值增值。而对于管理会计具体目标,理论界众说纷纭,代表性的观点有如下两种。

一是 1966 年,美国会计学会在《基本会计理论》中指出,管理会计目标是为管理人员服务,帮助管理人员制定合理的经济目标,并为实现该目标进行合理决策。

二是 1986 年,全美会计师协会下设的管理会计实务委员会在《管理会计公告:管理会计的目标》中明确规定,管理会计应实现两个具体目标:①为管理和决策提供信息。管理会计应向各级管理人员提供以下经选择和加工的信息：与计划、评价和控制企业经营活动有关的各类信息，包括历史信息和未来信息；与维护企业资产安全、完整及资源有效利用有关的各类信息；与股东、债权人及其他企业外部利益相关者的决策有关的信息。②参与企业经营管理。

（二）管理会计职能

现代企业管理具有预测、决策、规划、控制和业绩评价五项职能。与此相对应，管理会计的职能可以概括为以下五个方面。

1. 预测经济前景

预测是在经济业务发生之前预先进行的测算。管理会计依据过去和现在的会计资料，采用定量计算或定性分析的方法，推测未来经济业务（包括销售、利润、资金、成本等）的发展趋势以及企业的财务状况、经营成果、现金流量等，为企业内部经营管理决策提供可靠的信息。

2. 参与经济决策

在充分考虑各种可能的前提下，按照"成本—效益"原则要求，选择一定的程序和方法对管理问题做出科学的决策，包括收集和整理相关的信息资料、提出各种可行的备选方案、选择科学的决策方法、做出正确的财务评价、筛选出最优的行动方案等。

3. 规划经济目标

规划是通过事先规定目标和拟定方法确保实际进程按照预定目标完成的过程。规划经济目标要求管理会计提供的数据信息有助于企业制订长短期计划，如通过全面预算将有关经济目标分解落实到各有关预算中去，通过编制责任预算，合理、有效地组织和协调企业经营链条上的各个环节，处理好供、产、销及人、财、物之间的关系。

4. 控制经济过程

控制经济过程是指控制企业经济活动，使之按决策预定的轨道执行。例如，企业目前广泛采用的全面预算系统，集中反映企业在一定时期内要完成的总目标和总任务。为保障总目标和总任务的实现，必须将总预算指标层层分解，落实到各个责任中心，并以其作为日常经营活动的准绳，加强记录和计算，通过实际指标与预算指标的对比分析，评价考核各个责任中心业绩，保证日常控制发挥制约和促进作用。

5. 评价经营业绩

评价经营业绩是通过建立责任会计制度来实现的。各部门和人员在明确各自职责的基础上，通过实际业绩与预算标准的对比分析，逐级考核责任指标的完成情况，为奖优罚劣激励制度的执行提供依据。

四、管理会计方法

（一）成本性态分析法

成本性态分析法根据成本与业务量之间的依存关系，将成本划分为固定成本和变动成本，研究成本性态与各种成本之间的关系，努力寻找一条科学管理成本的途径。

（二）本量利分析法

本量利分析法研究成本、业务量、利润三者之间的依存关系，其理论依据是成本性态及变动成本法，主要包括损益平衡分析、目标利润条件下的销售预测分析、利润影响因素的敏感性分析等，其核心是确定"盈亏平衡点"，从动态上把握有关因素变动对利润产生的规律性影响。

（三）边际分析法

边际分析法是增量分析的一种形式，利用边际收入与边际成本的概念来确定生产经营最优目标,使企业管理部门掌握有关变量之间的规律性联系,从而采取有效措施,实现有关因素的最优组合,最大限度地提高企业经济效益。

(四)成本—效益分析法

成本—效益分析法是短期经营决策分析评价的基本方法。决策中会涉及许多成本概念,如差量成本、边际成本、机会成本等。通过比较成本与效益,计算各个备选方案的净收益,从而确定最优方案。

(五)折现的现金流量法

折现的现金流量法是长期投资决策常用的一种分析方法。在进行项目可行性研究时,首先要估测现金流量,并将其折现进行比较,确定方案优劣。该方法具体可演变为净现值法、内含报酬率法、现值指数法等多种形式。

任务四　管理会计与财务会计的关系

一、管理会计与财务会计的联系

(一)起源相同

管理会计与财务会计两者源于同一母体,都是由传统会计孕育、发展而来的,都属于现代会计,共同构成了现代会计系统的有机整体,两者相互依存、相互制约、相互补充。

(二)目标相同

尽管管理会计与财务会计分别对企业内部与外部提供信息,但最终目标都是使企业能够获得最大利润,提高经济效益。

(三)基本信息同源

管理会计所使用的信息尽管广泛多样,但基本信息来源于财务会计,有的是财务会计资料的直接使用,有的则是财务会计资料的调整和延伸。

(四)服务对象交叉

虽然管理会计与财务会计有内外之分,但服务对象并不严格、唯一,在许多情况下,管理会计的信息可以为外部利益集团所利用(如盈利预测),财务会计信息对企业内部决策也至关重要。

管理会计与财务会计的联系如图1-5所示。

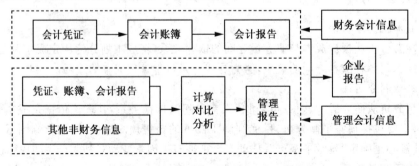

图1-5　管理会计与财务会计的关系

二、管理会计与财务会计的区别

（一）会计主体不同

管理会计主要以企业、车间、班组或个人等各个责任单位为对象，并对它们的日常业绩进行控制、评价与考核；财务会计主要以整个企业为主体，以整个企业为对象，综合评价与考核企业财务状况和经营成果。

（二）服务对象不同

管理会计侧重为企业内部管理人员服务。管理会计人员向企业内部管理人员提供有关经济信息，以帮助他们正确确定经营目标，制定经营决策，编制计划预算，实施控制考核，以提高企业的管理水平和经济效益，因此管理会计被称为"内部会计"。财务会计虽然对内、对外都能提供有关企业最基本的财务成本信息，但主要是侧重为企业外部团体或个人服务，它是"外部会计"。

（三）工作重点不同

管理会计的工作重点在于为企业内部各级管理人员提供所需的会计信息资料，它不仅反映过去，更侧重于利用历史资料来预测前景、参与决策、规划未来、控制和评价企业的一切经济活动；财务会计的工作重点在于向企业外部的投资者和债权人全面、公允地报告企业的财务状况和经营成果，并根据日常的记录，定期编制财务会计报告。

（四）核算方法和程序不同

1. 核算方法不同

财务会计采用货币为统一计量单位，核算时往往只需要运用简单的算术方法。其选择的会计方法比较稳定，为了避免由于轻易变动会计方法而影响某些相关者的利益，或以变动会计方法为手段去谋求某些相关者的利益而侵害其他相关者的利益，各国的会计准则均规定，财务会计选用某种会计方法后，一般不得轻易变动。如确有改动的必要而变动会计方法时，一般需要在会计报表中作出说明。而管理会计采用多种计量单位，核算时运用多种现代数学核算方法，大量运用运筹学和计算机等现代手段。管理会计方法灵活多样，如本量利分析、标准成本计算、预算管理、边际分析、责任会计等，对不同的问题进行分析处理，即使对相同的问题也可根据需要和可能而采用不同的方法，它不拘泥于固有的会计程序或规范，不受月、季、年的限制，可应管理工作之需，在任何期间编制有关管理会计报表，甚至编制未来某一期间的有关报表。

2. 核算程序不同

财务会计的核算程序是固定的，凭证、账簿、报表等都有规定的格式和种类，从制作凭证到登记账簿，直至编报财务报告，都必须按规定的程序处理，不得随意变更其工作内容或颠倒工作顺序。而管理会计核算的程序性较差，没有固定的程序可以遵循，可以自由选择，所用报表可自行设计，没有规定的格式和种类，有较大的回旋余地，企业可根据自己实际情况设计管理会计工作的流程。

（五）作用时效不同

财务会计实质上属于算"呆账"的"报账型会计"。财务会计的作用时效主要在于反映过去，记录和总结企业经营状况，对财务报表进行制作、报告和审计。管理会计实质上属于算"活账"的"经营型会计"。所谓算"活账"，是指管理会计把面向未来的作用时效摆在第一位，在财务报表的基础上进行大量的分析和比较，履行预算、决策、规划、控制和考核的职能。所谓"经营型会计"，是指管理会计在分析过去的基础上能动地利用财务会计的资料进行预测和规划未来,同时控制现在和分析过去是为了控制现在和更好地指导未来,从而横跨过去、现在、未来三个时态。

(六)信息披露法律责任不同

管理会计提供的报告是非正式报告,不需要定期编制,只在需要时编制;一般没有统一格式,不要求绝对准确,不需要承担法律责任。财务会计提供的报告是正式报告,必须定期编制;具有固定格式,要求绝对准确,需要承担法律责任。

(七)对会计人员素质的要求不同

管理会计的方法灵活多样,又没有固定的工作程序可以遵循,其涉及的内容多而且比较复杂,要求从事这项工作的人员必须具备较宽的知识面和果断的应变能力,同时具备较强的分析问题、解决问题的能力。财务会计工作则需要基础知识比较扎实、操作能力强、工作细致的专业人才来承担。

如表1—1所示,进一步对管理会计与财务会计作了详细的比较。

表1—1 　　　　　　　　　　　　　　　管理会计与财务会计的区别

项　目	管理会计	财务会计
会计主体	主要以企业、车间、班组或个人等责任单位为对象,对其日常业绩进行评价与考核	主要以整个企业为主体,以整个企业为对象,综合评价与考核企业财务状况和经营成果
服务对象	侧重为企业内部管理人员服务	侧重为外部团体或个人服务
工作重点	为内部管理人员提供资料,反映过去,预测未来	为外部提供财务状况和经营成果
核算方法和程序	不定期,核算时可采用多种计量单位和多种数学核算方法,大量运用运筹学和计算机等现代手段,管理会计方法灵活多样;无固定核算程序,账、证、表按管理需要自行设计	定期,以货币为统一计量单位,核算时只需要运用简单的算术方法。采用规定的会计核算方法;核算程序固定,证、账、表有规定格式
作用时效	面向未来,属于算"活账"的经营型会计	面向过去,属于算"呆账"的报告型会计
信息披露法律责任	报告无法律效力,不要求绝对准确	报告具有法律效力,力求数据准确
对会计人员素质的要求	要求从事管理会计工作的人员必须具备较宽的知识面和果断的应变能力,具有较强的分析问题、解决问题的能力	财务会计工作需要基础知识比较扎实、操作能力强、工作细致的专业人才来承担
会计报告	不定期编制,不一定对外报送,可采用非货币计量单位;无统一格式,内容不定,定量与定性相结合	定期编制,对外报送;统一采用货币计量;格式统一,内容确定,定量反映
实施程度	取决于管理的需要	各企业都必须强制实施
信息特征	有选择、部分或特定的信息	系统、连续、综合的全面信息

任务五 管理会计信息质量特征

一、管理会计信息种类

管理会计可以为企业管理决策提供有用的信息。管理会计信息形式多种多样，可以归纳为定量信息和定性信息两类。定量信息是以数据形式体现，如企业存货记录、成本数据和会计报告等；定性信息是难以用数量表达的非财务信息，如拟选厂址的自然环境、交通便利与否等。

定量信息和定性信息在决策过程中起着同等重要的作用。实际工作中，通常将两种信息结合应用，在定量信息判断的基础上，再综合考虑各种非量化信息的影响。例如，某企业生产产品需要一批原材料，A、B两个厂家均可供货，材料质量相当。从定量计算角度看，A厂家采购成本(买价、运杂费等)较低。但目前A厂家所在地区遭遇洪涝灾害，道路被毁，需要几天休整，而企业原材料储存已接近于零。在此情况下，企业做出由B厂家供货的决策，其中定性信息在决策中起到非常关键的作用。

二、高质量管理会计信息的特征

为满足企业预测、决策、规划控制及业绩评价的需求，管理会计所提供的信息必须是高质量的。那么什么样的信息才算是高质量的呢？高质量管理会计信息必须具备以下五个特征。

(一)一致性

一致性(Consistency)是指会计程序和方法的选择前后期应保持一致。会计方法很多，如存货发出计价有先进先出法、具体辨认法与加权平均法，固定资产折旧有平均年限法、年数总和法与双倍余额递减法。实际工作中，需要从众多的会计方法中灵活选择一种适宜的方法。不同程序和方法对财务结果产生的影响不同，为保证不同时期管理会计信息具有可比性，信息编制的基础应保持一致，否则比较结果没有任何意义。需要指出的是，一致性原则并不排斥因环境、条件发生变化而对会计程序和方法进行的调整，但会计程序和方法一经选定后，在短期内不应频繁变动。

(二)准确性

准确性(Accuracy)要求管理会计提供的信息应能正确反映客观事实，不允许有任何错漏和虚假成分，它是高质量信息最重要的特征。不准确的信息不仅不能为决策提供支持，相反会误导管理人员做出错误的选择，直接影响企业经济效益。一旦管理人员认为管理会计所提供的信息不准确，他们就会放弃使用这些信息。久而久之，即使有其他高质量的管理会计信息出现，他们也会拒绝采纳，管理会计的职能将随之弱化。管理会计信息常常在估计和假设的基础上产生，因此主观因素不可避免地影响信息的准确性。即使如此，管理会计的目的仍然是在一定环境下提供尽可能准确的信息。

(三)相关性

相关性(Relevance)要求管理会计提供的信息必须与决策有关、对决策产生影响并有助于决策的形成。不相关的信息会贻误决策时机，浪费决策时间，甚至使决策偏离轨道。需要注意的是，相关性是就特定对象而言的，与某一决策相关的信息对另一决策未必相关，相关与否取决于目标函数结构及被选方案之间的差别。例如,零部件是自制还是外购的决策,需要的相关信息是外购价格、自制单位成本、是否需要增加固定成本、有没有机会成本、对该种零部件的需要量等,若提供的信息是企业职工人数、男女比例、学历结构,则对该项决策而言就是不相关信息。

（四）简明性

简明性(Conciseness)也称可理解性,要求管理会计提供的信息在内容和形式上都应当简单明了,易于理解。如果信息不为决策者所理解,那么不论多么重要的信息,其价值也是微乎其微,很容易被决策者忽略。解决可理解性的最好办法就是在提供信息之前,就管理会计报告的内容和形式与信息使用者进行沟通和协商。

（五）及时性

及时性(Timeliness)要求管理会计必须为管理人员提供最新、最快的信息。当今社会是一个日新月异的快节奏社会,随着管理高效率的出现,管理人员需要依据最新的信息,在最短的时间内做出最正确的决策。及时性是管理会计信息不可缺少的一个重要特性,但在有些情况下可能与准确性特征存在矛盾冲突,要提高准确性就会牺牲及时性,反之亦然。在不能两全其美的情况下,企业必须做出折中的选择,平衡信息的及时性和准确性,以满足信息使用者的需要。

三、管理会计信息评价

衡量管理会计信息优劣的标准有两个:一是管理会计信息与实现管理会计目标是否相关、是否充分;二是管理会计信息是否具备高质量信息特征。

评价信息的相关性和充分性,可从分析已获取的管理会计信息入手,判断这些信息是否有助于提升企业管理水平或有助于充分利用资源潜能。一个较好的检验办法就是回顾一下过去的业绩,确认业绩是否会因更多、更高质量的管理会计信息的获取而有所提高。判断管理会计信息是否高质量,只需用高质量管理会计信息的五个特征检验即可。

如果企业对上述两个问题的回答是肯定的,那么企业所提供的管理会计信息就是充分而且有用的。如果两个答案中有一个是否定的,那么企业应立即采取措施提高管理会计信息质量,使之能够满足使用者需求。

关键术语

管理会计　　管理会计的基本内容　　管理会计的基础理论

◎ 应知考核 ◎

一、单项选择题

1. 20世纪70年代,以(　　)为起点而形成的基础性管理会计已趋于成熟并定型化。

A. 标准成本　　　　　B. 决策成本　　　　　C. 有用成本　　　　　D. 动态成本

2. 管理会计开始逐渐从财务会计中分离出来是在(　　)。

A. 19世纪90年代　　B. 20世纪初期　　　C. 20世纪50年代　　D. 20世纪70年代

3. 我国会计界正式将西方管理会计理论与方法引入中国是在(　　)。

A. 20世纪70年代末至80年代初　　　　　B. 20世纪40年代

C. 20世纪50年代　　　　　　　　　　　D. 20世纪90年代

4. 通过预测、决策所确定的目标和任务,用数量和表格的形式进行表达和分解的是(　　)。

A. 经营预测　　　　　B. 短期经营决策　　　C. 长期投资决策　　　D. 全面预算

5. (　　)是决定管理会计运行的基本前提。

A. 预测决策会计　　　　B. 管理会计术语　　　　C. 管理会计原则　　　　D. 管理会计假设

6. 世界会计协会巴黎会议正式承认管理会计是一门独立的学科,管理会计正式形成是在(　　)。

A. 管理会计形成阶段　　　　　　　　　B. 管理会计过渡阶段

C. 传统管理会计阶段　　　　　　　　　D. 现代管理会计阶段

7. 在管理会计学中,将"用于界定管理会计工作的时间和空间范围,统一管理会计操作方法和程序,组织管理会计工作不可缺少的前提条件"称为(　　)。

A. 管理会计假设　　　　B. 管理会计原则　　　　C. 管理会计术语　　　　D. 管理会计概念

8. 下列项目中,能够规定管理会计工作对象基本活动空间的假设是(　　)。

A. 多层主体假设　　　　　　　　　　　B. 理性行为假设

C. 合理预期假设　　　　　　　　　　　D. 充分占有信息假设

9. 如果某项管理会计信息同时满足了相关性和可信性的要求,那么我们可以断定该信息在质量上符合(　　)。

A. 真实性原则　　　　B. 决策有用性原则　　　　C. 及时性原则　　　　D. 灵活性原则

10. 要求管理会计提供的信息应能正确反映客观事实,不允许有任何错漏和虚假成分,体现了高质量信息最重要的(　　)特征。

A. 一致性　　　　B. 相关性　　　　C. 准确性　　　　D. 及时性

二、多项选择题

1. 管理会计的基本内容大致归纳为(　　)。

A. 规划与决策会计　　　　　　　　　　B. 控制与业绩评价会计

C. 成本会计　　　　　　　　　　　　　D. 预算会计

2. 下列各项中,属于管理会计职能的有(　　)。

A. 预测经济前景　　　B. 参与经济决策　　　C. 规划经营目标　　　D. 控制经济过程

3. 下列各项中,属于管理会计基本假设内容的有(　　)。

A. 多层主体假设　　　B. 理性行为假设　　　C. 合理分期假设　　　D. 充分占有信息假设

4. 下列项目中,可以作为管理会计主体的有(　　)。

A. 企业整体　　　　B. 个人　　　　C. 车间　　　　D. 班组

5. 管理会计的说法正确的是(　　)。

A. 侧重为企业内部各管理人员服务

B. 报告无法律效力,要求绝对准确

C. 无固定核算程序,账、证、表按管理需要自行设计

D. 面向未来,属于算"活账"的经营型会计

6. 管理会计方法包括(　　)。

A. 成本性态分析法　　　　　　　　　　B. 本量利分析法

C. 边际分析法　　　　　　　　　　　　D. 成本—效益分析法

7. 管理会计与财务会计之间有许多不同之处,如(　　)。

A. 会计主体不同　　　B. 服务对象不同　　　C. 目标不同　　　D. 基本信息不同

8. 管理会计目标的确定需要考虑的因素有(　　)。

A. 社会需求　　　　B. 实现的可能性　　　　C. 总目标　　　　D. 具体目标

9. 下列各项中,属于管理会计基本原则内容的有(　　)。

A. 最优化　　　　B. 效益性　　　　C. 决策有用性　　　　D. 及时性

10. 管理会计提供的信息误差必须在可接受的范围内,体现了(　　);管理会计信息应清晰明了,不

会导致决策者产生误解,体现了( )。

A. 可靠性   B. 一致性   C. 可理解性   D. 准确性

三、判断题

1. 20 世纪 40 年代,随着"分权管理"模式的出现,会计界又提出了责任会计理论与方法。   ( )

2. "管理会计"一词最早源于 1952 年伦敦国际会计师联合会(IFAC)年会。   ( )

3. 管理会计只研究传统管理会计所要研究的问题。   ( )

4. 控制是现代企业经营管理的核心。   ( )

5. 管理会计的基本内容是指与管理会计职能相适应的工作内容。   ( )

6. 管理会计目标是由需求和供应两个因素共同决定的。   ( )

7. 评价经营业绩是通过建立责任会计制度来实现的。   ( )

8. 管理会计被称为"内部会计",财务会计被称为"外部会计"。   ( )

9. 管理会计实质上属于算"呆账"的"报账型会计"。   ( )

10. 相关性是管理会计高质量信息最重要的特征。   ( )

四、简述题

1. 管理会计经历了哪几个发展阶段?各有何特点?

2. 管理会计的理论框架包括哪些内容?

3. 管理会计与财务会计有什么联系与区别?

4. 高质量管理会计信息应具备哪些特征?

5. 简述管理会计方法。

◎ 应会考核 ◎

★ 观念应用

【背景资料】

如何建立合理的会计制度

富群有限公司是一家拥有合法经营执照的游艇出租公司。该公司目前有一处游艇码头,由于业务蒸蒸日上,总经理想自设船厂,以适应逐渐升温的市场需求。小王是该公司会计部门负责人,平常主要负责监督账务作业,对管理会计也比较熟悉。最近公司总经理找到一家准备出售的船厂——全聚有限公司,小王受总经理托付去处理相关事宜。目前,全聚公司的所有资料除了原来公司为了报税需要而编制的资产负债表及利润表外,仅有现金收支记录。不过,负责簿记工作及办公室杂务的船员目前仍留在船厂内服务。当然,除了这些资料外,还有以下重要资料:

(1)该船厂是一所规模颇大且设备齐全的工厂,一次可同时建造 4 艘 40 尺长的船只。接到较大型的船只订单时,若天气良好可以在室外施工。该船厂并不期望太多的大型船只订单,而是希望随时有 1～4 艘 40 公尺长的船只建造。目前,一部分订单来自当地渔民,另一部分来自游艇爱好者。

(2)该船厂资产中还包括一个颇具规模的码头及船坞,以及一间出售航行用品、物料及油泵铺的商店。夏季游客习惯群集于码头及商店,有鉴于此,总经理打算增加钓具、游乐设施及餐饮等服务项目。

(3)该船厂还拥有一所可供冬季停泊船只的船坞。因此,船坞中的船位为拥有游艇者竞相争求的对象。除此之外,海边还有许多空位可供停泊。每当船位客满时,船坞也被用来停泊船只。

夏季是业务繁忙的季节,因此,每当春天来临,会有许多船家上门要求将船只重新油漆或加以整修。

凭着个人丰富的经验,小王对成本及财务资料的运用已比较熟悉,但对如何建立合理的会计制度却感到一片茫然,而总经理则认为小王有能力协助解决这个问题。

【考核要求】

问题:请问小王应该记下哪些会计记录,建立哪一种财务及成本制度来控制营运,并以此作为提供顾客服务时决定收费标准的依据? 对于上述购并船厂的方案,身为会计部门负责人,小王将给予总经理什么建议?

★ **技能应用**

美国西南航空公司管理会计的预测、决策、规划、控制和考评

美国西南航空公司成立于 1968 年(正式运营始于 1971 年),当时经营达拉斯、休斯敦和圣安东尼奥的短程航运业务。西南航空公司的成功是有目共睹的:

到 1991 年,它的营业收入达到 13 亿美元,虽然比不上美国最大的四家航空公司(美洲航空公司、德尔塔航空公司、联合航空公司和西北航空公司),但利润却超过了它们。1992 年,西南航空营业收入又增长了 25%。而 1991~1992 年美国航空业总亏损 80 亿美元,有三家大的航空公司破产倒闭。

西南航空公司经营初期就确定了低成本、低价格、高频率、多班次的战略,绝不多花一分钱、多浪费一分钟、多雇一个员工。公司选用了最省油的波音 737,挑选回报率最高的航线,每架飞机每天起落 10 次以上,航班停歇时间控制在 15 分钟之内(达到了当时世界最短纪录)。

西南航空开张伊始,就将任意两个城市间的单程票价降到 26 美元,拉开了得克萨斯州空运价格大战的序幕,并逐步向世人展示它"服务良好、票价低廉"的企业形象。

(1)在服务创意和营销策略上,西南航空匠心独运,令竞争对手难以企及。

(2)在运营效率和价格方面,西南航空的招数也是出奇制胜。其中,最著名的就是"双十"战略:10 分钟的转场时间和 10 美元的非高峰期价格。极低的票价是策略的核心,为此,西南航空采取了一系列措施:提高飞机的使用率;只提供在中等城市之间的点对点的航线,并且不与其他航空公司形成联运服务;保持地勤人员少而精;保持可靠的离港率,遵循"飞机要在天上才能赚钱"的原则;限量提供飞机上的供应,不提供用餐服务,但允许自带食品。正是这一套完整的运营体系使西南航空的低价竞争得以实现。低价策略是基于公司的资源而建立的独特战略,与该企业本身不可分割,从而防止了其他企业的模仿,并使这一策略能够持久有效。

(3)为培植高收益旅客的忠诚,西南航空以免费礼品为利器,迫使对手"屈膝称臣"。1973 年,在开张两年后,西南航空有了几十万美元的利润进账。从那时起,西南航空年年盈利,成为全世界航空业最能赚钱的高手。

【技能要求】

1. 企业的战略应如何确定? 其选择是否应成为企业管理决策的基点?

2. 在本例中战略与战术是如何协调的? 不同战略下战术安排是否具有相同的特点?

3. 美国西南航空公司是如何运用预测、决策、规划、控制和考评管理会计的基本职能的?

4. 运用本项目管理会计的知识谈谈你对本案的理解和看法。

★ **案例分析**

【背景资料】

对杨氏电子公司管理的思考

杨氏电子公司开发了一种高速度、低成本的复印机。这种复印机的市场定位主要是供家庭使用。随着客户了解到使用该种复印机使用很简单且价格便宜,越来越多的小企业也开始使用该种复印机。随着一些企业的大量订购,销售量开始猛增。但订购企业的频繁使用导致复印机某些组件故障。不论使用量是多少,复印机的保修期是两年。但由于在保修期内免费更换损坏的组件,公司承担着高额的成本。

杨氏电子公司的季度例会即将召开,总会计师要求财务经理李卓编制一份情况报告。不幸的是,很

难准确预测上述事情的后果,但显而易见的是,许多企业用户开始转向竞争对手购买更加昂贵的复印机,并且很显然,增加的维修成本将显著影响该公司的获利能力。

李卓尽其所能汇报了当前形势。公司的总会计师刘军十分关注这份报告对董事会产生的影响。他并非不同意以上分析,但他认为这将给大家造成管理不力的印象,董事会可能会决定停止这种产品的生产。通过与工程负责人会谈,刘军相信,经过细微的设计改动,该种复印机就可以满足使用量较大客户的需求。因此,停止生产可能会错过一个获利机会。刘军把李卓叫到办公室,要求他删除有关组件故障部分的相关内容。他认为这一部分只要口头向董事会提一下,并说明工程上即将解决这一问题即可。

【分析要求】

依据上述资料,请回答:如果你是李卓,你是否会按照刘军的要求去做? 请说明理由。

◎ 项目实训 ◎

【实训项目】

调查管理会计在企业中的运用

【实训情境】

通过实地调查当地各类型的企业,访问企业管理人员和会计人员,培养学生关注实际企业的习惯,将所学理论知识与实际企业紧密结合,学以致用;培养学生学习管理会计的兴趣,锻炼参加社会实践活动的人际沟通能力与协调能力。

【实训任务】

要求:完成一篇字数不少于1 000字的分析报告,报告中请说明:

(1)企业的经营业务活动和主要的生产工艺流程。

(2)企业的组织机构的构建。

(3)企业的管理会计制度和工作情况。

(4)了解企业管理会计人员的职称、职务和职责,以及胜任该职务所必需的职业技能等情况。

模块二

内部核算分析

项目二　成本性态分析

【知识目标】

理解：成本的概念与分类。

熟知：成本性态的概念与分类。

掌握：成本性态分析的概念和方法。

【技能目标】

能够运用相关知识和成本性态分析方法对成本进行分析，特别是对混合成本的分析。

【素质目标】

能够合理地辨析成本的相关概念，提高分析和总结能力。

【项目引例】

"机会成本"的作用

王丽打算用自己的临街房开一个小卖部，她估算每月流水5 500元，每月进货成本2 000元，水、电及税费等支出600元，折旧费200元，一名临时工的月工资700元，王丽每月可净赚2 000元（5 500－2 000－600－200－700），但是王丽认为如果自己不开这个小卖部，可以将房子出租，以房子的所在地段每月可收取租金1 000元，如果上班以自己的能力月工资也能达到1 500元。分析之后，王丽认为不应该开这个小卖部。

你知道王丽为什么不开这个小卖部吗？王丽所考虑的成本中既包括实实在在发生的可以记入账簿中的支出，也包括由于自己开这个小卖部而放弃的潜在收益，即：每月可收取的租金1 000元以及可能获得的月工资1 500元。因此，王丽认为开这个小卖部的全部成本是6 000元。

【讨论】　你知道她这样考虑的成本和以往所学的财务会计中的成本有什么不同吗？你认为她这样考虑有什么好处？

知识精讲

任务一　成本的概念与分类

一、管理会计中成本的概念

我国传统财务会计学认为，成本是在一定条件下企业为生产一定产品所发生的各种耗费的货币表现;西方财务会计认为,成本是企业为了获取某项资产或达到一定的目的,而导致货币测定的价值牺牲;而管理会计中的成本则是指企业在生产经营过程中对象化的、以货币表现的、为达到一定目的而应当或可能发生的各种经济资源的价值牺牲或代价。

管理会计中成本的概念相对于财务会计中成本的概念,具有如下几个特点。

(一)成本具有不可确定性

成本的不可确定性表现为:对于可能发生或应当发生的成本,而实际上并不一定真的发生,或发生多少也不一定与估计的相同。

为了进行成本控制,我们需要建立标准成本制度,预算出相应的成本水平,但实际工作中发生的成本并不一定与该标准成本相同。

一台机器可以用来加工零件,也可以用来出租。如果加工零件,就不能获得租金收入,管理会计认为加工零件所放弃的租金收入也构成了零件加工的一项成本。但这个成本并不是实际的耗费,它没有发生,也不能记入会计账簿,但却影响了该机器是用来加工零件还是出租的决策结果。

(二)成本的时态包括过去、现在与将来

管理会计在进行成本控制时,首先要制定标准成本——未来的成本,为进行成本控制确定标准;其次要将当期实际发生的成本——现在的成本与标准成本进行比较,考核标准的完成情况;最后要根据当期和以往发生的实际成本——历史成本,研究、修改并确定新的标准成本,使今后的成本控制标准更加科学、合理并促进成本控制水平的提高。

(三)成本中包含了机会成本

在西方经济学中,机会成本是指在选择最优方案时,所放弃的次优方案带来的收益。简单来说,机会成本就是指放弃的收益。在管理会计进行方案的决策中,不仅要考虑已经发生的可以记入账簿中的成本费用,还要考虑不能记入会计账簿中的放弃的次优方案的收益。由于考虑了机会成本才使得方案的选择更加科学、可靠,正如"项目引例"中的王丽,由于考虑了机会成本,才做出了正确的选择。

二、成本的分类

(一)成本按其经济用途分类

成本按其经济用途分类,可以分为生产成本和非生产成本两大类,如图2—1所示。

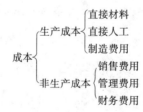

图2—1 成本按经济用途分类

1. 生产成本

生产成本又称制造成本,是指在生产过程中为制造产品而发生的成本,包括直接材料、直接人工和制造费用。

(1)直接材料是指在生产产品过程中所消耗的直接用于产品生产并构成产品实体的材料的成本。

（2）直接人工是指在生产产品过程中直接参加产品生产的工人的工资以及相关薪酬。

（3）制造费用是指企业生产车间为生产产品而发生的各项间接费用，如用于产品生产的机器设备、厂房的折旧等。

2. 非生产成本

非生产成本又称非制造成本，是指生产成本以外的成本。具体包括以下几个方面：

（1）销售费用是指在销售过程中为推销产品而发生的各项成本，包括广告费，销售过程中发生的运杂费、销售佣金、销售人员工资、销售部门的办公费、差旅费、修理费以及物料消耗等。

（2）管理费用是指企业行政部门为组织企业生产所发生的成本，包括行政管理部门人员的工资、物料消耗、办公费、修理费等。

（3）财务费用是指企业为筹集生产经营所需资金等而发生的筹资费用，包括利息支出、汇兑损益以及相关的手续费等。

成本按经济用途分类是财务会计进行生产成本（完全成本法）核算的基础。

（二）成本按其时态分类

成本按其时态分类，可以分为历史成本和未来成本两类。

1. 历史成本

历史成本是指以前时期已经发生或本期刚刚发生的成本，也就是财务会计的实际成本。

2. 未来成本

未来成本是指预先测算的成本，未来成本实际上是企业实施目标成本管理时要求达到的控制水平，具体包括预算成本、标准成本等。

预算成本和标准成本将在本书项目九"全面预算"、项目十"标准成本控制"中详细讲解。

（三）成本按其与经济决策是否相关分类

成本按其与经济决策是否相关分类，可以分为相关成本和不相关成本两类。

1. 相关成本

相关成本是指与分析、评价有关方案经济效益的大小相关的那部分成本项目，具体包括差量成本、机会成本、专属成本、加工成本、可分成本、可避免成本和可延缓成本等。

2. 不相关成本

不相关成本是指与分析、评价有关方案经济效益的大小不相关的那部分成本项目，具体包括沉没成本、共同成本、联合成本、不可避免成本和不可延缓成本等。

上述成本将在本书项目七"短期经营决策分析"中详细讲解。

（四）成本按其可控性分类

成本按其可控性分类，可以分为可控成本和不可控成本两类。

1. 可控成本

可控成本是指责任单位可以预计、计量、施加影响并承担责任的某一成本项目，如责任成本。

2. 不可控成本

不可控成本是指责任单位难以预计、计量、施加影响并承担责任的某一成本项目。

关于可控成本和不可控成本的特性将在本书项目十一"责任会计"中详细讲解。

成本的可控性是相对于一个特定责任单位或一个特定时期而言的，一项成本对某个责任单位而言是不可控的，但对另一个责任单位而言则是可控的。同一个成本项目在某一个特定时期对某一责任单位来说是可控的，但在另一个时期可能就是不可控的。

（五）成本按其性态分类

成本按其性态分类，可以分为固定成本、变动成本和混合成本三类。这一分类是管理会计中的一项十分重要的分类，将在本项目任务二中详细讲解。

任务二　成本性态的概念与分类

一、成本性态的概念

成本性态又称成本习性，是指在一定条件下成本总额与特定业务量之间的依存关系。其中，"一定条件"是指一定的时间范围或业务量范围，又称为相关范围。"成本总额"是指为取得营业收入而发生的成本费用，包括制造成本和非制造成本。"业务量"是指生产量、销售量或行驶里程数、机器工作小时数等。

二、成本性态的分类

（一）固定成本

1. 固定成本的概念及特征

固定成本是指成本总额在一定相关范围内不受业务量增减变动影响而固定不变的成本，但若就单位产品中的固定成本而言，则与业务量的增减变动成反比例变动。具体包括：制造费用中车间厂房、设备的租赁费、保险费、直线法计提的折旧，不随产量变动的办公费、差旅费、车间管理人员工资；管理费用中企业管理人员的工资、办公费等；销售费用中不受销售量影响的广告费、差旅费、租赁费和保险费等。

【例 2—1】　某企业生产一种产品，其专用生产设备的月折旧额为 10 000 元，该设备最大加工能力为 4 000 件/月。当该设备分别生产 1 000 件、2 000 件、3 000 件和 4 000 件时，单位产品所负担的固定成本如表 2—1 所示。

表 2—1　　　　　　　　　　　固定成本与业务量的关系

业务量 （件）	总成本 （元）	单位产品负担固定成本 （元）
1 000	10 000	10
2 000	10 000	5
3 000	10 000	3.33
4 000	10 000	2.50

如果用方程式表示，x 代表业务量，F 代表固定成本，a 表示单位业务量所负担的固定成本，则上述关系（即固定成本的性态）可以表示为：

固定成本　　　　　　　　　　$F = 4\ 000（元）$

单位固定成本　　　　　　　　$a = \dfrac{F}{x} = \dfrac{4\ 000}{x}$

从上例中可以看出,单位产品所负担的固定成本与业务量成反比例关系,即业务量的增加会导致单位产品负担的固定成本下降,反之亦然。

从数学的角度而言,固定成本总额可以用 $y=a$,单位固定成本可以用 $y=a/x$ 的数学模型来表示固定成本的习性,如图 2—2 与图 2—3 所示。

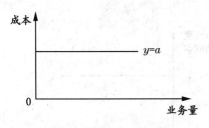

图 2—2 固定成本总额性态模型   图 2—3 单位固定成本性态模型

观察上面两个数学模型,可以发现固定成本的基本特征是:在一定期间范围和业务量范围内,其总额维持不变。但就单位业务量而言,单位业务量所分摊的固定成本却是随业务量总数变化而成反比例变动。

2. 固定成本的分类

固定成本按其发生的原因可以分为约束性固定成本和酌量性固定成本两类。

(1)约束性固定成本(生产经营能力成本),是指为维持目前的生产经营能力而必须开支的,不随短期决策行为改变而改变的固定成本。例如,厂房、机器设备的折旧费、租金,高级管理人员的薪金等。

(2)酌量性固定成本(厂长、经理成本),是指其总额可由决策者的短期决策行为改变的固定成本。例如,新产品开发费、广告宣传费、职工培训费等。

(二)变动成本

1. 变动成本的概念及特征

变动成本是指在一定的相关范围内,其总额随业务量的增减变动而成正比例变动的成本,具体包括:直接材料、直接人工费(计件工资)、制造费用中随产量成正比例变动的燃料费、动力费以及按销售量支付的销售佣金、装运费、包装费,管理费用中随产量成正比例变动的部分。

【例 2—2】 假定例 2—1 中单位产品的直接材料成本为 20 元。当业务量分别为 1 000 件、2 000 件、3 000 件和 4 000 件时,材料的总成本和单位产品的材料成本如表 2—2 所示。

表 2—2   变动成本与业务量的关系

业务量 (件)	材料总成本 (元)	单位产品材料成本 (元)
1 000	20 000	20
2 000	40 000	20
3 000	60 000	20
4 000	80 000	20

如果用方程式表示,设 x 代表业务量,b 代表单位变动成本,则有:

变动成本 $bx=20x$

单位变动成本 $b=20$

从表2—2的计算中可以看出,当业务量增加时,变动成本总额也随之成正比例增加,但单位变动成本始终保持不变,均为20元。

同样,我们也可以用数学模型:$y=bx$ 来描述变动成本总额,用 $y=b$ 来描述单位变动成本,如图2—4、图2—5所示。

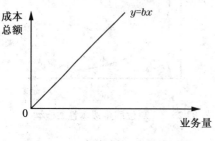

图2—4　变动成本总额性态模型

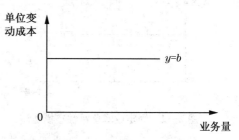

图2—5　单位变动成本性态模型

观察上面两个数学模型,可以看出变动成本的特点:在一定期间和业务量范围内,变动成本总额随业务量的变动成正比例变动,而单位变动成本保持不变。

2. 变动成本的分类

变动成本按其发生的原因可以分为设计变动成本和酌量性变动成本两类。

(1)设计变动成本,是指主要由技术性因素决定的那部分成本。例如,产品的设计、工艺决定了产品材料消耗和生产工时消耗的技术指标,这部分成本只有通过改进设计和工艺才能改变。因此,设计变动成本是单位变动成本水平的决定性因素。

(2)酌量性变动成本,是指主要由管理部门决策影响的那部分成本。例如,提高劳动生产率,可以在保证产品质量的前提下,减少材料的消耗和工时的消耗,从而尽可能多地降低单位变动成本。

一般来说,变动成本是产品生产的增量成本。

【例2—3】　某企业只生产一种产品,每月固定成本4 000元,单位变动成本7元,那么:

生产1 000件产品时总成本为:

$$4\,000+1\,000\times7=11\,000(元)$$

生产1 001件产品时总成本为:

$$4\,000+1001\times7=11\,007(元)$$

生产999件产品时总成本为:

$$4\,000+999\times7=10\,993(元)$$

当增产1件产品时,由于变动成本增加7元,就使总成本增加了7元;如果减少1件产品,总成本只减少了7元,11 000元成本与这件产品无必然联系,无论是否生产这件产品它们都要发生。因此,只有这7元才是真正属于每件产品的成本,产量增加时,总成本的增加是变动成本增加引起的,变动成本的增量就是总成本的增量。

(三)混合成本

1. 混合成本的概念

混合成本是指介于固定成本和变动成本之间的各项成本,是兼有变动成本和固定成本双重成本习性的成本。其基本特征是:成本总额随业务量变动而变动,但其变动幅度并不保持严格的比例关系。例如,机器设备的维护保养费用、辅助生产费用、管理费用等。

2. 混合成本的分类

混合成本与业务量之间的关系比较复杂,一般按照混合成本随业务量变动情形的不同分为以下四种。

(1)半变动成本。这类成本项目,以一部分不随业务量的变动而变动的成本数额作为基数,在此基础上的成本则类似于变动成本,随业务量的变动而成正比例变动。例如,电费和电话费等公用事业费、燃料、维护和修理费等,多属于半变动成本。

【例2—4】　设某企业租用一台机器,租约规定每年支付固定租金3 000元,与此同时,机器运转1小时支付运行租金0.50元。该机器今年累计运转了4 000小时,共支付租金5 000元。

这项支出包含固定成本和变动成本两项因素,如果用方程式表示,设 y 代表总成本,a 代表固定成本部分,b 代表单位变动成本,x 代表产量(机器运行小时)。则有:

$$y = a + bx$$
$$= 3\,000 + 0.5 \times 4\,000$$
$$= 5\,000(元)$$

此类半变动成本性态模型如图2—6所示。

(2)阶梯式变动成本,又称半固定成本,是指在一定业务量范围内,其发生额固定不变,当业务量增长到一定限度,其发生额就突然跳跃到一个新的水平,然后又在一定的业务范围内保持不动,直到出现另一个新的跳跃为止,如图2—7所示。

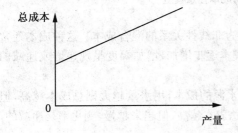

图2—6　半变动成本性态模型

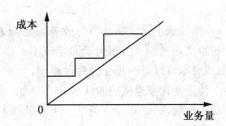

图2—7　阶梯式变动成本性态模型

【例2—5】　某企业产品检验员工资就是半固定成本。企业的最大生产能力为800件,如果产量在400件以内,需两名检验员,每人每月工资为2 700元,共5 400元,以后产量每增加200件,就增加一名检验员,则产量与检验员工资关系如表2—3所示。

表2—3　　　　　　　　　　　　产量与检验员工资关系

产量(件)	检验员工资(元)
400件以内	5 400
401～600	8 100
601～800	10 800

(3)延期变动成本。这一类成本在业务量的一定范围内固定不变,当业务量增加到一定水平时,成本随业务量成正比例变动。例如,在正常产量情况下给员工支付固定月工资,当产量

超过正常水平后则需支付加班费,这种人工成本就属于延期变动成本。

【例2-6】 某企业成品库有固定员工4人,工资总额6 000元;当产量超过4 000件时,雇用临时工,临时工实行计件工资,每包装发运1件产品支付1元工资。成品库的人工成本所包含的固定成本和变动成本,在某一产量以下表现为固定成本,超过这一产量则成为变动成本。如本例,在4 000件以下时人工成本6 000元不变;在4 000件以上时,每增加1件产品,人工成本增加1元。

如果用方程式表示,设 x 代表产量,y 代表总成本,则

$x \leqslant 4\ 000$ 时, $\qquad\qquad y = 6\ 000$

$x > 4\ 000$ 时, $\qquad\qquad y = 6\ 000 + (x - 4\ 000) \times 1$
$$= 6\ 000 + x - 4\ 000$$
$$= 2\ 000 + x$$

此类延期变动成本性态模型如图2-8所示。

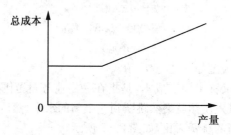

图2-8 延期变动成本性态模型

(4)曲线成本是成本总额与业务量之间表现为非线性关系的混合成本。这种成本通常有一个初始量,一般不变,相当于固定成本。以后成本逐步增加,增加幅度呈现递增或递减的趋势,曲线成本可以进一步分为两种类型:

一种是变化率递减的曲线成本。例如,自备水源的成本,用水量越大则总成本越高,但两者不成正比例,而成非线性关系。用水量越大则总成本越高,但越来越慢,变化率是递减的,如图2-9所示。

另一种是变化率递增的曲线成本。例如,各种违约金、罚金、累进计件工资等。这种成本随产量增加而增加,而且比产量增加得还要快,变化率是递增的,如图2-10所示。

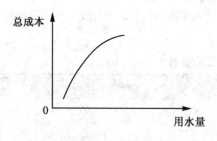

图2-9 递减曲线成本性态模型

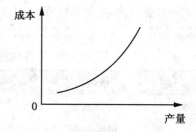

图2-10 递增曲线成本性态模型

(四)相关范围

绝对的固定成本或变动成本几乎是不存在的,无论是固定成本还是变动成本,其特性都是

在一定条件下才会呈现出来的。管理会计将这种不会改变固定成本、变动成本性态的有关期间和业务量的特定变动范围称为相关范围。在相关范围内，不管时间多久，业务量增减变动幅度多大，固定成本总额的不变性和变动成本总额的正比例变动性都将存在。而一旦超出相关范围的约束，就没有所谓的固定成本和变动成本了。值得注意的是，相关范围具有相对性、暂时性、可转化性的特点。

【例2—7】 某厂有一个装配车间，年租金是20 000元，年生产能力是20 000台产品。当年产量在0～20 000台之间时，租金保持20 000元的水平。假若该产品需要量发生了变化，超出了20 000台，即在20 001～30 000台之间，此时原装配车间无法完成这个产量，因而厂方就必须再租一个装配车间，因此当相关范围发生变化时，企业的固定成本水平就会提高。

任务三　成本性态分析

一、成本性态分析的概念

成本性态分析就是在成本性态分类的基础上，按照一定的程序和方法，进一步将全部成本分为固定成本和变动成本两大类，并建立相应的总成本模型的过程。

经过成本性态分析之后，总成本就被归集为变动成本和固定成本两类，并通过成本模型表现出成本与业务量之间的关系，从而便于管理会计方法的应用，并成为管理会计各项短期决策和控制分析方法的基础。

二、成本性态分析的方法

成本性态分析的方法包括两大类：一类是定性分析法，包括账户分析法、技术测定法；另一类是数学分解法，包括高低点法、散布图法、回归直线法等。

（一）定性分析法

1. 账户分析法

账户分析法是根据财务会计成本核算中各有关成本总分类账户和明细分类账户中反映的成本项目的发生方式，首先确定变动成本、固定成本和混合成本三种形态，然后将混合成本中的不同部分近似地归类为变动成本或固定成本的方法。

"生产成本"账户中的直接材料可以直接划入变动成本。"制造费用"账户中的生产设备按直线法计提的折旧费可以直接划入固定成本；设备修理费是混合成本，可以结合企业对设备维护的管理方法确定出其中的固定成本部分和比较接近于变动成本的部分。

账户分析法简单、方便，工作量较小，能获得关于成本和业务量依存关系直观的认识和理解，但这种方法得出的结论往往不够准确，特别是对混合成本中固定成本和变动成本的划分，显得比较粗糙。在实践中，账户分析法需要与其他分析方法结合使用，但同时账户分析法也成了其他分析方法的基础。

2. 技术测定法

技术测定法也称工业工程法。它是以某一成本项目的工程技术特点来区分其中的变动成本和固定成本的，一般可以用于那些与消耗量和工程技术方法有密切联系的成本项目。其具体做法是：首先由工程技术人员测定有关成本项目的消耗量与业务量之间的关系，然后在此基础上计算混合成本的变动部分和固定部分。

【例 2—8】 某企业新购置的铸塑设备，其铸塑成本属于混合成本，没有历史成本资料。据技术人员介绍，该设备每天在使用前需要调试，每天耗费颗粒料 0.6 千克，每天生产塑料制品 1 000 件，每件制品消耗颗粒料 0.12 千克。假设颗粒料为 4.5 元/千克，要求对这项成本进行性态分析。

分析：该项混合成本的分解可采用技术测定法。

根据上述技术人员提供的资料，以塑料制品产量代表业务量 X。

固定成本部分为：0.6 千克/天×4.5 元/千克×30 天＝81 元。

变动成本部分为：$4.5×0.12X=0.54X$。

该项设备每月的铸塑成本可分解为：$Y=81+0.54X$。

技术测定法根据生产过程中工程技术的特点来确定消耗量与业务量之间的依存关系，使成本性态分析有比较科学的依据，是在没有历史成本数据的条件下可以采用的最佳分析方法。其局限性在于：一方面它要求一定人力、物力的投入，信息的成本较高；另一方面它只能用于成本发生与业务量有直接联系、消耗过程能单独观察的一些成本项目的分析。

(二)历史资料法

历史资料法是指通过收集企业过去若干期各种成本和业务量的历史资料，运用一定的数学方法进行数据处理，从而确定常数 a 和 b 数值的总成本函数的分析方法。这种方法需要获得企业过去的各种成本和业务量的数据，同时由于企业未来的成本和过去的成本具有相似的性质(分析的结果用于当前和未来)，所以这适合于生产经营条件较稳定、成本水平变化不大，以及资料比较齐全的企业。历史资料法又分为以下三种方法：

1. 高低点法

高低点法是对混合成本进行分解的一种简单方法。它是根据一定时期内的最高点和最低点业务量的相应成本关系，来推算混合成本中的固定部分 a 和单位变动成本 b 的一种成本性态分析方法。

其具体的分析步骤如下：

(1)选择高低两点坐标。即在已知的一定时期内的有关历史资料中，找出业务量的最高点(假设为 X_1)及对应的成本(假设为 Y_1)，从而确定最高点坐标(X_1,Y_1)。同理，确定最低点坐标(X_2,Y_2)。

(2)计算 b 值。即根据高低点坐标值确定一条直线，并认为该直线可以代表该混合成本在一定时期内的变动规律，则该直线的斜率就是该混合成本中变动部分的单位额 b。该直线斜率的计算公式为：

$$b=\frac{最高点成本-最低点成本}{最高点业务量-最低点业务量}=\frac{Y_1-Y_2}{X_1-X_2} \qquad (2-1)$$

(3)计算 a 值。

$$a=最高点成本-b×最高点业务量=Y_1-bX_1 \qquad (2-2)$$

或 $$a=最低点成本-b×最低点业务量=Y_2-bX_2 \qquad (2-3)$$

(4)建立该混合成本的性态模型：

$$Y=a+bX$$

注意：高低点坐标的选择必须以一定时期内业务量的高低来确定，而不是按成本的高低来确定。

高低点法的优点在于简便易行、易于理解。其缺点是由于它只选择了该混合成本历史资料诸多数据中的最高点和最低点两组坐标来确定直线，并以此表示该混合成本的变动规律，从而建立该混合成本的成本性态模型，因而所建立的数学模型很可能不具有代表性，容易导致较大的计算误差。因此，这种方法只适用于成本变动趋势比较稳定的企业。

【例 2—9】　某企业维修费为混合成本。2016 年 1～6 月份中各月份的维修工时和维修费等有关资料如表 2—4 所示。

表 2—4　　　　　　　　　　1～6 月份各月的维修工时和维修费资料

月　份	1	2	3	4	5	6	合　计
维修工时/小时	800	900	600	1 000	900	950	5 150
维修费/元	2 000	2 400	2 000	2 800	2 500	2 600	14 300

要求：

(1)采用高低点法计算各月的维修费。

(2)假如 7 月份预计发生维修工时 850 小时，预计 7 月份的维修费是多少？

解：

(1)依题意：

选择的高低点坐标分别为：高点(1 000,2 800)，低点(600,2 000)。

$$b = \frac{2\,800 - 2\,000}{1\,000 - 600} = 2(\text{元}/\text{小时}) \qquad [\text{代入式}(2\text{—}1)]$$

$$a = 2\,800 - 2 \times 1\,000 = 800(\text{元}) \qquad [\text{将 } b \text{ 代入式}(2\text{—}2)]$$

或

$$a = 2\,000 - 2 \times 600 = 800(\text{元}) \qquad [\text{将 } b \text{ 代入式}(2\text{—}3)]$$

该混合成本的性态模型为：

$$Y = 800 + 2X \qquad (2\text{—}4)$$

(2)将 7 月份预计发生的维修工时 850 小时代入混合成本的性态模型，预计 7 月份的维修费用为：

$$Y = 800 + 2 \times 850 \qquad [\text{将 } X \text{ 代入式}(2\text{—}4)]$$
$$= 2\,500(\text{元})$$

2. 散布图法

散布图法是以横轴代表业务量(X)，纵轴代表混合成本金额(Y)，把过去某一定期间混合成本的历史数据逐一标明在(X,Y)代表的坐标图上，这样各个历史成本数据就形成若干个成本点散布在坐标图上。然后通过目测，在各个成本点之间画一条能反映成本变动的平均趋势直线，并据以确定混合成本中的固定成本和变动成本各为多少的一种分解混合成本的图示方法。其具体做法如下：

首先在坐标图中标出成本点，然后在成本点之间画出一条能够反映混合成本的平均变动趋势的直线，使成本点均匀地分布在这条直线的左右，那么这条直线与纵轴相交之处，就是维修费的固定成本总额(a)。在图上确定该直线的截距 a，该直线的斜率就是 b。在直线上选定一点 X_0，目测 Y_0，则 Y_0 即为 X_0 业务下的混合成本，然后按照公式：

$$Y = a + bX$$

则：
$$Y_0 - a = bX_0$$
$$b = \frac{Y_0 - a}{X_0}$$

由此可以确定该混合成本的性态模型。

注意：采用散布图法通过目测画出成本变动的平均趋势直线，会因人而异得出不同的混合成本模型，可能导致结果不准确，但该方法使用方便，容易理解。

【例2—10】 天利公司2016年1~6月份各月的维修工时和维修费等有关资料如表2—5所示。

表2—5   1~6月份各月的维修工时和维修费资料

月份	1	2	3	4	5	6	合 计
维修工时/小时	10	8	12	14	18	17	79
维修费/元	260	240	250	300	460	405	1 915

用散布图法分解混合成本的具体步骤如下：

根据成本与业务量的数据，在坐标系中绘出各成本总额散布图，如图2—11所示。

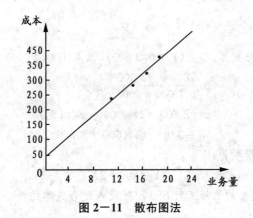

图2—11 散布图法

(1)通过目测，画一条成本变动趋势直线，使其尽可能通过或接近所有坐标点。

从图2—11中，确定固定成本总额： $a = 70$

(2)确定单位变动成本(b)，任选一点，比如选(14,300)，然后按照公式：

则： $b = \dfrac{y_0 - a}{x_0} = \dfrac{300 - 70}{14} = 16.4$

(3)由此可以确定该混合成本的性态模型为：

$$y = 70 + 16.4x$$

散布图法较之高低点法的精度高，因为它考虑了所能提供的全部历史数据，其图像可反映成本的变动趋势，同时可排除偶然因数的影响。

3. 回归直线法

回归直线法是指根据过去一定期间的业务量(X)和混合成本(Y)的历史资料，应用最小平方法原理，算出最能代表X与Y关系的回归直线，借以确定混合成本中的固定成本和变动成本的方法。

利用回归直线法确定出的混合成本的直线方程为：

$$Y=a+bX$$

其中：Y 代表混合成本总额；a 代表混合成本中的固定成本总额；b 代表混合成本的单位变动成本；X 代表业务量。

根据上述混合成本的基本方程式及实际所采用的一组 n 个观测值，即可建立回归直线的联立方程式，然后把上述基本方程式，用 n 个观测值和的形式来反映，即：

$$\sum Y = na + b\sum X \qquad (2-5)$$

再将式（2—5）的左右双方各项用业务量（X）来加权得出：

$$\sum XY = a\sum X + b\sum X^2 \qquad (2-6)$$

把式（2—5）移项化简，即得：

$$a = \frac{\sum Y - b\sum X}{n} \qquad (2-7)$$

将式（2—7）代入式（2—6）并移项化简，即得：

$$b = \frac{n\sum XY - \sum X \cdot \sum Y}{n\sum X^2 - \left(\sum X\right)^2} \qquad (2-8)$$

根据式（2—7）和式（2—8），求出 a、b，就可以确定该混合成本的性态模型，并可以计算得出相关范围内不同业务量下，该混合成本中的固定成本和变动成本。

【例 2—11】 仍以例 2—9 所举的 2016 年 1~6 月份各月份的维修工时和维修费资料为例。

要求：用回归直线法进行该项混合成本的性态分析。

解：根据表 2—4 中所列 1~6 月份各月份的维修工时和维修费数据资料进行相关计算，如表 2—6 所示。

表 2—6   **对表 2—4 中各月的维修工时和维修费进行相关计算**

月份	业务量（X）/机器小时	维修费（Y）/元	XY	X^2
1	800	2 000	16 000	64
2	900	2 400	21 600	81
3	600	2 000	12 000	36
4	1 000	2 800	28 000	100
5	900	2 500	22 500	81
6	950	2 600	24 700	90.25
$n=6$	$\sum X=5\ 150$	$\sum Y=14\ 300$	$\sum XY=124\ 800$	$\sum X^2=452.25$

根据表 2—4 最后一行的合计数，代入式（2—7）和式（2—8），分别确定 b 值与 a 值：

$$b = \frac{n\sum XY - \sum X \cdot \sum Y}{n\sum X^2 - \left(\sum X\right)^2} = \frac{6\times124\ 800 - 5\ 150\times14\ 300}{6\times452.25 - 51.5^2} = \frac{12\ 350}{61.25} = 2.02(\text{元/小时})$$

$$a = \frac{\sum y - b\sum x}{n} = \frac{14\ 300 - 2.02\times5\ 150}{6} = \frac{3\ 897}{6} = 649.5(\text{元})$$

由上述计算得出该项混合成本的性态模型为：

$$Y=a+bX=649.5+2.02X$$

注意：在应用回归直线法进行成本性态分析时，必须首先进行业务量与混合成本之间的相关性分析。这项混合成本与所选用的业务量之间必须确实存在相关关系，否则混合成本的分解就失去了意义。而混合成本与业务量之间的线性相关程度可用相关系数 r 来表示。其计算公式如下：

$$r=\frac{n\sum XY-\sum X\sum Y}{\sqrt{\left[n\sum X^2-\left(\sum X\right)^2\right]\left[n\sum Y^2-\left(\sum Y\right)^2\right]}}$$

(1)当相关系数 r 为负数时，说明变量 X 和 Y 之间负相关。

(2)当 $r=0$ 时，两个变量之间不能用线性模型来描述。

(3)当 $r=1$ 时，两个变量之间完全正相关，可以用直线模型准确地描述，即 $Y=a+bX$。

(4)当 r 的取值在 $0\sim1$ 之间时，业务量与成本之间基本保持线性关系，即可以近似地写出 $Y=a+bX$，且 r 值越大，线性关系越强，混合成本分解越准确；反之，则越差。

以上三种数学方法，高低点法最简便，但不够准确；回归直线法最精确，但相对来说，它的工作量也最大，不太适用于手工计算；散布图法，由于是通过目测画线，所以会出现因人而异的现象，因而结果也不够准确。事实上，这三种方法都带有估计的成分，因而对混合成本的分解都不可能绝对准确。所以实际工作中，在一些小型企业，可以近似地将混合成本归为固定成本来看待。

三、总成本模型

进行成本性态分析之后，全部成本将被分解为固定成本和变动成本两个部分。因此，企业的总成本公式就可以表示为：

总成本＝固定成本总额＋变动成本总额

＝固定成本总额＋单位变动成本×业务量

这个公式在变动成本计算、本量利分析、正确制定短期经营决策和评价各个部门工作业绩等方面具有非常重要的作用。

关键术语

生产成本　非生产成本　历史成本　未来成本　相关成本　不相关成本　可控成本
不可控成本　成本性态　固定成本　变动成本　混合成本　半变动成本　阶梯式变动成本
延期变动成本　曲线成本　成本性态分析　账户分析法　技术测定法　高低点法　散布图法
回归直线法

◎ 应知考核 ◎

一、单项选择题

1. 将全部成本分为固定成本、变动成本和混合成本所采用的分类标志是（　　）。

　　A. 成本的目标　　　　B. 成本的可辨认性　　　C. 成本的经济用途　　　D. 成本的性态

2. 某公司对营销人员薪金支付采取在正常销量以内支付固定月工资，当销售量超过正常水平后则支付每件 10 元的奖励，这种人工成本就属于（　　）。

A. 半变动成本　　　　　B. 半固定成本　　　　　C. 延期变动成本　　　　D. 曲线成本

3. 以某一成本项目的工程技术特点来区分其中的变动成本和固定成本的方法是(　　)。

A. 回归直线法　　　　　B. 账户分析法　　　　　C. 工业工程法　　　　　D. 合同确认法

4. 成本性态分析法中,(　　)得出的结论往往不够准确,特别是对混合成本中固定成本和变动成本的划分,显得比较粗糙。

A. 高低点法　　　　　　B. 回归直线法　　　　　C. 技术测定法　　　　　D. 账户分析法

5. 下列各项中,属于变动成本的是(　　)。

A. 员工培训费用　　　　　　　　　　　　　　　B. 管理人员基本薪酬

C. 新产品研究开发费用　　　　　　　　　　　　D. 按销售额提成的销售人员佣金

6. 当相关系数 $r=1$ 时,表明成本与业务量之间的关系是(　　)。

A. 基本正相关　　　　　B. 完全正相关　　　　　C. 完全无关　　　　　　D. 基本无关

7. 为维持目前的生产经营能力而必须开支的、不随短期决策行为改变而改变的固定成本是(　　)。

A. 变动成本　　　　　　B. 混合成本　　　　　　C. 约束性固定成本　　　D. 酌量性固定成本

8. 为排除业务量因素的影响,在管理会计中,反映变动成本水平的指标一般是指(　　)。

A. 变动成本总额　　　　　　　　　　　　　　　B. 单位变动成本

C. 变动成本的总额与单位额　　　　　　　　　　D. 变动成本率

9. (　　)由于是通过目测画线,所以会出现因人而异的现象,因而结果也不够准确。

A. 直接分析法　　　　　B. 高低点法　　　　　　C. 散布图法　　　　　　D. 技术测算法

10. (　　)方法只适用于成本变动趋势比较稳定的企业。

A. 直接分析法　　　　　B. 高低点法　　　　　　C. 散布图法　　　　　　D. 回归直线法

二、多项选择题

1. 固定成本具有的特征是(　　)。

A. 固定成本总额的不变性　　　　　　　　　　　B. 单位固定成本的反比例变动性

C. 固定成本总额的正比例变动性　　　　　　　　D. 单位固定成本的不变性

2. 变动成本具有的特征是(　　)。

A. 变动成本总额的不变性　　　　　　　　　　　B. 单位变动成本的反比例变动性

C. 单位变动成本的不变性　　　　　　　　　　　D. 变动成本总额的正比例变动性

3. 下列成本项目中,(　　)是酌量性固定成本。

A. 新产品开发费　　　　B. 员工培训费　　　　　C. 管理人员工资　　　　D. 广告宣传费

4. 成本按其与经济决策是否相关分类,可以分为(　　)。

A. 相关成本　　　　　　B. 不相关成本　　　　　C. 可控成本　　　　　　D. 不可控成本

5. 下列各项中,属于固定成本项目的有(　　)。

A. 采用工作量法计提的折旧　　　　　　　　　　B. 不动产财产保险费

C. 直接材料费　　　　　　　　　　　　　　　　D. 写字楼租金

6. 成本性态分析的历史资料法有(　　)。

A. 账户分析法　　　　　B. 技术测定法　　　　　C. 高低点法　　　　　　D. 散步图法

7. 在我国,下列成本项目中属于固定成本的是(　　)。

A. 按平均年限法计提的折旧费　　　　　　　　　B. 保险费

C. 广告费　　　　　　　　　　　　　　　　　　D. 生产工人工资

8. 以下属于半变动成本的有(　　)。

A. 电话费　　　　　　　B. 煤气费　　　　　　　C. 水电费　　　　　　　D. 折旧费

9. 定性分析法具体包括的方法有(　　)。

A. 账户分析法　　　　　B. 技术测定法　　　　　C. 回归直线法　　　　　D. 散布图法

10. 在相关范围内保持不变的有（　　）。

A. 变动成本总额　　　　B. 单位变动成本　　　　C. 固定成本总额　　　　D. 单位固定成本

三、判断题

1. 成本性态又称成本习性,是指在一定条件下成本总额与特定业务量之间的依存关系。　（　　）

2. 约束性固定成本是随短期决策行为改变而改变的固定成本。　（　　）

3. 变动成本是产品生产的增量成本。　（　　）

4. 混合成本是兼有变动成本和固定成本双重成本习性的成本。　（　　）

5. 管理会计在进行成本控制时,首先要制定标准成本——现在的成本。　（　　）

6. 成本按其与经济决策是否相关分类,可以分为相关成本和不相关成本两类。　（　　）

7. 相关成本包括沉没成本、共同成本、联合成本、不可避免成本和不可延缓成本等。　（　　）

8. 成本性态是指在一定条件下成本总额与特定业务量之间的依存关系。　（　　）

9. 半变动成本随业务量的变动而成正比例变动。　（　　）

10. 成本性态模型 $y=a+bx$ 中的 b,就是指单位变动成本。　（　　）

四、简述题

1. 简述成本性态分析与成本按其性态分类的异同。

2. 简述成本性态分析的方法。

3. 简述固定成本、变动成本的特征。

4. 简述高低点法分解混成本的基本做法。

5. 简述进行成本性态分析的数学分解法包括哪些具体的方法,各种方法有何不同。

五、计算题

1. 某企业的设备维修费属于混合成本,资料如表2—7所示。

表2—7　　　　　　　　　　　　　　　　混合成本资料

月　份	业务量(机器工作小时)	设备维修费(元)
1	9	300
2	8	250
3	9	290
4	10	310
5	12	340
6	14	400
7	11	320
8	11	330
9	13	350
10	8	260
11	6	200
12	7	220

要求：

(1)采用高低点法分解设备维修费。

(2)采用回归直线法分解设备维修费。

(3)若下一个年度 1 月份的机器工作小时为 15 小时，预测设备的维修费是多少？

2. 某工厂 2016 年混合成本资料如表 2—8 所示。

表 2—8　　　　　　　　　　　　　　某工厂 2016 年业务量与设备维修费

季度	产量（件）	混喝成本（元）
1	100	20 000
2	150	26 000
3	110	21 500
4	130	23 700

要求：

(1)用高低点法分解混合成本。

(2)假设下一年计划产量为 500 件，预测下年的混合成本总额。

(3)2016 年 3 月计划使用 55 千机器小时，预计维修费是多少？

3. 克林公司 2016 年 12 个月中最高产量与制造费用和最低产量与制造费用资料如表 2—9 所示。制造费用中包括变动成本、固定成本和混合成本，经分析，成本组成情况如下：

单位变动成本（元）:0.5

固定成本总额（千元）:260

表 2—9　　　　　　　　　　　　　克林公司产量与制造费用高、低点数据

项目　　月份	1 月	3 月	8 月	11 月
产量（千件）	600	510	420	570
制造费用（千元）	3 160	2 800	2 450	2 650

要求：

(1)采用高低点法将制造费用分解，并写出混合成本公式。

(2)2006 年 1 月预计产量为 650 千件，其制造费用总额是多少？

4. 设某企业的历史成本资料如表 2—10 所示。

表 2—10

指　标	高低点	
	高　点	低　点
产量（件）	75 000	50 000
产成品成本（元）	176 250	142 500

上述产品成本中包括变动成本、固定成本和混合成本三部分，该企业对低点产量 50 000 件的产品成本总额做了分解，各类成本如表 2—11 所示。

表 2—11

项　目	变动成本总额	固定成本总额	混合成本总额	成本总额
金额(元)	50 000	60 000	32 500	142 500

要求:

(1)采用高低点法对该企业的混合成本进行分解,写出成本模型。

(2)若该企业计划期生产 65 000 件产品,总成本是多少?

◎ 应会考核 ◎

★ 观念应用

【背景资料】

帮助刘经理进行成本性态分析

刘先生是一家电风扇厂的经理。该厂 7 月份投产一批新型电风扇,产量为 800 台,每台成本为 360 元。由于消费者对该型号电风扇不太了解,当月产出的电风扇 70%没能销售出去,于是 8 月份的产量降为 400 台,而每台成本却上升至 403 元,成本升幅超过 10%。为此,刘经理对新型电风扇生产车间的所有员工给予严厉批评,并扣发了每个人的当月奖金。但是该生产车间的主任感到委屈,并向经理提供了相关数据。这些数据表明:8 月份成本实际上比 7 月份还要略低些。然后,经理对财务科提供的成本资料的准确性表示不满,而财务科科长坚决否认,并提供了充足的证据说明他们提供的成本信息完全是准确的。

【考核要求】

请结合成本性态的理论,对此给出一个合理的解释并回答下列问题:

(1)电风扇的生产中哪些是固定成本?哪些是变动成本?

(2)单位变动成本与产量的关系如何?

(3)单位固定成本与产量的关系如何?

(4)在坐标系下,画出模型曲线。

★ 技能应用

变动成本和固定成本应该如何进行分析?

成都某化工厂是一家大型企业。该企业在从生产型转向生产经营型的过程中,从经理到车间领导和生产工人都非常关心生产实绩。但过去往往要到月末才能知道月度的生产情况,这显然不能及时掌握生产信息,特别是成本和利润两大指标,如果心中无数,那便不能及时地在生产过程各阶段进行控制和调整。该企业根据实际情况,决定采用本量利分析的方法来预测产品的成本和利润。他们首先以五车间为试点。该车间主要生产环氧丙锭和丙乙醇产品。按成本与产量变动的依存关系,他们把工资费用、附加费、折旧费和大修理费等列作固定费用(约占总成本 10%),把原材料、辅助材料和燃料等生产费用其他要素作为变动费用(约占成本 65%),同时把水电费、蒸汽费、制造费用和管理费用(除折旧以外列作半变动费用,因为这些费用与产品的产量无直接比例关系,但也不是固定不变的)(约占总成本的 25%)。

会计人员用高低点法对半变动成本进行分解,结果是:

单位半变动成本:0.055 3(万元)

固定成本:-0.01(万元)

固定成本是负数,显然是不对的。

用回归分析法求解,单位变动成本和固定成本是:

单位变动成本:0.032 1(万元)

固定成本:1.28(万元)

根据 $y=a+bx$,经验算,各月固定成本与预计数 1.28 万元相差很远。

1 月份:16.33－0.032 1×130.48＝2.512(万元)

2 月份:15.43－0.032 1×428.49＝1.585(万元)

3 月份:13.43－0.032 1×411.20＝0.230(万元)

4 月份:16.92－0.032 1×474.33＝1.694(万元)

5 月份:15.19－0.032 1×462.17＝0.354(万元)

【技能要求】

针对上述内容的计算,会计人员感到困惑,不知道问题出在哪里? 应该采用什么方法来划分变动成本和固定成本?

★案例分析

【背景资料】

仅仅是简单的复核吗

宋嘉是一家大广告公司分公司的经理,地处 W 市。该公司已经开业两年了,虽然规模不大,但盈利状况不错。可如果要在当地广告界站稳脚跟,还需要继续努力。最近,宋嘉得知当地政府要搞一项大型的招商引资活动,其整个策划方案通过社会招标来完成。宋嘉认为这是一个难得的机会。经过调查得知,她的主要竞争对手是当地的一家有着 7 年经营历史的广告公司,而且该公司的财务经理是大学同学王海涛。王海涛是一名成功的会计师,但目前遇到了一些经济困难。他要在两周内筹集到 12 万元购房款,还要为今年上大学的儿子准备学费。

宋嘉想了解竞争对手的投标情况,因此,她把王海涛约出来,进行了一次非常正式又非常富有人情味的谈话。宋嘉:"老同学,我的公司正处于一个关键的转折点。如果我中标的话,我就成功了。这将给公司直接带来 500 万元的收入。除此之外,良好的声誉还会带来 200 万元的新业务。"王海涛:"我的老板也很想中标,如果中标,我们公司利润将会有巨大的增长。这是一场竞争,你是新手,赢的机会恐怕不多。"宋嘉:"你错了,你忘了两个非常重要的因素。第一,我有总公司的资源作为后盾并有经营地区性公司的能力。第二,我也有一些社会关系。去年,我们为本市的'夜景工程'无偿资助过价值高达 100 万元的霓虹灯项目,并受到了市政府相关部门的好评,我的工作也给他们留下了很好的印象。这次活动,市政府方面希望我能够承担该项广告业务。我确信自己的投标将颇具竞争力。我唯一担心的是被你们公司击败。如果我们的标价低,方案可行,主管副市长应该会让我承担这项工作的。"王海涛:"实际上,很多人认为这项工作应当由当地的广告商来做,而不应交给外地的公司。而且你的分公司规模小,如果承担这样大的项目,还必须求助于总部的支持,你可能会遇到很多麻烦。"宋嘉:"没错。但我是分公司的负责人,我有能力化解这些矛盾,再说我也是当地人。如果有你的帮助,我中标的可能性就更大了。一旦我赢了,你也可从中获益。对于这项业务,我需要聘请一位会计师,我不会亏待你的。我会先给你 12 万元酬劳,这样就可以解决你的经济困难了,毕竟我们是老同学嘛。"王海涛:"宋嘉,如果我的财务状况能够改善,我会很高兴的。我当然希望你能中标,可我能帮助你做些什么呢?"宋嘉:"很简单,要想中标,首先要击败你们公司。我想让你复核一下我提出的标价。凭你的财务经验,应该很容易发现这个标价里的过多成本,或者错误的成本类别。通过削减过多成本、消除与项目不直接相关的成本,降低投标价格,我的公司应该有能力击败你们公司而中标的。"

【分析要求】

(1)如果你是王海涛的话,你会怎样做? 请说明你做出这一选择的原因。

(2)如果王海涛同意复核标价,可能会出现什么结果? 如果他复核了标价,对他个人而言有很大的风险吗? 这一风险程度对其决策有影响吗?

（3）假设王海涛是美国"管理会计师协会"的成员，并持有注册管理会计证书。请用管理会计师的道德准则来判断王海涛的提议。如果他同意复核该标价，则违反了什么准则？

◎ 项目实训 ◎

【实训项目】

成本按照习性分类的训练。

【实训情境】

（1）ABC 股份有限公司本年度计划产销某产品 10 万件，固定成本总额为 30 万元，计划利润为 10 万元。实际执行结果是，产销该种产品 12 万件，成本与售价均无变动，实现利润 12 万元。

试对该公司本年度的利润计划完成情况做出评价。

（2）按照传统会计观点，该企业实现产值和利润的同步增长，超额 20% 完成任务。

但从管理会计角度看，利润计划并没有完成。因为本年度实际产量 12 万件，与计划相比增长 20%，固定成本总额不变，按照成本习性，单位产品中所含固定成本应随着产量的增加而减少。（提示：固定成本每件减少了 0.5 元，由于成本降低而增加的利润为 60 000 元，同时由于产量的增加而增加的利润为 20 000 元，企业的总利润应当达到180 000 元，但实际上企业的利润只实现了120 000 元。）

【实训任务】

要求：

（1）通常所认为的利润与产值同步增长是否成立？

（2）传统会计对成本的划分方法有什么缺陷？

项目三　变动成本法和完全成本法

【知识目标】

理解:变动成本法及其理论依据;变动成本法的特点。

熟知:变动成本法与完全成本法的比较。

掌握:变动成本法与完全成本法税前净利差异的原因及转换、优缺点及结合运用。

【技能目标】

能够运用两种成本计算方法计算相关指标,并就相关指标间的差异进行比较并说明理由;能够编制不同成本计算法下的利润表。

【素质目标】

能够合理地运用两种成本分析方法,提高计算能力,塑造管理会计职业生涯。

【项目引例】

变动成本法和完全成本法在业绩评价中的应用

新亚有限公司生产甲产品,10月份生产量为400件,单位产品成本为7.5元,其中单位固定性制造费用为2元。由于销售欠佳,11月份产量减少了一半,即为200件,每件产品单位成本为9元,成本增长了20%。经理在进行业绩评价时,认为这是成本管理不善造成的结果,提出要对车间负责人和相关生产工人进行处罚,但是管理会计人员提出了一系列的成本资料,认为不是成本增加了,实际上是成本下降了,在材料和人工耗费方面下降了0.5元/件,应该奖励。

【讨论】　如何运用变动成本法和完全成本法的知识分析此案例?

知识精讲

任务一　变动成本法和完全成本法概述

成本计算是损益计算、成本管理以及进行预测、决策、预算等管理会计工作的基础。适合管理会计工作的成本计算方法(变动成本法)与适合财务会计的成本核算方法(完全成本法)在多方面存在差异。本项目在介绍成本计算概念的基础上来介绍变动成本法和完全成本法。

一、成本计算的概念与分类

(一)成本计算的概念

成本计算(Costing)分狭义和广义两种。

狭义的成本计算方法是指成本会计中的成本核算,即运用复式簿记记账的方法,连续计算产品或劳务成本的程序和方法,主要包括成本的记录、分类、归集、分配、汇总和报告。

广义的成本计算方法已远远超出了传统的成本费用核算的范围,它不仅包括成本核算,而且包括成本计划、成本控制及成本考核中的成本计算内容,形成了科学系统的现代成本计算方法体系。管理会计中通常使用的是广义上的成本计算方法的概念。

(二)成本计算的分类

按目的的不同,成本计算可分为常规成本计算和特殊成本计算。常规成本计算是指根据财务会计的要求,为规范性强、持续进行的企业日常成本核算提供一般管理需要的成本信息,如产品成本核算。特殊成本计算是根据特殊的管理目的需要,临时性地对特定概念的成本进行计算,如决策成本计算、设计成本计算等。

按对象类型的不同,成本计算可分为业务成本、责任成本和质量成本。业务成本是以企业的业务活动为对象,对企业提供的各项经营活动的成本进行计算,如产品成本计算。责任成本是以不同的责任中心为对象,计算责任中心所发生或者承担的成本,为责任中心负责人进行考核评价提供成本信息。质量成本是以产品或服务为对象,计算产品或服务达到特定质量水平所需的成本。

按流程的不同,成本计算可分为品种法、分批法和分步法。品种法是大量、大批单步生产的企业,按品种汇集成本费用来计算产品成本的成本计算法。分批法是小批量、单件生产企业,按批次汇集成本费用来计算产品成本的成本计算法。分步法是多步骤生产企业,以生产步骤和产品品种汇集成本费用来计算产品成本的成本计算法。

二、变动成本法和完全成本法的概念

(一)变动成本法

变动成本法,又称直接成本法(Direct Costing)、边际成本法(Marginal Costing),是指企业在组织成本计算时,将全部成本按成本习性分为变动成本和固定成本,把变动成本作为产品成本,把固定生产成本和非生产成本作为期间成本,并按贡献式损益确定程序计量损益的一种成本计算方法。变动成本法下,产品成本包括生产成本中的直接材料、直接人工和变动性制造费用;期间成本包括管理费用、销售费用和财务费用等非生产成本与固定性的制造费用。由于变动成本法下的产品成本不包括全部生产成本,不符合公认会计原则,所以与现行的财务会计准则不相符。

(二)完全成本法

完全成本法,又称全部成本法、吸收成本法(Absorption Costing),是指企业在组织产品成本计算时,将全部成本按经济用途分为生产成本和非生产成本,把全部生产成本作为产品成本,把全部非生产成本作为期间成本,并以此为基础计算存货成本和当期损益的成本计算方法。完全成本法下,产品成本包括生产成本中的直接材料、直接人工和制造费用;期间成本包括管理费用、销售费用和财务费用等非生产成本。产品成本在产品未销售之前作为存货成本,在资产负债表列示;产品销售出去之后,这部分产品成本转化为销售成本,在利润表中计入当期损益。全部的非生产成本都在利润表中计入当期损益。完全成本法符合公认会计原则,是现行的财务会计准则认可的存货和成本核算的方法。

三、变动成本法的理论根据

根据固定成本习性,在相关范围内,无论是固定的非生产成本还是固定的生产成本,都与业务量无关。企业为了维持一定的生产经营能力,就需发生一定的固定成本。不会因为这些生产能力没有得到运用就不发生固定成本,也不会因为生产能力运用效率低固定成本就减少了。当期发生的固定成本只与当期的生产经营能力有关,需由当期的收入来补偿。这部分的生产能力在当期没有运用,也不会转移到下一期,从而这部分的固定成本不能递延到下一期。这些固定成本与产品或业务量无关,只与一定生产经营能力的时期有关,具有时效性。从这个角度来看,固定性制造费用与管理费用、销售费用和财务费用等非生产成本的性质是相同的,只对创造和维持特定时期的生产经营能力起作用。例如,生产成本中折旧、管理人员工资等固定性制造费用,在相关范围内,它们的发生与各期的实际生产业务量无直接关系,它们只是提供了企业一定时期的生产经营能力,不会因为某期实际产量增加而增加,也不会因为某期实际产量减少而减少。在变动成本法下,这部分费用不随存货而递延到下一期,只能作为期间费用抵减当期损益,这也符合公认会计原则的谨慎原则和配比原则。因此,在变动成本法下,固定生产成本(即固定性制造费用)应与非生产成本共同构成期间成本。

变动成本法改变了完全成本法把固定制造费用在本期销货与期末存货之间分配的做法,使产品成本具有变动成本的习性,能够简明地揭示产品的销量、成本和利润之间的实际联系,提供的成本会计信息易于理解、掌握和使用,为管理会计的预测、决策、规划和控制提供了基础。

四、变动成本法的历史沿革

最初的产品成本主要包括与业务量关系比较密切的直接材料和直接人工,而直接材料和直接人工合称直接成本(Direct Cost),因此,变动成本法又称直接成本法。随着发展的需要,有些间接的制造费用虽然不是直接成本,但也随业务量成正比例变动,计入产品成本,因此直接成本法又称为变动成本法。变动成本法下的产品成本又是边际成本。在英国,变动成本法又被称为边际成本法。传统的成本会计,受产业革命的推动,因生产程序的复杂化,固定性制造费用越来越多,同时也为了向投资者提供财务信息的需要而发展起来。但随着经济环境的变化、竞争加剧,企业的生产经营模式也不断变化,传统的完全成本法的缺陷逐渐暴露,不能满足内部管理对会计信息的需要。1936 年,美国学者哈里斯(Donathan Harris)首次提出了变动成本法的思想和方法,纠正了完全成本法所确定的营业利润受存货变动影响的缺陷,变动成本法的思想得以传播,但当时没有受到重视。第二次世界大战后,随着市场竞争的日益激烈,新的企业管理方法的深入运用,预测、决策、规划和控制等管理活动逐渐加强,企业对固定成本和变动成本的信息需求日益增加,变动成本法逐渐被美国、日本和欧洲一些发达国家广泛使用。

五、变动成本法的特点

与传统的完全成本法相比,变动成本法的特点主要体现在以下三个方面。

(一)变动成本法以成本性态分析为基础

在变动成本法下,将全部成本划分为固定成本和变动成本两个大类是最基本的前提条件,还要把与产品生产过程存在直接联系的变动成本归集到产品成本中,固定成本作为期间成本直接从本期收入中扣除。

(二)企业利润由贡献式收益表确定

为获得关键的贡献毛利信息,变动成本法把企业利润改由贡献式收益表来计算确定。贡献式收益表由两个步骤组成:

销售收入

减:已售产品的变动成本

贡献毛利

减:期间成本

税前利润

(三)成本信息主要服务于企业内部管理

尽管变动成本法具有其优越性,由于现行会计准则和税收法规均要求企业以全部成本计算为基础确定利润和对外报告,因此它不能取代完全成本法,变动成本法下的各种成本信息仅限于企业内部管理部门使用。

任务二　变动成本法与完全成本法的比较

变动成本法以成本性态分析为前提,将全部成本划分为变动成本和固定成本两大部分。其中,直接材料和直接人工为变动成本;属于混合成本性质的制造费用按与业务量变动的关系分解为变动制造费用和固定制造费用两部分。销售费用、管理费用、财务费用同样也要分解为变动和固定两部分。

完全成本法则要求把全部成本按经济用途分类为前提,将全部成本划分为生产成本和非生产成本两类。

对于固定制造费用,变动成本法采取了不同于完全成本法的处理方式,使得两种方法在产品成本构成、存货估价和当期损益方面存在着一系列的差异。

一、产品成本的构成不同

如前所述,变动成本法下,产品成本包括直接材料、直接人工和制造费用中的变动部分;完全成本法下,产品成本包括直接材料、直接人工和全部的制造费用。

在变动成本法下,产品成本全部由变动生产成本所构成,即按下式计算:

$$产品成本＝直接材料＋直接人工＋变动制造费用$$

在完全成本法下,产品成本包括全部生产成本。即按下式计算:

$$产品成本＝直接材料＋直接人工＋变动制造费用＋固定制造费用$$

【例3—1】　假定A公司只生产一种产品,某年有关资料如表3—1所示。现要求按两种成本计算法计算产品成本。

表 3—1   A公司有关资料

基础资料		成本资料			
项 目	数 量	项 目	金额（元）	明细项目	金额（元）
本年产量	2 000 件	直接材料	70 000	—	—
期初存货	0 件	直接人工	40 000	—	—
期末存货	200 件	制造费用	40 000	变动费用	10 000
				固定费用	30 000
本年销售量	1 800 件	销售费用	30 000	变动费用	10 000
				固定费用	20 000
销售单价	100 元	管理费用	10 000	变动费用	1 000
				固定费用	9 000

根据表 3—1 的有关资料，分别运用两种成本计算法计算产品成本，并编制成本计算单，如表 3—2 所示。

表 3—2   A公司产品成本计算单   单位：元

成本项目	变动成本法		完全成本法	
	总成本	单位成本	总成本	单位成本
直接材料	70 000	35	70 000	35
直接人工	40 000	20	40 000	20
变动制造费用	10 000	5	10 000	5
变动生产成本	120 000	60	120 000	—
固定制造费用	—	—	30 000	15
全部生产成本	—	—	150 000	75

从计算结果可以看出，按照变动成本法，A公司单位产品成本为 60 元，比完全成本法少了 15 元，就是因为变动成本法没有吸收固定制造费用所致。本例中，固定制造费用为 30 000 元，分摊到本期产量，则每件产品少负担固定成本 15 元（30 000÷2 000）。

二、对存货的估价不同

如前所述，采用变动成本法，只在产品成本中归集变动生产成本，而不包括固定制造费用。若采用完全成本法，则由于在已销产品、库存产品以及在产品之间进行固定制造费用的分配，因此一定时点上的期末产成品、在产品的存货成本，既包括变动生产成本，也包括分摊的固定制造费用。这样，完全成本法下的期末存货成本就会高于变动成本法的存货成本。

在变动成本法下，期末存货是以变动制造成本计价的，不包括固定制造费用。即期末存货成本应按下式计算：

$$期末存货成本＝单位期末存货成本×期末存货量$$
$$＝单位变动制造成本×期末存货量$$

在完全成本法下，全部生产成本需要在本期已销售产品与期末存货之间进行分配。期末存货的计价包含直接材料、直接人工和制造费用，可见，完全成本法下的期末存货计价必然大于变动成本法下的期末存货计价。其公式如下：

$$期末存货成本＝单位期末存货成本×期末存货量$$

【例3-2】 依例3-1,A公司的有关资料,可以计算出两种方法下的期末存货成本,如表3-3所示。

表3-3 A公司期末存货成本计算单 单位:元

摘　要	变动成本法	完全成本法
单位产品成本/元	60	75
期末产成品数量/件	200	200
期末产成品成本/元	12 000	15 000

三、分期损益不同

由于两种成本计算法所确定的产品成本不同,导致与当期收入配比的产品销售成本、期末存货成本不同,并使得当期损益也不同。同时,由于期末存货中所吸收的固定生产成本实际上递延到了以后的会计期间,从而产生了分期损益差异。在完全成本法下,利润表把成本项目按照生产、销售、管理等不同经济职能进行排列,主要满足企业外界的报表使用者的需要,故也称为"职能式收益表";而变动成本法下的利润表则将全部成本项目按其习性划分为变动成本、固定成本两大类排列,主要目的在于获取贡献毛利信息,以适应企业内部管理人员规划与控制经济活动的需要,因此也称为"贡献式收益表"。

在变动成本法模式下,只能按贡献式利润确定程序计量销售利润;而在完全成本法模式下则必须按传统式利润确定程序计量销售利润。两种方法下计算税前利润的公式如下:

(一)税前利润

在变动成本法下:

$$贡献毛益＝销售收入－变动成本总额$$

在这里,变动成本总额应包括已售产品的变动生产成本和变动期间费用。

$$税前利润＝贡献毛益－固定成本总额$$

在这里,固定成本总额应包括固定制造费用和固定期间费用。

在完全成本法下:

$$销售毛利＝销售收入－销售生产成本$$

在这里,销售生产成本包括已售产品的变动生产成本和固定制造费用。

$$税前利润＝销售毛利－期间费用$$

在这里,期间费用包括全部的变动和固定的期间费用。

(二)期间费用

在变动成本法下,期间费用由固定制造费用、全部销售费用、管理费用和财务费用所构成。即:

$$期间费用＝固定制造费用＋销售费用＋管理费用＋财务费用$$

在完全成本法下,期间费用则仅包含全部非生产成本(即全部销售费用、全部管理费用、全部财务费用)。即:

$$期间费用＝销售费用＋管理费用＋财务费用$$

(三)销售成本

从理论上来说,无论是变动成本法还是完全成本法,销售成本都可以按下列公式计算求

得,即:

$$本期销售成本＝期初存货成本＋本期发生的生产成本－期末存货成本$$

在变动成本法下,由于在相关范围内,单位变动成本不随业务量的变动而变动,因而可以改写成:

$$本期销售成本＝单位变动成本×(期初存货量＋本期生产量－期末存货量)$$
$$＝单位变动成本×销售量$$

而在完全成本法下,由于单位产品成本中,既包括单位变动成本,也包括单位固定成本。在相关范围内,单位固定成本与业务量成反比例变动,因而本期销售成本既与销售量有关又与生产量有关。在完全成本法下,当前后各期的生产量不相同时,其单位固定成本就会改变,所以本期销售成本应按照下述公式计算:

$$本期销售成本＝期初存货成本＋本期发生的生产成本－期末存货成本$$

【例3—3】　仍依例3—1的资料,分别采用两种成本计算法计算当期损益,结果如表3—4、表3—5所示。

表3—4　　　　　　　　A公司职能式利润表(按完全成本法编制)　　　　　　　单位:元

项　目	金　额	
销售收入(1 800×100)		180 000
销售成本:		
期初存货成本	0	
本期生产成本	150 000	
可供销售的产品生产成本	150 000	
减:期末存货成本	15 000	
销售成本		135 000
销售毛利		45 000
减:销售费用	30 000	
管理费用	10 000	
期间费用总额		40 000
税前净利		5 000

表3—5　　　　　　　　A公司贡献式利润表(按变动成本法编制)　　　　　　　单位:元

项　目	金　额	
销售收入(1 800×100)		108 000
变动成本:		
变动生产成本(1 800×60)	180 000	
变动推销成本	10 000	
变动管理成本	1 000	
变动成本总额		119 000
贡献毛利总额		61 000
减:期间成本		

续表

项　目	金　额
固定制造费用	30 000
固定销售费用	20 000
固定管理费用	9 000
期间成本总额	59 000
税前净利	2 000

从计算结果可以看出,两种成本计算法下的损益是不同的,原因就在于存货计价不同。关于这个问题,任务三将进一步讨论。

任务三　两种成本法税前净利差异的原因及转换

根据上述任务的讨论,可知两种成本计算法下的税前净利是不相同的。为全面了解这种差异及其原因,现结合一个连续各期的损益计算实例予以说明。

一、成本法对损益的影响:连续各期销售量变动,生产量不变的情况

前面关于两种方法对损益影响的讨论都是假设期初没有存货的条件下进行的,但如果放宽这个假设,在连续几个会计期间内,销售量变动,产量维持不变,那么必然出现这样的情况:既有期初存货,又有期末存货。这时,前述两种方法对损益影响的结论是否依然成立呢?现举例作进一步的分析和比较。

【例3-4】　假定 ABC 公司只生产一种产品,表3-6 给出的是最近3年生产该产品的有关资料。若业务量在相关范围内,要求根据这些资料分别按两种成本计算法连续编制3年的利润表。

表3-6　　　　　　　　　　　　　　ABC公司计算损益的有关资料

摘　要	第一年	第二年	第三年	合　计
期初存货量(件)	500	500	1 500	500
本期生产量(件)	8 000	8 000	8 000	24 000
本期销售量(件)	8 000	7 000	9 000	24 000
期末存货量(件)	500	1 500	500	500
销售单价(元)		12		12
生产成本(元)				
变动生产成本		5		
固定成本总额		24 000		
推销及管理费用				
单位变动成本		0		
固定成本总额		25 000		

根据表 3—6 的资料,我们可以计算出单位产品成本。

在完全成本法下,由于各年的生产量相等,因此单位产品成本不变,即:

$$单位产品成本＝5＋24\ 000÷8\ 000＝8(元)$$

而在变动成本法下,单位产品成本为 5 元。

按照两种成本计算法编制的利润表如表 3—7 所示。

表 3—7　　　　　　　　　　　　　　**ABC 公司利润表**　　　　　　　　　　单位:元

摘　要	第一年	第二年	第三年	合　计
按完全成本法编制				
销售收入总额	96 000	84 000	108 000	288 000
销售成本				
期初存货成本	4 000	4 000	12 000	4 000
本期生产成本	64 000	64 000	64 000	192 000
可供销售的生产成本	68 000	68 000	76 000	196 000
减:期末存货成本	4 000	12 000	4 000	4 000
本期销售成本	64 000	56 000	72 000	192 000
销售毛利	32 000	28 000	36 000	96 000
减:推销及管理费用	25 000	25 000	25 000	75 000
税前净利	7 000	3 000	11 000	21 000
按变动成本法编制				
销售收入总额	96 000	84 000	108 000	288 000
变动成本总额				
变动生产成本	40 000	35 000	45 000	120 000
贡献毛利总额	56 000	49 000	63 000	168 000
减:期间成本				
固定生产成本	24 000	24 000	24 000	72 000
推销及管理费用	25 000	25 000	25 000	75 000
期间成本总额	49 000	49 000	49 000	147 000
税前净利	7 000	0	14 000	21 000

分析比较表 3—7 中各年的税前净利,可以发现:

(1)第一年两种方法计算的税前净利相等。这是因为当年的生产量与销售量取得了平衡,期初存货与期末存货的数量及其所吸收的固定生产成本相同,都没有本期固定成本递延至下一期和上一期固定成本结转至本期的情况。因此,采用何种方法,对税前净利没有影响。

(2)第二年完全成本法计算的税前净利高于变动成本法 3 000 元(3 000－0)。原因在于该年度的生产量大于销售量,使期末存货增加了 1 000 件(1 500－500),每件存货的全部成本比变动成本高 3 元(8－5),也即单位存货吸收的固定生产成本的数额。因此,按照完全成本法就会把期末存货 1 000 件中的固定生产成本 3 000 元(3×1 000)转入下一年度,并使当年销售成本等额减少,从而使当年的税前净利比变动成本法计算的利润高出 3 000 元。

(3)第三年完全成本法计算的税前净利低于变动成本法 3 000 元(14 000－11 000)。原因在于该年度的生产量小于销售量,使期末存货减少了 1 000 件(1 500－500)。因此,按照完全成本法,本期销售成本不仅包括当年的固定生产成本,还要消化上年结转到本期的期末存货的固定生产成本 3 000 元(3×1 000),并使当年销售成本等额增加,从而使当年的税前净利比变动成本法计算的利润少了 3 000 元。

(4)从连续 3 年的总体损益情况看,由于产、销总体是平衡的,在一个较长的考察期内,固定生产成本全部随同已经销售的产品计入了损益,两种方法计算的税前净利总和也必然相等。

二、成本法对损益的影响:连续各期生产量变动,销售量不变的情况

假定在连续几个会计期间内,生产量变动,销售量维持不变。这时两种方法对损益的影响又是怎样的? 现再举一例进行分析。

【例3-5】 假定 DEF 公司只生产一种产品,表 3-8 给出的是最近 3 年生产该产品的有关资料。若业务量在相关范围内,要求根据这些资料分别按两种成本计算法连续编制 3 年的利润表。

表 3-8　　　　　　　　　　　　　DEF公司计算损益的有关资料

摘　要	第一年	第二年	第三年	合　计
期初存货量(件)	0	0	2 000	0
本期生产量(件)	6 000	8 000	4 000	18 000
本期销售量(件)	6 000	6 000	6 000	18 000
期末存货量(件)	0	2 000	0	0
销售单价(元)		10		10
生产成本(元)				
变动生产成本		4		
固定成本总额		24 000		
推销及管理费用				
单位变动成本		0		
固定成本总额		6 000		

根据表 3-8,我们可以计算出两种方法下的单位产品成本,如表 3-9 所示。

表 3-9　　　　　　　　　　DEF公司单位产品成本计算　　　　　　　　　　单位:元

项　目	完全成本法			变动成本法		
	第一年	第二年	第三年	第一年	第二年	第三年
变动生产成本	4	4	4	4	4	4
固定生产成本	4	3	6	—	—	—
单位生产成本	8	7	10	4	4	4

按照两种成本计算法编制的利润表如表 3-10 所示。

表 3—10　　　　　　　　　　　DEF 公司利润表　　　　　　　　　　单位:元

摘　要	第一年	第二年	第三年	合　计
按完全成本法编制				
销售收入总额	60 000	60 000	60 000	180 000
销售成本				
期初存货成本	0	0	14 000	0
本期生产成本	48 000	56 000	40 000	144 000
可供销售的生产成本	48 000	56 000	54 000	144 000
减:期末存货成本	0	14 000	0	0
本期销售成本	48 000	42 000	54 000	144 000
销售毛利	12 000	18 000	6 000	36 000
减:推销及管理费用	6 000	6 000	6 000	18 000
税前净利	6 000	12 000	6 000	18 000
按变动成本法编制				
销售收入总额	60 000	60 000	60 000	180 000
变动成本总额				
变动生产成本	24 000	24 000	24 000	72 000
贡献毛利总额	36 000	36 000	36 000	108 000
减:期间成本				
固定生产成本	24 000	24 000	24 000	72 000
推销及管理费用	6 000	6 000	6 000	18 000
期间成本总额	30 000	30 000	30 000	90 000
税前净利	6 000	6 000	6 000	18 000

分析比较表 3—10 中各年的税前净利,可以发现:

(1)第一年两种方法计算的税前净利相等。这是因为当年的生产量与销售量平衡,期初存货与期末存货的数量及其所吸收的固定生产成本都相同。因此,采用何种方法,对税前净利都没有影响。

(2)第二年完全成本法计算的税前净利高于变动成本法 6 000 元(12 000－6 000)。原因在于该年度的生产量大于销售量,使期末存货增加了 2 000 件(2 000－0),每件存货的完全成本比变动成本高 3 元(7－4),也即单位存货吸收的固定生产成本的数额。因此,按照完全成本法就会把期末存货 2000 件中的固定生产成本 6 000 元(3×2 000)转入下一年度,并使当年销售成本等额减少,从而使当年的税前净利比变动成本法计算的利润高出 6 000 元。

(3)第三年完全成本法计算的税前净利低于变动成本法 6 000 元(6 000－0)。原因在于该年度的生产量小于销售量,使期末存货减少了 2 000 件(2 000－0)。因此,按照完全成本法,本期销售成本不仅包括当年的固定生产成本,而且要消化上年结转到本期的期末存货的固定生产成本 6 000 元(3×2 000),并使当年销售成本等额增加,从而使当年的税前净利比变动成本法计算的利润少了 6 000 元。

(4)从连续 3 年的总体损益情况看,由于产、销总体是平衡的,在一个较长的考察期内,固定生产成本全部随同已经销售的产品计入损益,两种方法计算的税前净利总和也必然相等。

这里还应该指出两点:一是采用变动成本法时,在成本相关范围内,无论不同年度的产量是否变动、存货量有无增减,只要销售量相同,那么,其税前利润必然相等。二是应该注意税前净利变化规律的适用条件,这是因为各年生产量变动后,单位产品的全部成本不同了,使得即使期初、期末存货数量一致,存货成本也并不相同。因此,考察不同成本计算法对税前净利的影响,仅仅考虑产销量的平衡状况是不够的,还必须考虑存货中的固定成本额才能得出正确的结论。

三、两种方法计算税前净利差异产生的原因及其转换

通过上述实例可以看出,按照两种成本法计算的税前净利之所以会产生差异,关键在于期初和期末存货中所包含的固定生产成本数额变动及其对比关系变化。根据这一原因,我们可以对两种方法下税前净利变化的规律作出如下总结:

(1)如果既无期初存货,也无期末存货,或者虽然有期初、期末存货,但存货中包含的固定成本数额没有变化,两种成本法扣除的固定成本总额相等。因此,两种方法计算的税前净利也必然是相同的。

(2)如果期末存货中包含的固定生产成本大于期初存货中的固定生产成本,则完全成本法所扣除的固定成本总额要大于变动成本法所扣除的固定成本总额。因此,按完全成本法计算出来的税前净利就会大于变动成本法下的税前净利。

(3)如果期末存货中包含的固定生产成本小于期初存货中的固定生产成本,则完全成本法所扣除的固定成本总额要小于变动成本法所扣除的固定成本总额。因此,按完全成本法计算出来的税前净利就会小于变动成本法下的税前净利。

根据上述规律,我们可以将两种方法计算的税前净利通过差额的调整进行相互转换。如果企业存货计价采用先进先出法,两种方法下的税前净利差额可通过下式计算:

差额＝(期末存货单位固定生产成本×期末存货量)－(期初存货单位固定生产成本
　　　×期初存货量)

如果上式计算的差额为零,说明两种方法计算的税前净利相等;如果差额为正值,说明期末存货递延了本期固定生产成本,完全成本法下的税前净利大于变动成本法下的税前净利;如果差额为负值,说明期末存货减少并释放了上期转入的固定生产成本,完全成本法下的税前净利小于变动成本法下的税前净利。

因此,两种方法税前净利之间存在下列关系:

完全成本法下的税前净利＝变动成本法下的税前净利＋差额

式中的差额,可以是零、负值或正值。

任务四　两种成本法的优缺点及结合运用

一、完全成本法的优缺点

目前,财务会计领域仍然广泛采用完全成本法(制造成本法),如美国执业会计师协会(AICPA)、美国证券交易委员会(SEC)、国内税务局(IRS)等机构主张采用完全成本法计算产品成本,并据以确定存货成本和利润。我国会计准则、财务通则也采取了同样的立场。其理由是:变动成本与固定成本都是产品生产所必需支付的费用,而存货成本主要反映一种物品达到可使用状态所发生的一切适当支出,其中包括直接、间接支出。所以,变动成本与固定成本均应列入产品成本中。

由于一系列为数众多的权威机构的主张,使得目前企业对外编报会计报表,还必须采用完全成本法,这也说明这一方法仍然具有现实意义。

(一)完全成本法的优点

完全成本法的优点集中起来看,主要体现在以下两个方面。

1. 有利于调动、刺激企业提高产品生产积极性

在完全成本法下,生产量越大,单位产品负担的固定成本就越低,从而使单位产品成本下降,在销售价格一定的情况下,超额利润就越大。

【例3—6】　某公司生产某产品有关成本数据如下:固定成本45 000元,单位产品变动成本16元,若计划产量分别为5 000、10 000、20 000件,那么其成本水平计算如表3—11所示。

表3—11　　　　　　　不同产量水平下的单位产品成本比较　　　　　　　单位:元

产　量	5 000	10 000	20 000
单位变动成本	16	16	16
单位固定成本	9	4.5	2.25
单位成本	25	20.5	18.25

从表3.11中可以看出,在完全成本法下,单位产品成本受到产量的直接影响,产量越大,单位产品成本水平就越低。

2. 符合公认会计原则的要求,有利于企业按照统一标准对外报告

由于完全成本法比较符合人们对成本的理解,也更容易得到公司股东、税务当局等强势利益集团的支持,因而在实务中仍具有不可替代的地位。

(二)完全成本法的缺点

(1)按完全成本法计算出来的单位成本不仅不能反映生产部门的真实业绩,反而会掩盖或夸大生产实绩。

在例3—6中,该公司产量为5 000件时,生产部门若采取很多措施,节约变动成本25%,这时,产品单位成本为:$16 \times (1-25\%)+9=21$元。而在产量为10 000或20 000件时,生产部门即使不采取任何降低成本的措施,其单位成本仍然低于该水平(21元),不能反映说明生产部门

降低成本的业绩。

(2)按经济学原理,产品只有销售以后,其价值才能得到实现,企业才能获得利润。在价格、固定成本、单位产品变动成本不变条件下,多销售就应该多获利润。但按完全成本法所确定的税前利润,往往使人误解,容易导致企业管理人员盲目追求产量、产值。下面举出几个不同的例子说明如下:

①销售量相同,销售单价、成本水平不变,但只要产量不同,各年单位产品成本和税前净利就会有差别,令人费解。

【例3—7】 沿用例3—6中的成本资料,设销售单价为30元/件,第一、二、三年的生产量分别为5 000、10 000、20 000件,若每年均销售5 000件,每年期间费用均为10 000元,则可编制利润表如表3—12所示。

表3—12   **完全成本法的收益表(存货计价先进先出法)**   单位:元

项　目	第一年	第二年	第三年
销售收入	150 000	150 000	150 000
减:销售成本			
期初存货	0	0	102 500
本期生产成本	125 000	205 000	365 000
可供销售产品成本	125 000	205 000	467 500
减:期末存货	0	102 500	365 000
产品销售成本	125 000	102 500	102 500
销售毛利	25 000	47 500	47 500
减:期间费用	10 000	10 000	10 000
税前净利	15 000	37 500	37 500

如果存货计价采用后进先出,则如表3—13所示。

表3—13   **完全成本法的收益表(存货计价后进先出法)**   单位:元

项　目	第一年	第二年	第三年
销售收入	150 000	150 000	150 000
减:销售成本			
期初存货	0	0	102 500
本期生产成本	125 000	205 000	365 000
可供销售产品成本	125 000	205 000	467 500
减:期末存货	0	102 500	376 250
产品销售成本	125 000	102 500	91 250
销售毛利	25 000	47 500	58 750
减:期间费用	10 000	10 000	10 000
税前净利	15 000	37 500	48 750

从表3—12、表3—13中不难看出,无论采用何种存货计价方法,只要产量不同,税前净利

就不同,如此就得出了产量决定利润的错误结论。

②如果当年销售量超过上一年,价格、成本水平不变,只要当年期末存货减少,就会出现当年税前净利下降的情况。

【例3—8】B公司最近两年产品销售价格为30元,单位变动成本12元,固定成本160 000元,不考虑期间费用,两年产、销、存情况如表3—14所示。

表3—14   **B公司产、销、存资料**   单位:件

业务量	第一年	第二年
期初存货	0	6 000
本期生产	16 000	10 000
本期销售	10 000	16 000
期末存货	6 000	0

根据表3—14,可以计算单位成本如表3—15所示。

表3—15   **单位产品成本计算(完全成本法)**   单位:元

年 份	第一年	第二年
单位产品变动成本	12	12
单位产品固定成本	10	16
单位产品成本	22	28

编制利润表如表3—16所示。

表3—16   **B公司利润表(完全成本法)**   单位:元

年 份	第一年	第二年
销售收入	300 000	480 000
减:销售成本		
期初存货	0	132 000
本期生产成本	352 000	280 000
可供销售生产成本	352 000	412 000
减:期末存货	132 000	0
销售成本总额	220 000	412 000
税前净利	80 000	68 000

第二年销售增加了,但由于生产量下降,使期末存货减少,利润下降。

③如果销售下降,价格、变动成本、固定成本均不变,而产量大幅度增长,就会出现税前净利反而增加的奇特现象。主要原因是随产量的增加,单位固定成本下降,从而使总成本水平下降,将固定成本转入下期,使当期税前净利增加。上述情况表明,按完全成本法确定的税前净利,不仅直接受产量高低影响,而且与存货成本增减密切相关,这会严重抹杀销售业绩。

(3)完全成本法无法提供贡献毛利指标,不利于企业进行预测、决策分析和控制预算。

(4)采用完全成本法对固定制造费用往往要经过较烦琐的分配程序,而各种摊配方法的选用难免受到会计人员主观因素的影响,从而使成本、利润信息具有较大的随意性。

二、变动成本法的优缺点

(一)变动成本法的优点

变动成本法突破了传统的成本观念,为强化管理、提高效益提供了新的思路,其优点可归纳为五个方面。

1. 理论上最符合"费用与收益配比"的公认会计原则的要求

公认会计原则要求,在一定会计期间,应以产生的收益为根据,把有关费用与所产生的收益配合。变动成本法最大的突破在于将固定制造成本列为期间成本处理,如此可避免完全成本法下的成本利润水平受产量和存货水平影响,将成本延期反映的情况体现出来。

2. 提供实用的管理信息

变动成本法下,可以获得单位产品变动成本、贡献毛利、经营杠杆率等重要信息,这对于提高管理的科学性和决策水平都具有重要作用。

3. 便于分清责任,有利于进行成本控制与业绩评价

采用变动成本法可以明确地区分企业供应部门、生产部门、销售部门以及管理部门的工作业绩。区分成本降低的原因是成本控制工作的效果还是产量提高所带来的规模效应,不仅有利于对成本进行科学分析,采取正确措施进行成本控制,而且能够对相关部门的工作进行科学的评价。

4. 促进企业转变经营观念,重视市场和销售,防止盲目生产

在变动成本法下,产量多少、存货增减对税前净利不构成影响。因此,在销售价格、单位变动成本和销售组合不变的情况下,企业的税前净利取决于销售量。这样就会促使企业管理人员更加关注市场变化,避免盲目生产和资源浪费。

5. 简化成本计算,便于加强日常控制

变动成本法的主要好处是可将固定制造费用列为期间成本,从贡献毛利中一次扣除,省掉了分摊环节,从而简化了核算过程,避免了主观判断,使会计人员集中精力搞好日常控制。

鉴于变动成本法这些优势,所以美国会计学会(AAA)、全美会计人员联合会(NAA)等机构以及众多的企业经理和管理会计师们极力主张将变动成本法运用于对内报告和对外报告。

(二)变动成本法的缺点

1. 与传统的成本概念存在冲突

美国会计学会认为:成本是指为达到特定目的而已发生或可能发生的以货币计量的牺牲。按这种解释,成本应该包括变动成本和固定成本,而变动成本法下的成本,显然与此相背离。更何况变动成本和固定成本的划分在很大程度上是假设的结果,而非精确的计算。

2. 难以满足长期决策和定价决策的需要

变动成本法所提供的信息对短期经营决策确实非常有用,但不能解决生产能力增减、经营规模伸缩等长期决策问题。因为从长远看,由于技术进步、通货膨胀等影响,价格、成本包括单位变动成本和固定成本总额很难维持不变。在定价决策中,一般也要求考虑成本、费用,因为这些耗费均需得到补偿,而变动成本法提供的资料显然不能满足这些需要。

3. 从完全成本法过渡到变动成本法,会冲击有关方面的利益

从完全成本法到变动成本法一般要降低期末存货成本,因此会减少当期税前净利。这样

会使企业延期支付股东股利和企业所得税,会冲击有关方面的利益。

4. 在新的技术经济条件下,变动成本法的实践价值有所下降

在新的技术经济条件下,不仅产品品种结构呈多样化发展,而且产品成本结构也发生了巨大变化。随着生产自动化程度和生产技术密集程度的提高,企业产品成本的构成中制造费用的比重将日益上升,直接人工、直接材料所占的份额将呈下降趋势,因此以直接材料、直接人工等直接成本为重点的变动成本法可能导致成本信息失真,引起决策失误。同时,由于适时生产系统和制造单元的出现,使得许多制造费用由间接费用变为直接费用,而与数量无关的成本动因的采用,也使许多不随业务量变动的间接成本可以很方便地分摊到各个产品,使成本的可归属性增强。由于零库存目标的确立,使产品库存降至最低限,制造成本均列入了发生期,包括固定成本在内的产品成本均具有期间成本性质,这样将成本划分为期间成本、产品成本就失去了实际意义。此外,作业成本法的应用兼容了全部成本、变动成本法的优点,完全成本法与变动成本法在损益计算上渐趋一致,这样可以使完全成本法受到的非难得到解释。技术经济环境的这些变化,动摇了变动成本法的基础,使变动成本法的重要性日益下降。

三、两种成本法的结合运用

如前所述,变动成本法和完全成本法各有其优缺点。在管理会计实践中,两种方法提供的信息互有侧重,可以相互结合、相互补充,共同实现会计职能。

一般认为,企业会计具有两个方面的基本职能:一方面,应按照公认会计原则和会计信息披露的规定,定期编制财务报告,为企业外部的投资人、债权人和其他有关利益集团服务;另一方面,要通过灵活多样的方法和手段,为企业内部经营管理提供决策、规划、控制等诸方面的信息支持。为了能够同时兼顾企业内外两个方面的信息需要,实践中已经形成了两种不同的变动成本法与完全成本法的结合模式。

(一)双轨核算制

双轨核算制也称"双轨制",即原有的财务会计核算体系不变,在系统外另行建立一个变动成本核算系统,对外报告按完全成本法进行,对内报告则采用变动成本法,设置两套账户进行平行核算,生成两种各自独立的成本信息,满足不同的需要。由于这种模式相当于另起炉灶,工作量较大,会造成人力、物力和财力的极大浪费,因此,其推广运用存在很大的困难。

(二)单轨核算制

单轨核算制也称"单轨制",即对原有财务会计核算系统进行适当改造,建立以一种成本计算法为主,辅之以另外一种成本计算法的统一成本计算系统。由于企业内部管理工作是经常性的、大量的,会计系统满足内部需要是最为重要的,而对外报告通常是定期的,频率也不高,因此,以变动成本法为基础,同时对其进行适当调整和变通,以适应外部报告的要求,就是一种相对理想的选择。单轨制既能满足内、外两个方面的信息需要,又可极大地简化核算工作量,避免重复劳动。

在单轨制下,日常成本核算以变动成本法为依据,将生产成本项目按成本性态划分,在产品、产成品成本均按变动性生产成本反映;同时增设"变动性制造费用"和"固定性制造费用"账户,用以归集各种间接费用;其他会计科目的内容可按会计制度的要求进行核算。到会计期末,将"固定性制造费用"和"管理费用"、"销售费用"、"财务费用"科目的本期发生额作为期间费用,列入变动成本法下利润表;对外报告时,将"固定性制造费用"本期发生额按照比例在已销产品、产成品和在产品之间进行分配,应由本期销售产品负担的部分转入"产品销售成本"账

户,并列入利润表内作为本期销售收入的扣减项目,这时的利润表就能够提供符合公认会计原则要求的完全成本法下的损益信息。

单轨制的核算程序和过程如图3-1所示。

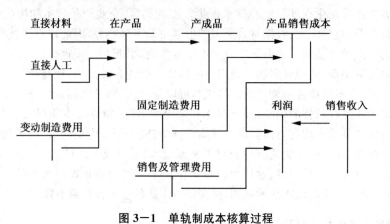

图3-1　单轨制成本核算过程

关键术语

变动成本法　完全成本法

◎ 应知考核 ◎

一、单项选择题

1. 在变动成本法中,产品成本是指(　　)。

A. 制造费用　　　　B. 生产成本　　　　C. 变动生产成本　　　　D. 变动成本

2. 在变动成本法下,销售收入减去变动成本等于(　　)。

A. 贡献毛利　　　　B. 税后利润　　　　C. 税前利润　　　　D. 贡献利润

3. 如果本期销售量比上期增加,则可断定按变动成本法计算的本期营业利润(　　)。

A. 一定本期等于上期　　　　　　　　　B. 本期应当大于上期

C. 本期应当小于上期　　　　　　　　　D. 本期可能等于上期

4. 如果完全成本法期末存货吸收的固定性制造费用大于期初存货释放的固定性制造费用,则两种方法营业利润的差额(　　)。

A. 一定等于零　　　　B. 可能等于零　　　　C. 一定大于零　　　　D. 一定小于零

5. 在变动成本法下,变动制造费用应当列作(　　)。

A. 非生产成本　　　　B. 期间成本　　　　C. 产品成本　　　　D. 直接成本

6. 下列项目中,不能列入变动成本法下产品成本的是(　　)。

A. 直接材料　　　　B. 直接人工　　　　C. 变动制造费用　　　　D. 固定制造费用

7. 在完全成本法下,期间费用不包含(　　)。

A. 销售费用　　　　B. 管理费用　　　　C. 财务费用　　　　D. 固定制造费用

8. (　　)要求把全部成本按经济用途分类为前提,将全部成本划分为生产成本和非生产成本两类。

A. 变动成本法　　　　B. 完全成本法　　　　C. 相关成本法　　　　D. 直接成本法

9. 在单轨制下,到会计期末,将"固定性制造费用"和"管理费用"、"销售费用"、"财务费用"科目的本期发生额作为(　　)。

A. 期间费用　　　　　B. 管理费用　　　　　C. 销售费用　　　　　D. 财务费用

10. 为获得关键的贡献毛利信息,(　　)把企业利润改由贡献式收益表来计算确定。

A. 变动成本法　　　　B. 完全成本法　　　　C. 相关成本法　　　　D. 直接成本法

二、多项选择题

1. 在完全成本法下,期间费用包括(　　)。

A. 管理费用　　　　　B. 变动制造费用　　　C. 固定制造费用　　　D. 管理费用

2. 变动成本法下期间成本包括(　　)。

A. 管理费用　　　　　B. 销售费用　　　　　C. 财务费用　　　　　D. 固定制造费用

3. 变动成本法与完全成本法的区别表现在(　　)。

A. 产品成本的构成内容不同　　　　　　B. 存货成本水平不同

C. 损益确定程序不同　　　　　　　　　D. 编制的损益表格式不同

4. 成本按性态进行分类,变动成本包括(　　)。

A. 变动成本　　　　　B. 生产成本　　　　　C. 固定成本　　　　　D. 非生产成本

5. 在完全成本法下,非生产成本包括(　　)。

A. 销售成本　　　　　B. 管理成本　　　　　C. 期间成本　　　　　D. 制造费用

6. 在变动成本法下,由于在相关范围内,单位变动成本不随业务量的变动而变动,包含的要素有(　　)。

A. 单位变动成本　　　B. 期初存货量　　　　C. 本期生产量　　　　D. 期末存货量

7. 完全成本法的优点包括(　　)。

A. 有利于企业提高生产积极性

B. 有利于企业按照统一标准对外报告

C. 提供实用的管理信息

D. 便于分清责任,有利于进行成本控制与业绩评价

8. 在管理会计中,变动成本法也可称为(　　)。

A. 直接成本法　　　　B. 边际成本法　　　　C. 吸收成本法　　　　D. 制造成本法

9. 下列关于变动成本法的说法正确的是(　　)。

A. 最符合"费用与收益配比"的公认会计原则的要求

B. 重视市场和销售,防止盲目生产

C. 简化成本计算,便于加强日常控制

D. 难以满足长期决策和定价决策的需要

10. 变动成本法与完全成本法的结合模式有(　　)。

A. 双轨核算制　　　　B. 单轨核算制　　　　C. 双轨与单轨核算制　　D. 以上都正确

三、判断题

1. 变动成本法是指在计算产品及存货成本时,仅涵盖固定制造费用。　　　　　　(　　)

2. 完全成本法的特点是把变动成本和固定成本都归集到产品成本中。　　　　　　(　　)

3. 变动成本法和完全成本法这两种成本计算法的主要差异在于是否将固定制造费用列入期间成本。　　　　　　(　　)

4. 完全成本法改变了变动成本法中把固定制造费用在本期销货和期末存货之间进行分配的传统做法。　　　　　　(　　)

5. 在变动成本法下,将全部成本划分为固定成本和变动成本两个大类是最基本的前提条件。　　　　　　(　　)

6. 变动成本法下,产品成本包括直接材料、直接人工和制造费用中的变动部分。 （　　）

7. 完全成本法下,产品成本包括直接材料、直接人工和全部的制造费用。 （　　）

8. 采用变动成本法,只在产品成本中归集变动生产成本。 （　　）

9. 在变动成本法下,期末存货是以固定制造成本计价的。 （　　）

10. 采用变动成本法时,在成本相关范围内,无论不同年度的产量是否变动,存货量有无增减,只要销售量相同,其税前利润必然相等。 （　　）

四、简述题

1. 变动成本法的理论依据。

2. 变动成本法和完全成本法的区别。

3. 变动成本法的特点。

4. 完全成本法的优缺点。

5. 变动成本法的优缺点。

五、计算题

1. 某公司的收益表采用完全成本法编制,其2014～2016年的简明资料如表3－17所示。

表3－17　　　　　　　　　　　　利润表(完全成本法)　　　　　　　　　　　　单位:元

摘　要	2014 年	2015 年	2016 年
营业收入	80 000	48 000	96 000
营业成本	50 000	30 000	60 000
营业毛利	30 000	18 000	36 000
销售及管理费用	15 000	15 000	15 000
营业利润	15 000	3 000	21 000

该公司这三年的产销情况如3－18所示。

表3－18　　　　　　　　　　　　　产销情况　　　　　　　　　　　　　单位:件

项　目	2014 年	2015 年	2016 年
生产量(件)	10 000	10 000	10 000
销售量(件)	10 000	6 000	12 000

假定该公司产品的单位变动成本为3元,其固定成本按每件2元分摊于产品,2014年期初无存货。

要求:

(1)采用变动成本法编制3年的利润表。

(2)用简算法验算两种方法所编制利润表的营业利润的差额,如表3－19所示。

表3－19　　　　　　　　　　　　利润表(变动成本法)　　　　　　　　　　　　单位:元

项　目	2014 年	2015 年	2016 年
营业收入			
营业变动成本			

项　目	2014 年	2015 年	2016 年
边际贡献			
期间成本			
固定制造费用			
销售及管理费用			
合计			
营业利润			

2. 已知某企业本期有关成本资料如下：单位直接材料成本为 10 元，单位直接人工成本为 5 元，单位变动性制造费用为 6 元，固定性制造费用总额为 5 000 元，单位变动性销售管理费用为 3 元，固定性销售管理费用为 1 600 元。期初存货量为零，本期产量为 1 000 件，销量为 600 件，单位售价为 40 元。

要求：分别按两种成本法的有关公式计算下列指标：

(1)单位产品成本；

(2)期间成本；

(3)销售成本；

(4)营业利润。

3. 已知某厂连续两年的产销量、成本和销售量如表 3—20 所示。

表 3—20　　　　　　　　　　产销量、成本和销售量

项　目	第一年	第二年
生产量(件)	8 000	10 000
销售量(件)	8 000	6 000
单位产品变动成本(元)	15	15
固定性制造费用(元)	40 000	40 000
推销和管理成本(元)	10 000	10 000
单价(元)	40	40

该厂按变动成本计算的营业利润第一年为 150 000 元，第二年为 100 000 元，存货按先进先出法计算，用利润差额法计算完全成本法下各年的营业利润。

◎ 应会考核 ◎

★观念应用

【背景资料】

华农公司的变动成本法和完成成本法下的利润核算与分析

华农公司专门生产毛衣编织机，原设计生产能力为每年 1 000 台，但由于市场竞争激烈，过去两年，每年只生产和销售 500 台。市场销售价格每台为 2 500 元，而该公司的单位产品成本为 2 600 元。其详细资料如下：单位变动生产成本 1 000 元，固定制造费用 800 000 元，固定推销及管理费用 250 000 元。

该公司总经理为此召集各部门经理开会商讨对策。首先总经理介绍该公司已经连续两年亏损，上一年亏损 300 000 元，若今年不能扭亏为盈，银行将不再贷款，公司势必要停产，形势非常严峻，请各位献计

献策。

销售部门经理说:问题的关键在于每台产品的制造成本太高,为 2 600 元,但由于竞争的关系,我们不能提高售价,只能按 2 500 元价格每年销售 500 台。另外,公司没有资金做广告去促销,出路只有请生产部门的工程技术人员想方设法,改进工艺,减少消耗,降低制造成本。

生产部门经理说:问题的关键在于设计生产能力只利用了一半,如能充分利用生产能力,就可把单位固定成本降低,单位产品成本自然会下降。对策是要请推销人员千方百计地去搞促销活动,如能每年售出 1 000 台,就一定能转亏为盈。

财务部门经理说:生产部门经理的意见对我很有启发,根据目前会计制度的规定,我们编制收益表是采用完全成本法,这就为我们提供了一个扭亏为盈的"捷径"。那就是充分利用我们的生产能力,一年生产 1 000 台,尽管市场上只能销售一半,但可将固定成本的半数转入存货成本。这样,我们即使不增加销售数量,也能使收益表上扭亏为盈,因而向银行申请贷款就没有问题了。

总经理最后说:财务部门经理的建议很好,我们就这样干。

【考核要求】

(1)按照财务部门经理的观点,计算完全成本法与变动成本法下的利润。

(2)按照财务部门经理的观点,这种保持盈利的策略是否可取。

(3)分别用两种方法计算产销 1 000 件产品时的利润。

(4)分析其他两位经理提出的建议是否可以采纳?请为该公司作出决策。

★ 技 能 应 用

华达工艺制品有限公司业绩分析

华达工艺制品有限公司宣布业绩考核报告后,二车间负责人李杰情绪低落。原来他任职以来积极开展降低成本活动,严格监控成本支出,考核时却没有完成任务,严重挫伤了工作积极性。财务负责人了解情况后,召集了有关成本核算人员,寻求原因,将采取进一步行动。

华达公司自 1997 年成立并从事工艺品加工销售以来,一直以"重质量、守信用"在同行中经营效果及管理较好。近期,公司决定实行全员责任制,寻求更佳的效益。企业根据三年来实际成本资料,制定了较详尽的费用控制方法。

材料消耗实行定额管理,产品耗用优质木材,单件定额 6 元,人工工资实行计件工资,计件单价 3 元,在制作过程中需用专用刻刀,每件工艺品限领 1 把,单价 1.30 元,劳保手套每产 10 件工艺品领用 1 副,单价 1 元。当月固定资产折旧费 8 200 元,摊销办公费 800 元,保险费 500 元,租赁仓库费 500 元,当期计划产量 5 000 件。

车间实际组织生产时,根据当月订单组织生产 2 500 件,车间负责人李杰充分调动生产人员的工作积极性,改善加工工艺,严把质量关,杜绝了废品,最终使材料消耗定额由每件 6 元降到 4.5 元,领用专用工具刻刀 2 400 把,价值 3 120 元。但是,在业绩考核中,却没有完成任务,出现了令人困惑的结果。

【技能要求】

(1)区分费用项目中的变动成本和固定成本,并计算固定成本总额。

(2)分析李杰没有完成任务的原因。

(3)根据原因,你认为该企业业绩考核中应该采用什么样的措施。

★ 案 例 分 析

【背景资料】

化工厂的利润减少与预期增加之间的差别

一家化工厂为了保持其所有产品的市场方向,雇用了一些产品经理。这些经理在销售及生产的决策上扮演着很重要的角色。以下是一种大量生产的化学品的资料：

原材料及其他变动成本	60元/千克
固定制造费用每月	900 000元
售价	100元/千克

10月份报告的销售量比9月份多出14 000千克。因此，产品经理预料10月份的利润会比9月份的多，他估计会增长560 000元。

但将9月份与10月份的财务结果互相比较，该产品10月份的利润竟然由9月份的340 000元下降了100 000元，只有240 000元。

产品经理被这些差别困扰着，所以他找你帮忙。经过详细的研究后，你发现该公司采用完全成本计算系统：把固定制造费用根据生产数量每月按30 000千克来分摊。所有分摊过低或过高的固定制造费用会在当月的损益表上调整。

9月份的期初存货为10 000千克，生产为34 000千克，而销售为22 000千克。10月份的期末存货为12 000千克。

【分析要求】

1. 把该产品9月份及10月份的生产、销售及存货量列示出来，然后利用这些数字计算出题中所示的9月份和10月份利润。

2. 解释100 000元的利润减少和经理预期560 000元的增加之间660 000元的差别。

◎ 项目实训 ◎

【实训项目】

税前净利差额简算法的应用。

【实训情境】

假设某厂只生产甲产品，产品单位为10元/件，单位产品变动生产成本为4元，固定性制造费用总额为24 000元，销售及管理费用为6 000元，全部是固定性的，存货按先进先出法计价，最近三年的产销量资料如表3-21所示。

表3-21　　　　　　　　　该产品最近三年产销量资料　　　　　　　　　单位：件

产销量	第一年	第二年	第三年
期初存货量	0	0	2 000
本期生产量	6 000	8 000	4 000
本期销售量	6 000	6 000	6 000
期末存货量	0	2 000	0

【实训任务】

(1)分别按两种方法计算单位产品成本。

(2)分别按两种方法计算期末存货成本。

(3)分别按两种方法计算期初存货成本。

(4)分别按两种方法计算各年营业利润(编制利润表)。

(5)用差额简算法验证完全成本法下的各年利润。

项目四 本量利分析

【知识目标】

理解：本量利分析的概念、作用、评价；敏感分析的概念及意义。

熟知：本量利分析的基本假设；本量利分析的基本公式和相关指标。

掌握：本量利分析的基本假设、基本公式和相关指标；保本、保利分析；因素变动对保本点对实现目标利润、安全边际的影响；本量利分析中的敏感分析；影响利润的各变量临界值的确定、敏感系数和敏感分析表；本量利分析在经营决策中的应用。

【技能目标】

能够运用本量利基本关系式、边际贡献及相关指标进行分析；能够结合实例对单一品种及多品种条件下企业保本点、保利点进行计算分析；能够利用安全边际指标对企业的经营安全作出判断，保障企业在安全生产中实现利润最大化。

【素质目标】

能够结合实例，具备进行本量利分析的管理会计所需要的职业素养，提高计算能力、迁移能力。

【项目引例】

加油站的本量利分析

某小镇有一个加油站，站内设有一个卖报纸和杂货的商店，周围的居民常来此购物。该商店的销售额每周可达到3 600元。除此之外，来加油的司机们也会光顾该商店。经理估计，平均每100元花费在汽油上的车主会另花费20元在商店购物。在汽油销售量波动时，该比率仍维持不变。该地区的商品销售与汽油的销售是独立的。汽油的边际贡献率是18％，而货品的边际贡献率是25％。当前的汽油销售价是每升2.8元，而每周的销售量是16 000升。加油站每周的场地固定成本是4 500元，而每周工人薪金是固定的2 600元。经理非常关心未来的生意。因为有一个公路拓宽计划可能会导致加油站拆除，而汽油销售量是利润最敏感的因素。

【讨论】 (1)当前每周的利润是多少；(2)汽油销售的保本量是多少；(3)如果汽油销售跌到8 000升，会有多少利润(损失)。

知识精讲

任务一　本量利分析概述

一、本量利分析的概念

本量利分析(Cost-Volume-Profit Analysis，简称 CVP 分析)是成本—业务量—利润关系分析(Analysis of Cost-Volume-Profit Relationship)的简称，是指在成本性态分析和变动成本法的基础上，以模型与图式来揭示成本、销售量、价格、营业利润等因素之间内在的变化关系，为企业经营管理提供信息的一种定量分析方法。

本量利分析是现代管理会计学的重要分析方法之一。运用本量利分析不仅可为企业完成保本、保利条件下应实现的销售量或销售额的预测，而且若将其与风险分析相联系，可为企业提供化解经营风险的方法和手段，以保证企业既定目标的实现；若将其与决策分析相结合，可帮助企业进行有关的生产决策、定价决策和投资项目的不确定性分析。此外，本量利分析还可成为编制全面预算和控制成本的基础。

二、本量利分析的基本假设

(一)成本性态分析假设

本量利分析必须在成本性态分析已经完成的基础上进行，即假定本量利分析所涉及的成本因素已经区分为变动成本和固定成本两类，相关的成本性态模型已经形成，固定成本的性态模型为 $y=a$，变动成本的性态模型为 $y=bx$。

(二)相关范围假设

本量利分析是建立在成本按性态分析基础上的一种分析方法，成本性态分析的前提条件也构成了本量利分析的基本假设。在对成本进行性态分析时，均是在一定"相关范围"前提条件下进行研究的。这个"相关范围"包括"期间范围"和"业务量范围"，因为在一定时期和一定业务量范围内，固定成本总额和单位变动成本均保持不变，所以本量利分析的相关范围假设应包括期间假设和业务量假设。

(三)模型线性化假设

在成本性态分析的前提条件下，固定成本总额和单位变动成本均保持不变，企业的总成本可以近似地描述为 $y=a+bx$ 的线性模型；同时，在相关范围内，单价也不因业务量的变化而改变，使得企业销售收入也可以近似地描述为 $S=px$。这里的总成本函数和销售收入函数以同一业务量为自变量。

(四)产销平衡假设

当企业只生产一种产品时，假设生产出来的产品在市场上均可销售出去，自动实现产销平衡。因为本量利分析的核心是分析收入与成本之间的对比关系，所以本量利分析中的"量"是指销售量而非生产量，在销售价格不变的条件下这个"量"是指销售收入。而生产量的变动对固定成本和变动成本都可能会产生影响，当然也会影响收入与成本之间的对比关系。所以当进行本量利分析时，就必须假设产销平衡。

（五）品种结构不变假设

当企业生产和销售多品种的产品时,由于多品种条件下各种产品的获利能力不一定相同,如果企业产销的品种结构发生较大变动,会导致预计利润与实际利润之间出现较大的差异。在进行本量利分析时,应假定各种产品的销售收入在总收入中所占的比重不变。

三、本量利分析的基本公式和相关指标

（一）基本公式

$$利润＝销售收入－总成本$$
$$利润＝单价×销售量－(单位变动成本×销售量＋固定成本)$$
$$＝销售量×(单价－单位变动成本)－固定成本$$
$$销售收入＝单价×销售量$$
$$总成本＝变动成本＋固定成本$$
$$＝单位变动成本×销售量＋固定成本$$

上面所列的公式就是本量利分析的基本公式,保本分析、保利分析都是在这个基本公式的基础上进行的。

本量利分析的基本公式含有五个相互联系的变量,给出其中四个,便可求出剩余一个变量的值,于是可引出多个基本公式的变换形式。

1. 计算销售量的变换公式

$$销售量＝(固定成本＋利润)÷(单价－单位变动成本)$$

2. 计算单价的变换公式

$$单价＝(固定成本＋利润)÷销售量＋单位变动成本$$

3. 计算单位变动成本的变换公式

$$单位变动成本＝单价－(固定成本＋利润)÷销售量$$

4. 计算固定成本的变换公式

$$固定成本＝(单价－单位变动成本)×销售量－利润$$

由于单位变动成本由单位变动产品成本和单位变动销售及管理费用构成,固定成本由固定制造费用和固定销售及管理费用构成,因此利润又可进一步分解为:

$$利润＝销售收入－(变动产品成本＋变动销售及管理费用)－(固定制造费用＋固定销售及管理费用)$$
$$＝单价×销售量－(单位变动产品成本＋单位变动销售及管理费用)×销售量－(固定制造费用＋固定销售及管理费用)$$

（二）边际贡献和其他相关指标

1. 边际贡献

边际贡献是指销售收入总额和变动成本总额之间的差额,也称贡献毛益、边际利润,记作 Tcm。

在单一产品的情况下,边际贡献计算公式为:

$$边际贡献＝销售收入－变动成本$$
$$＝单价×销售量－单位变动成本×销售量$$
$$＝销售量×(单价－单位变动成本)$$

在多种产品的情况下,边际贡献计算公式为:

$$边际贡献=\sum（各种产品边际贡献）$$
$$=\sum（各种产品销售收入-各种产品变动成本）$$

2. 单位边际贡献

单位边际贡献是指边际贡献除以销售量，或者单价减去单位变动成本后的差额，表示每增加一个单位的产品销售，可为企业带来的贡献，记作 cm。单位边际贡献计算公式为：

$$单位边际贡献=边际贡献/销售量$$
$$=单价-单位变动成本$$

有了边际贡献的概念后，利润可用下列公式表示：

$$利润=边际贡献-固定成本$$
$$=单位边际贡献\times销售量-固定成本$$

从上面计算利润的公式中可知，边际贡献大于固定成本，企业才有利润；边际贡献小于固定成本，企业就会亏损；边际贡献等于固定成本，企业不亏不盈，利润为零。当固定成本不变时，边际贡献增加多少，利润就增加多少；边际贡献减少多少，利润就减少多少。

3. 边际贡献率

边际贡献率是指边际贡献占产品销售收入总额的百分比，表示每增加一元销售，可为企业带来的贡献，记作 CMR。

在单一产品的产销情况下，边际贡献率的计算公式为：

$$边际贡献率=（边际贡献/销售收入总额）\times100\%$$
$$=（单位边际贡献/单价）\times100\%$$

在多种产品的产销情况下，综合边际贡献率的计算公式为：

$$综合边际贡献率=\sum（各种产品边际贡献）\div\sum（各种产品销售收入）\times100\%$$
$$=\sum（各种产品边际贡献率\times该产品的销售比重）\times100\%$$

4. 变动成本率

变动成本率是指变动成本总额占销售收入总额的百分比，或者单位变动成本占销售单价的百分比，表示每增加一元销售所增加的变动成本，记作 bR。变动成本率的计算公式为：

$$变动成本率=（变动成本总额/销售收入总额）\times100\%$$
$$=（单位变动成本÷销售单价）\times100\%$$
$$边际贡献率+变动成本率=1$$

变动成本率和边际贡献率具有互补关系。变动成本率高，边际贡献率就低，赢利能力就低；变动成本率低，边际贡献率就高，赢利能力就高。

【例4-1】　某企业准备生产一种新产品，预计单位变动成本60元/件，固定成本总额为34万元，变动成本率为60%，销售量为1万件。计算：

(1)该产品的单价是多少？

(2)该产品的单位边际贡献、边际贡献是多少？

(3)该产品的边际贡献率、利润是多少？

解：

(1)变动成本率=单位变动成本÷单价

单价=单位变动成本÷变动成本率=60÷0.6=100(元/件)

(2)单位边际贡献=单价-单位变动成本=100-60=40(元/件)

边际贡献=销售收入总额-变动成本总额=100×1-60×1=40(万元)

或:边际贡献＝单位边际贡献×销售量＝40×1＝40(万元)

(3)边际贡献率＝单位边际贡献÷单价×100％＝40÷100×100％＝40％

或:边际贡献率＝1－变动成本率＝1－0.6×100％＝0.4×100％＝40％

变动成本率＋边际贡献率＝0.4＋0.6＝1

利润＝边际贡献－固定成本总额＝40－34＝6(万元)

四、本量利分析的优缺点

(一)本量利分析的优点

本量利分析是管理会计的基本方法之一,是企业经营管理活动中一种比较实用的工具。它的运用十分广泛,可用于规划经济活动、进行经营决策、控制经济过程等方面。

1. 确定预期的目标

通过本量利分析,可以预测企业达到多少销售量(销售额)才能保本,或达到多少销售量(销售额)才能取得预期的利润。

2. 制定产品或劳务的价格

企业为其产品、劳务制定的价格,必须使预期销量下的销售额能够弥补总成本。通过本量利分析,可以预测在不同的售价下,企业能够获取多少利润,是否能弥补总成本,从而帮助企业制定出合理的产品价格。

3. 确定成本结构

企业的成本结构(变动成本和固定成本的比例)影响着企业在不同产销水平上的保本点和盈利水平。通过本量利分析,可以预测和分析成本结构变化对企业总体利润水平的影响,从而帮助企业确定一个最佳的成本结构。

4. 确定产品的最佳销量

通过本量利分析,可以预测销售量变化对企业利润水平产生的影响,从而帮助企业确定一个合适的销售量,使其盈利达到最佳水平。

(二)本量利分析的缺点

(1)对总成本,尤其是对某些混合成本的划分不够精确,有时带有一定的主观因素。

(2)本量利分析中有关函数的线性假设,与实际有较大的偏离。在实际经济活动中,随着产销量超出一定范围,固定成本可能会呈阶梯状变化;变动成本由于受经营规模和生产效率的影响,可能会呈曲线变化;在较长的时间范围内,生产要素价格也可能发生变动,所以总成本与销售收入不会总是呈现一条直线,那么所假设的线性关系不一定能成立。

(3)影响成本和收入的因素除了产销量外,还包括效率、市场供求等其他多种因素。

(4)不管企业的预测和计划做得多么好,要使实际的产量和销量完全平衡是十分困难的,在多品种的情况下,各产品的产产量变化也不会总是按固定的比例变化。

因此,本量利分析对企业管理人员来说,只适用于短期的计划和预测,它的分析结果并不十分精确,一般只能作为决策的参考依据,不能完全代替管理人员的判断和经验。

任务二 保本、保利分析

一、保本分析

保本分析是本量利分析的基础,其基本内容是分析确定产品的保本点,从而确定企业经营的安全程度。

(一)保本和保本点的概念

保本是指企业在一定时期内收支相等,即边际贡献等于固定成本,利润为零。保本分析主要确定使企业既不亏损又不盈利的保本点,这是本量利分析中最基本的内容。保本分析也可称作盈亏平衡分析。

保本分析的关键是确定保本点。保本点是指企业达到边际贡献等于固定成本,利润为零,不亏不盈时的业务量。在该业务量水平下,企业的收入正好等于全部成本。超过该业务量水平,企业就有盈利;低于该业务量水平,企业就亏损。保本点也可称作盈亏平衡点、盈亏临界点。

(二)单一品种保本点的确定

单一品种的保本分析是假设企业只生产、销售一种产品的保本分析,它的保本点有两种表现形式:一是保本点销售量(简称"保本量"),二是保本点销售额(简称"保本额")。它们都是标志企业达到收支平衡实现保本的销售业务量指标,统称为保本点业务量。常用的方法有公式法和图解法。

1. 公式法

根据 利润＝销售量×(单价－单位变动成本)－固定成本

当利润为零时,该销售量就是保本量,所以

保本销售量×(单价－单位变动成本)－固定成本＝0

保本销售量＝固定成本÷(单价－单位变动成本)＝固定成本÷单位边际贡献

保本销售额＝单价×保本量＝固定成本÷边际贡献率＝固定成本÷(1－变动成本率)

【例4－2】 按例4－1的资料。

要求:计算保本点的保本销售量、保本销售额。

解:

(1)保本销售量＝固定成本÷(单价－单位变动成本)＝340 000÷(100－60)＝8 500(件)

或:保本销售量＝固定成本÷单位边际贡献＝340 000÷40＝8 500(件)

(2)保本销售额＝固定成本÷边际贡献率＝340 000÷0.4＝850 000(元)

或:保本销售额＝固定成本÷(1－变动成本率)＝340 000÷(1－0.6)＝850 000(元)

保本销售额＝单价×保本销售量＝100×8 500＝850 000(元)

计算表明,企业要保本,至少要销售8 500件产品,或销售额达到85万元。

2. 图解法

图解法是以作图的方式来反映成本、收入和销量之间关系的,主要有保本图和利量图两种。

（1）保本图

保本图反映在一定的价格下，企业各种产销量所对应的固定成本、变动成本、总成本和总收入的金额。保本图具体有三种画法。

①标准式保本图。

现结合例4－1的资料，说明其绘制方法。

a.在直角坐标系中，以横轴表示销售量，纵轴表示成本和销售收入（金额）。

b.绘制固定成本线。以固定成本的数值（34万元）为纵轴上的截距，并以此为起点，绘制一条平行于横轴的直线，即为固定成本线。

c.绘制总成本线。在横轴上任取一销售量（1万件），计算出相应的总成本94万元（1×60＋34），在坐标中找出该点（10 000,94），然后连接该点与纵轴上的固定成本点，即可绘制出总成本线。

d.绘制销售收入线。在横轴上任取一个整数销售量（1万件），计算出相应的销售收入100万元（1×100），在坐标系中找出与之对应的坐标点（10 000,100），用直线将该点与原点相连接，就可作出总收入线。

在图4－1中，销售收入线与总成本线的交点（8 500,85）即为保本点。保本点所对应的X轴上的数量（8 500件）是保本点销售量，对应的Y轴上的金额（85万元）是保本点销售额。当销售量或销售额超过保本点，即为盈利，低于保本点即为亏损。

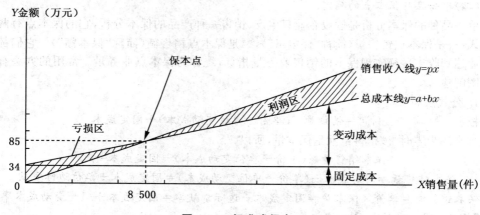

图4－1　标准式保本

从图4－1中可得出下面几条基本规律：

第一，在保本点不变的条件下，销售量越大，能实现的利润就越多；反之，销售量越少，能实现的利润就越少。

第二，在销售量不变的条件下，保本点越低，能实现的利润就越多；反之，保本点越高，能实现的利润就越少。

第三，在销售总成本不变的条件下，保本点受单价的影响而发生变动，产品单价越高（销售收入线的斜率越大），保本点就越低；反之，保本点就越高。

第四，在销售收入不变的条件下，保本点的高低取决于固定成本和单位变动成本的大小。固定成本或者单位变动成本越大，保本点就越高；反之，保本点就越低。

②边际贡献式保本图。

结合例 4—1 的资料,说明其绘制方法。

a. 在直角坐标系中,以横轴表示销售量,纵轴表示成本和销售收入(金额)。

b. 绘制变动成本线。在横轴上任取一销售量(1 万件),计算出相应的变动成本 60 万元(1×60),在坐标中找出该点(10 000,60),连接该点与原点即为变动成本线。

c. 绘制总成本线。以固定成本的数值(34 万元)为纵轴上的截距,并以此为起点,画一条与变动成本线平行的直线,即为总成本线。

d. 绘制销售收入线。在横轴上任取一个整数销售量(1 万件),计算出相应的销售收入 100 万元(1×100),在坐标系中找出与之对应的坐标点(10 000,100),以直线将该点与原点相连接,就可作出总收入线。

在图 4—2 中,销售收入线与总成本线的交点(8 500,85)即为保本点。边际贡献式保本图是将固定成本置于变动成本之上,形象地反映边际贡献的形成过程和构成,即产品的销售收入减去变动成本就是边际贡献,边际贡献再减去固定成本就是利润。由于边际贡献总额会随着销售收入的增加而不断增加,因此,当边际贡献总额等于固定成本时就是保本点,边际贡献达到保本点之前是用来弥补固定成本的,当边际贡献小于固定成本,不足弥补时则发生亏损;超过保本点后,边际贡献大于固定成本,就会有盈利。

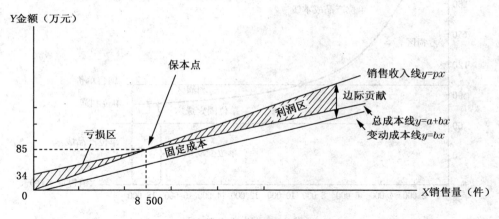

图 4—2　边际贡献式保本

标准式保本图将固定成本置于变动成本之下,反映了固定成本在相关范围内不变的基本特征。

③单位式保本图。

标准式和边际贡献式保本图都是用来描述销售总量、总成本和总利润这三者之间相互关系的,而单位式保本图则可反映产品的销售单价、单位产品成本和单位利润三者之间的关系以及这三者与销售总量之间的关系。仍结合例 4—1 的资料,说明其绘制方法。

a. 在直角坐标系中,横轴表示销售量,纵轴表示单价、单位产品成本和单位利润。

b. 绘制单位变动成本线。以单位变动成本的数值(60 元)为纵轴上的截距,并以此为起点,绘制一条平行于横轴的直线,即为单位变动成本线。

c. 绘制销售单价线。以销售单价的数值(100 元)为纵轴上的截距,并以此为起点,绘制一条平行于横轴的直线,即为销售单价线。

d. 绘制单位产品成本线。在横轴上任取几个整数销售量(如 2 000件、4 000件、5 000件、

8 000件、10 000件、17 000件等),计算出相应的单位产品成本(230元、145元、128元、102.5元、94元、80元等),然后在坐标系中找出与之对应的坐标点,将这些坐标点连接起来,即可作出单位产品成本线。

在图4—3中,销售单价线与单位产品成本线的支点(8 500,100)即为保本点的销售量。当销售量超过保本点销售量即为盈利,低于保本点销售量为亏损,从图4—3中可得出以下特点:

第一,单位变动成本是固定不变的,单位变动成本线是一条直线;单位固定成本是变动的,单位固定成本线是一条曲线。因此,单位产品成本线也是一条曲线,随产量的变化而变化。

第二,当产品销量越来越小时,企业亏损就越来越趋于固定成本;反之,当销量越来越大时,由于单位产品所负担的固定成本越来越小,因此单位产品成本也越来越小,并且越来越接近单位变动成本,单位产品的利润也越来越接近单位边际贡献。

第三,产品销售单价线与单位成本线的支点即为盈亏平衡点,在该点的销售量下,销售收入刚好抵消全部的成本,既不盈利也不亏损。

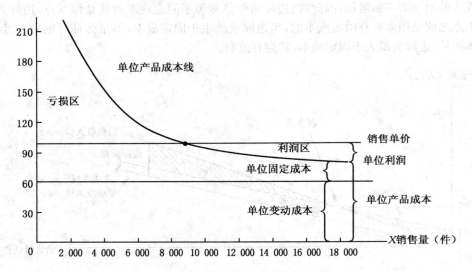

图4—3 单位式保本

(2)利量图

利量图是一种简化的保本图,略去了销售收入和成本因素,用利润线代替销售线和总成本线,着重分析利润和销售业务量之间的关系。仍结合例4—1的资料,介绍其绘制方法,如图4—4所示。

(1)在直角坐标系中,横轴表示销售额,纵轴表示利润。

(2)绘制利润线。在纵轴的负数区确定固定成本,即在横轴的下方,以固定成本的数额(34万元)为纵轴的截距,再任取整数销售量(1万件),计算出相应的利润6万元($1 \times 100 - 1 \times 60 - 34$),在坐标系中找出与之对应的坐标点(10 000,6),以直线将该点与纵轴上的固定成本点相连接,就可作出利润线。

利润线与横轴的交点(85,0)就是保本点。从图4—4中可得出以下特点:

第一,当销售额为零时,企业的亏损额等于固定成本;随着业务量的增加,亏损逐渐减小,直到亏损为零时即为保本点;过了保本点,随着业务量的增加,利润不断增加。

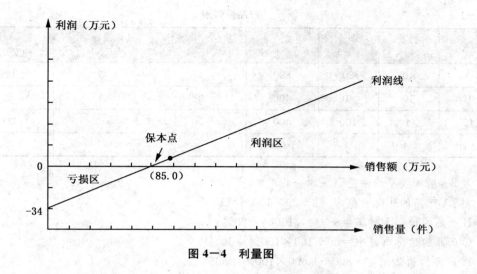

图4—4 利量图

第二,在产品的销售价格和成本水平不变的条件下,销售量越大,利润就越多(亏损越小);反之,销售量越小,利润就越少(亏损越大)。

利量图可以明确反映销售业务量的变动对利润的影响,但无法反映销售业务量的变动对成本的影响。

(三)多品种保本点的确定

上面介绍了单一品种的保本分析模式,但事实上,大部分企业生产和销售的产品有好多种,因此必须了解和掌握多品种的保本分析模式。由于各种产品的计量单位,可能不一样,不同品种的产品销售量无法直接相加减,因此只能根据多品种产品的保本点销售额进行保本分析,主要有四种常用方法。

1. 加权平均法

加权平均法是以每种产品的边际贡献率为基础,按各产品销售额占总销售额的比重进行加权平均,计算出综合边际贡献率,以此反映企业多品种综合创利能力的本量利分析方法。综合边际贡献率的计算公式为:

综合边际贡献率＝∑(某产品的边际贡献率×该产品的销售比重)

其中:

某产品的边际贡献率＝(该产品的边际贡献÷该产品的销售收入)×100%

该产品的销售比重＝该产品的预计销售额÷∑(各种产品的预计销售额)×100%

综合保本销售额＝固定成本总额÷综合边际贡献率

在加权平均法下,不仅可以计算综合边际贡献率,确定综合保本销售额,而且可以在此基础上按销售比重将其分解,计算出每一品种的保本销售额和保本销售量。

某产品的保本销售额＝综合保本销售额×该产品销售比重

某产品的保本销售量＝某产品的保本销售额÷该产品的单价

【例4—3】 某企业生产和销售 A、B、C 三种产品,年固定成本为 60 万元,有关资料如表4—1所示。

表 4—1   产品资料表

产品	销量（万件）	单价（元）	销售收入（万元）	单位变动成本（元）	单位边际贡献（元）	边际贡献（万元）
A	40	20	800	17	3	120
B	10	40	400	32	8	80
C	4	100	400	50	50	200
合计	54		1 600			400

要求：用加权平均法进行保本分析。

解：A 产品的边际贡献率＝3÷20×100％＝15％

B 产品的边际贡献率＝8÷40×100％＝20％

C 产品的边际贡献率＝50÷100×100％＝50％

A 产品的销售比重＝800÷1 600×100％＝50％

B 产品的销售比重＝400÷1 600×100％＝25％

C 产品的销售比重＝400÷1 600×100％＝25％

综合边际贡献率＝15％×50％＋20％×25％＋50％×25％＝25％

综合保本销售额＝60÷25％＝240（万元）

A 产品保本销售额＝240×50％＝120（万元）

B 产品保本销售额＝240×25％＝60（万元）

C 产品保本销售额＝240×25％＝60（万元）

A 产品保本销售量＝120÷20＝6（万件）

B 产品保本销售量＝60÷40＝1.5（万件）

C 产品保本销售量＝60÷100＝0.6（万件）

2. 分算法

分算法是在一定条件下，先将固定成本总额按一定标准在各种产品之间进行分配，然后对每一个品种分别计算保本点，最后将各个品种的保本额汇总，计算出多品种保本销售额的本量利分析方法。

【例 4—4】 按例 4—3 的资料，假设固定成本按各种产品的边际贡献比重来分配。

要求：用分算法进行保本分析。

解：固定成本分配率＝60÷400＝15％

A 产品分配的固定成本＝120×15％＝18（万元）

B 产品分配的固定成本＝80×15％＝12（万元）

C 产品分配的固定成本＝200×15％＝30（万元）

A 产品保本销售量＝18÷3＝6（万件）

A 产品保本销售额＝6×20＝120（万元）

B 产品保本销售量＝12÷8＝1.5（万件）

B 产品保本销售额＝1.5×40＝60（万元）

C 产品保本销售量＝30÷50＝0.6（万件）

C 产品保本销售额＝0.6×100＝60（万元）

综合保本销售额＝120＋60＋60＝240（万元）

分算法可以提供各产品计划与控制所需要的详细资料，但对固定成本分配标准的合理性和科学性的要求比较高，并且当企业产品品种较多时，工作量较大。在实际应用中，由于固定成本是由边际贡献来补偿的，因此，一般按照各种产品的边际贡献比重来分配固定成本。

3. 联合单位法

联合单位法是指按多种产品之间相对稳定的产销实物量比例组成一组产品，以此确定每一联合单位的单价和单位变动成本的本量利分析方法。

如果企业生产的多种产品的实物产出量之间存在着比较稳定的数量比例关系，就可用联合单位作为保本点的计算单位。例如，企业生产甲、乙、丙三种产品的销量比为 1：2：3，即 1 个甲产品、2 个乙产品、3 个丙产品的组合就构成的一个联合单位，再按这种销量比计算出每一组合的联合单价和联合单位变动成本，并据以确定联合单位保本点，然后按单一品种的本量利分析法计算出各产品的保本点。有关计算公式为：

$$联合保本销售量＝固定成本÷（联合单价－联合单位变动成本）$$

$$综合保本销售额＝联合保本销售量×联合单价$$

$$某产品保本销售量＝联合保本销售量×该产品销量比$$

$$某产品保本销售额＝该产品保本销售量×该产品的单价$$

其中，联合单价为一个联合单位的全部收入，联合单位变动成本为一个联合单位的全部变动成本。

【例 4－5】 按例 4－3 的资料。要求：用联合单位法进行保本分析。

解：企业生产的 A、B、C 三种产品的销量比为 10：2.5：1

联合单价＝20×10＋40×2.5＋100×1＝400（元）

联合单位变动成本＝17×10＋32×2.5＋50×1＝300（元）

联合保本销售量＝600 000÷（400－300）＝6 000（联合单位）

综合保本销售额＝6 000×400＝2 400 000（元）

A 产品保本销售量＝6 000×10＝60 000（件）

A 产品保本销售额＝60 000×20＝1 200 000（元）

B 产品保本销售量＝6 000×2.5＝15 000（件）

B 产品保本销售额＝15 000×40＝600 000（元）

C 产品保本销售量＝6 000×1＝6 000（件）

C 产品保本销售额＝6 000×100＝600 000（元）

4. 综合保本图法

综合保本图法是一种分析多品种产品保本点的图解法，用销售额来表示保本点。现结合例 4－3 的资料，具体介绍绘制方法，如图 4－5 所示。

（1）在直角坐标系中，横轴和纵轴均表示金额。

（2）绘制销售收入线。由于横轴和纵轴均表示金额，可根据两轴的对应金额画一直线。按例 4－3 的资料，如果 A 产品销售 40 万件，B 产品销售 10 万件，C 产品销售 4 万件，那么总销售收入为 1 600 万元（40×20＋10×40＋4×100），在坐标系中找出与之对应的坐标点（1 600，1 600），以直线将该点与原点相连接，就可作出销售收入线。若横轴和纵轴的坐标计量单位相同时，销售收入线过原点且呈 45°上升。

（3）绘制变动成本线。根据变动成本总额与销售收入总额的比例关系确定变动成本线的

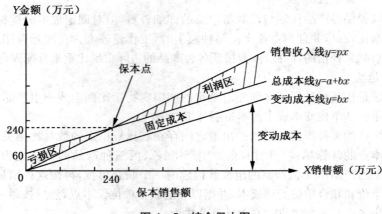

图 4—5 综合保本图

斜率。在例4—3中，A产品销售40万件，B产品销售10万件，C产品销售4万件，总销售收入为1 600万元，相应的总成本为1 200万元(17×40＋10×32＋50×4)，则变动成本线的斜率为3/4(1 200/1 600)，再过原点即可作变动成本线。

(4)绘制总成本线。以固定成本的数值(60万元)为纵轴上的截距，并以此为起点，画一条与变动成本线平行的直线，即为总成本线。

总成本线和销售收入线的交点(210,240)即为多种产品的综合保本销售点。利用综合保本图可对企业的目标利润进行控制，着重反映销售成本、销售利润销售收入的关系。该图不仅可以反映保本点销售额，而且可以反映任何销售水平上的盈亏情况，以便控制和分析企业的销售利润。

二、保利分析

(一)保利分析的必要性

保本以企业利润为零、不亏不盈为前提，尽管保本是企业生产的最基本目标，是安全经营的前提，但企业的经营目标不在于保本，而是尽可能地获取利润，达到一定的盈利目标，所以保利才是企业生产的真正目的，也只有在盈利的条件下，才能充分揭示成本、业务量和利润之间的关系。通过保利分析，可以确定为了实现目标利润而应该达到的目标销售量和目标销售额，从而以销定产，确定企业经营方向。

(二)保利点的概念

保利点是指在单价和成本水平确定的情况下，为了实现一定的目标利润，而应达到的业务量。保利点也有保利量和保利额两种，保利量是实现目标利润应达到的销售量，可记作 X_1；保利额是实现目标利润应达到的销售额，可记作 Y_1；目标利润可记作 TP。

(三)保利点的计算

1. 单品种保利点的计算

其计算公式为：

保利量＝(固定成本＋目标利润)÷(销售单价－单位变动成本)

＝(固定成本＋目标利润)÷(单位边际贡献)

$$保利额＝保利量×单价$$
$$＝（固定成本＋目标利润）×单价÷单位边际贡献$$
$$＝（固定成本＋目标利润）÷边际贡献率$$

【例4－6】 按例4－1的资料，若计划年度的目标利润为6万元。

要求：计算保利量和保利额。

解：保利量＝（固定成本＋目标利润）÷（销售单价－单位变动成本）
$$＝（34＋6）÷（100－60）＝1（万件）$$

保利额＝保利量×单价＝1×100＝100（万元）

或：保利额＝（固定成本＋目标利润）×单价÷单位边际贡献率
$$＝（34＋6）×1÷0.4＝100（万元）$$

计算表明，企业为了实现6万元的目标利润，应达到1万件的销售量，或达到100万元的销售额。

此外，上述保利点没有考虑所得税的影响，企业在一定时期实现的税后利润才归所有者。因此，企业的目标税后利润和确保目标税后利润实现的保利分析更受投资者关注，也更受企业管理人员的重视。

在考虑所得税的情况下，上述公式中的目标利润就是目标税后利润，即：目标税后利润＝目标利润×（1－所得税税率）。考虑所得税的保利点计算公式为：

保利量＝［固定成本＋目标税后利润÷（1－所得税税率）］÷（销售单价－单位变动成本）
$$＝［固定成本＋目标税后利润÷（1－所得税税率）］÷单位边际贡献$$

保利额＝{［固定成本＋目标税后利润÷（1－所得税税率）］×单价}÷单位边际贡献
$$＝［固定成本＋目标税后利润÷（1－所得税税率）］÷边际贡献率$$

2. 多品种保利点的计算

多品种的保利点只需计算达到目标利润的销售额。其计算公式为：

$$综合保利额＝（固定成本＋目标利润）÷加权平均边际贡献率$$

【例4－7】 按例4－3的资料，若计划年度的目标利润为10万元。

要求：计算保利额。

解：综合保利额＝（固定成本＋目标利润）÷加权平均边际贡献率
$$＝（60＋10）÷25\%＝280（万元）$$

该企业为了实现10万元的目标利润，应达到280万元的销售额。

如果考虑所得税，则：

综合保利额＝［固定成本＋目标税后利润÷（1－所得税税率）］÷加权平均边际贡献率

三、企业经营安全程度的评价

评价企业经营安全程度的指标主要有安全边际、安全边际率、保本点作业率。

（一）安全边际

安全边际是指实际（预计）的销售量与保本点销售量或实际（预计）的销售额与保本点销售额之间的差额，表明销售量（额）下降多少企业仍不至于亏损。它是一个绝对量，用来评价同一企业不同时期的经营安全程度。安全边际有安全边际量和安全边际额两种形式。它们的计算公式为：

$$安全边际量＝实际或预计的销售量－保本量$$

$$安全边际额＝实际或预计的销售额－保本额$$
$$＝单价×实际或预计的销售量－单价×保本量$$
$$＝单价×安全边际量$$

安全边际反映了产品盈利(亏损)的可能性,安全边际越大,表示企业经营的安全程度越高,亏损的可能性就越小;反之,安全边际越小,企业经营的安全程度越低,亏损的可能性就越大。

安全边际是一个正指标,并且只有超过保本点以上的销售量或销售额(即在安全边际内的销售量或销售额)才能给企业带来利润,因为这时全部固定成本已被保本点所弥补,所以安全边际所提供的边际贡献就是企业的利润,安全边际越大,利润越大,因此,利润可表现为下列形式:

$$利润＝安全边际量×单位边际贡献$$
$$＝安全边际额×边际贡献率$$

(二)安全边际率

安全边际率是指安全边际量与实际(预计)销售量的比例,也可以指安全边际额与实际(预计)销售额的比例。它是一个相对量,用来评价不同企业的经营安全程度。

安全边际率计算公式为:

$$安全边际率＝(安全边际量÷实际或预计的销售量)×100\%$$
$$＝(安全边际额÷实际或预计的销售额)×100\%$$

安全边际率的数值越大,企业的经营越安全,所以它也是一个正指标。表4－2是评价企业经营安全程度的检验标准。

表4－2 企业安全性的检验标准

安全边际率	10%以下	10%～20%	20%～30%	30%～40%	40%以上
安全程度	危险	要注意	较安全	安全	很安全

【例4－8】 按例4－1的资料。

要求:计算安全边际和安全边际率,并评价该企业的经营安全性。

解:安全边际量＝10 000－8 500＝1 500(件)

安全边际额＝10 000×100－850 000＝150 000(元)

或:安全边际额＝1 500×100＝150 000(元)

安全边际率＝(1 500÷10 000)×100%＝15%

或:安全边际率＝(150 000÷1 000 000)×100%＝15%

由于安全边际率为15%,在10%～20%的范围内,所以企业的经营不是很安全,要引起注意。

(三)保本点作业率

保本点作业率是指保本点销售量占实际(预计)销售量或保本点销售额占实际(预计)销售额的百分比,也可称为危险率。它是一个逆指标,数值越小,企业的经营越安全;反之,则越不安全。保本点作业率还可以说明企业在保本状态下生产经营能力的利用程度。其计算公式为:

$$保本点作业率＝保本点销售量(销售额)/实际或预计销售量(销售额)×100\%$$

保本点作业率与安全边际率之间存在互补关系,即:

保本点作业率＋安全边际率＝1

【例4-9】 按例4-1的资料。

要求：计算保本点作业率。

解：保本点作业率＝（8 500÷10 000）×100％＝85％

保本点作业率＝（850 000÷1 000 000）×100％＝85％

保本点作业率＋安全边际率＝0.85+0.15＝1

任务三　有关因素的变动对相关指标的影响

在进行本量利分析时，我们假设某些因素不变，但在日常经营活动中，既可能只有一个因素发生变动，也可能几个因素一起发生变动；既有确定型因素的变动，也有不确定型因素的变动，这些变动都会对相关指标产生影响。下面主要讨论有关因素对保本点、实现目标利润和安全边际的影响。

一、因素变动对保本点的影响

（一）销售单价单独变动的影响

单价的变动会引起保本点反方向变动。

【例4-10】 企业只生产和销售一种产品，单价为20元，单位变动成本为12元，成本为40 000元，销量8 000只。现单价提高到22元，其他条件不变。

要求：计算单价变化前后的保本点。

解：单价变动前的单位边际贡献＝20-12＝8（元）

边际贡献率＝8÷20×100％＝40％

保本量＝40 000÷8＝5 000（只）

保本额＝5 000×20＝100 000（元）

单价变动后的单位边际贡献＝22-12＝10（元）

边际贡献率＝10÷22×100％＝45.45％

保本量＝40 000÷（22-12）＝4 000（只）

保本额＝4 000×22＝88 000（元）

提高销售单价，将促使单位边际贡献或边际贡献率上升，保本点下降，从而使企业能用较少产品销售所提供的边际贡献就可弥补固定成本，增加企业的获利能力，促使企业经营状况向好的方面发展；反之，降低销售单价，将导致单位边际贡献或边际贡献率下降，保本点上升，从而降低企业的获利能力，使企业经营状况向不利的方面发展。

（二）单位变动成本单独变动的影响

单位变动成本的变动会引起保本点同方向变动。

【例4-11】 按例4-10的资料，现由于人工价格上涨使单位变动成本增加到15元，其他条件不变。

要求：计算单位变动成本变化后的保本点。

解：单位变动成本变动后的单位边际贡献＝20-15＝5（元）

边际贡献率＝5÷20×100％＝25％

保本量＝40 000÷5＝8 000(只)

保本额＝8 000×20＝160 000(元)

单位变动成本上升,将导致单位边际贡献或边际贡献率下降,保本点上升,使企业需用更多产品销售所提供的边际贡献来弥补固定成本,企业的获利能力下降;反之,单位变动成本下降,将促使保本点相应下降,使企业的获利能力增加。

(三)固定成本总额单独变动的影响

固定成本总额变动会引起保本点同方向变动。

【例4—12】 按例4—10的资料,现由于广告费的增加使固定成本增加到48 000元,其他条件不变。

要求:计算固定成本变化后的保本点。

解:固定成本变动后的保本量＝48 000÷(20—12)＝6 000(只)

保本额＝6 000×20＝120 000(元)

固定成本总额的增加,将导致保本点上升,使企业需用更多产品销售所提供的边际贡献来弥补固定成本,企业的获利能力下降;反之,减少固定成本总额,将促使保本点下降,使企业的获利能力增加。

(四)品种结构单独变动的影响

产品品种结构变动会影响多品种产品的综合保本额。

【例4—13】 某企业销售A、B两种产品,固定成本总额为400 400元,有关资料如表4—3所示。

表4—3

	A产品	B产品
单价(元)	40	60
单位变动成本(元)	26	30
销售比重(％)	30	70

如果A、B两种产品的销售比重变化为40％和60％。

要求:计算品种结构变化前后的保本点。

解:A产品的边际贡献率＝(40—26)÷40×100％＝35％

B产品的边际贡献率＝(60—30)÷60×100％＝50％

品种结构变化前:

加权平均边际贡献率＝35％×30％＋50％×70％＝45.5％

综合保本额＝400 400÷45.5％＝880 000(元)

品种结构变化后:

加权平均边际贡献率＝35％×40％＋50％×60％＝44％

综合保本额＝400 400÷44％＝910 000(元)

当边际贡献率低的产品的销售比重增加时,将引起保本点上升,企业的获利能力下降;反之,边际贡献率低的产品的销售比重减少时,将引起保本点下降,企业的获利能力提高。

二、因素变动对实现目标利润的影响

(一)销售单价单独变动的影响

单价变动会引起保利点反方向变动。

【例4—14】 按例4—10的资料,目标利润为40 000元,现单价提高到22元。其他条件不变。

要求:计算保利点。

解:单价变动前的保利量＝(40 000＋40 000)÷(20－12)＝10 000(只)

保利额＝10 000×20＝200 000(元)

单价变动后的保利量＝(40 000＋40 000)÷(22－12)＝8 000(只)

保利额＝8 000×22＝176 000(元)

提高销售单价,单位边际贡献或边际贡献率上升,导致保利点下降,从而使企业减少实现预期目标利润所需的销售量,若企业能实现预期的销售量,则会使预期的目标利润增加;反之,降低销售单价,保利点上升,使企业增加实现目标利润所需的销售量。

(二)单位变动成本单独变动的影响

单位变动成本的变动会引起保利点同方向变动。

【例4—15】 按例4—10的资料,目标利润为40 000元,单位变动成本增加到15元,其他条件不变。

要求:计算保利点。

解:单位变动成本变动后的保利量＝(40 000＋40 000)÷(20－15)＝16 000(只)

保利额＝16 000×20＝320 000(元)

单位变动成本上升,单位边际贡献或边际贡献率下降,导致保利点上升,从而使企业增加实现预期目标利润所需的销售量,若企业不能实现预期的销售量,则会使预期目标利润下降;反之,单位变动成本下降,保利点下降,使企业减少实现预期目标利润所需的销售量。

(三)固定成本总额单独变动的影响

固定成本总额变动会引起保利点同方向变动。

【例4—16】 按例4—10的资料,目标利润为40 000元,固定成本总额增加48 000元,其他条件不变。

要求:计算保利点。

解:固定成本变动后的保利量＝(48 000＋40 000)÷(20－12)＝11 000(只)

保利额＝11 000×20＝220 000(元)

固定成本总额增加,导致保利点上升,从而使企业增加实现预期目标利润所需的销售量,若企业不能实现预期的销售量,则会使预期目标利润下降;反之,固定成本总额下降,保利点下降,使企业减少实现预期目标利润所需的销售量。

(四)品种结构单独变动的影响

产品品种结构变动会影响多品种产品的综合保利额。

【例4—17】 按例4—13的资料,目标利润为40 040元,现A、B两种产品的销售比重分别为40%和60%,其他条件不变。

要求:计算保利额。

解:品种结构变动前的保利额＝(400 400＋40 040)÷45.5%＝968 000(元)

品种结构变动后的保利额＝(400 400＋40 040)÷44％＝1 000 100(元)

当边际贡献率低的产品的销售比重增加时,保利点上升,从而使企业增加实现预期目标利润所需的销售额,若企业不能实现预期的销售额,则会使预期的目标利润下降;反之,当边际贡献率低的产品的销售比重减少时,保利点下降,使企业减少实现预期目标利润所需的销售额。

三、因素变动对安全边际的影响

(一)销售量(额)单独变动的影响

销售量(额)对安全边际的影响有两种情况:

一是保本销售量(额)保持不动,则实际或预计销售量(额)变动就会引起安全边际与实际或预计销售量(额)呈同方向变动。增加实际或预计销售量(额),会扩大安全边际,提高企业经营的安全程度;反之,减少实际或预计销售量(额),会缩小安全边际,降低企业经营安全程度。

二是实际或预计销售量(额)保持不动,则保本销售量(额)变动会引起安全边际与保本销售量(额)呈反方向变动。增加保本销售量(额),会缩小安全边际,降低企业经营的安全程度;反之,减少保本销售量(额),会扩大安全边际,提高企业经营的安全程度。

(二)销售单价单独变动的影响

销售单价的变动会引起安全边际与销售单价呈同方向变动。如前所述,销售单价提高,会导致保本点下降,因此相应地扩大了安全边际,提高了企业经营的安全程度;反之,销售单价下降,导致保本点上升,会缩小安全边际,降低企业经营的安全程度。

(三)单位变动成本单独变动的影响

单位变动成本的变动会引起安全边际与单位变动成本呈反方向变动。单位变动成本增加,保本点上升,会缩小安全边际,降低企业经营的安全程度;反之,单位变动成本减少,保本点下降,会扩大安全边际,提高企业经营的安全程度。

(四)固定成本总额单独变动的影响

固定成本总额的变动会引起安全边际与固定成本总额呈反方向变动。固定成本总额增加,保本点上升,从而缩小安全边际,降低企业经营的安全程度;反之,固定成本总额减少,保本点下降,安全边际相应扩大,提高企业经营的安全程度。

(五)品种结构单独变动的影响

品种结构的变动会引起安全边际额的变动。当边际贡献率低的产品的销售比重增加时,安全边际额呈反方向变动;当边际贡献率高的产品的销售比重增加时,安全边际额呈同方向变动。

四、各有关因素同时变动的影响

上面我们讨论的是单因素变动对相关指标的影响,事实上,各因素往往是相互影响、相互作用的。例如,降低单价的同时会使销售量增加,增加单位变动成本的同时往往要提高单价,此时保本点和保利点会发生相应的变动。下面分析多因素变动对保本点和保利点的影响。

【例4—18】 按例4—10的资料,目标利润为40 000元,固定成本总额增加到48 000元,单价提高到22元。

要求:计算保本点和保利点。

解:固定成本和单价同时变动后的保本量＝48 000÷(22－12)＝4 800(件)

保本额＝4 800×22＝105 600(元)

固定成本和单价同时变动后的保利量＝(48 000＋40 000)÷(22－12)＝8 800(件)

保利额＝8 800×22＝193 600(元)

由于单价提高2元足以弥补增加的固定成本，因此保本点从原来的5 000件下降至4 800件，同时也使实现目标利润的销售量从1万件下降到8 800件，如果企业能实现原来预计的销售量10 000件，则可多实现利润12 000元(1 200×10)。可见，增加固定成本支出8 000元并相应提高单价2元对企业来说是可行的。

任务四　本量利分析中的敏感分析

在本量利分析中，我们讨论了相关因素对保本点、保利点、安全边际的影响，但只涉及这些变化是同向还是反向变化，对引起变化的幅度有多大，并未涉及。在本任务中，通过敏感分析来了解各因素的变动范围及它们对利润的影响程度，从而采取措施，控制各因素的变化，以保证企业经营计划和目标利润的完成。

一、敏感分析的概念及意义

敏感性分析是用来回答"如果……会怎么样"这一类问题的。比如，销售量比预测的少10％，利润会怎样变化；单价比预测的低5％，利润又会怎样变化。它主要研究当一个重要因素发生变化时，导致目标值发生怎样的变化，是变化大还是变化小。在求得一个确定模型的最优解后，敏感性分析还可以研究该模型中的某个或某几个参数允许变化到怎样的范围，原最优解不变；或者当某个参数的变化超过允许范围，原最优解不再"最优"时，提供一套简便的计算方法，重新计算最优解。

由于敏感性分析适用于各种不同的情况，因此在许多领域得到广泛的应用。在本量利中进行敏感分析，可以研究和提供引起目标利润从盈利转为亏损时各因素变化的界限、各因素变化对利润的影响程度，以及当个别因素变化时，如何保证原目标利润的实现，最终为管理人员提供一种简便、有效、直接的方法，以判断可能发生预测误差的后果并作出相应的决策。

二、影响利润的各变量临界值的确定

临界值，也称盈亏临界值，是指在不使目标值发生质的变化的前提下，允许有关参数值变动达到的最小值或最大值。在本量利分析中，临界值是指目标值(利润)由盈利转为亏损时，影响利润的相关变量——销售量、单价的最小允许值和单位变动成本、固定成本最大允许值。

根据本量利分析的基本公式：利润＝销售量×(单价－单位变动成本)－固定应本，当利润等于零时，即销售量×(单价－单位变动成本)－固定成本＝0时，可求出盈亏临界值。

【例4—19】　企业生产一种产品，单价50元，单位变动成本30元，全年固定成本为100万元，计划销售量50万件，全年利润为900万元。

(1)销售量的最小允许值：

销售量的最小允许值＝固定成本单价÷(单价－单位变动成本)

＝固定成本÷单位边际贡献＝100÷20＝5(万件)

销售量的最小允许值为5万件，说明实际销售量只要达到5万件，即完成计划销售量的

10%[即(5÷50)×100%],企业就可保本。如果低于该数量,企业就要发生亏损,高于该数量,企业就可获利。

（2）单价的最小允许值：

单价的最小允许值＝（固定成本＋变动成本总额）÷销售量＝（100＋1 500）÷50＝32(元)

单价的最小允许值为32元,说明企业的单价不能低于32元,即降价幅度不能高于36%[即(18÷50)×100%],否则,企业将发生亏损。

（3）单位变动成本的最大允许值：

$$单位变动成本的最大允许值＝（销售量×单价－固定成本）÷销售量$$
$$＝（销售收入－固定成本）÷销售量$$
$$＝（2 500－100）÷50＝48(元)$$

单位变动成本的最大允许值为48元,说明企业的单位变动成本从30元上升到48元,利润就从900万元下降到零,单位变动成本的最大上升幅度为60%[即(18÷30)×100%],超过这个幅度,企业就要转为亏损。

（4）固定成本的最大允许值：

固定成本的最大允许值＝销售量×（单价－单位变动成本）＝50×（50－30）＝1 000(万元)

固定成本的最大允许值1 000万元,说明企业的固定成本最多可达到1 000万元,超过这个范围,企业就要从盈利转为亏损。

三、敏感系数和敏感分析表

（一）敏感系数

虽然单价、单位变动成本、销售量和固定成本的变动都会引起利润的变动,但它们对利润的影响程度却不同。有的因素只要有较小的变动就会导致利润较大程度的变动,这类因素称为强敏感性因素;有的因素虽有较大的变动,但对利润的影响程度却不大,这类因素称为弱敏感性因素。衡量因素敏感程度强弱的指标称为敏感系数,其计算公式为：

$$敏感系数＝目标值变动百分比÷因素值变动百分比$$

其中,目标值是指利润;因素值是指单价、单位变动成本、销售量和固定成本等。计算敏感系数可帮助管理人员了解各因素变动对利润的影响程度,以便找出问题的关键,提高管理效率,及时调整措施,保证目标利润的完成。

【例4－20】 按例4－19的资料,假设单价、单位变动成本、销售量和固定成本均增长10%。

要求:计算敏感系数。

（1）单价的敏感系数：

单价变动后的利润＝50×[50×（1＋10%）－30]－100＝1 150(万元)

利润变动百分比＝（1 150－900）÷900×100%＝27.78%

单价的敏感系数＝27.78%÷10%＝2.78

上述计算表明单价变动1%,利润呈同方向变动,变动2.78%,利润变动率是单价变动率的2.78倍,说明单价的变动对利润的影响程度较大。因此,提高产品的价格是增加企业利润的主要手段。当然,降价也是企业利润下降的主要原因。

（2）单位变动成本的敏感系数：

单位变动成本变动后的利润＝50×[50－30（1＋10%）]－100＝750(万元)

利润变动百分比＝(750－900)÷900×100％＝－16.67％

单位变动成本的敏感系数＝(－16.67％)÷10％＝－1.67

上述计算表明单位变动成本变动1％,利润呈反方向变动,变动1.67％,利润变动率是单位变动成本变动率的1.67倍,说明单位变动成本的变动对利润的影响程度比单价的影响程度略小。

(3)销售量的敏感系数(也称经营杠杆系数):

销售量变动后的利润＝50×(1＋10％)×(50－30)－100＝1 000(万元)

利润变动百分比＝(1 000－900)÷900×100％＝11.11％

销售量的敏感系数＝11.11％÷10％＝1.11

上述计算表明销售量变动1％,利润呈同方向变动,变动1.11％,利润变动率是销售量变动率的1.11倍,说明销售量的变动对利润的影响程度较小。

(4)固定成本的敏感系数:

固定成本变动后的利润＝50×(50－30)－100×(1＋10％)＝890(万元)

利润变动百分比＝(890－900)÷900×100％＝－1.1％

固定成本的敏感系数＝(－1.11％)÷10％＝－0.11

上述计算表明固定成本变动1％,利润呈反方向变动,变动0.11％,利润变动率是固定成本变动率的0.11倍,说明固定成本的变动对利润的影响程度很小。

敏感系数为正值,表示该变量与利润呈同方向变动;敏感系数为负值,表示该变量与利润呈反向变动。

敏感系数的高低以其绝对值来表示,与其正值还是负值无关。绝对值越大,敏感程度越高。当敏感系数的绝对值大于1时,该因素为敏感系数高的因数;敏感系数绝对值等小于等于1时,该因素为敏感性低的因素。将上面例题中的敏感系数按绝对值的大小排列,依次为单价、单位变动成本、销售量、固定成本,说明利润对单价的变动最为敏感,其次是单位变动成本的销售量,固定成本的影响程度最小。

需要注意的是,上述各因素敏感系数的排列是在例4－19所假设条件的基础上得到的,假设的条件变化了,则各因素敏感程度的排列顺序也有可能发生变化,如果上例中的单位变动成本改为20元,全年固定成本改为500万元,其他条件不变。当各因素仍分别增长10％时,则各因素的敏感系数为:

目标利润＝50×(50－20)－500＝1 000(万元)

(1)单价变动后的利润＝50×[50×(1＋10％)－20]－500＝1 250(万元)

利润变动百分比＝(1 250－1 000)÷1 000×100％＝25％

单价的敏感系数＝25％÷10％＝2.5

(2)单位变动成本变动价的利润＝50×[50－20×(1＋10％)]－500＝900(万元)

利润变动百分比＝(900－1 000)÷1 000×100％＝－10％

单位变动成本的敏感系数＝－10％÷10％＝－1

(3)销售量变动后的利润＝50×(1＋10％)×(50－20)－500＝1 150(万元)

利润变动百分比＝(1 150－1 000)÷1 000×100％＝15％

销售量的敏感系数＝15％/10％＝1.5

(4)固定成本变动后的利润＝50×(50－20)－500×(1＋10％)＝950(万元)

利润变动百分比＝(950－1 000)÷1 000×100％＝－5％

固定成本的敏感系数＝－5％÷10％＝0.5

上述四个因素按敏感系数排列,依次为单价、销售量、单位变动成本、固定成本,与原来的排列顺序相比,单位变动成本和销售量两个因素的位置互换了一下。

此外,敏感分析中的临界值问题和敏感系数问题,实际上这是一个问题的两个方面。某一因素达到临界值前的允许值越高,利润对该因素就越不敏感;反之,某一因素达到临界值前的允许值越低,利润对该因素就越敏感。

（二）敏感分析表

敏感系数提供了利润对各因素变动的敏感程度,但不能直接反映各因素变动后的利润值。因此,在实务中,一般通过编制敏感分析表来反映各因素变动后的利润值。通过分析表,管理人员能了解利润对各因素的敏感程度,并可直观地看出各因素变化后的利润值。

【例4－21】 按例4－19的资料,假设单价、单位变动成本、销售量和固定成本分别以10％、20％的幅度变动。要求:编制敏感分析表。

解:敏感分析表如表4－4所示。

表4－4　　　　　　　　　　　　　　　　敏感分析表

变动百分比 利润（万元） 因素	－20％	－10％	0	10％	20％
单价（元/件）	400	650	900	1 150	1 400
单位变动成本（元/件）	1 200	1 050	900	750	600
固定成本（万元）	920	910	900	890	880
销售量（万件）	700	800	900	1 000	1 100

表4－4中的最上栏代表有关变量的变动比例,下面各栏反映了在有关因素变动至一定幅度时,利润变动后的绝对值。根据变动前后的利润值,即可计算出利润的变动幅度,而利润变动幅度的绝对值则显示了有关因素敏感性的强弱。

例如,表4－4中的第三栏反映单位变动成本变动对利润的影响:当单位变动成本不变时,利润为900万元;当单位变动成本下降10％,利润上升到1 050万元,变动幅度为16.67％[即(1 050－900)÷900×100％];当单位变动成本下降20％,利润上升到1 200万元,变动幅度为33.33％[即(1 200－900)÷900×100％];当单位变动成本增加10％,利润下降到750万元,变动幅度为－16.67％[即(750－900)÷900×100％];当单位变动成本增加20％,利润下降到600万元,变动幅度为－33.33％[即(600－900)÷900×100％],通过分析,说明利润对单位变动成本的变动还是比较敏感的。

任务五　本量利分析在经营决策中的应用

由于利用本量利分析中的边际贡献概念,能为不同方案的选择提供重要的衡量依据,因此本量利分析被广泛地用于企业的经营决策。在经营决策的分析中,哪种方法能为企业提供更多的边际贡献,更好地弥补和维持现有生产能力所需支付的固定成本,使企业获得更多的利润,哪个方案就是最佳方案。本量利分析在经营决策中主要可用于不同生产方法的选择、购置某项生产设备的选择等。

一、不同生产方法的选择

不同的生产方法虽然可以生产出同样质量和同样价格的产品,但在成本上会存在差异。为了能充分利用不同生产方法的优越性,可应用本量利分析的原理进行选择。

【例4—22】 某企业生产一种产品,产销平衡,产品单价600元,单位变动成本450元,固定成本总额150万元,年生产能力为2万件。如果采用一种新的生产方法,单位变动成本可降低50元,但固定成本总额增加30万元,生产能力保持不变。

要求:对新旧生产方法进行选择。

解:(1)计算并列出新旧生产方法的数据,如表4—5所示。

表4—5   新旧生产方法的有关数据

项 目	原生产方法	新生产方法
年固定成本(万元)	150	180
单位变动成本(元)	450	400
单价(元)	600	600
单位边际贡献(元)	150	200
生产能力(万件)	2	2
保本量(万件)	1	0.9

(2)绘制本量利分析图。用 TR 代表销售收入线,FC_1 和 FC_2 分别代表原生产方法和新生产方法的固定成本线,TC_1 和 TC_2 分别代表原生产方法和新生产方法的总成本线,BF_1 和 BF_2 分别代表原生产方法和新生产方法的保本点,将表4—5的数据在图4—6上体现出来。

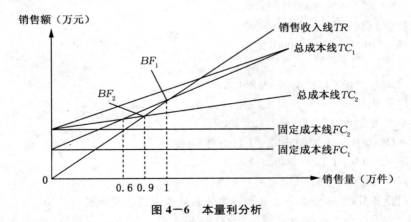

图4—6 本量利分析

图4—6表明,由于新的生产方法使单位边际贡献增加了50元,其保本点销售量比原生产方法的保本点销售量降低了1 000件,安全边际相应增加1 000件。如果企业已有的生产能力

可以充分利用,并且生产出来的产品能全部出售,则新的生产方法比原生产方法多实现利润70万元[200×(2-0.9)-150×(2-1)],即用新的生产方法可以获得较大的盈利。但如果企业已有的生产能力难以得到充分利用,或者生产出来的产品不能按照既定的价格出售,则新的生产方法无法发挥它的优势。图4-6中两种生产方法的总成本线的交点(TC_1 和 TC_2 的交点),是新的生产方法发挥优势的起点。销售量在6 000件以下,用原来的生产方法;销售量在6 000件以上,用新的生产方法。

二、购置某项生产设备的选择

【例4-23】 某企业生产一种产品,产销平衡,产品单价120元,年生产能力为2 000件,其成本构成如表4-6所示。

表4-6 某产品的成本构成

项 目	变动成本(元)	固定成本(元)
直接材料	32 000	
直接人工	48 000	32 000
折旧		48 000
其他		
合计	80 000	80 000

现准备购置一台专用设备,购置费21 200元,可使用10年,无残值,用直线法计提折旧。该设备投产后可使变动成本下降30%。

要求:决策是否购置专用设备。

解:购置前:

单位变动成本=80 000÷2 000=40(元/件)

单位边际贡献=120-40=80(元)

保本量=80 000÷80=1 000(件)

安全边际=2 000-1 000=1 000(件)

实现利润=1 000×80=80 000(元)

购置后:

单位变动成本=40×(1-30%)=28(元)

单位边际贡献=120-28=92(元)

增加的年折旧额=212 000÷10=21 200(元)

保本量=(80 000+21 200)÷92=1 100(件)

安全边际=2 000-1 100=900(件)

实现利润=900×92=82 800(元)

购置专用设备后,虽然保本点销售量比原来的保本点销售量上升了100件,但单位边际贡献增加了12元,因此企业每年仍可增加2 800元(82 800-80 000)利润,说明购置专用设备是可行的。

关键术语

本量利分析　贡献毛益　变动成本率　盈亏平衡点　安全边际　敏感性分析

◎ 应知考核 ◎

一、单项选择题

1. 按照本量利分析的假设,销售收入函数和成本函数的自变量均为同一个,即(　　)。
A. 单位变动成本　　　　B. 销售单价　　　　　C. 固定成本　　　　　D. 业务量

2. 在贡献式本量利关系图中,总成本线与变动成本线之间的距离所代表的是(　　)。
A. 贡献边际　　　　　　B. 固定成本　　　　　C. 利润区　　　　　　D. 亏损区

3. 按多种产品之间相对稳定的产销实物量比例组成一组产品,确定每一联合单位的单价和单位变动成本的本量利分析方法是(　　)。
A. 综合贡献边际率法　　B. 联合单位法　　　　C. 分算法　　　　　　D. 主要品种法

4. (　　)表示每增加一元销售,可为企业带来的贡献。
A. 贡献边际率　　　　　B. 变动成本率　　　　C. 单位贡献边际　　　D. 单位变动成本

5. 在对成本进行性态分析时,均是一定"相关范围"前提条件下进行研究,这个"相关范围"包括"期间范围"和"业务量范围",体现的是(　　)。
A. 成本性态分析假设　　　　　　　　　　　B. 相关范围假设
C. 产销平衡假设　　　　　　　　　　　　　D. 品种结构不变假设

6. 计算边际贡献率,可以用单位贡献边际去除以(　　)。
A. 单价　　　　　　　　B. 总成本　　　　　　C. 销售收入　　　　　D. 变动成本

7. 下列有关贡献边际率与其他指标关系的表达式中,唯一正确的是(　　)。
A. 贡献边际率＋保本作业率＝1　　　　　　B. 贡献边际率＋变动成本率＝1
C. 贡献边际率＋安全边际率＝1　　　　　　D. 贡献边际率＋危险率＝1

8. 销售收入总额与变动成本总额之间的差额是(　　)。
A. 营业利润　　　　　　B. 安全边际率　　　　C. 边际贡献　　　　　D. 保本量

9. (　　)可以说明企业在保本状态下生产经营能力的利用程度。
A. 保本点作业率　　　　B. 单位变动成本　　　C. 保本量　　　　　　D. 安全边际

10. (　　)是一个绝对量,用来评价同一企业不同时期的经营安全程度。
A. 保本量　　　　　　　B. 安全边际　　　　　C. 保本额　　　　　　D. 保本作业率

二、多项选择题

1. 单一品种保本点的表现形式有(　　)。
A. 保本量　　　　　　　B. 保本额　　　　　　C. 单价　　　　　　　D. 边际贡献

2. 下列方法中,属于多品种条件下本量利分析方法的有(　　)。
A. 综合保本图法　　　　B. 联合单位法　　　　C. 分算法　　　　　　D. 主要品种法

3. 在下列各项中,属于正确的管理会计公式的有(　　)。
A. 安全边际量＝实际或预计的销售量－保本量
B. 安全边际额＝实际或预计的销售额－保本额
C. 利润＝安全边际量×单位边际贡献
D. 安全边际率＝(安全边际量÷实际或预计的销售量)×100%

4. 在下列各项中,属于本量利分析基本假设的有(　　)。
A. 相关范围假设　　　　　　　　　　　　　B. 模型线性化假设

C. 产销平衡假设　　　　　　　　　　　　D. 品种结构不变假设

5. 在下列项目中,能够决定保本点大小的因素有(　　)。

A. 固定成本　　　　　B. 单位变动成本　　　　C. 现有销售量　　　　D. 销售单价

6. 安全边际指标的表现形式包括(　　)。

A. 安全边际量　　　　　B. 安全边际率　　　　C. 安全边际额　　　　　D. 保本作业率

7. 在下列关于安全边际及安全边际率的描述中,内容正确的有(　　)。

A. 安全边际是现有销售额超过保本点销售额的部分

B. 安全边际率是安全边际量与现有销售量之比

C. 安全边际率和保本作业率之和为1

D. 安全边际率越大,企业发生亏损的可能性越大

8. 因素变动对安全边际的影响包括(　　)。

A. 销售量(额)单独变动的影响　　　　　　　B. 销售单价单独变动的影响

C. 单位变动成本单独变动的影响　　　　　　D. 品种结构单独变动的影响

9. 敏感系数中因素值是指(　　)。

A. 单价　　　　　　　B. 单位变动成本　　　　C. 销售量　　　　　　D. 固定成本

10. 下列各式计算结果等于贡献边际率的有(　　)。

A. 单位贡献边际÷单价　　　　　　　　　　B. 1－变动成本率

C. 贡献边际÷销售收入　　　　　　　　　　D. 固定成本÷保本销售量

三、判断题

1. 本量利分析是建立在成本按性态分析基础上的一种分析方法。　　　　　　　　(　　)

2. 边际贡献等于固定成本,企业不亏不盈,利润为1。　　　　　　　　　　　　(　　)

3. 变动成本率高,边际贡献率就低,赢利能力就低。　　　　　　　　　　　　　(　　)

4. 保本分析主要确定使企业既不亏损又不盈利的保本点。　　　　　　　　　　　(　　)

5. 保本点也可称作盈亏平衡点、盈亏临界点。　　　　　　　　　　　　　　　　(　　)

6. 单一品种的保本分析,常用的方法有公式法和分算法。　　　　　　　　　　　(　　)

7. 在销售量不变的条件下,保本点越低,能实现的利润就越多。　　　　　　　　(　　)

8. 标准式保本图将固定成本置于变动成本之下,反映了固定成本在相关范围内不变的基本特征。

(　　)

9. 综合边际贡献率反映了企业多品种综合创利能力的本量利分析方法。　　　　　(　　)

10. 当边际贡献率低的产品的销售比重增加时,将引起保本点上升,企业的获利能力上升。(　　)

四、简述题

1. 本量利分析的前提假设有哪些?

2. 什么是保本点,如何确定保本点?

3. 什么是贡献边际、安全边际?这两个指标有什么意义?

4. 各种本量利关系图中,各条线、交点以及有关区域的概念是什么?

5. 为什么需要进行敏感性分析?

五、计算题

1. 已知:A、B、C、D四家公司互不相关,在过去一年中它们的损益情况如表4—7所示。

表4—7　　　　　　　　　　　　损益资料　　　　　　　　　　　价值单位:元

公司	销售收入	变动成本	贡献边际率	固定成本	净利润(或净亏损)
A	180 000	(1)	40%	(2)	12 000
B	300 000	165 000	(3)	100 000	(4)
C	(5)	(6)	30%	80 000	−5 000
D	400 000	260 000	(7)	(8)	30 000

要求:填写表4—7中用括弧表示的指标数值。

2.已知:某企业上个月的保本额为50 000元,假定本月的固定成本增加5 000元,其他指标不变,为实现保本,本月需要增加销售额8 000元。

要求计算:

(1)上个月的固定成本。

(2)贡献边际率。

(3)变动成本率。

3.已知:某公司生产A、B、C三种产品,其固定成本总额为19 800元,三种产品的有关资料如表4—8所示。

表4—8　　　　　　　　　　　　相关资料

品种	销售量(件)	销售单价(元/件)	单位变动成本(元/件)
A	60	2 000	1 600
B	30	500	300
C	65	1 000	700

要求:

(1)用综合贡献边际法的加权平均法计算该公司的综合保本销售额及各产品的保本量。

(2)计算该公司的安全边际额和营业利润。

4.已知:某公司生产一种产品,售价每件8元,月初月末产成品存货成本不变,总成本与销售额之间的函数关系为:月总成本＝180＋0.625×月销售额。

要求:

(1)计算贡献边际率、保本量、销售100件产品时的安全边际销售量和目标营业利润为150元时的保利额。

(2)如果单位变动成本提高1元,售价应定为多少,才能保持原来的贡献边际率?

(3)如果进一步提高机械化程度,单位变动成本可以下降10%,每月固定成本则上升85元,售价仍为8元,请计算此时的保本量以及目标利润为120元时的保利额。

5.已知:某公司只产销一种产品,本年度的销售总收入为150 000元,净利润为12 000元。按该公司的计划,下年度销售量将减少10%,销售量下降后,该公司净利润将下降75%。假定下一年度的销售单价仍维持40元不变,单位变动成本与固定成本不变。

要求计算:

(1)本年度销售量和下一年度的销量降低额。

(2)下一年度的利润降低额。

(3)单位贡献边际和固定成本。

(4)下一年度的保本量。

6. 已知:甲产品单位售价为30元,单位变动成本为21元,固定成本为450元。

要求:

(1)计算保本量。

(2)若要实现目标利润180元的销售量是多少?

(3)若销售净利润为销售额的20%,计算销售量。

(4)若每单位产品变动成本增加2元,固定成本减少170元。计算此时的保本点销售量。

根据上述资料,若销售量为200件,计算单价应调整到多少才能实现利润350元(假定单位变动成本和固定成本不变)?

7. 某公司2016年的简明利润表如下(单位:元):

销售收入	160 000	
减:销售成本	120 000	(其中变动成本占60%)
销售毛利	40 000	
减:营业费用	50 000	(其中固定成本占50%)
净利润	−10 000	

经过分析发现,导致该公司亏损的原因是对产品的广告宣传不够,2017年如果能增加广告费4 000元,可使销量大幅度增加,就能扭亏为盈。

要求:

(1)计算该公司2017年保本额。

(2)如果该公司2017年计划实现利润14 000元,计算其保利额。

8. 已知:某公司生产和销售A、B两种产品,A产品的单价为5元,B产品的单价为2.50元;A产品的贡献边际率为40%,B产品的贡献边际率为30%,全月固定成本72 000元。假定本月份A产品的预计销售量为30 000件,B产品为40 000件。

要求:

(1)按综合贡献边际率法计算本月的综合保本额和A、B两种产品的保本量。

(2)计算企业的安全边际额和本月的预计利润。

(3)如果本月增加广告费9 700元,可使A的销售量增加到40 000件,而B的销售量下降到32 000件,分析采取这一措施是否合算。

(4)根据(3)的有关数据,重新计算保本额。

◎ 应会考核 ◎

★ 观念应用

【背景资料】

W制造公司的生产计划

W制造公司为农机设备生产功率输出元件,公司总部设在伊力斯。该公司有两个工厂,一个工厂位于伊力斯,最近刚刚整修;另一个工厂位于莫林,自动化程度较低。两个工厂都为拖拉机生产相同的功率输出元件,绝大多数出售给国内外的拖拉机制造商。公司预计明年生产和销售192 000个功率输出元件。公司生产经理收集了与两个工厂有关的单位成本、单价和生产能力数据,如表4—9所示。

表 4—9   **W 制造公司有关数据**

项目＼工厂	伊力斯工厂	莫林工厂
单价	150.00 元	150.00 元
变动生产成本	72.00 元	88.00 元
固定生产成本	30.00 元	15.00 元
佣金(5%)	7.50 元	7.50 元
管理费用	25.50 元	21.00 元
总单位成本	135.00 元	131.50 元
单位利润	15.00 元	18.50 元
每天生产率	400 个	320 个

全部固定成本以每年正常工作日 240 天为基础进行分配,当工作日超过 240 天时,伊力斯工厂的单位变动生产成本增加 3 元,莫林工厂的单位变动生产成本增加 8 元。每个工厂的最大生产能力都是 300 个工作日。

W 制造公司要求各工厂支付单位产品管理费用以弥补对各工厂提供的管理服务,如发放工资、会计、采购等。因为该公司认为这些服务成本是各个工厂的工作量的一个函数,所以各个工厂支付的每单位 6.5 元的费用为管理费用中的变动部分。

公司的生产经理为了使设在莫林的工厂获得最大的单位利润,决定每个工厂都生产 96 000 个功率输出元件,该生产计划使设在莫林的工厂达到其最大的生产能力,而设在伊力斯的工厂则处于正常生产能力范围内。公司的总会计师不满意该生产计划,他想知道让伊力斯的自动化工厂生产相对较多的元件是否更为可取。

【考核要求】

(1)确定各个工厂盈亏临界点的销售量。

(2)计算公司生产经理让每个工厂生产 96 000 个元件的营业收益。

(3)如果公司要生产 192 000 个元件,其中的 120 000 个在伊力斯厂生产,其余在莫林工厂生产,计算营业收益。

(4)试对公司生产经理的生产计划做出评价。

★ 技 能 应 用

海南佳信股份有限公司的保本量分析

海南佳信股份有限公司刚完成第四季度的营业,公司的最大年生产能力现在是 60 000 个单位。在这一水平上,其材料和人工的直接成本总共是 240 000 元,固定间接费用中用于生产的计 60 000 元,用于一般行政管理的是 50 000 元,用于推销的为 40 000 元(假设全部为固定费用)。成品的销售单价是 10 元。遗憾的是,在刚刚过去的这个年度里,公司只生产和销售其总生产能力的 50% 的产品。市场情况现在正在好转,在下一年度里,公司希望将产量和销售量提高到生产能力的 75%。

【技能要求】

请完成下列分析:

(1)计算海南佳信股份有限公司的保本量。

(2)计算海南佳信股份有限公司完成 50% 时的安全边际。

(3)如果海南佳信股份有限公司从完成50%的生产能力提高到75%时,利润的增加额是多少?

(4)海南佳信股份有限公司如果完成75%的生产能力时,新的安全边际如何?

★ **案例分析**

【背景资料】

金荣建材商店的决策案例

金荣建材商店是一家乡镇企业,位于镇上。自1994年营业以来,一直经营建材、日杂用品。该商店以货真价廉、服务热情受到当地消费者的信赖。几年来,该商店销售量占全镇市场销售量的70%,经营业绩在周边同业中处于首位。该商店多年来与各厂家建立了固定的合作关系,赢得了厂家的信任。2010年初,几个大的厂家欲将金荣建材商店作为其指定的代卖店。欲与其合作的厂家有:长岭乡石棉瓦厂,该厂的产品质量好,价格合理,近几年一直是老百姓的首选产品;长春市第二玻璃厂,该厂的玻璃在这里也很畅销;双阳水泥厂的水泥,年年畅销。它们均可以送货上门,销售后交款,如有剩余还可以退回厂家。对此,该商店经理金荣开始进行了市场调查。

金荣建材商店交通便利,本镇及辖区村民生活水平较高。随着生活观念、消费意识的转变,人们都想将原来的砖房改建。据统计,在过去2年里,本镇每年就有400余户兴建房舍,而且现在有上升的趋势;因为本镇刚由乡转镇,镇企业规划办公室决定在5年内,将原有企业的办公场所、生产车间及仓库进行扩建,同时还要新建几家企业;另外,还有周边镇上的需求。因此,预测每年石棉瓦需求量为45 000块,水泥18 000袋,玻璃9 000平方米,而且对它们的需求是有比例关系的,其比例为5:2:1。

由于厂家送货,货源保证,又能节约运费,在巩固市场占有率70%的同时,预计每年能扩大市场占有率5%以上。

厂家提供商品的进价是石棉瓦12元/块、水泥14元/袋、玻璃8.50元/平方米,而行业平均加价率为9.30%。金荣建材商店的销售价是石棉瓦13元/块、水泥15.20元/袋、玻璃9.20元/平方米。若将商店作为代卖店,由于厂家批量送货,还需要租赁仓库两间,月租金750元;同时需招聘临时工一名,月工资450元,每年支付税金5 000元。

该商店老板金荣经过一个月的调查,并核算了过去几年的经营石棉瓦、水泥、玻璃每年可获利20 000元的情况。他要重新预测代卖这三种商品的利润,之后作决策。

依据上述资料,请回答:

(1)在维持原有利润水平时的销售量基础上,分析该商店是否应该代卖?

(2)如果与厂家合作,每年可获利多少?

(3)若想获利40 000元,可行吗?

◎ **项目实训** ◎

【实训项目】

本利量图的绘制。

【实训情境】

假设某企业只生产一种产品,单价10元,单位变动成本6元,每月固定成本1 000元。

【实训任务】

要求:

(1)根据所给资料绘制基本式本量利图。

(2)根据所给资料绘制贡献毛益式本量利图。

(3)两种本量利图表达的意义各是什么?

模块三

预测和决策分析

项目五 预测分析

【知识目标】

理解：预测分析的意义、预测分析的原理和基本原则。

熟知：预测分析的基本方法、基本内容、程序。

掌握：定量分析预测法、销售预测分析、成本预测分析、利润预测分析、资金需要量预测分析。

【技能目标】

能够灵活运用预测分析的基本原理及预测方法；能够结合实例运用定量分析方法进行销售预测。

【素质目标】

能够利用相关方法进行成本预测和资金预测，以保障企业在预测的基础上合理安排生产，塑造专业能力。

【项目引例】

冠华科技公司的目标利润分析

冠华科技公司只生产"冠华移动电源"一种产品。该公司是 2012 年成立的高新科技公司，成立以来，一直遵循科技和质量并抓的思路，销售量呈逐年稳定上升的良好势头，加上 2016 年国内移动电源市场非常好，冠华公司实现销售量10 000个。产品的市场单价为 200 元，生产的单位变动成本为每个 150 元，固定成本为 400 000元。2016 年底，冠华科技公司开始预测 2017 年的利润情况，以便为下一步的生产经营做好准备。经过讨论，公司财务总监张为之决定按同行业先进的资金利润率预测 2017 年该公司的目标利润基数，并且通过行业的一些基础资料得知行业内先进的资金利润率为 20%，预计公司的资金占用额为600 000元。

【讨论】 假如你是冠华科技公司外聘的财务顾问，请你利用相关指标进行测算，并给出咨询方案，即企业若要实现目标利润，应该采取哪些措施？

知识精讲

任务一 预测分析概述

一、预测分析的概念

预测分析是指在企业经营活动过程中,根据企业以往的经营业绩和现在的经营情况,运用预测的基本程序和方法,预测企业未来的发展趋势和结果。预测的结果能否实现,取决于事物本身的发展趋势及人们对其发展规律的认识。所以,人们能否把握事物的内在联系及发展规律,是能否准确预测的关键。因而,科学的预测分析必须在正确理论的指导下,以正确的方法对事物未来发展趋势进行分析、预测。

在管理会计中,预测分析是为决策服务的,它着重提供一定条件下有关企业生产经营未来可能实现的数据,而决策以预测分析为基础,通过分析比较、权衡利弊,选出最佳的方案。因此,预测是决策的前提,没有科学的预测,企业也无法作出正确、有效的决策。

二、预测分析的基本原则

就企业来说,其经营活动过程中各因素之间的相互关系,也必然存在一些客观规律可以遵循。它们实质上就成为预测分析的基本原则。

(一)延续性原则

延续性原则是指在企业的经营活动过程中,过去和现在的某种发展规律会一直延续下去,于是假设决定过去和现在发展的条件也适用于未来。企业经营预测根据这条原则,可以把未来视作过去和现在的延伸而进行推测。趋势预测分析法就是基于这条原则而形成的。

(二)相关性原则

相关性原则是指在企业经营活动过程中,某些经济变量之间存在相互依存、相互制约的关系。企业经营预测根据这条原则,可以利用对某些经济变量的分析研究来推测另一个与其有关的经济变量的发展规律。因果预测分析法就是以这条原则为基础的。

(三)统计规律性原则

统计规律性原则是指企业在经营活动过程中对于某个经济变量作出一次观测的结果往往是随机的,但多次观测的结果却会出现具有某种统计规律性的情况。预测分析根据这条原则,可以利用概率分析及数理统计的方法进行推测。回归分析法就是基于这条原则而建立的。

(四)相似性原则

相似性原则是指企业在经营活动过程中,不同的经济变量所遵循的发展规律有时会出现相似的情况。企业预测分析根据这条原则,就可以利用已知变量的发展规律推出未知变量的发展趋势。判断分析法就是以这条原则为基础的。

三、预测分析的基本方法

预测分析是否准确,与所选择的预测分析方法有着很大的关系。企业可用于预测分析的方法有很多,因分析对象和预测期限的不同而不同。但其基本方法大体上可归纳为两类:定量分析法和定性分析法。

（一）定量分析法

定量分析法又称数量分析法，是指应用现代数学方法和各种现代化计算工具加工、处理预测对象的各种经济信息，建立预测分析的数学模型，充分揭示各有关变量之间的规律性联系。使用定量分析法的前提是企业能够完整掌握与预测对象相关的各种要素的定量资料。定量分析法又可分为以下两种类型：

1. 趋势预测分析法

趋势预测分析法是指应用一定的数学方法对预测对象过去的、按时间顺序排列的一系列数据进行加工、计算，据以预测其未来发展趋势的分析方法。它的实质就是遵循前面提及的事物发展的"延续性原则"，根据预测对象过去的变化趋势来预测事物发展的趋势。算术平均法、移动加权平均法、平滑指数法等属于这种类型的方法。

2. 因果预测分析法

因果预测分析法是指根据预测对象与其他相关指标之间相互依存、相互制约的规律性联系，建立相应的因果数学模型进行预测分析的方法。其实质就是遵循事物发展的相关性原则，根据预测对象与其他指标的相互联系来推测事物发展的趋势。本量利分析法、投入产出法、回归分析法和经济计量法等属于这种类型的方法。

趋势预测分析法将时间变量看作是影响研究对象的因素，其预测的精确度一般低于因果预测分析法；而因果预测分析方法需要更多的历史资料和信息，计算也较复杂。

（二）定性分析法

定性分析法也称非数量分析法，是指由熟悉业务情况的专业人员根据自己的经验和知识，同时结合预测对象的特点，进行综合分析，从而预测事物的未来发展趋势的分析方法。它是一种直观性的预测方法。这种方法不需要进行复杂的定量分析，一般适用于企业缺乏完备、准确的历史资料或者相关变量没有明显的数量关系等情况。但是，这种方法容易受主观判断的影响，预测结果不精确。

在实际应用中，定性分析法和定量分析法并非相互排斥，而是相互补充、相辅相成的。定量分析法虽然较精确，但无法考虑许多非计量因素的影响，这时便可以采用定性分析法将非计量因素考虑进去，但同时定性分析法受主观因素的影响较大。在实际工作中，企业常常将两种方法结合起来，取长补短，以提高预测的精确度。

四、预测分析的基本内容

预测分析是决策分析的基础和依据，是计划工作的最重要的基本假设和前提。就管理会计而言，预测分析的内容主要包括销售预测、利润预测、成本预测和资金预测等方面。

（一）销售预测

销售预测有广义与狭义之分。广义的销售预测包括市场调查和销售量预测。市场调查是指通过了解与特定产品相关的市场情况，以判断该产品是否有市场及市场大小的过程。销售量预测又称产品需求量预测，是指根据市场调查的相关资料，分析研究相关因素，测算产品在未来一定期间内的销售水平和变化趋势，从而预测企业产品的未来销售量。狭义的销售预测解释见本项目任务二。

（二）利润预测

利润预测是指在销售预测的基础上，根据企业未来的发展目标和其他相关资料，对企业未来某一时期可实现的利润的预计和测算。利润的预测包括营业利润的预测、投资净收益的预测和营业外收支净额的预测。在利润总额中，通常营业利润占的比重最大，是利润预测的重点，其余两部分可以使用较为简便的方法进行预测。

（三）成本预测

成本预测是指运用一定的科学方法，根据企业的未来发展目标及其他相关资料，对企业未来成本水平及其变化趋势作出科学的估计。通过成本预测，掌握未来的成本水平及其变动趋势，有利于经营管理人员选择最优方案，进而作出正确的决策。

（四）资金预测

资金预测又称资金需要量预测，是指在销售预测、利润预测和成本预测的基础上，根据企业未来发展目标，结合考虑影响资金的各项因素，运用专门方法预测企业在未来一定时期内所需要的资金数额、来源渠道、运用方向及其效果的过程。具体包括流动资金需要量预测、固定资产项目投资需要量预测和资金追加需要量预测等内容。

五、预测分析的基本特点

（一）预测的科学性

预测分析采用科学的方法对企业的历史资料进行研究分析，推算未来的发展趋势，并非是毫无根据的臆想，所以基本能够反映企业经营活动的发展趋势。

（二）时间的相对性

预测分析前应先明确预测对象的时间期限，预测可分为长期预测和短期预测、时点预测和时期预测。预测时间越短，预测结果越准确；反之，预测结果越不准确。

（三）结论的可验证性

事物未来的发展具有不确定性，预测中出现误差难以避免。预测分析应考虑可能出现的误差，并对误差进行检验并反馈，调整预测程序及方法，尽量减少误差。

（四）方法的灵活性

进行预测分析可采用的方法有很多。选择预测方法时，应先进行测试，选择符合具体情况的最佳方法，以达到事半功倍的效果。

六、预测分析的程序

经营预测一般可按以下步骤进行：

（一）确定预测目标

确定预测目标就是确定对什么进行预测，并达到什么目的。这必须根据企业经营的总体目标来选择，不能随意确定，也不能要求面面俱到。确定预测目标是经营预测的前提，企业制订预测分析计划、确定信息资料来源、选择预测方法及组织预测人员，都需要以其为依据。

（二）收集、整理数据和信息

预测目标确定后，就必须开始收集有关经济的、技术的、市场的各种资料。收集资料的过程中应尽量保证资料的全面性。在拥有大量资料的基础上，对资料进行加工、整理、鉴别、去伪存真，找出各因素之间的相互依存、相互制约的关系，从中发现事物的发展规律，作为预测的依据。

（三）选择预测方法

预测方法多种多样，不同的预测方法能够实现不同的目的。预测对象和内容不同，企业选择的预测方法也应不同。对于那些资料较全、可以建立数学模型的预测对象,企业应在定量预测方法中选择恰当的方法进行预测分析;对于那些缺乏定量资料的预测对象,企业可以结合以往的经验选择恰当的定性预测方法进行预测分析。

(四)分析判断

分析判断是指运用所收集的资料、信息以及选择的预测方法,进行定性、定量的预测分析和判断,揭示事物的变化趋势,预测其发展趋势,为企业的经营管理提供信息。

(五)检查验证

经过一段时间的实际操作,对上一阶段的预测结果进行验证。比较发生的实际数与预测数,检查预测的结果是否符合当前实际,找出误差的原因,以便及时对原先选择的预测方法进行修正。这是一个反复进行信息数据处理和选择判断的过程,其目的是确保预测的正确性。

(六)修正预测结果

对于那些根据数学模型计算得出的预测结果,可能因某些因素的数据不充分或无法定量而影响预测的准确性,这就需要结合定性方法的结论修正定量预测的结果。对于通过定性方法预测得出的结果,常常也需用定量方法加以补充,使预测结果更加准确。这是一个定性和定量相结合的过程。

另外,随着时间的推移,情况可能会发生变化,企业还应根据变化的具体情况对初步的预测结果进行修正。

(七)报告预测结论

将修正补充过的预测结论向企业的有关领导进行汇报。

任务二　销售预测分析

一、销售预测的概念

销售预测是指在充分考虑企业未来各种影响因素的基础上,结合销售实绩,通过一定的分析方法对企业未来一定时间内全部产品或特定产品的销售数量与销售金额作出预测的过程。进行销售预测的目的在于了解社会对产品的需求量及其变动趋势,掌握产品的销售状况及市场占有率。

二、销售预测的影响因素

(一)外部影响因素

1. 市场需求变化

需求是企业外界影响因素中最重要的一项。市场需求决定了企业的销售潜力。流行趋势、爱好变化、人口流动等都可能对产品的需求产生影响,因此企业必须加以分析与预测。

2. 经济变动

企业的销售水平受经济变动的影响,经济因素是影响商品销售的重要因素。近几年来,随着信息技术的快速发展,企业销售收入波动更加剧烈。为了提高销售预测的准确性,企业应特别关注商品市场中的供应和需求情况。

3. 同业竞争动向

市场经济条件下,销售额的多少深受同业竞争者的影响,而且公平的竞争有利于降低成本、提高产品质量。因此,企业进行销售预测时,应首先调查并研究同行业、同类产品的竞争情况,掌握竞争对手在市场的所有活动。

4. 政府动向

政府的各种经济政策对国民经济的发展具有导向作用,而国民经济的发展制约着整个社会的需求及消费水平,进而影响企业的生产、供应和销售活动,所以企业必须考虑政府的各种经济政策、方案措施等。

(二)内部影响因素

1. 企业的营销策略

产品政策、价格政策、渠道政策、广告及促销政策及市场定位等变化都会对企业的销售水平产生影响。

2. 企业的销售政策

市场管理内容、交易条件或付款条件、销售方法等变更都会对企业销售水平产生影响。企业在展开销售预测前必须考虑这些问题。

3. 业务员

销售活动是一种以人为核心的活动,积极的销售人员能够显著提高企业销售收入,而消极的销售人员则会降低企业销售收入,所以人为因素对于销售额的实现具有重大的影响。

4. 企业的生产状况

产品只有生产出来后才能进行销售,所以进行销售预测时必须考虑企业的生产状况,如货源是否充足、能否与销售收入相配合等。

三、销售预测的定量方法

(一)趋势预测分析法

趋势预测分析法是指应用一定的数学方法对预测对象过去的、按时间顺序排列的一系列数据进行加工、计算,据以预测其未来发展趋势的分析方法。

趋势预测分析法根据所采用的具体数学方法的不同,又可分为算术平均法、移动加权平均法、指数平滑法、回归分析法、二次曲线法和季节指数法等。在这里我们只介绍前三种。

1. 算术平均预测法

算术平均法,是以过去若干期的销售量或销售额的算术平均数,作为计划期的销售预测值。其计算公式为:

$$计划期销售预测值 = \frac{各期销售量(或销售额)之和}{期数}$$

即:

$$\overline{X} = \frac{\sum X_i}{n}$$

其中,$\overline{X}$ 表示预测的销售量,n 表示期数,X_i 为第 i 期的销售量(额)。

【例 5—1】 某公司今年下半年销售 A 类产品的六个月的销售额资料,如表 5—1 所示。要求预测明年 1 月份 A 类产品的销售额。

表 5—1　　　　　　　　　　　　　　A 类产品销售资料

月　份	7	8	9	10	11	12
销售额（万元）	14.8	14.6	15.2	14.4	15.6	15.4

由算术平均法计算公式,得:

$$\overline{X}=\frac{\sum X_i}{n}=\frac{14.8+14.6+15.2+14.4+15.6+15.4}{6}=15(万元)$$

这种方法的优点是计算简单、方便易行;缺点是没有考虑近期(即 10、11、12 月)的变动趋势。这种方法适用于销售量或销售额比较稳定的商品,对于某些没有季节性的商品,如食品、文具、日常用品等,是一种十分有效的预测方法。

2. 移动加权平均法

移动加权平均法,是对过去若干期的销售量或销售额,按其距离预测期的远近分别进行加权(近期所加权数大些,远期所加权数小些),然后计算其加权平均数,并以此作为计划期的销售预测值。

应该注意的是,所谓"移动",是指所取的观测值(历史数据)随时间的推移而顺延。另外,由于接近预测期的实际销售情况对预测值的影响较大,故所加权数应大些;反之,则应小些。若取三个观测值,其权数可取 0.2、0.3、0.5。若取五个观测值,其权数可取 0.03、0.07、0.15、0.25、0.5。

移动加权平均法的计算公式为:

$$计划期销售预测值=各期销售量(额)分别乘其权数之和$$

即:

$$\overline{X}=\sum X_i \cdot W_i$$

其中,

$$\sum W_i=1$$

为了能反映近期的发展趋势,还可以在上述基础上,再加上平均每月的变动趋势值 b,以此作为计划期的销售预测值。因此,上述公式可修正为:

$$\overline{X}=\sum X_i \cdot W_i+b$$

$$b=\frac{本季度平均每月实际销售量(额)-上季度平均每月实际销售量(额)}{3}$$

【例 5—2】　依例 5—1,根据 10、11、12 这三个月的观测值,按移动加权平均法,预测明年 1 月份的销售额。

(1)计算平均每月销售变动趋势值:

$$三季度月平均实际销售额=\frac{14.8+14.6+15.2}{3}=14.867(万元)$$

$$四季度月平均实际销售额=\frac{14.4+15.6+15.4}{3}=15.133(万元)$$

$$b=\frac{15.133-14.867}{3}≒0.089(万元)$$

(2)取权数 $W_1=0.2, W_2=0.3, W_3=0.5$,得:

$$\overline{X}=(14.4×0.2+15.6×0.3+15.4×0.5)+0.089=15.349(万元)$$

移动加权平均法可以利用 n 期全部的历史数据,同时考虑远近期间对预测期间的影响,消除了差异的平均化,使预测数更接近现实。但其也有缺点,就是规定权数大小关系,但没有统一的方法来确定各期的权数值。

3. 指数平滑法

指数平滑法是利用平滑系数(加权因子),对过去不同期间的实际销售量或销售额进行加权计算,作为计划期的销售预测值。

令 D 表示实际值,F 表示预测值,下标 t 表示第 t 期,a 表示平滑系数($0 \leqslant a \leqslant 1$),有计算公式如下:

$$F_t = a \cdot D_{t-1} + (1-a) \cdot F_{t-1}$$

【例5—3】 依例5—1,该公司12月份A类商品实际销售额15.4万元,原来预测12月份的销售额为14.8万元。平滑系数为0.7。要求按指数平滑法预测明年1月份该类商品的销售额。

明年1月份的预测值,由其计算公式得:
$$F_{13} = a \cdot D_{12} + (1-a) \cdot F_{12}$$
$$= 0.7 \times 15.4 + (1-0.7) \times 14.8$$
$$= 15.22(万元)$$

平滑指数法比较灵活,使用范围较广,而且在不同程度上考虑了以往各期的观察值,比较全面,但在选择平滑指数时,具有一定的随意性。

(二)因果预测分析法

因果预测分析法是指根据预测对象与其他相关指标之间相互依存、相互制约的规律性联系,建立相应的因果数学模型进行预测分析的方法。影响产品销售的因素既包括企业外部因素,也包括企业内部因素,只要找到它们与产品销售之间的关系,就可以利用这种关系来预测产品未来的销售水平。因果预测分析法包括直线回归法、指数曲线法、多元回归法等。

1. 直线回归法

直线回归法也称一元线性回归分析法,其假定预测对象销售量只有一个变量因素,根据企业过去若干期的销售资料,按照数学中的最小二乘法原理确定一条反映销售量变化趋势的直线,进而预测产品在未来一定时期内的销售量。

其具体做法是,以 x 代表预测对象的相关因素变量,以 y 代表预测对象的销售量或销售额,建立模型如下:

$$y = a + bx$$

$$b = \frac{n \sum xy - \sum x \sum y}{n \sum x^2 - (\sum x)^2}$$

$$a = \frac{\sum y - b \sum x}{n}$$

应用相关预测法,一般还需进行相关程度测定,即通过计算相关系数来检验预测变量与相关因素变量间的相关性,以判断预测结果的可靠性。相关系数 R 的计算公式如下:

$$R = \frac{n \sum xy - \sum x \sum y}{\sqrt{n \sum x^2 - (\sum x)^2 - [n \sum y^2 - (\sum y)^2]}}$$

相关系数 R 的取值范围为:$-1 \leqslant R \leqslant 1$。$|R|$ 越接近1,相关关系越密切。一般可按如下标准加以判断:

0.7≤|R|≤1,为较高程度相关;

0.3≤|R|<0.7,为中等程度相关;

0<|R|<0.3,为较低程度相关。

【例5-4】 某汽车轮胎厂专门生产汽车轮胎,而决定汽车轮胎销售量的主要因素是汽车销量。假如中国汽车工业联合会最近五年的实际销售量统计及该企业五年的实际销售量资料,如表5-2所示。

表5-2   汽车、轮胎销售量统计资料

年 度	2012	2013	2014	2015	2016
汽车销售量(万辆)	10	12	15	18	20
轮胎销售量(万只)	64	78	80	106	120

假定计划期2017年汽车销售量根据汽车工业联合会的预测为25万辆,该轮胎生产企业的市场占有率为35%,要求采取最小平方法预测2017年轮胎的销售量。

(1)编制计算表,如表5-3所示。

表5-3   回归预测计算表

年度	汽车销售量(x) (万辆)	轮胎销售量(y) (万只)	xy	X^2	Y^2
2012	10	64	640	100	4 096
2013	12	78	936	144	6 084
2014	15	80	1 200	225	6 400
2015	18	106	1 908	324	11 236
2016	20	120	2 400	400	14 400
$n=5$	$\sum x=75$	$\sum y=448$	$\sum xy=7\,084$	$\sum x^2=1\,193$	$\sum y^2=42\,216$

(2)计算 a、b,并计算预计市场销售量

$$b=\frac{n\sum xy-\sum x\sum y}{n\sum x^2-(\sum x)^2}=\frac{5\times7\,084-75\times448}{5\times1\,193-75^2}=5.35$$

$$a=\frac{\sum y-b\sum x}{n}=\frac{448-5.35\times75}{5}=9.35$$

2017年该企业轮胎预计市场销售量=143.1×35%=50.085(万只)

(3)相关性检验。

$$R=\frac{n\sum xy-\sum x\sum y}{\sqrt{[n\sum x^2-(\sum x)^2][n\sum y^2-(\sum y)^2]}}$$

$$=\frac{5\times7\,084-75\times448}{[5\times1193-75^2][5\times42\,216-448^2]}=0.969$$

相关系数 $R=0.969>0.7$，即轮胎销售量与汽车销售量之间具有较高程度的相关性。

2. 指数曲线法

当描述某一客观事物的指标或参数在散点图上的数据点构成指数曲线或近似指数曲线时，表明该事物的发展是按指数规律或近似指数的规律变化的。指数曲线法运用二次或二次以上的回归方程进行预测，如指数曲线、双曲线等曲线形式。这里以指数曲线为例。

其计算公式如下：

$$y=ab^x$$

$$\lg b=\frac{n\sum x\lg y-\sum x\sum\lg y}{n\sum x^2-(\sum x)^2}$$

$$\lg a=\frac{\sum\lg y-\lg b\sum x}{n}$$

使用这种方法时，先对指数方程两边取对数，转化为对数直线方程 $\lg y=\lg a+x\lg b$，再按直线回归法计算。这一方法举例略。

3. 多元回归法

直线回归法假设只有一个影响因素，但在实际生产经营活动中，往往有多个影响因素。在这种情况下，就需要建立多元回归方程来预测企业未来的销售水平。

其计算公式如下：

$$y=a+b_1x_1+b_2x_2+\cdots+b_nx_n$$

其中，y 表示销售量，x_i 表示各个影响因素。

多元回归法的计算原理与直线回归法类似，利用企业历史资料求出 a 和 b_i 的值，就可以求出预测值。这一方法举例略。

（三）季节预测分析法

季节性变动是指产品销售量由于受自然条件、生产条件和生活习惯等因素的影响，随着季节的转变而呈现的周期性变动。许多行业的产品销售具有季节性变动，如农机器具、电扇、空调等，这种周期通常为 12 个月。其特点具有规律性，每年重复出现，其表现为逐年同月或同季有相同的变化方向和大致相同的变化幅度。

考虑季节性变动对产品销售的影响，可采用的预测分析方法有两种。

1. 加法模型

$$Y_t=T_t+S_t$$

其中，Y 表示销售量，T 表示趋势值，S 表示季节加量或季节指数，t 为时间。

一般来说，不同的时间，T、S 的取值也不同。

2. 乘法模型

$$Y_t=T_t\times S_t$$

其中，T 表示趋势，它是决定 Y 大小的基本成分；S 表示由于受季节性影响所增加的数量。

这里所说的季节，可以是季度、月份，也可以是周、日等。S 以一定的周期循环取值。例如，如果 Y 代表某家企业每个季度空调的销售量，则其周期为 4；若代表每个月空调的销售量，则其周期为 12。

一般来说，如果观察值的季节性波动随着观察值趋势的变化而同比例变化，则应该采用乘法模型 $Y_t=T_t\times S_t$；如果观察值的季节性波动与其趋势不成比例关系，则应该采用加法模型

$Y_t = T_t + S_t$。通过加法模型和乘法模型的公式可知,对受季节性影响的产品的预测,是在前面已介绍过的预测方法的基础上加上(或乘上)季节性加量(或指数)。

四、销售预测的定性方法

定性分析方法包括市场调查法和判断分析法。

(一)市场调查法

市场调查法是指通过实地面谈、提问调查等方式,有计划、系统地收集和了解产品在市场上的供求状况与市场占有率的详细资料数据,并进行分析,以了解变化趋势,并据此对该产品在未来一定时期内的销售量作出预测的一种方法。

市场调查法又可分为全面调查法、重点调查法和随机抽样调查法。全面调查法是指对涉及同一产品的所有销售单位进行逐个了解,综合整理取得的资料,推测该产品销售量在未来一定时期的变化趋势。重点调查法是指对有关产品的重点销售单位进行调查,综合整理取得的相关资料,从而预测该产品销售量在未来一定时期的变化趋势。随机抽样调查法是指按照随机原则从产品的所有销售单位抽取部分销售单位进行调查,综合分析取得的相关资料,预测产品在未来一定时期的变化趋势。

市场调查法一般可以从四个方面进行:调查产品所处的寿命周期阶段;调查消费者的情况;调查市场竞争情况;调查国内外和本地区经济发展的趋势。

$$市场占有率 = \frac{本企业产品在市场上的销售量}{同类产品在市场上的总销售量} \times 100\%$$

【例5—5】 某市有居民100万户,通过市场调查,把四种耐用消费品所处的市场阶段与已拥有户数的资料列表,如表5—4和5—5所示。

表5—4　　　　　　　　　　耐用消费品的市场阶段划分

寿命周期	投入期	成长期		成熟期	衰退期
		前期	后期		
年　数	1～5年	1～5年	1～5年	1～5年	1～5年
商品普及率	0.1%～5%	6%～50%	51%～80%	81%～90%	逐步减少

表5—5　　　　　　　　　　某市四种商品所处市场阶段情况

产品名称	空调机	摩托车	彩电	洗衣机
所处生命周期阶段	投入期(2年)	成长前期(3年)	成长前期(3年)	成长前期(3年)
已拥有户数(万户)	2.1	16.5	32	36

又根据市场调查,该市摩托车厂在本市的市场占有率为44%,对外地的供应约为3万辆。

要求:作出该市对四种耐用消费品平均每年需要量的预测;作出该市摩托车厂在计划期的摩托车销售预测。

(1)列表计算该市四种耐用消费品的平均年需要量,如表5—6所示。

表5—6　　　　　　　　　　　某市四种耐用消费品的平均年需要量预测计算

商品名称	所处市场阶段	已拥有户数比重（%）	各阶段的购买潜量（以每户1台或1辆计）	该市平均每年需求量
空调机	投入期(2年)	2.1	100×(5%−2.1%)=2.9(万台)	$\frac{2.9}{2}=1.45$(万台)
摩托车	成长前期(3年)	16.5	100×(50%−16.5%)=33.5(万辆)	$\frac{33.5}{3}=11.17$(万辆)
彩电	成长后期(3年)	3.2	100×(50%−32%)=18(万台)	$\frac{18}{3}=6$(万台)
洗衣机	成长后期(3年)	36	100×(50%−36%)=14(万台)	$\frac{14}{3}=4.67$(万台)

(2)计算该市摩托厂计划期摩托车预计销售量。

摩托车预计销售量＝该市平均年需要量×本企业市场占有率＋本企业对外地区供应量
$$＝11.17×44\%＋3＝7.91(万辆)$$

由于统计方法提供的数据存在一定程度的误差，计算结果只能作预测分析的主要依据，所以还应考虑各种非数量因素的变化对销售量或销售额的影响，才能得出接近客观实际的预测结论。

(二)判断分析法

判断分析法是指一些具有丰富的市场经验的经营管理人员或专家对其所掌握的历史销售信息进行分析研究，据此推测有关产品在未来期间内销售水平的变化趋势。

判断分析法主要包括主观判断法、专家小组法和德尔菲法。

1. 主观判断法

主观判断法是指由熟悉企业业务、对于市场的未来发展变化的趋势敏感的主管人员等根据其多年的实践经验，结合征求的专家意见，进行综合分析，据此预测有关产品在未来期间内销售水平的变化趋势。这个方法可以充分发挥个人的能动性，但也容易受个人能力的限制。

2. 专家小组法

专家小组法是指由企业组织各有关专家成立预测小组，通过召开座谈会等方式，进行广泛的讨论和研究，最终将专家小组的集体研究成果作出最后判断的预测方法。采用这一方法，要求各专家从企业的整体利益出发，充分表达各自的观点。

3. 德尔菲法

德尔菲法是指通过采用通信的方式向见识广、学有专长的各方面有关专家发出预测问题调查表来征询专家们的意见，并经过多次综合、整理、归纳各专家的意见直至得出一致意见的预测方法。它是一种比较客观的判断法。

采用德尔菲法时，要求各专家之间互不通气，避免专家之间因为观点不同、地位不同等原因而产生干扰；每次重复征询意见时，必须把上次征询意见的结果进行加工整理后反馈给各专家，并且不能忽略少数人的意见，从而使各专家在重复预测时能作出较全面的分析和判断。

【例5—6】　某工具公司准备推出一种新型切削刀具，现聘请工具专家、销售部经理、外地经销商等九人采用德尔菲法预测计划期该新型刀具的销售量。该公司首先将刀具的样品、特点和用途分别向专家们作详细介绍，并提供同类刀具的有关价格和销售情况信息。然后发出征求意见函,请九位专家分别提出个人的判断。经过三次反馈,预测结果如表5—7所示。

要求根据表5—7第三次判断的资料,分别采用算术平均法、加权平均法(最高0.3,最可能0.5,最低0.2)和中位数法,做出销售预测。

表5—7　　　　　　　　　　　　　　　　专家意见汇总

专家编号	第一次判断销售量			第二次判断销售量			第三次判断销售量		
	最高	最可能	最低	最高	最可能	最低	最高	最可能	最低
1	1 800	1 500	1 000	1 800	1 500	1 200	1 800	1 500	1 100
2	1 200	900	400	1 300	1 000	600	1 300	1 000	800
3	1 600	1 200	800	1 600	1 400	1 000	1 600	1 400	1 000
4	3 000	1 800	1 500	3 000	1 500	1 200	2 500	1 200	1 000
5	700	400	200	1 000	800	400	1 200	1 000	600
6	1 500	1 000	600	1 500	1 000	600	1 500	1 200	600
7	800	600	500	1 000	800	500	1 200	1 000	800
8	1 000	600	500	1 200	800	700	1 200	800	700
9	1 900	1 000	800	2 000	1 100	1 000	1 200	800	600
平均值	1 500		700	1 600		800			800

(1)算术平均法,按第三次判断的平均值计算:

预计销售量 $\overline{X}=\dfrac{\sum x}{n}=\dfrac{15\,000+1\,100+800}{3}=1\,133$(件)

(2)加权平均法,按第三次判断的平均值加权平均计算:

预计销售量 $\overline{X}=\sum xw=1\,500\times0.3+1\,100\times0.5+800\times0.2=1\,160$(件)

(3)中位数法,首先,根据第三次判断,按数值从高到低排列成中位数计算表,如表5—8所示。

表5—8　　　　　　　　　　　　　　　　中位数计算

预测值从高到低顺序	中位数
2 500,1 800,1 600,1 500,1 300,1 200	第三、第四项的平均数:1 550
1 500,1 400,1 200,1 000,800	第三项:1 200
1 100,1 000,800,700,600	第三项:800

其次,计算中位数及其加权平均值。

预计销售量 $\overline{X}=1\,550\times0.3+1\,200\times0.59+800\times0.2=1\,225$(件)

任务三 成本预测分析

一、成本预测的概念

成本预测是指根据目前的经营状况和发展目标,运用一定的科学方法,预测企业未来成本水平及其变化趋势而作出预测。成本预测是成本管理的重要环节。科学地进行成本预测,有利于企业掌握未来的成本水平及其变动趋势,有助于管理人员根据预测结果选择最优方案,减少决策的盲目性,从而作出正确的决策。

二、成本预测的程序

为了减少预测的主观性,使预测目标与实际更为接近,企业应事先确定成本预测的程序,并严格按照规定的程序进行预测。一般来说,成本预测的步骤包括以下几点:

(一)根据企业总体目标提出初步成本目标

目标成本是企业为实现经营目标所应达到的成本水平,它比当前企业的实际成本更低。然而,要实现目标成本却不是那么容易,需要企业全体员工的努力。目标成本的提出有两种方法:一是以目标利润为基础预测目标成本,二是以先进的成本水平为基础预测目标成本。

(二)预测成本的发展趋势

初步的目标成本提出后,还应采用专门方法建立相应的数学模型,预测企业在实际情况中产品成本可能达到的水平,同时计算预测成本与目标成本的差距。

(三)考虑各种降低成本的方案,预计实施各种方案后成本可能达到的水平

企业应拟定各种可行的降低成本水平的方案,并测算出这些措施对企业未来成本水平的影响,力求缩小预测成本与目标成本之间的差距。

(四)正式确定成本目标

企业的成本降低措施和方案确定以后,应进一步测算各项措施对产品成本的影响程度,据此修订初步目标成本,正式确定企业预测期的目标成本。

以上成本预测程序表示的只是单个成本预测过程,要达到最终确定的正式成本目标,需要反复进行这个过程。也就是说,只有经过多次的预测、比较并对初步成本目标的进行不断的修改、完善,才能确定正式成本目标。

三、成本预测分析的方法

成本预测按产品的不同分类,可以分为可比产品成本预测和不可比产品成本预测。

(一)可比产品成本预测

可比产品是指以往年度正常生产过的产品,其成本资料比较健全。其常用的成本预测方法有高低点法、直线回归法和因素变动预测法。

1. 高低点法

高低点法是利用代数式 $y = a + bx$,根据企业在若干连续时期的历史资料,选择最高产量和最低产量下成本的差额进行对比,求得单位变动成本 b 和固定成本 a,再按照预计产量来预

测未来一定时期内产品的总成本的一种成本预测方法。

其计算公式如下：

$$y = a + bx$$

其中，y 表示产品总成本，x 表示产品产量。

$$a = 最高点成本总额 - b \times 最高点的产量$$

$$b = \frac{最高产量时的成本 - 最低产量时的成本}{最高产量 - 最低产量}$$

【例 5—7】 某生产服装的企业对其历史资料进行分析研究发现，4月份其产量最高，为 5 000 件，总成本为 40 000 元；10月份产量最低，为 2 500 件，总成本为 23 000 元。企业预计明年生产 4 000 件产品，要求用高低点法求其总成本与单位成本。

计算过程如下：

$$b = \frac{最高产量时的成本 - 最低产量时的成本}{最高产量 - 最低产量}$$

$$= \frac{40\ 000 - 23\ 000}{5\ 000 - 2\ 500} = 6.8（元）$$

$$a = 最高点成本总额 - b \times 最高点的产量$$

$$= 40\ 000 - 6.8 \times 5\ 000 = 6\ 000（元）$$

$$y = a + bx = 6\ 000 + 6.8x$$

所以，预计企业明年的总成本：$y = 6\ 000 + 6.8x = 6\ 000 + 6.8 \times 4\ 000 = 33\ 200（元）$

预计企业明年的单位成本：$\frac{33\ 200}{4\ 000} = 8.3（元）$

用高低点法预测企业成本简便易算，但这种方法只根据最高和最低两点资料，而不考虑两点之间成本的变化，所以该方法适用于产品成本变动趋势较稳定的情况，如果各期成本变动幅度较大，则不应采用这种方法。

2. 直线回归法

这里直线回归法与前面介绍销售预测时的直线回归法是一样的。

其计算公式如下：

$$y = a + bx$$

$$b = \frac{n\sum xy - \sum x \sum y}{n\sum x^2 - (\sum x)^2}$$

$$a = \frac{\sum y - b\sum x}{n}$$

【例 5—8】 某公司对其历史资料进行分析，发现其 2012～2016 年 A 产品的产量和历史成本资料如表 5—9 所示。

表 5—9 某公司近五年产品产量和历史成本资料 单位：万元

年　度	2012	2013	2014	2015	2016
产量（万件）	20	40	30	50	60
单位产品成本（元）	220	180	200	150	140

该公司计划在2017年生产70万件A产品,现要求用直线回归法预测2017年A产品总成本及单位成本。

计算过程如下:

(1)在$y=a+bx$公式中,设产品总成本为y,产量为x。

(2)根据所给资料编制表5-10。

表5-10 回归预测计算

年份	产量 (x)	单位产品成本 (y/x)	总成本 (y)	xy	x^2
2012	20	220	4 400	88 000	400
2013	40	180	7 200	288 000	1 600
2014	30	200	6 000	180 000	900
2015	50	150	7 500	375 000	2 500
2016	60	140	8 400	504 000	3 600
$n=5$	$\sum x=200$	—	$\sum y=33\ 500$	$\sum xy=1\ 435\ 000$	$\sum x^2=9\ 000$

(3)计算a、b的值

$$b=\frac{n\sum xy-\sum x\sum y}{n\sum x^2-(\sum x)^2}=\frac{5\times1\ 435\ 000-200\times33\ 500}{5\times9\ 000-(200)^2}=95(元)$$

$$a=\frac{\sum y-b\sum x}{n}=\frac{33\ 500-95\times200}{5}=2\ 900(万元)$$

$$y=a+bx=2\ 900+95x$$

(4)预测公司2017年A产品总成本和单位成本。

总成本:$y=a+bx=2\ 900+95x=2\ 900+95\times70=9\ 550(万元)$

单位成本:$\frac{9\ 550}{70}=136.42(元)$

3.因素变动预测法

因素变动预测法通过分析影响成本的工、料、费等各项因素,预测企业未来一定时期内的成本水平。

【例5-9】 某企业2016年生产A产品2万件,其成本资料如表5-11所示。

表5-11 2016年A产品成本资料

项 目	单位成本(元)	总成本(万元)
材料	5	10
燃料和动力	0.3	0.6
工资和福利	1.5	3
制造费用	3	6
合 计	9.8	19.6

假定材料、燃料和动力、工资和福利为变动成本,制造费用为固定成本。企业认为2017年影响A产品的主要因素及其程度为:产量增加20%,材料成本上升1%,材料消耗降低2%;燃料和动力消耗量下降5%;制造费用增加10%。要求用因素变动预测法预测企业2017年A产品的成本水平。

其计算过程如下:

预期材料费用:$10 \times (1+20\%) = 12$(万元)

材料成本上升1%对材料费用的影响:$12 \times 1\% = 0.12$(万元)

材料耗费降低2%对材料费用的影响:$12 \times (-2\%) = -0.24$(万元)

预期产品材料费用:$12 + 0.12 - 0.24 = 11.88$(万元)

预测燃料和动力费用:$0.6 \times (1+20\%) \times (1-5\%) = 0.684$(万元)

预测工作和福利费用:$3 \times (1+20\%) = 3.6$(万元)

预测制造费用:$6 \times (1+10\%) = 6.6$(万元)

所以,预测企业2017年A产品的总成本为:$11.88 + 0.684 + 3.6 + 6.6 = 22.764$(万元)

其单位成本为:$\dfrac{22.764}{2 \times (1+20\%)} = 9.485$(元)

(二)不可比产品成本预测

不可比产品是指企业在以往年度中没有正式生产过的产品,以至于无法获得其历史成本资料。不可比产品成本预测就是采用相关手段对其成本进行预测的方法。

1. 目标成本法

目标成本法要求先确定目标利润,通过市场调查或分析同行业的相关资料,确定一个合理的销售价格,再从销售收入中减去目标利润及相关税费,从而得到目标成本。用公式表示如下:

$$目标成本 = 销售单价 \times 预测销售量 - 目标利润 - 相关税费$$

【例5—10】　某公司经过对市场进行调查,认为明年其产品的销售价格为200元,并预测其明年的销售量为2万件,计划实现的目标利润为220万元,已知其产品的税率为7%。请用目标成本法计算其目标成本。

计算过程如下:

$$目标成本 = 销售单价 \times 预测销售量 - 目标利润 - 相关税费$$
$$= 200 \times 2 \times (1-7\%) - 220$$
$$= 152(万元)$$

目标利润法将目标成本与目标利润的水平联系起来,但却无法直接确定目标固定成本与目标单位变动成本。

2. 技术测定法

技术测定法是指根据企业产品设计结构、生产条件和工艺方法,采用技术手段测试和分析影响人力与物力消耗的各种因素,从而预测出企业产品成本的一种方法。但在实际工作中,用于生产消耗的要素较多,使用这种方法工作量较大,所以这种方法适用于产品种类少、资料较全的情况。

3. 产值成本法

产值成本法是指根据总产值的一定比例确定产品成本的预测方法。一般来说,产品成本与产品产值之间存在一定的比例关系。比例越大说明产品消耗越大,成本也就越高;反之,比例越小表明产品消耗越少,其成本也越小。

其计算公式为:

$$单位产品预测成本 = \frac{产品总产值 \times 预计产值成本率}{预计产品产量} \times 100\%$$

该预测方法简单易行,工作量较小,但预测不太准确。

四、成本预测的作用

(一)成本预测是进行成本决策和编制成本计划的依据

通过科学的成本预测,企业能够充分了解未来的成本水平及其变动趋势,有助于企业有计划地降低成本,加强经济核算,使产品具有成本优势。并且,只有以科学的成本预测结果为基础进行的成本控制才是有据可依的,才不会出现随意性、乱指挥等对企业经营不利的情况。

(二)成本预测是能为企业挖掘降低产品成本的潜力

在产品的生产经营过程中,通过科学的成本预测可以比较企业产品的成本水平与同行业平均水平或先进企业的差距,分析研究产生差距的原因,发现企业生产经营过程中的不足之处,进而探索能够降低产品成本的各种途径。

(三)成本预测为企业生产经营决策提供依据

成本是影响企业经营发展的一个重要因素,其大小直接影响企业的经营业绩。企业管理层在作出重大生产经营决策时,必须先进行成本预测。成本预测越准确,企业越能做出适合的决策,从而提高企业的经济效益。

任务四　利润预测分析

一、利润预测的概念

利润是反映企业一定时期内生产经营的成果,也是考核企业经济效益和经营业绩的依据。利润预测是按照企业经营目标要求,对公司未来某一时期可实现的利润进行预计和测算。它对影响公司利润变动的成本、销售量和价格等各种因素进行综合分析,预测公司将来所能达到的利润水平及其变化趋势。利润预测是在销售预测和成本预测的基础之上进行的。

公司的利润包括营业利润、投资净收益、营业外收支净额三部分,因此对利润的预测包括对营业利润的预测、投资净收益的预测和营业外收支净额的预测。一般来说,在利润总额中,营业利润所占的比重最大,也是利润预测的重点,其余两部分则可用较为简便的方法进行预测。

二、利润预测的分析方法

(一)本量利分析法

本量利分析法是指根据销售价格、销售成本、销售数量和利润之间的变化关系,分析某一因素的变化对其他因素的影响,从而作出预测决策的一种方法,可用于利润预测、成本和业务量预测。

本量利分析法的计算公式如下：

预计利润＝预计销售收入－预计销售成本

＝预计销售数量×预计销售单价－预计变动成本总额－预计固定成本总额

＝预计销售数量×（预计销售单价－预计单位变动成本）－预计固定成本总额

＝预计销售数量×预计单位产品边际贡献－预计固定成本总额

因此，只要知道了企业有关产品的销售数量、销售单价、变动成本和固定成本，就可以通过公式预测企业在未来一定时期内的利润。

【例5－11】 某企业通过分析其历史资料并进行了市场调查，预计产品明年的销售量可达到3万件，销售价格为每件80元，固定成本总额为60万元，单位变动成本为40元。请预测企业明年能达到的利润。

其计算过程如下：

预计利润＝预计销售数量×（预计销售单价－预计单位变动成本）－预计固定成本总额

＝3×（80－40）－60

＝60（万元）

（二）经营杠杆系数法

经营杠杆又称营业杠杆，是指在企业生产经营中由于存在固定成本而导致息税前利润变动率大于其销售变动率的规律。一般而言，当产品在一定产销量范围内，产销量的增加不会影响其固定成本总额，但会降低单位固定成本，从而提高单位产品利润，使利润增长率大于产销量增长率；反之，产销量减少，会提高单位固定成本，从而降低单位产品利润，使利润下降率大于产销量的下降率。

一般情况下，人们将经营杠杆系数作为衡量企业经营杠杆力度的指标。经营杠杆系数，是指息税前利润变动率相当于产销业务量变动率的倍数。

经营杠杆系数的计算公式为：

$$经营杠杆系数＝\frac{息税前利润变动率}{产品销售变动率}$$

根据经营杠杆系数的公式，可得：

息税前利润变动率＝产品销售额变动率×经营杠杆系数

预计息税前利润＝基期实际利润×（1＋息税前利润变动率）

【例5－12】 某企业2016年实现销售额400万元，息税前利润为250万元，预计2017年产品销售额将增加至450万元。已知该企业的经营杠杆系数为1.5。请预测企业2017年的利润。

计算过程如下：

息税前利润变动率＝产品销售量变动率×经营杠杆系数

$$＝\frac{450-400}{400}×1.5×100\%$$

$$＝18.75\%$$

预计息税前利润＝基期实际利润×（1＋息税前利润变动利率）

＝250×（1＋18.75%）

＝296.875（万元）

（三）相关比率法

相关比率法是指根据利润与有关指标之间的内在关系，对企业一定期间的利润进行预测的一种方法。常用的相关比率方法主要有销售收入利润预测法、资金利润预测法、销售成本利润预测法。

1. 销售收入利润预测法

销售收入利润法是指根据企业销售利润与预计的产品销售收入来预测企业未来一定期间利润的一种方法。

其计算公式如下：

$$预计利润＝预计销售收入×销售收入利润率$$

在实际工作中，只要知道预计销售收入，企业就可以根据该公式预测出其未来一定期间的利润。

2. 资金利润预测法

资金利润预测法是指根据企业过去若干期的资金利润率和计划期预计的资金占用情况来预测企业在计划期的利润的一种方法。

其计算公式如下：

$$预计利润＝预计平均资金占用额×资金利润率$$

在实际工作中，只要确定其计划期的资金占用额，企业就可以预测其未来的利润。

3. 销售成本利润预测法

销售成本利润预测法是指根据企业销售成本利润率和预计计划期产品销售成本来预测其利润的一种方法。

其计算公式如下：

$$预计利润＝预计产品销售成本×销售成本利润率$$

在实际工作中，只要预测出计划期产品的销售成本，企业就可以根据公式测算未来的利润。

三、利润的敏感性分析

利润敏感性分析是研究当制约利润的相关因素发生变动时对利润产生的影响的一种方法。在现实经济环境中，影响利润的因素有很多，有些因素的增长会促使利润增长，有些因素的增长会导致利润的减少，并且这些因素经常会发生变动。

（一）各因素变动临界值的确定

影响利润的因素主要有销售单价、单位变动成本、固定成本和销售量。

【例 5－13】 假设某企业生产 A 产品，2016 年的销售量为 3 万件，销售单价为 150 元，单位变动成本为 100 元，固定成本为 30 万元。经调查分析，企业预测 A 产品明年的销售量将增加 20％。

1. 销售单价的最小值

根据$(p-100)×30\ 000×(1+20\%)-300\ 000\geqslant0$，可得 $p\geqslant108.33$（元）。所以，产品单价不能低于 108.33 元，否则企业会发生亏损。

2. 单位变动成本的最大值

根据$(150-x)×30\ 000×(1+20\%)-300\ 000\geqslant0$，可得 $x\leqslant141.67$（元）。所以，产品单位变动成本不得高于 141.67 元，否则企业会发生亏损。

3. 固定成本最大值

根据$(150-100)×30\ 000×(1+20\%)-x\geqslant0$，可得 $x\leqslant180$（万元）。所以，生产产品的固

定成本不得高于 180 万元，否则企业会发生亏损。

4. 销售量的最小值

根据 $(150-100) \times x - 300\,000 \geqslant 0$，可得 $x \geqslant 0.6$（万件）。所以，产品的销售量不得低于 6 000 件，否则企业会发生亏损。

（二）利润灵敏度指标

利润灵敏度指标也称敏感系数，是指在其他因素不变的前提下，某一因素单独变动 1% 时利润增长的百分比。

$$某因素的敏感系数 = \frac{利润变动百分比}{某因素变动百分比}$$

通过该公式可知，敏感系数的绝对值越大，说明这一因素对利润的影响就越大。

【例 5—14】　仍采用例 5—14 的数据，假设销售单价、单位变动成本、固定成本和销售量分别增长 1%，请计算各因素的敏感系数。

1. 销售单价的敏感系数

原预计利润：$(150-100) \times 30\,000 \times (1+20\%) - 300\,000 = 150$（万元）

价格上涨 1% 后预计利润：$[150 \times (1+1\%) - 100] \times 30\,000 \times (1+20\%) - 300\,000 = 155.4$（万元）

利润变动百分比：$\dfrac{155.4-150}{150} \times 100\% = 3.6\%$

销售单价的敏感系数：$\dfrac{3.6\%}{1\%} = 3.6$

所以，销售单价的敏感系数为 3.6，即销售单价上涨 1%，利润上涨 3.6%。

2. 单位变动成本的敏感系数

单价上涨 1% 后预计利润：$[150-100 \times (1+1\%)] \times 30\,000 \times (1+20\%) - 300\,000 = 146.4$（万元）

利润变动百分比：$\dfrac{146.4-150}{150} \times 100\% = -2.4\%$

所以，单位变动成本的敏感系数为 -2.4，即单位变动成本上升 1%，利润下降 2.4%。

3. 固定成本的敏感系数

固定成本上升 1% 时预计利润：$(150-100) \times 30\,000 \times (1+20\%) - 300\,000 \times (1+1\%) = 149.7$（万元）

利润变动百分比：$\dfrac{149.7-150}{150} \times 100\% = -0.2\%$

所以，固定成本敏感系数为 -0.2，即固定成本上升 1% 时，企业利润下降 0.2%。

4. 销售量的敏感系数

销售量上升 1% 后的预计利润：$(150-100) \times 30\,000 \times 1.2 \times (1+1\%) - 300\,000 = 151.8$（万元）

利润变动百分比：$\dfrac{151.8-150}{150} \times 100\% = 1.2\%$

所以，销售量的敏感系数为 1.2，即销售量增加 1%，产品利润上升 1.2%。

任务五　资金需要量预测分析

一、资金需要量预测的概念

资金需要量预测是指企业根据其生产经营的需求，对未来一定时期内所需资金的估计和推测。企业在筹集资金前，必须先预测资金需要量，即估计企业未来一定时期内组织生产经营活动的资金需要量。科学的资金预测使企业能够保证资金供应，合理运用资金，提高资金利用率，它是企业制订融资计划的基础。企业既可以从内部筹集资金，增加留存收益，也可以从外部筹集资金。在一般情况下，影响资金需要量程度最大的就是计划期的预计销售量和销售额，销售预测是资金需要量预测的主要依据。

二、资金需要量预测的方法

常用的用于资金需要量预测的方法有销售百分比法和回归分析法。

(一)销售百分比法

销售百分比法是指假设资产、负债与销售收入存在稳定的百分比关系，根据计划期销售额的增长情况及相应的百分比预计资产和负债，从而预测资金需要量的一种方法。

销售百分比法一般按照以下三个步骤进行：

1. 区分资产负债表中的敏感资产与非敏感资产、敏感负债与非敏感负债

敏感资产或敏感负债是指资产负债表中随销售额的变动而发生的项目。非敏感资产或非敏感负债是指资产负债表中不因销售额的变动而发生变化或变化非常小，可以忽略不计的项目。即敏感项目会影响资金需求量，而非敏感项目不会影响资金需求量。

一般来说，资产负债表中除预付费用外，其余资产类项目如货币资金、存货和应收账款等都会随着销售的增加而增加，因而属于敏感资产。在负债类项目中，只有应付账款、应付费用会随销售额的增加而增加，属于敏感负债，其余的为非敏感负债。一般情况下，所有者权益项目不会因销售额的变动而改变。

此外，计划期所提取的折旧准备（硬件出计划期用于更新改造的金额）和留存收益两个项目，通常可作为计划期内需要追加资金的内部资金来源。

2. 将基期的资产负债表各项目用销售百分比的形式另行编表

(1)计算敏感资产和敏感负债的销售百分比。

根据各敏感项目的数额和销售收入计算其销售百分比，计算公式如下：

$$某敏感项目销售百分比 = \frac{基期该项目金额}{基期年销售额} \times 100\%$$

(2)根据敏感项目的销售百分比计算预计资产和负债。

$$预计资产 = \sum(预计销售收入 \times 各敏感资产销售百分比)$$
$$预计负债 = \sum(预计销售收入 \times 各敏感负债销售百分比)$$

3. 按公式计算计划期预计需要追加的资金数额

假设基期销售收入总额为 S_0，计划期销售收入总额为 S_1，基期随销售额变动而变动的资

产项目总额为A,基期随销售额变动而变动的负债项目总额为L,计划期提取的折旧减去用于固定资产更新改造后的余额为D_1,基期的税后销售利润率为R_0,计划期的股利发放率为d_1,计划期的零星资金需要量为M_1,则计划期预计需要追加的资金数额为:

$$计划期预计需要追加的资金数额=\left(\frac{A}{S_0}-\frac{L}{S_0}\right)(S_1-S_0)-D_1-S_1R_0(1-d_1)+M_1$$

【例5—15】 某公司在基期(2016年)的实际销售总额为500 000元,税后净利20 000元,发放普通股股利10 000元。假定基期固定资产利用率已达到饱和状态。该公司基期期末简略资产负债表,如表5—12所示。

表5—12 某公司资产负债表

2016年12月31日 单位:元

	资 产			权 益	
1	货币资金	12 000	1	应付账款	52 000
2	应收账款	85 000	2	应交税费	25 000
3	存货	115 000	3	非流动负债	120 000
4	固定资产(厂房设备)	150 000	4	普通股股本	200 000
5	无形资产	48 000	5	留存收益	13 000
	资产合计	410 000		权益合计	410 000

若该公司在计划期(2017年)销售收入总额将增至750 000元,并仍按基期股利发放率支付股利;折旧准备提取数为20 000元,其中70%用于改造现有的厂房设备;计划期零星资金需要量为15 000元。要求预测计划期需要追加资金的数量。

(1)根据基期期末资产负债表,分析研究各项资金与当年销售收入总额的依存关系,并编制基期用销售百分比形式反映的资产负债表,如表5—13所示。

表5—13 某公司资产负债表(用销售百分比反映)

2016年12月31日 单位:元

	资产(%)			权益(%)	
1	货币资金	2.4	1	应付账款	10.4
2	应收账款	17	2	应交税费	5
3	存货	23	3	非流动负债	(不适用)
4	固定资产(厂房设备)	30	4	普通股股本	(不适用)
5	无形资产	(不适用)	5	留存收益	(不适用)
	合 计	72.4		合 计	15.4

在表5—13中,

$$\frac{A}{S_0}-\frac{L}{S_0}=72.4\%-15.4\%=57\%$$

即表示该公司每增加100元的销售收入,需要增加资金57元。

(2)将以上各有关数据代入公式,计算计划期需要追加资金的数量。

$$计划期预计需追加资金数额 = \left(\frac{A}{S_0} - \frac{L}{S_0}\right)(S_1 - S_0) - D_1 - S_1 R_0 (1 - d_1) + M_1$$

$$= (72.4\% - 15.4\%) \times (750\,000 - 500\,000) - (20\,000$$

$$-14\,000) - 750\,000 \times \frac{20\,000}{500\,000} \times \left(1 - \frac{10\,000}{20\,000}\right) + 15\,000$$

$$= 136\,500(元)$$

（二）回归分析法

回归分析法就是应用最小平方法的原理,对过去若干期间的销售额及资金总量(即资金占用额)的历史资料进行分析,确定反映销售收入总额(x)与资金总量(y)之间相互关系的回归直线($y = a + bx$),并据以预测计划期的资金需要量。具体计算方法与成本回归预测相同。

【例5—16】某公司最近五年的销售收入和资金占用总量的历史资料,如表5—14所示。

表5—14   某公司近五年销售收入与资金占用额   单位:万元

年度	第1年	第2年	第3年	第4年	第5年
销售收入	240	260	255	270	300
资金总额	153	162	159	165	175

该公司计划年度(第6年)的销售收入总额预测值为350万元,已有资金80万元。要求预测计划年度需要追加多少资金?

(1)按回归分析原理对历史数据加工、整理、制表计算,如表5—15所示。

表5—15   回归预测计算

年度	销售收入(x)(元)	资金占用额(y)(元)	xy	y^2
1	240	153	36\,720	57\,600
2	260	162	42\,120	67\,600
3	255	159	40\,545	65\,025
4	270	165	44\,550	72\,900
5	300	175	52\,500	90\,000
$n=5$	$\sum x = 1\,325$	$\sum y = 814$	$\sum xy = 216\,435$	$\sum y^2 = 353\,125$

(2)应用表5—15中有关数据计算资金需要量。

$$b = \frac{n\sum xy - \sum x \sum y}{n\sum x^2 - (\sum x)^2} = \frac{5 \times 216\,435 - 1\,325 \times 814}{5 \times 353\,125 - 1\,325^2} = 0.362\,5$$

$$a = \frac{\sum y - b\sum x}{n} = \frac{814 - 0.362\,5 \times 1\,325}{5} = 66.74(元)$$

计划期(第6年)预计资金需要量$(y) = a + bx = 66.74 + 0.362\,5 \times 350 = 193.62(万元)$

计划期(第6年)需追加资金 $= 193.62 - 180 = 13.62(万元)$

多数企业在其生产经营期间要求有一定的现金储备量,以确保现金收入一旦发生背离计划的差异时进行现金补充,使生产经营过程不因资金供应不足而受到影响。因此,上述计算在实际工作中,还应考虑现金储备量这一因素。

关键术语

预测分析 销售预测 利润预测 成本预测 资金预测 加权平均法 因果预测分析法
指数曲线法 季节性预测法 成本预测 本量利分析 经营杠杆 相关比率法 利润灵敏度指标
资金需要量 销售百分比法

◎ 应知考核 ◎

一、单项选择题

1. 下列各项中,不属于因果预测分析法的是(　　)。

A. 多元回归法 　　 B. 直线回归法 　　 C. 专家小组法 　　 D. 指数曲线法

2. (　　)适用于销售量或销售额比较稳定的商品,对于某些没有季节性的商品是一种十分有效的预测方法。

A. 移动加权平均法 　　　　　　　 B. 算术平均预测法

C. 简单移动平均法 　　　　　　　 D. 指数平滑法

3. (　　)使用范围较广,在不同程度上考虑了以往各期的观察值,比较全面,具有一定的随意性。

A. 主观判断法 　　 B. 专家小组法 　　 C. 平滑指数法 　　 D. 市场调查法

4. 采用(　　)进行销售预测时,要求各专家之间互不通气,避免专家之间因为观点不同、地位不同等原因而产生干扰。

A. 主观判断法 　　 B. 专家小组法 　　 C. 德尔菲法 　　 D. 市场调查法

5. 下列各项中,属于不可比产品成本预测的方法是(　　)。

A. 目标成本法 　　 B. 因素变动预测法 　　 C. 直线回归法 　　 D. 高低点法

6. (　　)是企业各项经营预测的前提。

A. 利润预测 　　 B. 成本预测 　　 C. 销售预测 　　 D. 资金需要量预测

7. 下列各项中,可用于预测追加资金需要量的方法是(　　)。

A. 销售百分比法 　　 B. 加权平均法 　　 C. 指数平滑法 　　 D. 高低点法

8. 产品销售量由于受自然条件、生产条件和生活习惯等因素的影响,随着季节的转变而呈现的周期性变动,则应该采用的分析方法是(　　)。

A. 多元回归法 　　 B. 直线回归法 　　 C. 专家小组法 　　 D. 季节预测分析法

9. (　　)适用于产品成本变动趋势较稳定的情况。

A. 目标成本法 　　 B. 因素变动预测法 　　 C. 直线回归法 　　 D. 高低点法

10. (　　)可以充分发挥个人的能动性,但也容易受个人能力的限制。

A. 主观判断法 　　 B. 专家小组法 　　 C. 德尔菲法 　　 D. 市场调查法

二、多项选择题

1. 下列各项中,属于预测分析的基本原则是(　　)。

A. 延续性原则 　　 B. 相关性原则 　　 C. 相似性原则 　　 D. 统计规律原则

2. 下列各项中,属于影响销售预测的内部因素有(　　)。

A. 销售政策 　　 B. 生产状况 　　 C. 行业竞争 　　 D. 营销策略

3. 下列各项中,属于预测分析特点是(　　)。

A. 科学性 　　 B. 可验证性 　　 C. 灵活性 　　 D. 相对性

4. 下列各项中,属于销售预测的趋势分析方法的是(　　)。

A. 算术平均法　　　　B. 指数曲线法　　　　C. 多元线性回归法　　　　D. 指数平滑法

5. 利用销售百分比法预测资金需要量时,通常应分析(　　)与销售额之间的关系。

A. 应付账款　　　　B. 存货　　　　C. 货币资金　　　　D. 所有者权益

6. 对利润的预测包括(　　)预测。

A. 货币资金　　　　B. 营业利润　　　　C. 投资净收益　　　　D. 营业外收支净额

7. 下列各项中,可用于成本预测的方法有(　　)。

A. 指数曲线法　　　　B. 高低点法　　　　C. 技术测定法　　　　D. 直线回归法

8. 不可比产品成本预测方法包括(　　)。

A. 目标成本法　　　　B. 技术测定法　　　　C. 产值成本法　　　　D. 本量利分析法

9. 常用的相关比率方法主要有(　　)。

A. 销售收入利润预测法　　　　　　　　B. 资金利润预测法

C. 销售成本利润预测法　　　　　　　　D. 销售百分比法

10. 按在生产经营过程中的作用不同,将资金分为(　　)。

A. 固定资金　　　　B. 营运资金　　　　C. 生产资金　　　　D. 建设资金

三、判断题

1. 预测是决策的前提,没有科学的预测,企业也无法作出正确、有效的决策。　　　　(　　)

2. 企业开展预测分析时,必须依据科学的预测方法。　　　　(　　)

3. 回归分析法就是基于相似性原则而建立的。　　　　(　　)

4. 使用定性分析法的前提是企业能够完整掌握与预测对象相关的各种要素的定性资料。　　(　　)

5. 趋势预测分析法将时间变量看作是影响研究对象的因素,其预测的精确度一般低于因果预测分析法。　　　　(　　)

6. 定性分析法和定量分析法并非相互排斥,而是相互补充、相辅相成的。　　　　(　　)

7. 销售量预测又称产品需求量预测,是指根据市场调查的相关资料,分析研究相关因素。　(　　)

8. 企业的销售水平受经济变动的影响,资金因素是影响商品销售的重要因素。　　　(　　)

9. 因果预测分析法包括直线回归法、指数曲线法、多元回归法等。　　　　(　　)

10. 市场调查法可分为全面调查法、重点调查法和随机抽样调查法。　　　　(　　)

四、简述题

1. 预测分析的主要内容是什么? 预测分析的基本原则是什么?

2. 销售预测有什么目的? 影响销售预测的因素有哪些?

3. 成本预测工作的程序有哪些?

4. 利润预测的方法有哪些? 对利润进行敏感性分析的程序是什么?

5. 什么是资金需要量预测? 资金需要量预测的方法有哪些?

五、计算题

1. 某企业 2016 年度的生产能力只利用了 70%,实际销售收入 850 000 元,获得利润42 500元,并发放了17 000元的股利。该公司 2016 年末的简略资产负债表如表 5—16 所示。

表 5-16　　　　　　　　　　　　　　**资产负债表**

2016 年 12 月 31 日　　　　　　　　　　　　　　单位:元

资　产		负债和所有者权益	
货币资产	20 000	应付账款	100 000
应收账款	150 000	应付票据	80 000
存货	200 000	长期负债	200 000
固定资产(净额)	300 000	股本	350 000
长期股权投资	40 000	留存收益	40 000
无形资产	60 000		
资产总计	770 000	负债和所有者权益总计	770 000

公司预计 2017 年销售收入将增至 1 000 000 元,并仍按 2016 年度的股利发放率支付股利。提取折旧60 000元,其中 80% 用于更新改造原有的设备。2017 年零星资金需要量为 20 000 元。

要求:按销售百分比法预测 2017 年需要追加的资金量。

2. 某工厂生产一种产品,最近半年的平均制造总成本资料如表 5-17 所示。

表 5-17　　　　　　　　　　　　　　　　　　　　　　　　　　　　　　单位:元

月份	固定成本 a	单位变动成本 b
1	24 000	25
2	26 000	26
3	27 500	24
4	28 000	24
5	27 000	21
6	26 000	19

要求:用自然权数加权平均法预测 7 月份当产量为 20 台时制造总成本和单位产品成本。

3. 冰城家具厂通过调查出现,双人床的销售量与结婚人数有很大关系,已知本市 4 年的资料如表 5-18所示。

表 5-18

年　份	结婚人数(万对)	双人床销售量(千件)
2013 年	8	50
2014 年	7	45
2015 年	10	60
2016 年	9	54

冰城家具厂在本市的市场占有率为 20%,每年销往外地的双人床是 800 件。

要求:假定 2017 年预计结婚人数是 11 万对,用回归分析法预测 2017 年冰城家具厂的双人床销售量。

4. 某公司近 5 年来甲产品的产销量及成本水平如表 5-19 所示。

表 5－19

摘　要	2012 年	2013 年	2014 年	2015 年	2016 年
产量 x（台）	250	200	300	360	400
总成本 y（元）	275 000	240 000	315 000	350 000	388 000
其中:固定成本总额（元）	86 000	88 000	90 000	89 000	92 000
单位变动成本（元）	756	760	750	725	740

若计划年度（2017 年）的预计产量为 450 台。

要求:预测 2017 年甲产品的总成本和单位成本。

(1)采用高低点法。

(2)采用加权平均法（自然全数法）。

◎ 应会考核 ◎

★ 观念应用

【背景资料】

某企业生产一种产品,2016 年 1～12 月份的销售量资料如表 5－20 所示。

表 5－20　　　　　　　　　　销售量资料

月　份	1	2	3	4	5	6	7	8	9	10	11	12
销售量（吨）	10	12	13	11	14	16	17	15	12	16	18	19

【考核要求】

分别按以下方法预测 2017 年 1 月份销售量。

(1)平滑指数法（假设 2016 年 12 月份销售量预测数为 16 吨,平滑指数为 0.3）。

(2)修正的时间序列回归法。

★ 技能应用

华艺家用电器厂的预测销售量和保本量

华艺家用电器厂引进国外先进技术试制一批新的毛皮大衣和高级呢绒服装的清洁吸尘器。这种产品在当地还没有销售记录。于是,工厂决定聘请一些专家来预测产品明年投放市场后可能的销售量。

在预测前,他们首先对产品的样式、特点和性能用途及可能的售价连同其他地区和国外市场的销售情况做了详细介绍,同时发给每人一张书面意见表,让各人进行判断,经过三次反馈得到资料如表 5－21 所示。

表 5－21　　　　　　　　　　三次反馈资料

专家姓名	第一次预测（台）			第二次预测（台）			第三次预测（台）		
	最低	可能	最高	最低	可能	最高	最低	可能	最高
A	2 100	7 000	11 900	3 300	7 000	11 900	3 600	8 000	12 800
B	1 500	5 000	9 100	2 100	5 500	9 800	2 700	6 000	12 000
C	2 700	6 500	11 900	3 300	7 500	11 900	3 300	7 000	12 000

专家姓名	第一次预测（台）			第二次预测（台）			第三次预测（台）		
	最低	可能	最高	最低	可能	最高	最低	可能	最高
D	4 200	8 500	20 000	3 900	7 000	15 300	3 300	5 000	20 000
E	900	2 500	5 600	1 500	4 500	7 700	2 100	5 500	10 400
F	2 000	4 500	9 800	1 800	5 000	10 500	2 100	5 500	10 400
G	1 500	3 000	5 600	1 200	3 500	11 300	2 700	4 500	9 600
H	1 900	3 500	6 800	2 400	4 500	9 100	2 400	4 500	10 400
I	2 100	4 500	13 800	2 100	5 000	15 100	2 100	8 000	10 400
平均数	2 100	5 000	10 500	2 400	5 500	11 400	2 700	6 000	12 000

对资料加以整理,并运用概率进行测算,最低销售量、可能销售量和最高销售量的概率分别为 0.2、0.5、0.3。

该厂零售店经理从该市各大服装公司了解到去年的清洁吸尘器与毛皮大衣和高级呢绒中西服装的销售量有十分密切的关系。已知国外市场为 1∶3,国内市场为 1∶23,零售店经理估计该市可能的比例为 1∶35,销售量约为 18 429 台。

该厂销售人员对如何预测其销售产量产生了不同意见:

第一种意见认为:只要把专家预测判断数加以平均,再加以适当的考虑概率因素便可,以此作为销售预测量。

第二种意见认为:应排除专家预测中的各种最大和最小因素后,才加以平均,因此也无须考虑概率因素。

第三种意见认为:坚持按服装和产品的比率来确定全年的销售量,认为无须考虑专家预测因素。

【技能要求】

(1)上述几种方案,哪种最合理(说明理由)？具体预测销售量应为多少？

(2)预测该新产品企业可能实现的利润以及产品的保本量。

(3)判断该新产品的经营是否安全。

★ **案例分析**

【背景资料】

帮助飞翔公司预测目标利润

飞翔公司只生产一个品牌的产品。该公司自成立以来一直重视科技和售后服务,其产品销售也逐年稳步上升。2016 年实现销售量 2 万件,每件销售价格为 300 元,单位变动成本为 180 元,固定成本为 70 万元。2016 年底,该公司开始预测下一年的利润情况,以便为下一步做好生产经营的准备。经管理层讨论后,公司决定利用近几年行业内先进的销售利润率(30%)来预测企业的目标利润。企业预计明年其产品销售量将增长 10%,其他条件不变。

【分析要求】

假设你是公司的财务顾问,

(1)计算公司的目标利润。

(2)运用敏感性分析原理计算为实现该目标利润,企业应采取的措施。

(3)计算各因素的灵敏度指标并排列。

◎ 项目实训 ◎

【实训项目】

预测分析方法。

【实训情境】

瑞奇资金需要总量的预测

瑞奇公司 2012～2016 年各年产品销售收入分别为 2 000 万元、2 400 万元、2 600 万元、2 800 万元和 3 000 万元；各年年末现金余额分别为 110 万元、130 万元、140 万元、150 万元和 160 万元。在年度销售收入不高于 5 000 万元的前提下，存货、应收账款、流动负债、固定资产等资金项目与销售收入的关系如表 5—22 所示。

表 5—22

资金需要量预测表

资金项目		年度不变资金(a)（万元）	每万元销售收入所需变动资金(b)（万元）
流动资产	现金		
	应收账款净额	60	0.14
	存货	100	0.22
流动负债	应付账款	60	0.10
	其他应付款	20	0.01
	固定资产净额	510	0.00

已知该公司 2016 年资金完全来源于自有资金（其中，普通股 1 000 万股，共 1 000 万元）和流动负债。2016 年销售净利率为 10%，公司拟按每股 0.2 元的固定股利进行利润分配。公司 2017 年销售收入将在 2016 年基础上增长 40%，销售净利率维持 2016 年的水平，继续执行固定股利政策。2017 年所需对外筹资部分可通过按面值发行 10 年期、票面利率为 8%、分期付息到期还本的公司债券予以解决，债券筹资费率为 2%，公司所得税税率为 25%。

【实训任务】

要求：

(1)计算 2016 年净利润及应向投资者分配的利润；

(2)采用高低点法计算现金项目每万元销售收入的变动资金(b)和不变资金(a)；

(3)按 $y=a+bx$ 的方程建立资金预测模型；

(4)预测该公司 2017 年资金需要总量及需新增资金量。

项目六　决策分析的相关指标

【知识目标】

理解：决策与决策分析的概念、分类原则。

熟知：决策分析的一般程序、决策分析所涉及的特殊成本概念；现金流量的概念和基本假设、作用、内容。

掌握：现金流量的分析计算、货币时间价值的计算。

【技能目标】

具备在企业的短期生产经营决策和长期投资决策中进行决策分析的能力。

【素质目标】

能够结合决策成本的概念、现金流量和货币资金时间价值的计算，为决策分析方法奠定基础。

【项目引例】

玫瑰花的承诺

拿破仑 1797 年 3 月在卢森堡第一国立小学演讲时，说了这样一番话："为了答谢贵校对我，尤其是对我夫人约瑟芬的盛情款待，我不仅今天呈上一束玫瑰花，并且在未来的日子里，只要我们法兰西存在一天，每年的今天我将亲自派人送给贵校一束价值相等的玫瑰花，作为法兰西与卢森堡友谊的象征。"时过境迁，拿破仑穷于应付连绵的战争和此起彼伏的政治事件，最终惨败而被流放到圣赫勒拿岛，把该诺言忘得一干二净。可卢森堡这个小国对这位"欧洲巨人与卢森堡孩子亲切、和谐相处的一刻"念念不忘，并将其载入他们的史册。1984 年底，卢森堡旧事重提，向法国提出违背"赠送玫瑰花"诺言案的索赔：要么从 1797 年起，用 3 法郎作为一束玫瑰花的本金，以 5 厘复利（利滚利）计息全部清偿这笔"玫瑰债"；要么法国政府在法国各大报刊上公开承认拿破仑是个言而无信的小人。起初，法国政府准备不惜重金赎回拿破仑的声誉，但却又被计算机算出的数字惊呆了：原本 3 法郎的许诺，本息竟高达 1 375 596 法郎。经冥思苦想，法国政府斟词酌句的答复是："以后，无论在精神上还是物质上，法国将始终不渝地对卢森堡大公国的中小学教育事业予以支持与赞助，来兑现我们的拿破仑将军那一诺千金的玫瑰花信誉。"这一措辞最终得到了卢森堡人民的谅解。

【讨论】 什么是货币资金的时间价值？货币资金的时间价值如何计算？

知识精讲

任务一　决策分析概述

一、决策与决策分析的概念

所谓决策,就是根据确定的目标,依据对过去、现状的分析,对未来实践作出决定的过程。企业的决策主要是属于经济方面的决策。决策分析只是决策全过程的一个组成部分,是企业会计人员参与决策活动的主要内容。

所谓决策分析,就是在充分利用会计资料和其他信息的基础上,利用专门的方法,对各个备选方案的经济效益进行科学的计算和分析,权衡轻重,并说明利害得失,以便管理人员选择经济效益最大或损失最小的方案的过程。它是会计参与企业管理决策的主要形式,是管理会计人员的一项重要工作,也是管理会计这门学科要着重研究的一个重要方面。

二、决策的分类

(一)按决策规划所涉及的时期长短,可分为短期决策和长期决策

1. 短期决策

短期决策也称经营决策,主要是对如何在企业现有技术装备和经营条件的基础上,有效地开展经营活动所作的决策。它一般不需要购置较多的设备或新增较多的生产能力,决策方案所产生的经济效益体现在一年内或一个营业周期内。

2. 长期决策

长期决策也称投资决策,主要是为企业的发展方向、新产品的开发、生产规模的扩大等所进行的具有长远性、全面性的决策。其决策方案所产生的经济效益体现在一年以上或未来若干年内。管理会计中的长期决策只对涉及固定资产投资的问题进行讨论。

(二)按决策的重要程度,可分为战略决策和战术决策

1. 战略决策

战略决策是指那些关系到企业发展的全局性、长远性和根本性问题的有关决策,如经营目标的制定、新产品的开发等。它的正确与否,对企业的成败具有决定性意义。

2. 战术决策

战术决策是指为了实现战略性决策目标而进行有针对性、短期性的具体决策,如零部件的自制与外购、生产结构的安排等。

(三)按决策条件的肯定程度,可分为确定型决策、风险型决策和不确定型决策

1. 确定型决策

确定型决策即决策人员对未来的有关情况可事先掌握和控制,各方案的条件都是肯定的,而且各个备选方案均可用具体的数字表示出来;只要比较各个方案的数据,就可以作出判断,选取一个最优方案。确定型决策比较容易选择,管理会计中的决策大多属确定型决策。

2. 风险型决策

风险型决策是指在各种决策因素中,有决策人所不能控制的客观因素,一个方案可能会出

现几种不同的结果。

3. 不确定型决策

不确定型决策是指决策人对未来的情况和因素不能事先掌握与控制，又不能估计其在各种客观状态下出现的概率。例如，生产某种新产品，决策人对将来产品的销路、售价无法控制，也无法估计各种情况出现的概率。

（四）按决策方案间的关系，可分为独立方案决策、互斥方案决策和组合方案决策

1. 独立方案决策

独立方案决策也称拒绝或接受方案决策，是指对各自独立存在、不受其他任何方案影响的不同方案的决策。独立方案决策只需判断方案本身的可行性，而不必择优。

2. 互斥方案决策

互斥方案决策是指选取某个方案必须以排除其他方案的选取为条件的各种方案的决策。互斥方案决策要在两个或两个以上可行方案中择优选取最佳方案。

3. 组合方案决策

组合方案决策是指在资源约束条件下，将若干可以同时并举的方案进行优化组合，使其综合经济效益达到最优化的决策。

（五）决策的其他分类

决策除了按上述标准进行分类外，还可以按其他标准进行分类。例如，按决策内容，决策可分为成本决策、生产决策、定价决策、存货决策、固定资产更新决策等；按决策目标多少，决策可分为单目标决策和多目标决策；按决策层次，决策可分为高层决策、中层决策和基层决策；等等。

三、决策分析的原则

为了作出正确的、有效的决策，在进行决策分析时必须遵循以下原则：

（一）政策性原则

政策性原则是指企业在经营决策分析过程中，不能仅仅考虑企业的微观效益，还应自觉遵守国家有关法律法规和制度政策。当企业的微观利益与社会宏观利益发生矛盾时，必须无条件地按国家政策规定办事，绝不允许损人利己，伤害公众和社会的利益。

（二）民主性原则

民主性原则是指企业在决策分析过程中，必须克服主观、武断，应集思广益，依靠智囊团和专家决策群，由个人决策向集体决策过渡，以调动各方面的积极性，实行民主决策。因为现代社会生产和商品经济所具有的精细性、宏观性、高速性和易变性，使得任何个人都不可能单独地收集、分析、整理和归纳繁多的动态信息，并作出科学的抉择。

（三）科学性原则

科学性原则是指企业的决策分析必须以真实、可靠的信息为基础，以客观规律为依据，以科学的决策方法为保证，决策分析的结果必须经得起客观实践的检验。

（四）效益性原则

效益性原则是指企业的决策分析，必须面向经营，要以提高企业经营效益为前提，合理利用资源；同时，决策分析本身也要讲求效益，注意提高决策分析工作的效率，节约时间、降低开支，以较小的代价取得最好的效果。

四、决策分析的一般程序

决策是一个完整的过程,它不是简单地从几个备选方案中选定一个最优方案的孤立行动,而是由一系列行动组成的,其中包括决策分析、选择方案、执行方案三大部分。具体来说,决策程序可分为六个基本步骤。

(一)确定决策的目标

确定决策的目标是科学决策的首要步骤。目标定错了,结果肯定受影响。为此,要明确决策究竟要解决什么问题。一般来说,企业的经营决策主要是解决如何使现有生产能力得到充分利用,并合理安排、使用有限资源,争取最佳经济效益的问题。没有明确的具体目标,决策就无从下手。

(二)收集有关资料

针对决策目标,广泛收集尽可能多的、对决策目标有影响的各种可计量因素与不可计量因素的资料,包括历史的和现在的实际数据,也包括对将来的预测数据,并对这些有关数据进行分类、加工、登记、综合,以便形成决策分析所使用的数据资料。数据资料是科学决策的重要前提条件。有了完整的数据资料,才能做到"知己知彼",进行有效的分析评价。应该注意,这项资料收集工作,实际上往往要反复进行,穿插在各步骤之间。

(三)提出备选方案

针对决策目标拟定若干可行的备选方案。所谓"可行",必须是技术上适当、经济上合理。每个备选方案都要注意实事求是、量力而行、扬长避短,使企业现有的人力、物力和财力资源都能得到最合理、最充分的使用。总之,提出可行方案是决策分析的重要环节,是作出科学决策的基础和保证。

(四)通过定量分析对备选方案作出初步评价

把各个备选方案的可计量资料分别归类、系统排列,选择适当的专门方法,建立数学模型。通过计算各备选方案的预期收入和预期成本,确定其预期经济效益的大小,对备选方案作出初步的判断和评价,这是整个决策分析过程的关键阶段。当然,评价备选方案优劣的标准,既有技术指标,也有经济指标,归根结底,经济效益指标才是最终评价企业经营决策方案优劣的标准。

(五)考虑非计量因素的影响,分析决策方案可能产生的后果,确定最优方案

根据上一步骤定量分析的初步评价,进一步考虑计划期间各种非计量因素的影响。例如,国际、国内政治经济形势的变动,国家有关经济法规对决策方案所产生的影响,以及人们心理、习惯、风俗等因素的特点等。然后,把定量分析和定性分析结合起来,权衡利害得失,进行综合判断,最终筛选出最优方案。

(六)执行方案,并对决策执行情况进行评估和信息反馈

决策的执行是决策的目的,也是检验决策是否正确的客观依据。首先,应根据最后选定的方案,编制计划或预算;然后,落实具体执行的方法。在实施后,隔一定期间还应对决策的执行情况进行评估,借以发现过去决策过程中存在的问题,通过信息反馈,纠正偏差,以保证决策目标的实现。

任务二　决策分析所涉及的特殊成本概念

一、相关成本

相关成本是指与特定决策方案相联系的、能对决策方案产生重大影响的、在经营决策中必须予以充分考虑的成本。这类成本都是目前尚未发生或支付的各种形式的未来成本，它们通常因决策产生而产生，随决策改变而改变，其内容完全取决于所要解决问题的特定内容。相关成本包括差别成本、边际成本、机会成本、付现成本、重置成本、专属成本、可避免成本和可延缓成本等。

(一)差别成本

差别成本也称差量成本，有广义和狭义之分。

广义的差别成本，是指两个备选方案的预期成本之间的差额。例如，某厂甲零件可自制，也可外购，自制方案的预期成本为5 000元，外购方案的预期成本为4 000元，则自制与外购方案的差别成本为1 000元。

狭义的差别成本，又称增量成本，是指单一决策方案由于生产能力利用程度不同而引起的不同产量水平下成本的差额。在一定条件下，某一决策方案的增量成本就是相关变动成本，增量成本是最基本的相关成本。

(二)边际成本

所谓边际成本，是指产量无限小的变化所引起的成本的变化数。由于现实生活中，产量无限小的变化，最小只能小到一个单位，小于一个单位就没有实际意义了，因此，边际成本实际上是业务量变化一个单位，相应的成本的变化数。

在相关范围内，增加或减少一个单位产品产量的差别成本、单位变动成本、边际成本三者取得一致。如果超越了相关范围，由于差别成本和边际成本的变动可能包括固定成本和半变动成本的变动，它不等于变动成本，因此狭义的差别成本、变动成本与边际成本就不一致。

(三)机会成本

所谓机会成本，是指决策时从几个备选方案中选取某一方案而放弃次优方案所丧失的潜在利益，也可定义为由于放弃某一机会而失掉的利益。例如，某厂生产甲产品需要A零件，该零件可利用剩余生产能力制造，也可外购。若自行制造，生产成本为5 000元；若外购，购买价为8 000元，但外购时其剩余生产能力可以出租，租金收入为4 000元。这4 000元租金收入就是该厂若选择自制方法将丧失的潜在利益，即选择自制A零件的机会成本。

机会成本这一概念是与资源的稀缺性和多用性相联系的。企业所拥有的某项有限资源往往有多种用途，即多种使用机会，但其用在某一方面就不能同时用于另一方面，因此，从许多可供选择的方案中权衡利害得失，选取最优方案，必然会有一些次优方案被放弃，有所"得"必有所"失"。已放弃的次优方案的"失"，就是选取最优方案所付出的代价，即选取的最优方案的机会成本。它应能从所选用的最优方案的"得"中获得补偿，这也是正确判别最优方案是否最优的一个必要条件。

（四）付现成本

付现成本是指实施某项决策时,需要立即动用现金支付的成本。企业在经营决策中,如遇到本身货币资金紧张,而市场上筹措资金又比较困难时,特别要把付现成本作为考虑的重点。这时,决策者宁愿选择总成本较高但付现成本较低的方案。例如,某厂一条生产线损坏,急需购进,现有两个方案可供选择:一是甲供应商按总价 300 000 元供应,但货款必须立即付清;二是乙供应商按总价 360 000 元供应,但交货时先付 30％的货款,其余 70％的货款在未来 6 个月内平均分 6 次偿付。此时,企业正值资金紧张,现金余额仅 13 000 元,预计近期内不可能从应收账款中收到现金,银行又不同意提供更多资金作贷款。据此,决策者必然会选取第二方案,即从乙供应商处购买,尽管其总价高于从甲供应商处购买,但其付现成本较低,企业目前的支付能力能够承受,多支出的成本也可以从早恢复生产而产生的收益中得到补偿。

（五）重置成本

重置成本也称现行成本,是指目前从市场上购买同一资产所需支付的成本。例如,企业拟出售一批原材料,原价 4 800 元,而该种材料的现行市价(重置成本)为 5 600 元。若定价 5 200元,按历史成本(原价)考虑,可获利 400 元,但从重置成本考虑,则要亏损 400 元。由此可见,重置成本是决策分析时不可忽视的重要因素,尤其是在定价决策中必须充分予以考虑。

（六）专属成本

专属成本是指那些能够明确归属于特定决策方案的固定成本或混合成本。它往往是为了弥补生产能力的不足而增加的有关设备、工具等长期资产所发生的。例如,专门用来生产某种产品设备的折旧额就是该种产品的专属成本。在决策分析时,决策者常将其与相关收入进行对比。

（七）可避免成本

可避免成本是指决策者的决策行为可以避免其发生或改变其数额的成本,如培训费、广告费以及与某项备选方案有直接联系的变动成本等。可避免成本是与某一特定的决策方案相联系的。成本是否发生、发生多少,完全取决于该特定方案是否被采用。

（八）可延缓成本

可延缓成本是指企业在受到资源稀缺的约束条件下,对其暂缓开支不会对企业未来的生产经营产生重大不利影响的那部分成本。

二、无关成本

无关成本,是指与决策不相关联、在进行决策分析时无需考虑的成本。它们不会因决策产生而产生,也不因决策改变而改变,如沉没成本、共同成本、不可避免成本和不可延缓成本等。此外,有些相关成本,若在各备选方案中项目相同、金额相等,可视同无关成本,在决策分析时无需考虑,以简化决策的分析计算过程。

（一）沉没成本

沉没成本又称沉落成本,是指过去的成本支出,即在决策前发生的成本,不是目前或将来决策所能改变的成本。例如,企业有一批积压存货,原价 200 000 元。现有两种处理方案:一是直接出售,二是加工后再出售。在企业决定选择何种方案时,存货的原价 200 000 元就是沉没成本,因为现在的决策无法改变这一已经发生的事实。由于沉没成本已实质性地支出,且现在的决策无法改变,因此这项成本通常是决策的无关成本。

（二）共同成本

共同成本是指应由几种产品或几个部门共同负担的成本。例如，在一条生产线上生产甲、乙、丙三种产品，则该生产线的折旧额就是甲、乙、丙三种产品的共同成本。共同成本总额不会因某一产品停产而不发生，也不会因某一产品产量增加而增加，因此，共同成本通常是对决策分析不存在影响的成本。

（三）不可避免成本

不可避免成本是与可避免成本相对应的，是指决策者的决策行为不能避免其发生或改变其数额的成本。不可避免成本与特定的决策方案没有直接联系，无论决策者选用何种方案，其成本照常发生，而且数量固定。约束性固定成本就属于不可避免成本。

（四）不可延缓成本

不可延缓成本是与可延缓成本相对应的，是指企业在受到资源稀缺的约束条件下，对其暂缓开支就会对企业未来的生产经营产生重大不利影响的那部分成本。由于不可延缓成本具有较强的刚性，必须保证对它的支付，没有选择的余地。

任务三 现金流量的计算

一、现金流量的概念和基本假设

（一）现金流量的概念

现金流量，是指一个投资项目所引起的现金流出和现金流入的增加数量的总称。这里的"现金"是广义的现金，它不仅包括各种货币资金，而且包括项目所需要投入的企业拥有的非货币资源的变现价值，例如，一个投资项目需要使用原有的厂房、设备和材料的变现价值等。现金流量是在一个较长时期内表现出来的，受资金时间价值的影响，一定数额现金在不同时期的价值是不同的，因此，研究现金流量及其发生的期间对正确评价投资项目的效益有着重要的意义。

（二）现金流量的基本假设

现金流量是计算项目投资决策评价指标的主要依据和重要信息，其本身也是评价项目投资是否可行的一个基础指标。为方便项目投资现金流量的确定，首先作出以下基本假设：

1. 项目投资的类型假设

这一假设是指在项目投资中涉及两种类型，即新建项目投资和更新改造项目投资。

2. 财务可行性分析假设

即假设项目投资决策从企业投资者的立场出发，只考虑该项目是否具有财务可行性，而不考虑该项目是否具有国民经济可行性和技术可行性。

3. 全投资假设

即假设在确定投资项目的现金流量时，只考虑全部投资的运动情况，而不具体考虑和区分哪些是自有资金、哪些是借入资金，即使是借入资金也将其视为自有资金处理。

4. 建设期间投资全部资金假设

即假设项目投资的资金都是在建设期投入的，在生产经营期没有投资。

5. 经营期和折旧年限一致假设

即假设项目的主要固定资产的折旧年限或使用年与经营期相同。

6. 时点指标假设

为了便于利用资金时间价值的形式，将项目投资决策所涉及的价值指标都作为时点指标处理。其中，建设投资在建设期内有关年度的年初或年末发生；流动资金投资则在建设期末发生；经营期内各年的收入、成本、摊销、利润、税金等项目的确认均在年末发生；新建项目最终报废或清理所产生的现金流量均发生在终结点。

7. 产销量平衡假设

假设经营期内同一年的产量等于该年的销售量。这样，即可在会计利润的基础上计算出现金流量。

8. 确定性因素假设

假设项目所涉及的有关价格、产销量、成本水平、所得税税率等因素均为已知的常数。

二、现金流量的内容

现金流量包括三项内容，即现金流出量、现金流入量和现金净流量。

（一）现金流出量的内容

一个方案的现金流出量是指由该方案所引起的企业现金支出的增加额，主要包括以下内容：

1. 建设投资

建设投资是指与形成生产经营能力有关的各种直接支出，包括固定资产投资、无形资产投资、开办费投资等的总和。它是建设期发生的主要现金流出量。其中，固定资产投资是所有类型投资项目注定要发生的内容。这部分现金流出随着建设进程的进行可能一次性投入，也可能分次投入。

2. 流动资金投资

在完整工业投资项目中，建设投资形成的生产经营能力要投入使用，会引起对流动资金的需求，主要是保证生产正常进行必要的存货储备占用等。这使企业要追加一部分流动资金投资。这部分流动资金投资属于垫支的性质，当投资项目结束时，一般会如数收回。

3. 经营成本

经营成本是指在经营期内为满足正常生产经营而动用现实货币资金支付的成本费用，又被称为付现的营运成本（或简称"付现成本"）。它是生产经营阶段上最主要的现金流出量项目。

4. 各项税款

各项税款是指项目投产后依法缴纳的、单独列示的各项税款，如营业税、所得税等。

5. 其他现金流出

其他现金流出是指不包括在以上内容中的现金流出项目，例如，项目所需投入的非货币资源的变现价值，项目投资可能会动用企业原有的资产，这时企业虽未直接支出现金，但原有资产的变现价值也要视为项目投资的现金流出。

（二）现金流入量的内容

一个方案的现金流入量是指由该方案所引起的企业现金收入的增加额，主要包括以下内容：

1. 营业收入

营业收入是指项目投产后每年实现的全部销售收入或业务收入。营业收入是经营期主要的现金流入项目。

2. 回收固定资产的余值

当投资项目的有效期结束,残余的固定资产经过清理会得到一笔现金收入,如残值出售收入。同时,清理时还要支付清理费用,如清理人员报酬。残值收入扣除清理费用后的净额,应当作为项目投资的一项现金流入。

3. 回收垫支的流动资金

当投资项目的有效期结束后,原先投入周转的流动资金可以转化成现金,用于其他方面,从而构成一项现金流入。

4. 其他现金流入量

即除以上三项指标外的现金流入量项目。

(三)现金净流量

现金净流量又称净现金流量(Net-Cash-Flow,NCF),是指项目在一定期间内现金流入量减去现金流出量的差额。这里所说的"一定期间"一般是指一年期间,流入量大于流出量时,净流量为正值;反之,净流量为负值。

现金净流量具有以下两个特征:第一,无论是在经营期内还是在建设期内都存在净现金流量。第二,由于项目计算期不同阶段上的现金流入和现金流出发生的可能性不同使得各阶段上的净现金流量在数值上表现出不同的特点:建设期内的净现金流量一般小于或等于零;在经营期内的净现金流量则多为正值。

现金净流量的计算公式为:

$$现金净流量(NCF_t)=现金流入量-现金流出量$$

三、现金流量的分析计算

项目投资现金流量分析涉及项目的整个计算期,即从项目投资开始到项目结束的各个阶段:第一阶段(初始阶段)即建设期所发生的现金流量;第二阶段(经营期)即正常经营阶段所发生的现金流量;第三阶段(终结阶段)即在经营期终结点,项目结束时发生的现金流量。

(一)建设期现金流量

建设期现金流量是指初始投资阶段发生的现金流量,一般包括如下几个部分:

1. 在固定资产上的投资

在固定资产上的投资包括固定资产的购入或建造成本、运输成本和安装成本等。在一个继续使用旧设备的投资方案中,旧设备的变现价值就是在固定资产上的投资,也属于一项现金流出。

2. 垫支的营运资本

垫支的营运资本就是增加的流动资产与增加的流动负债的差额。即为了配合项目投资,在原营运资本的基础上所增加的与固定资产相配套的营运资本投资支出,包括对材料、在产品、产成品和现金等流动资产的投资以及增加的流动负债。

3. 其他投资费用

其他投资费用是指与固定资产投资有关的职工培训费、谈判费、注册费等不属于上述两项的其他投资费用。

4. 原有固定资产的变现收入

变现收入是指在进行固定资产更新决策时,由于新购建固定资产而使原有固定资产淘汰出售的收入。此时,原有固定资产变卖所得的现金收入视为现金流入。然而,当旧设备继续使用时,旧设备的变现收入则是一项现金流出。

在建设期内,由于没有现金流入量,只有现金流出量,所以建设期的现金净流量总为负值。建设期净现金流量的简化计算公式:

$$建设期某年现金净流量(NCF)=-该年发生的投资额$$

(二)经营期现金流量

经营期现金流量是指项目在正常经营期内由于生产经营所带来的现金流入和现金流出的数量。这种现金流量一般以年为单位进行计算。这里的现金流入主要是指营业现金流入和该年的回收额,而现金支出主要是指营业现金支出和缴纳的税金。营业现金流量的计算公式:

$$生产经营期某年现金净流量(NCF)=该年营业收入-该年付现成本-该年所得税$$
$$=该年营业收入-(该年营运总成本-该年折旧额)$$
$$-该年所得税$$
$$=该年税后利润+该年折旧额$$
$$=(该年营业收入-该年付现成本-该年折旧额)$$
$$\times(1-所得税率)+该年折旧额$$
$$=该年营业收入\times(1-所得税率)-该年付现成本\times$$
$$(1-所得税率)+该年折旧额\times所得税率$$

或:

$$生产经营期某年现金净流量(NCF)=该年税后利润+该年折旧+该年摊销额+该年利息$$
$$+该年回收额$$

(三)终结点现金流量

终结点现金流量是指投资项目结束时固定资产变卖或停止使用所发生的现金流量,主要包括:

(1)固定资产的残值收入或变价收入。

(2)原垫支营运资本的收回。在项目结束时,将收回垫支的营运资本视为项目投资方案的一项现金流入。

(3)在清理固定资产时发生的其他现金流出。

$$终结点现金净流量(NCF)=经营期现金净流量+回收额$$

【例6-1】 某企业进行一项固定资产投资,在建设起点一次投入800万元,建设期为一年,该投资从银行贷款,建设期按10%利息率计算的利息为80万元。该项目的生产经营期为8年,该固定资产报废时预计有残值32万元。生产经营期每年可获税后利润130万元。

要求:计算该投资的项目计算期内各年的现金净流量。

如果用简化的生产经营期现金净流量的计算公式来计算的话,必须要计算每年的折旧额,计算如下:

$$固定资产原值=800+80=880(万元)$$

$$固定资产年折旧额=\frac{880-32}{8}=106(元)$$

项目计算期内各年现金净流量的计算如表6-1所示。

表6—1　　　　　　　　　　　现金净流量计算　　　　　　　　　　单位:万元

年份项目	投资	税后利润	折旧	回收残值	现金净流量
0	800				—800
1	0				0
2		130	106		236
3		130	106		236
4		130	106		236
5		130	106		236
6		130	106		236
7		130	106		236
8		130	106		236
9		130	106	32	268

【例6—2】　某企业投资新建一个分厂,投资均为贷款,建设期为两年。第一年初固定资产投资300万元,第二年初固定资产投资200万元,第一年应计贷款利息30万元,第二年应计贷款利息53万元。第二年末投入流动资金80万元,该项目的生产经营期为10年,预计期满报废时有残值43万元。生产经营期各年预计实现的税后利润如表6—2所示。要求计算该投资的项目计算期内各年现金净流量。

表6—2　　　　　　　　　　　预计税后利润表　　　　　　　　　　单位:万元

年份	3	4	5	6	7	8	9	10	11	12
税后利润	20	25	40	40	50	50	35	30	20	20

固定资产原值＝(300＋200)＋(30＋53)＝583(万元)

年折旧额＝$\dfrac{583-43}{10}$＝54(万元)

项目计算期内隔年现金净流量的计算如表6—3所示。

表6—3　　　　　　　　　　　现金净流量计算　　　　　　　　　　单位:万元

年份项目	投资	税后利润	折旧	回收残值	回收流动资金	现金净流量
0	300					—300
1	200					—200
2	80					—80
3		20	54			74
4		25	54			79
5		40	54			94
6		40	54			94

年份项目	投资	税后利润	折旧	回收残值	回收流动资金	现金净流量
7		50	54			104
8		50	54			104
9		35	54			89
10		30	54			84
11		20	54			74
12		20	54	43	80	197

【例 6—3】 某企业新建一条生产线,第一年初利用贷款投资 80 万元,建设期为一年,建设期应计贷款利息 8 万元。该生产线使用期限为 8 年,期满有残值 4 万元。在生产经营期,该生产线每年可为企业增加营业收入 30 万元,每年增加付现营业成本 13 万元。该企业享受 15%的优惠所得税率。计算项目计算期内各年的现金净流量。

固定资产原值＝80＋8＝88(万元)

$$年折旧额＝\frac{88-4}{8}＝10.5(万元)$$

年利润＝30－(13＋10.5)＝6.5(万元)

年税后利润＝6.5×(1－15%)＝5.525(万元)

项目计算期内隔年现金净流量的计算如表 6—4 所示。

表 6—4　　　　　　　　　　　　　　　现金净流量计算　　　　　　　　　　　　　　单位:万元

年份项目	投资	税后利润	折旧	回收残值	现金净流量
0	80				－80
1	0				0
2		5.525	10.5		16.025
3		5.525	10.5		16.025
4		5.525	10.5		16.025
5		5.525	10.5		16.025
6		5.525	10.5		16.025
7		5.525	10.5		16.025
8		5.525	10.5		16.025
9		5.525	10.5	4	20.025

四、现金流量的作用

以现金流量作为项目投资的重要价值信息,其主要作用在于:

首先,现金流量信息所揭示的未来期间现实货币资金收支运动,可以序时动态地反映项目投资的流出与回收之间的投入产出关系,使决策者在投资主体的立场上,完整、准确、全面地评价具体投资项目的经济效益。

其次，利用现金流量指标代替利润指标作为反映项目效益的信息，可以克服因贯彻财务会计的权责发生制原则而带来的计量方法和计算结果的不可比与不透明等问题。即：由于不同的投资项目可能采取不同的固定资产折旧方法、存货估价方法或费用摊配方法，从而导致不同方案的利润信息相关性差、透明度不高和可比性差。

再次，利用现金流量信息排除了非现金收付内部周转的资本运动形式，从而简化了有关投资决策评价指标的计算过程。

最后，由于现金流量信息与项目计算期的各个时点密切结合，有助于在计算投资决策评价指标时应用资金时间价值的形式进行动态投资效果的综合评价。

任务四　货币时间价值的计算

一、货币时间价值概述

（一）货币时间价值的概念

货币的时间价值是指一定量的资金在不同时点上价值量的差额，也称为资金的时间价值。资金在周转过程中会随着时间的推移而发生增值，使资金在投入、收回的不同时点上价值不同，形成价值差额。

日常生活中，经常会遇到这样一种现象，一定量的资金在不同时点上具有不同价值，现在的 1 元钱比将来的 1 元钱更值钱。例如，我们现在有1 000元存入银行，银行的年利率为 5%，一年后可得到1 050元，于是现在的1 000元与一年后的1 050元相等。因为这1 000元经过一年的时间增值了 50 元，而这增值的 50 元就是资金经过一年时间的价值。同样，企业的资金投到生产经营中，经过生产过程的不断运行、资金的不断运动，随着时间的推移，会创造新的价值，使资金得以增值。因此，一定量的资金投入生产经营或存入银行，会取得一定的利润和利息，从而产生资金的时间价值。

（二）货币时间价值产生的条件

货币时间价值产生的前提条件是，由于商品经济的高度发展和借贷关系的普遍存在，出现了资金使用权与所有权的分离，资金的所有者把资金使用权转让给使用者，使用者必须把资金增值的一部分支付给资金的所有者作为报酬，资金占用的金额越大，使用的时间越长，所有者所要求的报酬就越高。资金在周转过程中的价值增值是货币时间价值产生的根本源泉。

（三）货币时间价值的表示

货币的时间价值可用绝对数（利息）和相对数（利息率）两种形式表示，通常用相对数表示。货币时间价值的实际内容是，在没有风险和没有通货膨胀条件下的社会平均资金利润率，是企业资金利润率的最低限度，也是使用资金的最低成本率。

由于资金在不同时点上具有不同的价值，不同时点上的资金难以直接比较，必须换算到相同的时点上才能比较。因此，掌握资金时间价值的计算很重要。我们对有关的计算符号进行约定，在下面的内容中，某一符号所代表的概念如下：

i——利率（The Discount Rate per Period），通常是指年利率；

I——利息（Interest）；

t——计息期间(A Time Period),如 $t=3$,意味着第三个计息期间;

m——一年中复利的次数,如 $m=4$,意味着按季度计息,一年计息四次;

n——计息期数,如 n 可以是 5 年,10 个半年,40 个季度,也可以是 60 个月;

P——现值(Present Value),又称期初金额或本金(Present);

F——终值(Future Value),也称本利和;

A——每期相等的现金流量(Cash Flow Each Period),也即年金(Annuity)。

二、单利

单利是指在规定期限内只计算本金部分利息,而利息部分不再计算利息,形成各期利息固定不变的一种计算方法。在我国财务管理实务中,银行一般是按照单利计算利息的。

(一)终值

所谓终值,是指现在的一笔资金按单利计算的本金与利息未来的价值,又称本利和。其计算公式如下:

$$F=P+P\times i\times n=p\times(1+i\times n) \tag{6-1}$$

式中,F 表示终值,即本利和;P 表示现值,即本金;i 表示利率;n 表示计息期;I_n 表示利息。

式(6-1)中的 $(1+i\times n)$ 称为单利终值系数。

【例6-4】 某人有一笔 20 000 元的借款,借期 3 年,年利率为 8%,按单利计息,则到期应归还的本利和为多少?

解:根据题意,已知 $P=20\,000$ 元,$i=8\%$,$n=3$ 年,求 F 的值:

$$F=20\,000\times(1+8\%\times3)=24\,800(元)$$

(二)现值

所谓现值,是指未来的一笔资金按单利折算的现在价值。如公司商业汇票贴现时,银行按一定利率从票据的到期值中扣除从借款至票据到期日应付利息,将余款支付给持票人。贴现时使用的利率称为贴现率,计算出的利息称为贴现息,扣除贴现息后的余额称为贴现值,即现值。其计算公式如下:

$$P=\frac{F}{(1+i\times n)} \tag{6-2}$$

式中,$\dfrac{1}{(1+i\times n)}$ 称为单利现值系数。

【例6-5】 某公司计划在 6 年后支付一笔 100 000 元的债务,如果银行的存款利率为 10%,他现在应该一次性存入银行多少元?

解:根据题意,已知 $F=100\,000$ 元,$i=10\%$,$n=6$ 年,求 P 的值:

$$P=100\,000\div(1+10\%\times6)=62\,500(元)$$

通过以上对于一次性支付款项单利计息的终值和现值分析,可以得出以下结论:

(1)单利终值和单利现值互为逆运算。

(2)单利终值系数 $(1+i\times n)$ 和单利现值系数 $1/(1+i\times n)$ 互为倒数。

三、复利

复利是指不仅本金计算利息,而且将本金产生的利息计入下期本金再计算利息,即通常所说的"利滚利"。通常,资金的时间价值一般按复利计算。

（一）终值

所谓终值，是指现在的一笔资金按复利计算的本金和利息未来的价值，即未来的本利和。

假如，现在有1 000元，年复利率为10％，存5年，则从第1年到第5年各年年末的终值如下。

第1年的终值：

$$F = 1\ 000 \times (1 + 10\%) = 1\ 100(元)$$

第2年的终值：

$$F = 1\ 000 \times (1 + 10\%) \times (1 + 10\%) = 1\ 210(元)$$
$$F = 1000 \times (1 + 10\%)^2 = 1\ 210(元)$$

以此类推……

第5年的终值：

$$F = 1\ 000 \times (1 + 10\%)^5 = 1\ 610.5(元)$$

所以，复利终值计算公式如下：

$$F = P(1 + i)^n \tag{6-3}$$

式中，$(1+i)^n$ 称为复利终值系数，用符号表示为$(F/P, i, n)$；如$(F/P, 10\%, 5)$表示利率为10％，5期的复利终值系数。复利终值系数可以通过查阅附录一"复利终值系数表"直接获得或运用Excel财务函数计算求得。

所以，复利终值计算公式可以简化为：

$$F = P \cdot (F/P, i, n)$$

【例6—6】　某企业现有资金500万元，假设利率为10％，3年后按复利计算的终值是多少万元？

解：根据题意，已知$P = 500$万元，$i = 10\%$，$n = 3$年，求F的值：

$$F = P \cdot (1 + i)^n = 500 \times (1 + 10\%)^3 = 665.5(万元)$$

或可直接查附录一"复利终值系数表"，$(F/P, 10\%, 3) = 1.331$

$$F = P \times (1 + i)^n$$
$$= 500 \times 1.331$$
$$= 665.5(万元)$$

即现有500万元，按10％复利计息，3年后将获得的本来和为665.5万元。

（二）现值

所谓现值，是指未来一定时期的资金按复利计算的现在价值；也可以理解为为了取得将来一定数额的本利和现在所需要的本金。

$$P = F \times \frac{1}{(1+i)^n} = F \times (1 + i)^{-n} \tag{6-4}$$

式中，$\frac{1}{(1+i)}$称为复利现值系数或贴现系数，用符号表示为$(P/F, i, n)$，如$(P/F, 5\%, 4)$表示利率为5％，4期的复利现值系数。复利现值系数可以通过查阅附录二"复利现值系数表"直接获得或运用Excel财务函数计算求得。

所以，复利现值计算公式可以简化为：

$$P = F \cdot (P/F, i, n)$$

【例6—7】　某企业计划5年后进行设备更新，需要资金500万元，如果银行的年利息率为8％，现在应存入银行多少元？

解：根据题意，已知 $F=500$ 万元，$n=5$ 年，$i=8\%$，求 P 的值：

$$P=F \cdot (1+i)^{-n}$$
$$=500 \times (1+8\%)^{-5}$$
$$=340.3（万元）$$

或可直接查附录二"复利现值系数表"，$(P/F,8\%,5)=0.680\ 6$

$$P=F \cdot (P/F,i,n)$$
$$=500 \times 0.680\ 6$$
$$=340.3（万元）$$

即现在存入银行 340.3 万元，按 8% 计算利息，5 年后的本利和恰好是 500 万元，企业更新设备的资金有了保障。

通过以上对于一次性支付款项复利计息的终值和现值分析，可以得出如下结论：

(1)复利终值和复利现值互为逆运算。

(2)复利终值系数 $(1+i)^n$ 和复利现值系数 $1/(1+i)^n$ 互为倒数。

四、普通年金

以上讨论的单利和复利都属于一次性收付款项。在实际工作中，还存在一定时期内多次收付的款项，如直线法提取折旧、保险费、分期付款、养老金的发放、偿还贷款等业务，都是系列收付款项。在财务管理中，这些业务的计算需要采用年金的方法。

年金是指一定时期内连续发生相等金额的收付款项。年金具有连续性、等额性和间隔期相等的特点；这里的间隔期只要满足相等的条件即可。按照收付的时点和收付的次数，年金可以分为普通年金、即付年金、递延年金和永续年金几类。首先介绍普通年金，它是计算其他几种年金的基础。

普通年金是指每期期末有等额收付款项的年金，又称为后付年金。普通年金示意如图 6—1 所示。

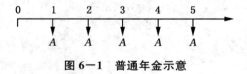

图 6—1　普通年金示意

图 6—1 中，横轴代表时间，用数字代表发生支付款项的时点，箭头下方标出的字母"A"则代表年金。图中的年金都发生在每期期末，这是普通年金的特点。

(一)终值

普通年金终值是指一定时期内每期期末等额收付款项的复利终值之和。普通年金终值的收付形式如图 6—2 所示。

从普通年金终值计算图可以看出，第 1 期期末年金有 $n-1$ 期计息期，其复利终值为 $A(1+i)^{n-1}$；第 2 期期末年金有 $n-2$ 期计息期，其复利终值为 $A(1+i)^{n-2}$；以此类推，第 n 期期末的复利终值为 $A(1+i)^0$。将以上各期的复利终值相加就是整个计算期的年金终值，整理后得出普通年金终值计算公式：

$$F=A \times \frac{(1+i)^n-1}{i} \qquad (6-5)$$

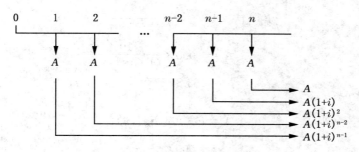

图 6—2　普通年金终值收付形式

式中,$\dfrac{(1+i)^n-1}{i}$ 称为年金终值系数,用符号$(F/A,i,n)$表示,可通过直接查附录三"年金终值系数表"求得。因此,普通年金终值公式可写成:

$$F=A\times(F/A,i,n)$$

【例 6—8】　某公司从现在起每年年末存进银行 100 万元,用于将来偿还债务;假设银行存款利率为 10%,该公司在第 5 年年末可用于偿还债务的总额是多少?

解:根据题意,已知 $A=100$ 万元,$i=10\%$,$n=5$ 年,求 F 的值:

$$
\begin{aligned}
F&=A\times\frac{(1+i)^n-1}{i}\\
&=100\times\frac{(1+10\%)^5-1}{10\%}\\
&=610.51(万元)
\end{aligned}
$$

或:

$$
\begin{aligned}
F&=A\times(F/A,i,n)\\
&=100\times6.105\ 1\\
&=610.51(万元)
\end{aligned}
$$

(二)偿债基金

偿债基金是指为使年金终值达到特定金额每年年末应收付的年金数额。如企业为了在将来某一时点偿还一笔债务或积累一定数额的资本,必须分次等额提取的存款准备金。在这里,每年提取的存款准备金就是年金,而债务就是年金的终值。因此,偿债基金的计算实际上是年金终值的逆运算。其计算公式为:

$$A=F\cdot\frac{i}{(1+i)^n-1} \qquad (6-6)$$

式中,$\dfrac{i}{(1+i)^n-1}$ 称为"偿债基金系数",用符号表示为$(A/F,i,n)$;可通过查附录三"年金终值系数表"求倒数得出。因此,偿债基金公式可写作:

$$A=F\cdot(A/F,i,n)=F\cdot\frac{1}{(F/A,i,n)}$$

【例 6—9】　某企业借款 1 000 万元,5 年后还本付息;如果银行利率为 10%,那么企业每年年末应存入银行多少元才能保证到期还清借款?

解:根据题意,已知 $F=1\ 000$ 万元,$i=8\%$,$n=5$ 年,求 A 的值:

$$A = F \cdot \frac{i}{(1+i)^n - 1}$$

$$A = 1\,000 \times \frac{10\%}{(1+10\%)^5 - 1}$$

$$= 163.8(\text{万元})$$

或：

$$A = F \cdot (A/F, i, n)$$

$$= 1\,000 \times \frac{1}{6.105\,1}$$

$$= 1\,000 \times 0.163\,8$$

$$= 163.8(\text{万元})$$

通过以上对普通年金终值与偿债基金的分析，可以得出如下结论：

(1)普通年金终值和偿债基金互为逆运算。

(2)普通年金终值系数$\frac{(1+i)^n - 1}{i}$和偿债基金系数$\frac{i}{(1+i)^n - 1}$互为倒数。

(三)普通年金现值

普通年金现值是指一定时期内每期期末等额收付款项的复利现值之和。普通年金现值的收付形式如图6—3所示。

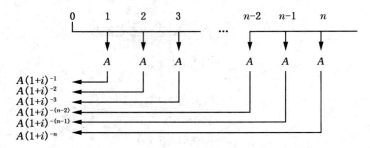

图6—3　普通年金现值收付形式

从图6—3可以看出，第1期期末到第1期期初，经历了1个计息期，其复利现值为$A(1+i)^{-1}$；第2期期末到第1期期初，经历了2个计息期，其复利现值为$A(1+i)^{-2}$；以此类推，第$n-1$期期末到第1期期初，经历了$n-1$个计息期，其复利现值为$A(1+i)^{-(n-1)}$；第n期期末到第1期期初经历了n个计息期，其复利现值为$A(1+i)^{-n}$。

将以上各期的复利现值相加之和就是整个计算期的年金现值，整理后得出普通年金现值计算公式：

$$P = A \cdot \frac{1 - (1+i)^{-n}}{i} \tag{6—7}$$

式中，$\frac{1 - (1+i)^{-n}}{i}$称为"年金现值系数"，用符号$(P/A, i, n)$表示，可通过直接查附录四"年金现值系数表"求得。因此，普通年金现值公式也可写成：

$$P = A \cdot (P/A, i, n)$$

【例6—10】　某房地产公司预计在10年中，每年末从一顾客处收取10 000元的按揭贷款还款,贷款利率为 5%,则该顾客的全部房款现值是多少?

解:根据题意,已知 $A=10\ 000$ 元,$i=5\%$,$n=10$ 年,求 P 的值:

$$P = A \times \frac{1-(1+i)^{-n}}{i}$$

$$= 10\ 000 \times \frac{1-(1+5\%)^{-10}}{5\%}$$

$$= 10\ 000 \times 7.721\ 7$$

$$= 77\ 217(元)$$

(四)资本回收额

资本回收额是指在约定年限内,收回初始投资的每年相等的金额。

$$A = P \cdot \frac{i}{1-(1+i)^{-n}} \tag{6-8}$$

式中,$\dfrac{i}{1-(1+i)^{-n}}$ 称为"资本回收系数",用符号表示为 $(A/P,i,n)$;可通过查附录四"年金现值系数表"求倒数得出。因此,资本回收额公式可写作:

$$A = P \cdot (A/P,i,n) = P \cdot \frac{1}{(P/A,i,n)}$$

【例 6—11】　某公司现在以 8% 的利率借款 1 000 万元,投资于一个使用寿命为 5 年的项目,每年至少收回多少现金该项目才可行?

解:据题意,已知 $P=1\ 000$ 万元,$i=8\%$,$n=5$ 年,求 A 的值:

$$A = P \cdot \frac{i}{1-(1+i)^{-n}}$$

$$= 1\ 000 \times \frac{8\%}{1-(1+8\%)^{-5}}$$

$$= 1\ 000 \times 0.250\ 5$$

$$= 250.5(万元)$$

或:

$$A = P \cdot (A/P,i,n)$$

$$= 1\ 000 \times \frac{1}{3.992\ 7}$$

$$= 1\ 000 \times 0.250\ 5$$

$$= 250.5(万元)$$

通过以上对普通年金现值与资本回收额的分析,可以得出如下结论:

(1)普通年金现值和资本回收额互为逆运算。

(2)普通年金现值系数 $\dfrac{1-(1+i)^{-n}}{i}$ 和资本回收额系数 $\dfrac{i}{1-(1+i)^{-n}}$ 互为倒数。

五、即付年金

即付年金是指每期期初等额收付款项的年金,又称预付年金。它与普通年金的区别仅在于收付款项的时点不同。n 期即付年金示意如图 6—4 所示。

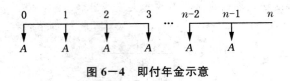

图 6—4　即付年金示意

(一)终值

即付年金终值是指一定时期内每期期初等额收付款项的复利终值之和。即付年金终值的收付形式如图 6—5 所示。

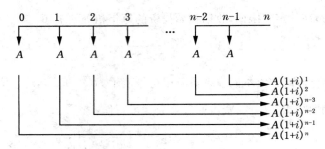

图 6—5　即付年金终值收付形式

从图 6—5 可以看出,第一期期初有 n 个计息期;第二期期初有 $n-1$ 个计息期;以此类推,第 $n-1$ 期有 2 个计息期;第 n 期有 1 个计息期。通过以上分析可以看出,即付年金与普通年金相比,收付款项的次数相同,但即付年金的收付款时间比普通年金提前一期,即 n 期即付年金比 n 期普通年金的终值多计算一期利息。因此,在 n 期普通年金终值基础上乘以 $(1+i)$ 就是 n 期即付年金终值。其计算公式可表示为:

$$F = A \cdot \frac{(1+i)^n - 1}{i}(1+i)$$

$$= A \cdot \left[\frac{(1+i)^{n+1} - 1}{i} - 1\right] \tag{6—9}$$

式中, $\left[\dfrac{(1+i)^{n+1} - 1}{i} - 1\right]$ 称为"即付年金终值系数",用符号表示为 $[(F/A, i, n+1) - 1]$。或者,可通过查附录三"年金终值系数表",找到 $(n+1)$ 期的系数,然后减去 1,就可得到相同时期的即付年金终值系数。因此,即付年金终值公式也可表示为:

$$F = A \cdot (F/A, i, n) \times (1+i)$$
$$F = A \cdot [(F/A, i, n+1) - 1]$$

【例 6—12】　某企业从现在起每年年初存进银行 100 万元,作为企业发展基金;假设银行存款利率为 10%,则该企业第 5 年年末的发展基金总额将达到多少?

解:根据题意,已知 $A = 100$ 万元, $i = 10\%$, $n = 5$ 年,求 F 的值:

$$F = A \cdot \left[\frac{(1+i)^{n+1} - 1}{i} - 1\right]$$

$$= 100 \times \left[\frac{(1+10\%)^{5+1} - 1}{10\%} - 1\right]$$

$$= 671.56(\text{万元})$$

或：

$$F = A \cdot [(F/A, i, n+1) - 1]$$
$$= 100 \times (7.715\ 6 - 1)$$
$$= 671.56(万元)$$

（二）现值

即付年金现值是指一定时期内每期期初等额收付款项的复利现值之和。即付年金现值的收付形式如图6—6所示。

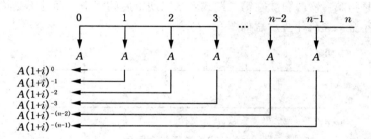

图6—6 即付年金现值收付形式

从图6—6可以看出，第一期期初没有计息期，其复利现值就是年金；第二期期初有1个计息期，其复利现值要扣1期利息；以此类推，第 $n-1$ 期期初，经历了 $n-2$ 个计息期，其复利现值要扣 $n-2$ 期利息；第 n 期期初，经历了 $n-1$ 个计息期，其复利现值要扣 $n-1$ 期利息。将 n 期的复利现值求和即是即付年金现值。

从以上分析可以看出，即付年金与普通年金的收付款期数相同，但由于其付款时间的不同，即付年金比普通年金现值少折算一期利息。因此，可在普通年金现值的基础上乘以 $(1+i)$ 就是即付年金现值。其计算公式可表示为：

$$P = A \cdot \frac{1-(1+i)^{-n}}{i} \cdot (1+i)$$

$$P = A \cdot \left[\frac{1-(1+i)^{-(n-1)}}{i} + 1 \right] \tag{6—10}$$

式中，$\left[\dfrac{1-(1+i)^{-(n-1)}}{i} + 1 \right]$ 称为"即付年金现值系数"，用符号表示为 $[(P/A, i, n-1) + 1]$。或者，可通过查附录四"年金现值系数表"，找到 $(n-1)$ 期的系数，然后加1，就可得到相同时期的即付年金现值系数。因此，即付年金现值公式也可表示为：

$$P = A \cdot (P/A, i, n) \times (1+i)$$
$$P = A \cdot [(P/A, i, n-1) + 1]$$

【例6—13】 李女士采用分期付款方式购买房产一套，每年年初支付30 000元，分10年付清。如果银行利率为5％，该项分期付款相当于一次现金支付的购买价是多少？

解：根据题意，已知 $A = 30\ 000$ 元，$i = 5\%$，$n = 10$ 年，求 P 的值：

$$P = A \cdot \left[\frac{1-(1+i)^{-(n-1)}}{i} + 1 \right]$$

$$= 30\ 000 \times \frac{1-(1+5\%)^{-(10-1)}}{5\%} + 1$$

$$=243\ 234(元)$$

或：

$$P =A \cdot [(P/A,i,n-1)+1]$$
$$=30\ 000 \times (7.107\ 8+1)$$
$$=243\ 234(元)$$

六、递延年金

递延年金是指第一次收付款在第二期或者第二期以后的年金。即凡不是第一期就发生的年金都是递延年金。递延年金示意如图 6-7 所示。

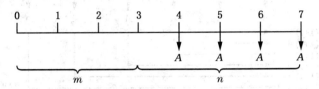

图 6-7 递延年金示意

从图 6-7 可以看出，第一期、第二期和第三期都没有发生收付款项，即没有年金发生；没有年金发生的时期称为递延期，用 m 表示，即 $m=3$。从第四期开始连续四期发生等额收付款项，这个时期用 n 表示，即 $n=4$。

（一）终值

实际工作中，常常将递延年金作为普通年金的特殊形式处理，递延年金终值的计算与普通年金计算方法相同，只是注意期数；n 说明年金个数，年金终值的大小与递延期无关。因此，递延年金终值计算公式如下：

$$F=A \cdot (F/A,i,n) \tag{6-11}$$

（二）现值

递延年金现值是自第 m 期后开始每期等额款项的现值之和。因为存在递延期，所以在计算年金现值时不能等同普通年金现值，必须要考虑递延期；即年金现值的大小与递延期存在直接关系，但它是以普通年金计算为基础。递延年金现值计算方法有以下三种。

方法一：首先将递延年金看成是 n 期的普通年金，求出在 m 期的普通年金现值，然后再将 m 期的普通年金现值折算到第一期期初。计算公式如下：

$$P=A \cdot (P/A,i,n) \times (P/F,i,m) \tag{6-12}$$

注意：将 m 期折算到第一期初，没有年金发生，一定用复利方法折现。

方法二：首先假设递延期也有年金发生，求出 $(m+n)$ 期的年金现值；然后再将实际没有发生年金的递延期 (m) 的年金扣除，即可得到所要求的递延年金现值。计算公式如下：

$$P=A \cdot [(P/A,i,m+n)-(P/A,i,m)] \tag{6-13}$$

方法三：将递延年金看成普通年金，按普通年金方法求出年金终值 $(n$ 期$)$，然后再将该年金终值折算到第一期初的现值。计算公式如下：

$$P=A \cdot (F/A,i,n) \times (P/F,i,m+n) \tag{6-14}$$

注意：将年金终值折算到第一期期初是按复利现值计算的。

【例 6-14】 某公司向银行借入一笔资金，银行规定前 3 年不用还款，从第 4 年起每年年末向银行偿还本息20 000元,直到第8年末止。如果银行的贷款利率为12%,那么该笔贷款的现值为多少?

解:根据题意,已知$A=20\ 000,i=12\%,n=5$年$,m=3$年,求P的值:

按方法一计算:

$$
\begin{aligned}
P &= A \cdot (P/A, i, n) \cdot (P/F, i, m) \\
&= 20\ 000 \times (P/A, 12\%, 5) \times (P/F, 12\%, 3) \\
&= 20\ 000 \times 3.604\ 8 \times 0.711\ 8 \\
&= 51\ 317.93 (\text{元})
\end{aligned}
$$

按方法二计算:

$$
\begin{aligned}
P &= A \cdot [(P/A, i, m+n) - (P/A, i, m)] \\
&= 20\ 000 \times [(P/A, 12\%, 3+5) - (P/A, 12\%, 3)] \\
&= 20\ 000 \times (4.967\ 6 - 2.401\ 8) \\
&= 51\ 316 (\text{元})
\end{aligned}
$$

按方法三计算:

$$
\begin{aligned}
P &= A \cdot (F/A, i, n) \cdot (P/F, i, m+n) \\
&= 20\ 000 \times (F/A, 12\%, 5) \times (P/F, 12\%, 3+5) \\
&= 20\ 000 \times 6.352\ 8 \times 0.403\ 9 \\
&= 51\ 317.92 (\text{元})
\end{aligned}
$$

因运用年金系数表中的数值进行运算,不同计算方法的计算结果有点偏差属正常。

七、永续年金

永续年金是指无限期等额收付款项的年金,可以看成是普通年金的特殊形式,即期限趋于无穷大的普通年金。永续年金示意如图6—8所示。

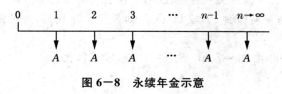

图6—8　永续年金示意

从图6—8可以看出$,n\to\infty$,即年金没有期限,没有终止的时间,因此没有办法计算这种年金的终值,也就是说,永续年金没有终值,但可以计算出现值。其计算公式如下:

由普通年金现值公式

$$
P = A \cdot \frac{1 - (1+i)^{-n}}{i}
$$

因为永续年金$n\to\infty$,

$$
\therefore \quad (1+i)^{-n} \to 0
$$

$$
\therefore \quad P = A \times \frac{1}{i} \tag{6-15}
$$

【例6—15】　某高校拟建立一项永久性奖学金,计划每年颁发10万元奖学金,鼓励学习成绩优异者,若银行利率为10%,则现在应存入银行多少元?

解:根据题意,已知 $A=10$ 万元,$i=10\%$,求 P 的值:

$$P=10\times\frac{1}{10\%}$$
$$=100(万元)$$

即学校必须现在存入银行 100 万元,才能保证每年提取 10 万元发放奖学金。

八、贴现率(利息率)和期数的推算

上述资金时间价值的计算是假定期数和贴现率是给定的,即给定期数 n、利率 i,求终值 F 或现值 P 的问题。但在实际工作中,有时会出现已知贴现率 i、终值 F、现值 P,求期数 n;或已知计算期数 n、终值 F、现值 P,求贴现率 i。面对这类问题如何解决? 下面分别进行介绍。

(一)求期数

在已知终值 F、现值 P 和利率 i 的情况下,推算期数 n。推算的基本步骤如下:

(1)根据已知的终值、现值和利率,计算出复利或年金系数,设为 α。

(2)用第一步的结果查复利或年金系数表。按照已知的利率 i 所在的列纵向查找,如能在系数表中找到恰好等于 α 的系数,则该系数所在的行对应的 n 值就是所求的期数值。

(3)如果查找不到恰好等于 α 系数时,则根据利率 i 列在系数表中找到邻近的两个数值,界定期数所在的区间,然后用内插法求出期间 n。

内插法计算公式为:

$$n=n_1+\frac{\beta_1-\alpha}{\beta_1-\beta_2}(n_2-n_1) \tag{6-16}$$

式中,n 表示期数;n_1 表示小于 n 的期数;n_2 表示大于 n 的期数;β_1 表示较小的系数临界值;β_2 表示较大的系数临界值;α 表示所求 n 期的年金系数。

内插法应用的前提条件是:将时间价值系数与利率之间的变动看成是线性变动。

【例 6-16】 泰恒公司拟购买一台新设备,更换目前的旧设备。新设备的价格比旧设备高出 28 000 元,但运行后每年可节约成本 7 000 元。如果利率为 10%,求更换新设备至少运行多少年对企业是有利的?

解:已知 $P=28\ 000$ 元,$A=7\ 000$ 元,$i=10\%$,求 n 的值:

(1)求年金现值系数:

$$(P/A,i,n)=\frac{P}{A}$$
$$=\frac{28\ 000}{7\ 000}=4$$

(2)查附录四"年金现值系数表",在 $i=10\%$ 的列上纵向查找,没有恰好等于 4 的系数值,于是查找大于 4 和小于 4 的两个临界值,即 $(P/A,10\%,5)=3.790\ 8$;$(P/A,10\%,6)=4.355\ 3$,即所求的期数 n 在 5 年和 6 年之间。

(3)运用插值法求 n。

$$n=5+\frac{3.790\ 8-4}{3.790\ 8-4.355\ 3}\times(6-5)$$
$$\approx 5.4(年)$$

(二)求贴现率(利率)

贴现率 i 的推算原理和步骤同期数 n 的方法类似。现以普通年金为例说明贴现率的推算

方法。如果已知年金终值 F 或 P、年金 A、期数 n，求贴现率(利率) i，可按以下步骤进行：

(1)根据普通年金终值 F 或普通年金现值 P 推算出普通年金终值系数 $(F/A, i, n)$ 或普通年金现值系数 $(P/A, i, n)$，设为 α。

(2)查年金系数表，按照已知 n 期所在的横向查找，如果恰好找到某一系数值正好等于 α，则该系数所在列对应的利率 i 就是所求的值。

(3)如果无法找到恰好等于 α 的系数值，就在表中 n 行上寻找邻近的两个数值，界定贴现率(利率)所在的区间，然后用插值法计算出贴现率(利率) i。

内插法计算公式如下：

$$i = i_1 + \frac{\beta_1 - \alpha}{\beta_1 - \beta_2}(i_2 - i_1) \tag{6-17}$$

式中，i 表示贴现率；i_1 表示小于 i 的贴现率；i_2 表示大于 i 的贴现率；β_1 表示 i_1 系数临界值；β_2 表示 i_2 系数临界值；α 表示年金系数。

【例 6-17】 某人参加保险，他预计如果 20 年后有 300 000 元存款，自己的养老问题就可以解决。他现有 60 000 元，问银行存款利率为多少，这位先生的愿望才能实现？

解：已知 $F = 300\,000$ 元，$P = 60\,000$ 元，$n = 20$ 年，求 $i =$ 的值：

(1)求复利终值系数；

$$(F/P, i, n) = \frac{F}{P}$$

$$= \frac{300\,000}{60\,000} = 5$$

(2)查复利终值系数表，在 $n = 20$ 行上查找，没有恰好等于 5 的系数值；找到两个临界值，$(F/P, 8\%, 20) = 4.661\,0$；$(F/P, 9\%, 20) = 5.604\,4$；即所求的利率在 $8\% \sim 9\%$ 之间。

(3)用插值法求 i。

$$i = 8\% + \frac{4.661\,0 - 5}{4.661\,0 - 5.604\,4} \times (9\% - 8\%)$$

$$= 8\% + 0.359\,3 \times 1\%$$

$$= 8.359\,3\%$$

计算结果表明，如果银行的存款利率能够达到或高于 8.359 3%，这位先生的愿望就能实现。

【例 6-18】 小李大学刚毕业，想租一店面经营；出租方提出一次性支付租金 30 000 元，租期 3 年；但小李一时拿不出这笔资金，因此请求出租方允许延后支付租金。出租方经过认真思考后，同意 3 年后一次性支付，但租金为 50 000 元。假设银行贷款利率为 10%，那么小李是选择现在付款还是 3 年后付款划算？

解：根据题意，已知 $F = 50\,000$ 元，$P = 30\,000$ 元，$n = 3$ 年，求 i 的值：

(1)求复利终值系数：

$$(F/P, i, n) = \frac{F}{P}$$

$$= \frac{50\,000}{30\,000} = 1.666\,7$$

(2)查复利终值系数表，在 $n = 3$ 行上查找，没有恰好等于 1.666 7 的系数值；找到两个临界值，$(F/P, 18\%, 3) = 1.643$；$(F/P, 20\%, 3) = 1.728$，即所求的利率在 $18\% \sim 20\%$ 之间。

(3)用插值法求 i。

$$i = 18\% + \frac{1.643 - 1.666\,7}{1.643 - 1.728} \times (20\% - 18\%)$$
$$= 18\% + 0.278\,83 \times 2\%$$
$$= 18.56\%$$

计算结果表明,如果小李选择 3 年后付款,利率高达 18.56%,高于银行的贷款利率,所以小李应选择向银行贷款支付租金。

关键术语

单利 单利终值 单利现值 复利 复利终值 复利现值 年金 普通年金 年金现值
偿债基金 预付年金 递延年金

◎ 应知考核 ◎

一、单项选择题

1. 普通年金终值系数的倒数称之为( )。

A. 偿债基金　　　　　B. 偿债基金系数　　　　　C. 年回收额　　　　　D. 年投资回收系数

2. 距今若干期以后发生的系列等额收付款项称为( )。

A. 后付年金　　　　　B. 预付年金　　　　　C. 永续年金　　　　　D. 递延年金

3. 在普通年金现值系数的基础上,期数减 1、系数加 1 的计算结果,应当等于( )。

A. 即付年金现值系数　　　　　　　　　B. 后付年金现值系数

C. 递延年金现值系数　　　　　　　　　D. 永续年金现值系数

4. 在普通年金终值系数的基础上,期数加 1、系数减 1 所得的结果,在数值上等于( )。

A. 普通年金现值系数　　　　　　　　　B. 即付年金终值系数

C. 普通年金终值系数　　　　　　　　　D. 即付年金现值系数

5. 下列各项年金中,只有现值没有终值的年金是( )。

A. 普通年金　　　　　B. 即付年金　　　　　C. 先付年金　　　　　D. 永续年金

6. 现金流量又称现金流动量。在项目投资决策中,现金流量是指投资项目在其计算期内各项
( )的统称。

A. 现金流入量　　　　　　　　　　　　B. 现金流出量

C. 现金流入量与现金流出量　　　　　　D. 净现金流量

7. 一定时间内每期期初等额收付款项是( )。

A. 永续年金　　　　　B. 普通年金　　　　　C. 预付年金　　　　　D. 递延年金

8. ( )是决策时从几个备选方案中选取某一方案而放弃次优方案所丧失的潜在利益。

A. 估算成本　　　　　B. 重置成本　　　　　C. 机会成本　　　　　D. 沉没成本

9. 将决策分为确定型决策、风险性决策和不确定决策是按( )进行的分类。

A. 决策本身的重要程度　　　　　　　　B. 决策条件的肯定程度

C. 决策规划时期的长短　　　　　　　　D. 决策解决问题的内容

10. ( )是指过去的成本支出,即在决策前发生的成本,不是目前或将来决策所能改变的成本。

A. 增量成本　　　　　B. 加工成本　　　　　C. 机会成本　　　　　D. 沉没成本

二、多项选择题

1. 下列通常表现为年金形式的有( )。

A. 保险费   B. 折旧

C. 分期付款   D. 零存整取定期存款

2. 下列可使用普通年金终值系数表示的有( )。

A. 已知现值求终值   B. 已知终值求年金

C. 已知现值求年金   D. 已知年金求终值

3. 下列年金,可计算终值与现值的有( )。

A. 普通年金   B. 预付年金   C. 永续年金   D. 递延年金

4. ( )一般属于无关成本的范围。

A. 历史成本   B. 机会成本   C. 共同成本   D. 沉没成本

5. 现金流量的基本假设包括( )。

A. 项目投资的类型假设   B. 财务可行性分析假设

C. 全投资假设   D. 时点指标假设

6. 下列成本属于相关成本的是( )。

A. 专属成本   B. 共同成本   C. 差别成本   D. 不可避免成本

7. 下列项目中,属于年金形式的项目有( )。

A. 按直线法计提的折旧   B. 按产量法计提的折旧

C. 定期支付的租金   D. 定期上缴的保险费

8. 年金是一种特殊的等额系列收付款项,其特点包括( )。

A. 连续性   B. 等额性   C. 非连续性   D. 非等额性

9. 下列各项中,属于年金形式的项目有( )。

A. 零存整取储蓄存款的整取额   B. 定期定额支付的养老金

C. 年资本回收额   D. 偿债基金

10. 下列表述中,正确的有( )。

A. 复利终值系数和复利现值系数互为倒数

B. 普通年金终值系数和普通年金现值系数互为倒数

C. 普通年金终值系数和偿债基金系数互为倒数

D. 普通年金现值系数和资本回收系数互为倒数

三、判断题

1. 在利率和计息期数相同的条件下,复利现值系数与复利终值系数互为倒数。 ( )

2. 在现值和利率一定的条件下,计息期数越多,则复利终值越小。 ( )

3. 计算偿债基金系数,可根据年金现值系数的倒数确定。 ( )

4. 资金时间价值的计算与利息计算相同,因此资金时间价值就是利率。 ( )

5. 沉没成本是实质性的支出,通常是决策的无关成本。 ( )

6. 营业收入是经营期主要的现金流入项目。 ( )

7. 在建设期内,由于没有现金流入量,只有现金流出量,所以建设期的现金净流量总为负值。 ( )

8. 重置成本是指那些能够明确归属于特定决策方案的固定成本或混合成本。 ( )

9. 终结点现金净流量(NCF)=经营期现金净流量+回收额 ( )

10. 在复利现值和计息期数确定的情况下,贴现率越高,则复利终值越大。 ( )

四、简述题

1. 决策分析的原则和决策分析的一般程序。

2. 现金流量的基本假设。

3. 现金流量的作用。

4. 货币时间价值产生的条件。

5. 货币时间价值的表示。

五、计算题

1. 某家长准备为孩子存入银行一笔款项,以便以后 10 年每年年末得到 20 000 元学杂费,假设银行存款利率为 9%,要求:计算该家长目前应存入银行的款项额。

提示:$(P/A, 9\%, 10) = 6.418$。

2. 某企业有一笔 4 年后到期的借款,到期值为 1 000 万元。若存款年复利率为 10%,则为偿还这笔借款应于每年年末存入银行多少元?

提示:$(F/A, 10\%, 4) = 4.641$;$(P/A, 10\%, 4) = 3.170$;$(F/P, 10\%, 4) = 1.464$;$(P/F, 10\%, 4) = 0.683$。

3. 某企业拟建立一项基金,每年年末存入 100 000 元,若利率为 10%,计算五年后该项基金的本利和?

提示:$(F/A, 10\%, 5) = 6.105\ 1$;$(F/A, 10\%, 6) = 7.715\ 6$。

4. 某人拟在 5 年后偿还所欠的 60 万元债务,故建立偿债基金,假设银行存款年利率 10%,则此人从第一年起,每年年末存入银行多少元?

提示:$(F/A, 10\%, 5) = 6.105\ 1$。

5. 深圳公司年初存入银行 20 万元,在年利率为 12%,按复利计算,到第 10 年末该公司可获得本利和多少万元?

提示:$(F/P, 12\%, 10) = 3.105\ 8$;$(P/F, 12\%, 10) = 0.322\ 0$。

6. 某企业于年初存入银行 10 万元,年利率为 15%,一年复利一次计算,到第 10 年末该公司可获得本利和多少万元?

提示:$(F/P, 15\%, 10) = 4.046$。

7. 某人将 20 000 元存入银行,年利率为 6%,则第 10 年末此人共能取出本利和多少元?

提示:$(F/P, 6\%, 10) = 1.790\ 8$。

◎ 应会考核 ◎

★ 观念应用

【背景资料】

某企业想现在租用一套设备,在以后的 10 年中每年年初要支付租金 10 000 元,年利率为 5%。

【考核要求】

【讨论】 这些租金的现值是多少?

★ 技能应用

甲公司从某租赁公司租入一设备,设备价款及各项费用合计 500 万元,合同期为 8 年,合同规定甲公司每年年末支付租金,合同期满后,该设备归甲公司所有,设备净残值为 0,现市场利率为 6%。

【技能要求】

(1)甲公司每期支付的租金为多少?

(2)如果合同规定甲公司须于每年年初支付租金,那么甲公司每期支付的租金应为多少?

★案例分析

【背景资料】

山东创智投资管理有限公司致力于高新技术企业股权投资和房地产、银企的优质债权投资。公司的一款债权转让型理财产品募集资金投向为优质信贷资产。首先创智投资利用自有资金,对企业、银行、信托债权和封闭基金进行严格有序的投资,形成广泛的投资债权,然后将债权进行拆分细分、重组分配,形成不同收益规格的债权产品,通过转让债权所有权益的形式,销售给会员,并可以实时看到债权收益利息和投资收益不断的产生。

"六福生金"是创智投资利用高倍理财的投资原理,为中长期理财客户设计的低风险、保本保收益的六个月期理财产品。收益按月计算,每月登录创智理财通都可以看到利息进账的情况。可以按30天为一个理财周期随时进行收益提取。理财门槛低,3万起即可享受专业高息理财服务。相关内容见表6—5。

注:六福生金,利息月月提现,如果违约赎回本金,将扣除本金1%的违约金。

表6—5　　　　　　　　　　　　六福生金理财服务收益计算表

理财本金	月收益	年收益	理财本金
10万元	1 100元	13 200元	10万元
50万元	5 500元	66 000元	50万元
100万元	11 000元	132 000元	100万元

以年息13.2%计算7年半本金即可翻倍,是普通银行短期、月定期存款利息的15倍以上。以投资回报率计算,"钱生钱"的赚钱方式相比投资房产盈利更高更安全。

【分析要求】

根据资料分析回答以下问题:

1. 请指出什么是"钱生钱"的赚钱方式?

2. 根据货币时间价值原理该公司"六福生金"产品年收益率为13.2%是否正确?

3. 投资该产品"以年息13.2%计算7年半本金即可翻倍"需要哪些条件?

◎ 项目实训 ◎

【实训项目】

货币资金时间价值观念。

【实训情境】

王磊是国际某领域的知名专家。近日,他接到一家上市公司的邀请函,邀请他担任公司的技术顾问,指导新产品的开发。邀请函的主要内容如下:(1)担任公司顾问工作期限为5年。(2)每个月到公司指导工作2天。(3)每年顾问费为15万元。(4)提供公司所在地城市住房1套,价值100万元。

王磊对以上工作待遇很满意,对该公司开发的新产品也很有研究,因此他决定接受邀请。但他不想接受住房,因为每月工作两天,只需要住公司宾馆就可以了。于是,他向公司提出,能否将住房改为住房补贴。公司研究了王磊的请求,决定可以在今后5年里,每年年初给王磊支付22万元的住房补贴。

收到公司的通知后,王磊又犹豫起来。因为如果接受公司住房,可以将住房出售,扣除售价5%的税金和手续费,他可以获得95万元;而接受房贴,则每年年初他可获得22万元。假设每年存款利率为4%。

【实训任务】

请运用资金时间价值观念,帮助王磊做出正确的选择。

项目七　短期经营决策分析

【知识目标】

理解：短期经营决策的评价指标。

熟知：短期经营决策分析的常用方法。

掌握：生产决策分析、定价决策分析、存货决策分析。

【技能目标】

能够选用合适的方法对企业日常生产经营问题进行分析并作出正确决策；能够确定存货的经济批量和订货时间，计算存货年订货成本、储存成本及短货成本；能够结合市场和企业的实际情况，制定合理的产品价格，并能对产品是否调价作出决策分析。

【素质目标】

提高资料理解分析能力、数据加工计算能力、团队合作沟通能力、绘图看图能力。

【项目引例】

"咖喱屋"是否应该接受订单

咖喱屋是某大学附近一家以独特的咖喱饭出名的餐馆，该餐馆只供应咖喱套餐，并以不同样式以适应不同口味。该餐馆每天业务量为200份、单价8元，单位变动成本3.5元，每天经营固定成本500元，最大生产能量为240份。

最近该餐馆拒绝了一份某单位订单，该订单要求按每天每盒5元提供100份。某单位负责人很恼火，因为他看到该咖喱屋在此之前曾接受过特别的一次性总额为200元、数量为40份的订单。于是，该负责人前往咖喱屋责问：算一算我们为每份饭支付了多少，想一想你们在做什么，难道你们没有商业头脑吗？

【讨论】　该咖喱屋经理是否应接受该订单？为什么经理接受了数量为40份的订单，而拒绝了某单位100份的订单？如若接受，在咖喱屋经营能力成本不变时，应具备什么条件？

任务一 短期经营决策分析的常用方法

一、短期经营决策的评价指标

短期经营决策分析的基本依据是经济效益的高低,企业经营决策的目标是经济效益的最大化。因此,进行方案评价时反映经济效益的指标有利润、边际贡献和成本。

（一）利润

利润（或收益）即收入减去总成本。在经营决策中,我们可以只考虑相关收入和相关成本来计算收益指标其基本计算公式如下:

$$利润＝相关收入－相关成本$$

（二）边际贡献

边际贡献也称贡献边际、贡献毛益,是销售收入减去变动成本后的差额。边际贡献率是边际贡献与销售收入的比值,也等于单位边际贡献与单价的比值。

当多个互斥方案均不改变现有生产能力、固定成本稳定不变时,固定成本为无关成本,则以边际贡献为评价指标。

如果决策方案中有专属固定成本的发生,则应从边际贡献中减去专属固定成本,称其为剩余边际贡献。它既不是原来意义上的边际贡献,也不是最终利润,如果要算利润,还要减去分摊的原有固定成本。

（三）成本

当多个互斥方案均不存在相关收入或相关收入相同时,则以成本作为评价指标。

上述三个评价指标中,利润或收益是核心,边际贡献和成本是特殊情况下采用的指标。在固定成本为无关成本时,采用边际贡献指标;在不存在相关收入或相关收入相同时,采用成本指标,最终目的是使企业利润最大化。

二、短期经营决策常用的方法

在经营决策中,决策的内容不同,运用的具体分析方法也不同,总的来说,都是围绕利润、边际贡献和成本三个指标来进行计算和评价的。具体来说,经营决策常用的方法包括以下四种:

（一）边际贡献分析法

短期经营决策一般是在原有生产能力的范围内进行的,多数情况下不改变生产能力,所以,固定成本通常为无关成本。

在各方案固定成本均相同的前提下,边际贡献最大的方案实质上就是利润最大的方案。在应用边际贡献法评价各方案优劣时,只需要计算各方案边际贡献指标,选择边际贡献最大的方案即可。

如果决策方案中有专属固定成本的发生,则应从边际贡献中扣除专属固定成本,扣除后的余额一般称为剩余边际贡献,为此就采用剩余边际贡献这一指标进行评价。边际贡献有两个基本指标:单位边际贡献和边际贡献总额。

对某一种产品来说,单位边际贡献指标只反映了产品的赢利能力。在不同备选方案之间进行比较分析时,单位边际贡献指标不能作为唯一评价标准,我们常常以边际贡献总额指标作为方案取舍的依据,或者以单位生产能力所提供的边际贡献大小作为方案取舍的依据。这是因为,在生产能力一定的前提下,不同方案单位产品耗费的生产能力可能有所不同,因此各方案能够生产的产品总量也可能不同。如果用单位边际贡献评价各备选方案的话,就可能导致决策失误,因为单位边际贡献最大的方案不一定是边际贡献总额最大的方案。

【例7-1】 假设某企业拟利用现有剩余生产能力生产甲产品或乙产品。甲产品单价20元,单位变动成本10元,乙产品单价10元,单位变动成本4元。该企业现有剩余生产能力1 000台时,生产一件甲产品需耗8台时,生产一件乙产品需耗4台时。

首先,根据表7-1来比较两个方案的优劣:

表7-1 单位边际贡献表 单位:元

项　目	甲产品	乙产品
单价	20	10
单位变动成本	10	4
单位边际贡献	10	6

从表7-1中可以看到,甲产品的单位边际贡献10元大于乙产品的单位边际贡献6元,如果我们把单位边际贡献作为评价指标,则应选择甲产品。

下面再根据表7-2来比较各方案的优劣。

表7-2 边际贡献总额表 单位:元

项　目	甲产品	乙产品
单位变动成本	10	4
单位边际贡献	10	6
剩余生产能力(台时)	1 000	1 000
单位产品耗时(台时)	8	4
可生产量(件)	125	250
边际贡献总额	1 250	1 500

从表7-2中可以看出,尽管甲产品的单位边际贡献较大,但边际贡献总额却小于乙产品,应选择生产乙产品。所以,在应用边际贡献分析法时,不能采用单位边际贡献作为评价指标。

(二)差别分析法

差别分析法,也称差量分析法或差额分析法,是管理会计中最常用的决策分析方法,是指在计算两个备选方案的预期收入与预期成本差额的基础上,从中选出最优方案的方法。所谓差别,是指两个不同备选方案之间的差额。

差别分析法一般包括差别收入、差别成本和差别收益三个因素。差别收入是两个备选方案预期收入之间的差额;差别成本是两个备选方案预期成本之间的差额;差别收益则是差别收入与差别成本之间的差额。其分析的基本公式为：

$$差别收益＝差别收入－差别成本$$

若以甲方案减乙方案之差作比较,如差别收益为正数,说明甲方案较优;反之,如差别收益为负数,则乙方案较优。

差别分析法只能应用于只有两个备选方案的决策。差别分析法的应用范围非常广泛,在生产决策的各个方面均可应用。在只有两个备选方案的情况下,差别分析法和相关分析法的本质完全相同,其结果也完全相同,只是计算顺序不同。那么,为什么在经营决策中有时要采用差别分析法呢?因为在经营决策中,原有的收入是无关收入,原有的成本是无关成本,在分析时不必计算全部收入和全部成本,只需要计算两个方案的新增加的收入差别和成本差别就可以计算出收益差别,据此就可以作出正确决策。

【例7-2】　以前面边际贡献分析法所举的例题为基础,采用差别分析法进行决策分析。现编制差别分析表如表7-3所示。

表7-3　　　　　　　　　　　　　　　　　差别分析表　　　　　　　　　　　　　　　　单位:元

项　目	甲产品	乙产品	差异额
相关收入	125×20=2 500	250×10=2 500	0
相关成本	125×10=1 250	250×4=1 000	250
差别损益			−250

在表7-3中,是以乙产品作为分析的基础,也就是作为减数,甲产品是作为被减数。从表中可以看出,生产甲产品与乙产品的差别收入为0,而差别成本为250元,由此计算出的差别损益为−250元。也就是在收入相同的前提下,生产甲产品比生产乙产品成本要多支出250元,差别损益−250元意味着生产甲产品比生产乙产品利润要少250元,所以应选择生产乙产品。这与边际贡献分析法得出的结论是相同的。

【例7-3】　设某厂根据本厂生产能力和市场需要,可以生产甲产品15 000件,或乙产品8 000件,甲产品每件售价40元、单位变动成本30元;乙产品每件售价80元、单位变动成本50元。该企业应决定生产哪种产品,才能获得较大的利润。将有关资料列表计算,如表7-4所示。

表7-4　　　　　　　　　　　　　　　　　差别分析表　　　　　　　　　　　　　　　　单位:元

项　目	甲产品	乙产品	差异(甲−乙)
销售收入	15 000×40=600 000	8 000×80=640 000	600 000−64 000=−40 000
变动成本	15 000×30=450 000	8 000×50=400 000	450 000−400 000=50 000
边际贡献	600 000−450 000=150 000	640 000−400 000=240 000	−40 000−50 000=−90 000

差别分析法:

$$差别收益＝差别收入－差别成本$$
$$＝(600\ 000－640\ 000)－(450\ 000－400\ 000)$$
$$＝－90\ 000(元)$$

计算结果表明,差别收益是负数,故应选择生产乙产品。

相关分析法：

$$甲产品边际贡献＝600\ 000－450\ 000＝150\ 000（元）$$
$$乙产品边际贡献＝640\ 000－400\ 000＝240\ 000（元）$$
$$240\ 000－150\ 000＝90\ 000（元）$$

计算结果表明，乙产品边际贡献大于甲产品边际贡献 90 000 元，故应选择生产乙产品。

（三）相关分析法

相关分析法是在各个备选方案收入相同的前提下，只分析每个备选方案新增加的变动成本和固定成本，也就是计算每个方案的增量成本和专属成本，两项之和即为相关成本。在收入相同的前提下，相关成本最低的方案必然是利润最高的方案。所以，应选择相关成本最低的方案。采用相关成本分析法必须是在各备选方案业务量确定的条件下，如果各备选方案的业务量不确定，则不能采用相关成本分析法。

【例 7—4】 某企业生产需要一种 A 零件，年需用量 500 件，可以由本企业生产，也可以外购。如果由本企业生产，单位变动成本 26 元，而且需购买一台专用设备，每年发生专属固定成本 2 000 元。如果外购，外购单价 35 元。要求进行决策分析。具体分析如表 7—5 所示。

表 7—5 相关成本分析表 单位：元

项目 方案	自制	外购
变动成本	500×26＝13 000	500×35＝17 500
专属成本	2 000	
相关成本合计	15 000	17 500

从表 7—5 可以看出，采用自制方案制造 A 零件的相关成本为 15 000 元，而外购的相关成本为 17 500 元。自制成本较低，所以应选择自制方案。

（四）成本无差别点分析法

在备选方案业务量不能事先确定的情况下，特别是各备选方案的预期收入相等的前提下，可通过计算成本平衡点来选择预期总成本较低的方案，这种决策分析方法称为成本无差别点分析法。

所谓成本无差别点，就是两个备选方案的预期成本相等时的业务量。确定了成本无差别点，就可以确定在什么业务量范围内哪个方案最优。例如，零件是自制还是外购，采用不同工艺进行加工等决策，都可以应用成本无差别点分析法。

【例 7—5】 某企业只生产一种产品，现有两种设备可供选择：一种是采用传统的机械化设备，每年的专属固定成本 20 000 元，单位变动成本 12 元；另一种是采用先进的自动化设备，每年的专属固定成本 30 000 元，单位变动成本 7 元。

我们可以采用成本无差别点分析方法，设全年生产 x 件甲产品为机械化设备方案和自动化方案的"成本平衡点"。

机械化方案的预期成本：$y_1＝a_1＋b_1 \cdot x＝20\ 000＋12x$

自动化方案的预期成本：$y_2＝a_2＋b_2 \cdot x＝30\ 000＋7x$

当机械化方案与自动化方案成本相等时，即：

$$y_1＝y_2$$

$$20\ 000 + 12x = 30\ 000 + 7x$$
$$x = 2\ 000(件)$$

然后,根据两方案的数据作图,如图7—1所示。

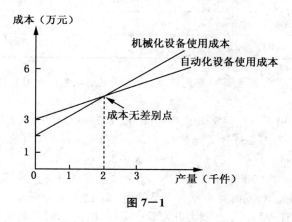

图7—1

从图中可以看出:

若 $x = 2\ 000$ 件,则 $x_1 = y_2$,两个方案成本相等,均可行;

若 $x > 2\ 000$ 件,则 $x_1 > y_2$,自动化方案为优;

若 $x < 2\ 000$ 件,则 $y_1 < y_2$,机械化方案为优。

任务二　生产决策分析

一、生产品种决策

(一)开发何种新产品决策分析

固定资产投资、扩大生产能力、发展新产品,属于长期投资决策问题,留待以后讨论。在此只讨论有关企业利用现有或剩余生产能力,生产何种新产品的决策分析问题,包括几种新产品的选择问题,以及发展新产品与减少老产品的关系问题。

1. 不需追加专属成本,不影响原有产品正常生产时的决策分析

如果企业利用现有或剩余生产能力开发新产品时,不需追加专属成本,也不必减少老产品生产。在这种情况下,其开发新产品品种选择的决策分析可采用相关分析法。在不同的备选方案中,能提供边际贡献总额最多或单位时间提供的边际贡献最多的新产品生产方案为最优方案。

【例7—6】　某企业现有剩余生产能力 30 000 机器台时,拟开发新产品,有关的生产能力成本(约束性固定成本)为 15 000 元,现有甲、乙两种新产品可供选择,只能生产其中一种。生产新产品时,不必追加专属成本,也不影响原有老产品正常生产。甲、乙两种产品的有关资料如表7—6所示。现在需要决定该生产甲产品还是乙产品。

表7—6　　　　　　　　　　　　　甲、乙产品有关资料

项　目	甲产品	乙产品
单价(元)	100	50
单位变动成本(元)	75	32
单位产品定额台时(台时)	5	3

由于固定成本15 000元是不可避免成本,为无关成本,故可采用相关分析法选择边际贡献较多的产品生产。

$$甲产品边际贡献总额＝(100－75)×＝150 000(元)$$
$$乙产品边际贡献总额＝(50－32)×＝180 000(元)$$
$$180 000－150 000＝30 000(元)$$

乙产品边际贡献总额比甲产品多30 000元,故企业应选择开发生产新产品乙。

2. 需要追加专属成本,同时减少原有产品的生产时的决策分析

如果企业利用现有或剩余生产能力开发新产品时,既需追加专属成本,又需减少原有老产品生产。在这种情况下,其开发新产品品种选择的决策可采用差别分析法或相关分析法。

【例7—7】 沿用例7—6中有关资料,但开发甲、乙两种产品都需要装备不同的专用模具,相应需要追加的专属成本分别为4 000元和35 000元。同时,需要减少原有A产品的产销量,如开发甲产品,A产品需减少25%;如开发乙产品,A产品需减少50%。原有老产品,A产品的产销量为8 000件,单价为60元/件,单位变动成本为40元/件。在此情况下,企业应该选择开发哪种新产品?

依据这些资料,可编制差别分析表,如表7—7所示。

表7—7　　　　　　　　　　　　　　差别分析表　　　　　　　　　　　　　　　　单位:元

项　目	甲产品	乙产品	差异额
相关收入	100×30 000÷5＝600 000	50×30 000÷3＝500 000	100 000
相关成本	494 000	435 000	250
其中:变动成本	75×30 000÷5＝450 000	32×30 000÷3＝320 000	59 000
专属成本	4 000	35 000	
机会成本	(60－40)×8 000×25%＝40 000	(60－40)×8 000×50%＝80 000	
差别收益			41 000

由表7—7可见,差别收益为41 000元,为正数,说明开发新产品甲比开发新产品乙多获利润41 000元,故考虑追加的专属成本以及减少原有产品生产造成的损失后,企业应选择开发生产新产品甲。

(二)亏损产品应否停产、增产或转产的决策分析

亏损产品的决策,主要是指企业生产的多种产品中,有一种产品出现亏损,对于该亏损产品应按原有规模继续生产,还是应停止其生产、转产其他产品,或是扩大规模继续生产等问题所进行的决策。有关这类问题的决策分析,可采用相关分析法。

1. 亏损产品应否停产的决策分析

(1)停产后闲置生产能力不能转移时，是否停产的决策分析。所谓不能转移，是指停产后闲置的生产能力无法用于转产其他产品或对外出租。在这种情况下，只要亏损产品的销售收入高于变动成本，其边际贡献为正数，就应继续生产。因为一方面无论其是否停产固定成本仍然发生，且总额不变；另一方面亏损产品提供的边际贡献是对企业盈利所作的贡献，可以弥补一部分固定成本。

【例7—8】 某公司产销甲、乙、丙三种产品，其中乙和丙两种产品发生了亏损，有关资料见表7—8。要求分析评价乙产品和丙产品应否停产（假定停产后，乙产品和丙产品的生产能力无法转移）。

表7—8 利润表 单位:元

项目品种	甲产品	乙产品	丙产品	合　计
销售收入	200 000	300 000	100 000	600 000
减:变动成本	60 000	230 000	120 000	410 000
边际贡献	140 000	70 000	−20 000	190 000
减:固定成本	60 000	90 000	30 000	180 000
利润	80 000	−20 000	−50 000	10 000

由于全部固定成本180 000元，不论乙产品、丙产品是否停产，均会照常发生，故分析时采用边际贡献指标。

乙产品边际贡献为70 000元，为正数，可以为公司创造产品贡献；如果停产，公司总利润将变为−60 000元（80 000−90 000−50 000），公司利润将减少70 000元。所以，在生产能力无法转移的情况下，乙产品不应停产，而应该继续生产。

丙产品边际贡献为−20 000元，为负数，不能为公司创造产品贡献；如果停产，公司总利润将变为30 000元（80 000−20 000−30 000），公司利润将增加20 000元。所以，丙产品应停止生产。

(2)停产后闲置生产能力可以转移时，应否停产的决策分析。生产能力可以转移，是指亏损产品停产后其闲置的生产能力，可用于生产其他产品获利，或对外出租获取租金收入。若亏损产品不停产，将会丧失这部分潜在利益，因此，它应作为不停产亏损产品的机会成本。在这种情况下，决策分析应考虑机会成本，即分析亏损产品的提供的边际贡献总额是否大于机会成本。

【例7—9】沿用例7—8中有关资料，假定乙产品停产后，其生产能力可对外出租，每年可获租金收入80 000元。

此时，因为乙产品提供的边际贡献额为70 000元，小于生产能力机会成本80 000元，所以乙产品应停产并对外出租生产能力，这样可为公司增加利润10 000元。亏损产品应否转产的决策分析，与上述停产后生产能力可移作他用的决策分析方法相同。因为转产实质上就是生产能力转移的一种方式，故不再重述。

2. 亏损产品应否增产的决策分析

亏损产品应否增产的决策，是指对是否应增加亏损产品的产销量，以扭亏为盈或减少亏损所进行的决策。当然，应否增产的决策，是针对能够提供正数边际贡献的亏损产品进行的。

(1)增产能力不能转移时，应否增产的决策分析。若该亏损产品属于不应停产的亏损产品,就应当利用增产能力,增加该亏损产品的产销量以减少亏损,或扭亏为盈。

若该亏损产品属于应该停产的亏损产品,即边际贡献大于零,但小于生产能力机会成本,若增产后,该亏损产品所能获得的边际贡献总额,能够大于原生产能力机会成本,就应增产该亏损产品。

【例7—10】 沿用例7—8和例7—9中有关乙产品的资料,即由于乙产品所提供的边际贡献总额70 000元,虽大于0,但仍小于生产能力机会成本80 000元,故应停产乙产品,出租其生产能力。假设该企业有增产乙产品的生产能力,可增产乙产品10%;如果不增产乙产品,该生产能力无法转移。

这样,增产后乙产品提供的边际贡献总额为:
$$70\,000\times(1+10\%)=77\,000(元)$$

计算结果表明,增产10%后,乙产品的边际贡献总额为77 000元,虽比增产前贡献毛益总额77 000元有所增加,但仍低于生产能力机会成本,故乙产品不应增产,而仍应停产乙产品,并将其生产能力对外出租。

(2)增产能力可转移时,应否增产的决策分析。在这种情况下,进行应否增产的决策分析时,必须考虑这种由于增产能力可利用而形成的机会成本。具体分析方法分别说明如下:

①当亏损产品为不应停产的亏损产品。只要增加的亏损产品所创造的边际贡献大于增产能力机会成本,该亏损产品就应该增产。

【例7—11】 沿用例7—9中有关资料,企业亏损产品乙所提供的边际贡献总额为70 000元,大于0,该亏损产品为不应停产的亏损产品。假设企业现具备增产乙产品的生产能力,可增产乙产品30%。但该增产能力若不用于增产乙产品,可用于生产丁产品,获边际贡献总额10 000元。那么,乙产品增产30%创造的边际贡献额为:
$$70\,000\times30\%=21\,000(元)$$

计算结果表明,企业因增加乙产品生产所创造的边际贡献总额21 000元大于增产能力机会成本10 000元,所以应当增产亏损产品乙。这样,企业可多获利11 000元(21 000—10 000)。

②当亏损产品为应该停产的亏损产品。即亏损产品提供的边际贡献大于0,但小于生产能力机会成本,若增产后亏损产品所提供的边际贡献总额大于生产能力机会成本与增产能力机会成本之和,则该亏损产品应增产。

【例7—12】 沿用例7—9中有关资料,公司亏损产品乙为应停产的亏损产品,因为其所提供的边际贡献70 000元大于0,但小于生产能力机会成本80 000元。假定企业现具有增产乙产品的生产能力,可增产乙产品30%,但增产能力若不用于增产乙产品,可用于生产丁产品,获边际贡献额10 000元。

那么,增产后乙产品可提供的边际贡献总额为:
$$70\,000\times(1+30\%)=91\,000(元)$$
生产能力机会成本与增产能力机会成本之和为:
$$80\,000+10\,000=90\,000(元)$$

因为91 000元>90 000元,所以,在这种情况下,企业应增产亏损产品乙。这样,企业可多获利1 000元(91 000—90 000)。

(3)企业不具备增产亏损产品的生产能力时,应否增产的决策分析。若企业不具备增产亏损产品的生产能力,要达到增产亏损产品的目标,需要追加一定的专属成本。具体分析方法分别说明如下：

①当亏损产品为不应停产的亏损产品。只要增加的亏损产品所创造的边际贡献大于专属成本，该亏损产品就应该增产。

②当亏损产品为应该停产的亏损产品。即亏损产品提供的边际贡献大于0，但小于生产能力机会成本，若增产后亏损产品所提供的边际贡献总额大于生产能力机会成本与专属成本之和，则该亏损产品应停产。

【例7—13】　沿用例7—9中有关资料，公司亏损产品乙为应停产的亏损产品，因为其所提供的边际贡献70 000元大于0，但小于生产能力机会成本80 000元。企业为实现增产乙产品30%的目标，需购置一台通用设备，相关年折旧费用为12 000元。

这样，增产后乙产品可提供的边际贡献总额为：

$$70 000×(1+30\%)=91 000(元)$$

生产能力机会成本与专属成本之和为：

$$80 000+12 000=92 000(元)$$

因为91 000元<92 000元，所以，在这种情况下，企业应停止增产亏损产品乙。这样，企业可减少损失1 000元(92 000－91 000)。

（三）应否接受特殊价格追加订货的决策分析

所谓"特殊"价格，就是客户在订货时所出的价格，等于或低于产品的正常单位成本。这种追加订货是否接受，一般可以运用差别分析法或相关分析法进行决策。

（1）当企业利用剩余生产能力接受追加订货而不减少原有正常的产销量时，若追加订货的收入超过变动成本，则可接受该项追加订货。

（2）当企业利用剩余生产能力接受追加订货，需要追加专用设备时，则要将追加设备所增加的专属固定成本作为相关成本考虑。

（3）当企业利用剩余生产能力，接受追加订货会影响原有产品的正常产销量时，应将因接受订货而减少的正常收入作为追加订货方案的机会成本。

（4）当企业剩余生产能力能够转移时，转产所能产生的收益应作为追加订货方案的机会成本。

【例7—14】　设某企业生产甲产品，正常销售量为80 000件，设计生产能力可达110 000件，正常的单位售价为10元，单位变动成本5元，单位固定成本3元。

（1）A客户增加订货20 000件，出价7.5元，剩余生产能力无法转移，追加订货不需要追加专属成本。

（2）B客户追加订货30 000件，出价8元，企业接受该追加订货需要追加一台专用设备，增加专属固定成本30 000元。

（3）C客户追加订货35 000件，出价7元，剩余生产能力无法转移。

（4）D客户追加订货40 000件，出价7元，企业若不接受订货可将设备出租，可获租金50 000元。

针对上述4种情况，具体分析如下：

（1）企业现有剩余生产能力30 000件(110 000－80 000)，特殊订货量只有20 000件，小于剩余生产能力，且剩余生产能力无法转移，追加订货不需要追加专属成本。在此情况下，特殊定价7.5元大于单位变动成本5元，因此可以接受此追加订货。

（2）在此情况下，可对接受订货和拒绝追加订货两个方案采用差别分析法，具体计算分析如表 7—9 所示。

表 7—9　　　　　　　　　　　　　　　　差别分析表　　　　　　　　　　　　　　　　单位:元

方案 ＼ 项目	接受追加订货	拒绝追加订货	差异额
相关收入	30 000×8＝240 000	0	240 000
相关成本	180 000	0	180 000
其中:增量成本	30 000×5＝150 000	0	—
专属成本	30 000	0	—
差别收益			60 000

差别收益大于零,因此,应接受追加订货。

(3)追加订货 35 000 件,超出企业剩余生产能力 30 000 件,如果接受订货将减少正常销售量 5 000 件,该 5 000 件的正常销售收入应作为接受订货的机会成本。具体计算分析如表 7—10 所示。

表 7—10　　　　　　　　　　　　　　　　差别分析表　　　　　　　　　　　　　　　　单位:元

方案 ＼ 项目	接受追加订货	拒绝追加订货	差异额
相关收入	35 000×7＝245 000	0	245 000
相关成本	200 000	0	200 000
其中:增量成本	(110 000－80 000)×5＝150 000	0	—
机会成本	5 000×10＝50 000	0	—
差别收益			45 000

差别收益大于零,因此,应接受追加订货。

(4)追加订货 40 000 件,超出企业剩余生产能力 30 000 件,如果接受订货将减少正常销售量 10 000 件,该 10 000 件的正常销售收入应作为接受订货的机会成本,设备出租的租金也应作为接受订货方案的机会成本。具体计算分析如表 7—11 所示。

表 7—11　　　　　　　　　　　　　　　　差别分析表　　　　　　　　　　　　　　　　单位:元

方案 ＼ 项目	接受追加订货	拒绝追加订货	差异额
相关收入	40 000×7＝280 000	0	280 000
相关成本	300 000	0	300 000
其中:增量成本	(110 000－80 000)×5＝150 000	0	—
机会成本	10 000×10＋50 000＝150 000	0	—
差别收益			－20 000

差别收益小于 0,因此,应拒绝接受订货。

(四)产品是否继续加工的决策分析

产品立即出售或是继续加工,是多步骤生产企业经常遇到的问题。如半成品、联产品,既可以立即出售,也可以继续加工后再出售。究竟采用哪种方案能为企业带来更多的收益?解决此类问题,可采用差别分析法。

产品继续加工前所发生的成本为沉没成本,决策分析时不必考虑,只需考虑继续加工后,预期增加的收入是否超过继续加工时所追加的成本(包括变动成本和专属固定成本等)。

【例7-15】 某炼油厂从原油中提炼出的煤油,既可以直接出售,也可以进一步通过提炼加工为汽油和柴油后再出售。煤油经过提炼加工的利用率是:汽油80%、柴油15%、自然损耗率5%。每吨煤油进一步加工的可分费用为1 000元。该厂现生产了400吨煤油,每吨生产费用为500元,进一步加工需增加固定成本21 000元。每吨煤油售价1 800元,每吨汽油售价3 000元,每吨柴油售价2 000元。

如果进一步加工,400吨煤油可产出汽油320吨(400×80%)、柴油60吨(400×15%),考虑与此相关的收入和成本,具体计算分析如表7-12所示。

表7-12   **差别分析表**   单位:元

方案＼项目	深加工	直接出售	差异额
相关收入	320×3 000+60×2 000=1 080 000	400×1 700=680 000	400 000
相关成本	421 000	0	421 000
其中:可分成本	1 000×400=400 000	0	—
专属成本	21 000	0	—
差别收益			−21 000

通过上表可以看出,差别收益小于零,应将煤油立即销售而不宜进一步加工。

二、产品生产数量决策

(一)产品最优组合决策分析

当企业利用现有生产能力生产两种或两种以上的产品时,由于企业的资源是有限的,会受到生产能力、材料供应、市场销售、资金等资源的限制,这样,在生产决策中常常会遇到每种产品各生产多少才能使利润最大化的问题,也即产品最优组合决策分析。

由于确定产品组合时,一般不改变现有生产能力,固定成本为无关成本,因此,边际贡献最大的产品组合,其利润也必然最大。所以,通常以边际贡献的大小作为评价方案优劣的标准。

产品最优组合决策采用的分析方法是最优分析法,在具体分析中经常采用的是线性规划法。具体步骤如下:

(1)确定目标函数,并用方程式表示。目标函数就是使企业边际贡献最大的函数。

(2)确定约束条件,并用不等式表示。约束条件,可以是企业的资源限制、质量限制,也可以是数量限制。

(3)将上述代数表达式描绘在直角坐标图上,并在图上确定可行解。

(4)在可行解中确定满足企业目标函数的组合,即最满意解。

【例7-16】 某厂同时生产甲、乙两种产品,企业最大生产能力为54 000机器工作小时,其他有关数据如表 7—13 所示。

表 7—13　　　　　　　　　　　　　　　有关数据

	甲产品	乙产品
单位产品售价	30 元	20 元
单位变动成本	20 元	12 元
单位产品机器工时	17 小时	10 小时
订货量	2 500 件	2 000 件

应该如何安排甲、乙两种产品的生产,才能使企业获得最佳效益?

一般来说,设甲产品产量为 x,乙产品产量为 y,Tcm 代表边际贡献。

(1)确定目标函数。

$$\max Tcm = 10x + 8y$$

(2)确定约束条件。

$$17x + 10y \leqslant 54\ 000$$
$$x \leqslant 2\ 500$$
$$y \leqslant 2\ 000$$
$$x, y \geqslant 0$$

(3)确定可行解。将上述约束条件描绘在坐标图上,如图 7—2 所示。

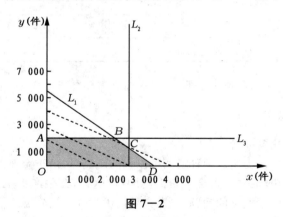

图 7—2

上述 L_1、L_2、L_3 与坐标轴 x,y 轴所围成的凸多边形 OABCD(图中阴影部分),即为可行域,可行域内任一点所对应的 x、y 值,均为能满足约束条件的产品组合。

(4)确定最优解。即确定产品生产的最优组合,可用两种方法求得:

①等利润线原理。将目标函数

$$Tcm = 10x + 8y$$

变换为:

$$y = -x$$

由此可知,目标函数所代表的直线斜率为 $-10/8$。据此,在图 6—2 上作一组平行线(以虚线表示),这些平行线称为等利润线。这些等利润线的截距为 $Tcm/8$,显然截距越大,函数值越大。因此,只要在多边形 OABCD 范围内寻找一点,使通过该点的等利润线的纵截距最大。由图 6—2 中可见,等利润线在 B 点正是满足这样条件的点,故 B 点所对应的 x、y 值,即甲产品产销 2 000 件、乙产品产销 2 000 件为产品最优组合,在这一点企业的边际贡献最大:

$$Tcm = 2\,000 \times 10 + 2\,000 \times 8 = 36\,000(元)$$

②顶点原理。从数学上可以证明,最满意解必定在凸多边形 OABCD 的顶点上。分别求出多边形 OABCD 各角点 O、A、B、C、D 所对应的 x、y 值:O(0,0),A(0,2 000),B(2 000,2 000),C(2 500,1 150),D(3 176,0)。

将上述求得的各角点的坐标值,代入目标函数,便可求出各点的边际贡献,其中边际贡献最大的点所对应的 x、y 值,即为产品最佳组合,现计算如下:

O 点:$Tcm = 10 \times 0 + 8 \times 0 = 0$

A 点:$Tcm = 10 \times 0 + 8 \times 2\,000 = 16\,000(元)$

B 点:$Tcm = 10 \times 2\,000 + 8 \times 2\,000 = 36\,000(元)$

C 点:$Tcm = 10 \times 2\,500 + 8 \times 1\,150 = 34\,200(元)$

D 点:$Tcm = 10 \times 3\,176 + 8 \times 0 = 31\,760(元)$

上述计算结果可见,在 B 点边际贡献值最大,故该企业应安排生产甲产品 2 000 件、乙产品 2 000 件,这时企业获得边际贡献总额最大,为 36 000 元。

(二)最优生产批量的决策分析

在成批生产产品的企业里,经常会遇到每批生产多少数量、全年分几批生产最经济的问题,这就是"最优生产批量"的决策问题。

对这类问题进行决策分析,主要应考虑两个因素——调整准备成本和储存成本。即要确定一个适当的生产批量,使其全年的调整准备成本与全年的平均储存成本之和最低。因此,其决策分析方法又可称为最低成本法或经济生产批量法。

调整准备成本是指在每批产品投产前,需要进行一些调整准备工作而发生的成本。例如,调整机器,清理现场,准备工、卡、模具,布置生产线,下达派工单,领取原材料,准备生产作业记录与成本记录等所发生的成本。在全年产量已定的情况下,生产批量与生产批次成反比。调整准备成本每次发生额基本相等,因此,年调整准备成本与生产批次成正比,与生产批量成反比。投产批数越多,调整准备成本越高;反之,则越低。用公式表示为:

$$年调整准备成本 = S \cdot n$$
$$n = S \cdot A / Q$$

其中,S 表示每批产品的调整准备成本,n 表示批数,A 表示某产品的全年需要量,Q 表示每批产品产量。

储存成本是指产品在储存过程中所发生的各种成本,如仓储费、搬运费用、仓库及其设备的维修费、折旧费、保险费、保管人员工资、利息支出、自然损耗等。这类成本与批数多少无直接关系,而与每批产量的多少成正比,批量越大,年储存成本越高;反之,则越低。用公式表示为:

$$单位资源边际贡献 = 单位边际贡献 \div 单位产品资源消耗定额$$

$$年储存成本 = \frac{Q}{2} \cdot \left(1 - \frac{d}{r}\right) \cdot C$$

其中,d 表示每天领用量,r 表示每天生产量,C 表示单位产品的全年储存成本。

显然,调整准备成本和储存成本,是性质相反的两类成本,在全年产量一定的情况下,减少投产批数虽可以降低全年调整准备成本,但投产批数减少,必然增加每批批量,从而增加全年的平均储存成本。要确定其最优生产批量,通常采用公式法。

企业成批生产一种零件或产品时,根据上述调整准备成本和储存成本的概念与计算公式,可知全年总成本的计算公式为:

$$T = S \cdot \frac{A}{Q} + \frac{Q}{2} \cdot \left(1 - \frac{d}{r}\right) \cdot C$$

通过绘图可知,年准备成本等于年储存成本时,年总成本最低,由此确定经济批量。也可用微分求极值的方法:

以 Q 为自变量,求 T 的一阶导数 T:

$$T' = \frac{1}{2} \cdot \left(1 - \frac{d}{r}\right) \cdot C - \frac{AS}{Q_2}$$

令 $T' = 0$,则有:

$$\frac{1}{2} \cdot \left(1 - \frac{d}{r}\right) \cdot C - \frac{AS}{Q_2} = 0$$

所以,最优生产批量:

$$Q^* = \sqrt{\frac{2AS}{C \cdot \left(1 - \frac{d}{r}\right)}}$$

据此,可推得:

$$最优生产批次 = \frac{A}{Q^*} = \sqrt{\frac{AC\left(1 - \frac{d}{r}\right)}{2S}}$$

$$最优生产批量下的全年总成本(T^*) = \sqrt{2ASC\left(1 - \frac{d}{r}\right)}$$

【例 7-17】 设企业全年需生产甲零件 36 000 个,专门生产甲零件的设备每天能生产 150 个,每天一般领用 120 个。每批调整准备成本为 288 元,单位零件全年的平均储存成本为 2 元。

解:最优生产批量:

$$Q^* = \sqrt{\frac{2AS}{C\left(1 - \frac{d}{r}\right)}} = \sqrt{\frac{2 \times 36\,000 \times 288}{2 \times \left(1 - \frac{120}{150}\right)}} = 7\,200(个)$$

$$最优生产批次 = \frac{A}{Q^*} = \frac{36\,000}{7\,200} = 5(批)$$

$$最优生产批量下的全年总成本(T^*) = \sqrt{2ASC\left(1 - \frac{d}{r}\right)}$$
$$= \sqrt{2 \times 36\,000 \times 288 \times 2 \times \left(1 - \frac{120}{150}\right)}$$
$$= 2\,880(元)$$

三、产品生产安排的决策

(一)零部件应自制还是外购的决策分析

零部件应自制或外购是企业经营中经常遇到问题。自制或外购零部件,其组成产品后所获得的预期收入是相同的,在决策分析时无需考虑两方案的预期收入,只需考虑两方案的预期成本,择其低者为最优方案便能确定。

首先要分析哪些成本是与决策相关的成本。如果自制需要追加专属固定成本,则追加的专属固定成本是与决策相关的成本,而原有的固定成本则是与决策无关的成本。自制的另一个相关成本是变动生产成本,如果自制生产能力可以转移,还要考虑与此相关的机会成本。外购方案的相关成本一般包括买价、运输费用和采购费用等。

1. 需用量确定,自制或外购的决策分析

在需要量确定的情况下,一般采用相关成本分析法。

【例 7—18】 某企业年需要甲零件 10 000 个,可以自制也可以外购。外购单价 20 元,每件运费 1 元,外购一次的差旅费 2 000 元,每年采购 2 次。自制单位产品成本 22 元,其中:直接材料费 8 元,直接人工费 6 元,变动制造费用 3 元,固定制造费用 5 元。自制每月需要增加专属固定成本 3 000 元。如果外购,生产甲零件的设备可以出租,每年可获租金 10 000 元。

自制方案中,直接材料费、直接人工费、变动制造费用属于相关成本,而分摊的固定制造费用为无关成本,每月增加的专属成本是相关成本,出租设备可获租金是自制方案的机会成本。外购方案中,购价、运输费是变动成本,差旅费是固定成本,此三项费用均是与决策相关的成本。具体决策分析如表 7—14 所示。

表 7—14　　　　　　　　　　　　　相关成本分析表　　　　　　　　　　　　　单位:元

项目\方案	自制	外购
变动成本	10 000×(8+6+3)=170 000	10 000×(20+1)=210 000
专属成本	3 000×12=36 000	2 000×2=4 000
机会成本	10 000	
合　计	216 000	214 000

通过上表可以看出,外购方案比自制方案成本低,故选择外购。

2. 需用量不确定,自制或外购的决策分析

当零部件需用量不确定时,其自制或外购的决策分析可采用成本平衡点法。

【例 7—19】 某企业生产甲产品需用 A 零件,过去 A 零件一直是外购,每件 A 零件外购单价为 24 元。现该企业尚有部分剩余生产能力可以生产 A 零件。据会计部门预测,每件 A 零件的直接材料、直接人工及变动制造费用为 18 元,但每年需增加专属固定成本 18 000 元。

这样,可以设全年需要 x 件 A 零件为自制和外购方案的"成本平衡点"。那么,

外购方案的预期成本:$y_1=a_1+b_1x=0+24x$

自制方案的预期成本:$y_2=a_2+b_2x=18\ 000+18x$

当外购方案与自制方案成本相等时,即 $y_1=y_2$

$$0+24x=18\ 000+18x$$

$$x=3\ 000$$

所以,x 的取值为 3 000 件。

然后,根据两方案的数据作图,如图 7—3 所示。

从图 7—3 可以看出:

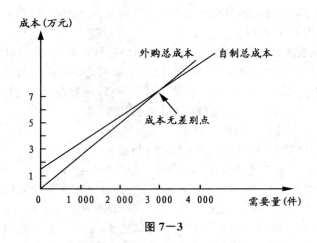

图7—3

若 $x=3\,000$ 件,则 $y_1=y_2$,两个方案成本相等,自制和外购均可行;

若 $x>3\,000$ 件,则 $y_1>y_2$,自制方案为优;

若 $x<3\,000$ 件,则 $y_1<y_2$,外购方案为优。

(二)产品采用何种生产工艺加工的决策分析

生产工艺是指加工制造产品或零件所使用的机器、设备及加工方法的总称。工业企业对于同一种产品或零件的生产,往往可以采用不同的生产工艺,如既可以用手工操作,又可以采用半机械化、机械化或自动化的生产工艺。

采用不同的生产工艺,其成本往往较为悬殊。一般来说,越先进的生产工艺,其固定成本越高,单位变动成本就越低。对于先进的生产工艺,除非产销量较大,可以降低单位产品中的固定成本,否则,不宜采用。因此,采用何种生产工艺进行加工,产量成为最佳的判断标准。先计算不同生产工艺进行加工的成本平衡点,再以此为基础,作出采用何种工艺技术加工的决策。

【例7—20】 某企业计划投产某种新产品,其生产工艺可采用半机械化、机械化或自动化三种,预计的成本资料如表7—15所示。

表7—15　　　　　　　　　　　　预计的成本资料　　　　　　　　　　　单位:元

工艺方案项目	单位变动成本	固定成本	工艺方案项目
半机械化	80	30 000	半机械化
机械化	40	60 000	机械化
自动化	20	120 000	自动化

采用哪种生产工艺成本最低呢?假设半机械化与机械化加工的成本平衡点为 x_1,机械化与自动化加工的成本平衡点为 x_2,半机械化与自动化加工的成本平衡点为 x_3。根据已知资料,有:

$$30\,000+80x_1=60\,000+40x_1$$
$$120\,000+20x_2=60\,000+40x_2$$
$$30\,000+80x_3=60\,000+20x_3$$

解得：

$$x_1 = 750（件）$$
$$x_2 = 3\ 000（件）$$
$$x_3 = 1\ 500（件）$$

根据上述资料作图，如图7—4所示。

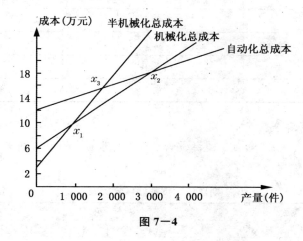

图7—4

由图7—4可知，当该产品年产销量低于750件时，宜选择半机械化生产；当该产品年产销量大于750件但小于3 000件时，宜选择机械化生产方式；当该产品年产销量超过3 000件时，则应采用自动化生产方式。

四、非确定条件下的生产决策

上述分析决策都是在销量、成本等条件已知的情况下作出的，是确定性生产决策。在现实经济生活中，未来事态往往充满不确定，决策者对未来可能出现的情况和结果不能完全肯定地把握，此时需采用其他的评价方法进行方案的选择。

在非确定条件下，根据能否估计未来的情况和因素在各种客观状态下出现的概率，又可分为风险型生产决策和不确定型生产决策。

（一）风险型生产决策

风险型生产决策是指有关备选方案在不同自然状态下的结果已确定，各种自然状态出现的概率也可大致估计的决策。风险型决策一般采用概率分析法，先预测备选方案各种自然状态及出现的概率，然后计算期望收益（或期望边际贡献、期望成本），进行比较选优。

【例7—21】　某企业准备开发新产品，现有甲、乙两种产品可供选择。预测甲产品和乙产品单价分别为44元和40元，单位变动成本分别为38元和35元，固定成本总额为90 000元，销售量的预测资料如表7—16所示。

表7—16　　　　　　　　　　　　　　　　销售量预测资料

销售量(件)	概　率	
	甲产品	乙产品
10 000	0	0.1

销售量(件)	概 率	
	甲产品	乙产品
11 000	0.1	0.1
12 000	0.2	0.2
13 000	0.3	0.3
14 000	0.2	0.2
15 000	0.1	0.1
16 000	0.1	0

那么,应该开发哪种产品呢?

由于固定成本为无关成本,可以边际贡献最大为标准进行分析评价。根据上述资料,编制期望边际贡献计算分析表,如表7—17所示。

表7—17　　　　　　　　　　　　期望边际贡献计算分析表　　　　　　　　　　　单位:元

方案	销售量 ①	概率 ②	单位边际贡献 ③	边际贡献 ④＝①×③	边际贡献期望值 ⑤＝②×④
生产甲产品	11 000	0.1	6	66 000	6 600
	12 000	0.2	6	72 000	14 400
	13 000	0.3	6	78 000	23 400
	14 000	0.2	6	84 000	16 800
	15 000	0.1	6	90 000	9 000
	16 000	0.1	6	96 000	9 000
	合　计				79 800
生产乙产品	10 000	0.1	5	50 000	5 000
	11 000	0.1	5	55 000	5 500
	12 000	0.2	5	60 000	12 000
	13 000	0.3	5	65 000	19 500
	14 000	0.2	5	70 000	14 000
	15 000	0.1	5	75 000	7 500
	合　计				63 500

甲产品的边际贡献期望值比乙产品的边际贡献期望值大,因此,选择开发甲产品。

(二)不确定型生产决策

决策者对于未来的情况虽有所了解,即能够预见有关因素未来可能出现哪几种状况,但不能估计各种状况出现的概率。在这种情况下,需要作出的决策称为不确定型决策。对于不确定型生产决策,可采用的方法有小中取大法、大中取大法、大中取小法和折中决策法。举例说明如下:

【例7—22】 某公司准备开发一种新产品,根据市场调查,提出 A、B、C 三种生产方案,并预计销路好坏不同情况下的利润总额,如表7—18所示。

表 7—18　　　　　　　　　　　　　　　　　　预计利润资料　　　　　　　　　　　　　　　　　　单位:万元

方案销路	畅销	一般	滞销
A	90	68	44
B	98	60	49
C	108	66	41

该公司应该选择开发哪种产品,可以有三种分析方法:

(1)小中取大法。也称悲观决策法,是在几种不确定的随机事件中,选择最不利的市场需求情况下的收益值最大的方案作为实施方案。

本例中,方案 A,B,C 的最小收益值分别为 44 万元、49 万元、41 万元,其中 49 万元最大,根据小中取大法,应选择 B 方案。

(2)大中取大法。也称最大收益值法,是在各种不确定决策方案中,选择最有利的市场需求情况下具有最大收益值的方案作为最满意方案的决策方法。它是决策者对前途非常乐观并充满信心的选择标准。

本例中,方案 A,B,C 的最大收益值分别为 90 万元、98 万元、108 万元,其中 108 万元最大,根据大中取大法,应选择 C 方案。

(3)大中取小法。也称最小的最大后悔值法,是在几种不确定的随机事件中,选择最大后悔值中的最小值的方案作为决策方案。所谓后悔值,是指在同一自然状态下某一决策方案的收益值与最优方案收益值的差额。

本例中,后悔值的计算结果如表 7—19 所示。

表 7—19　　　　　　　　　　　　　　　　　后悔值计算分析表　　　　　　　　　　　　　　　　单位:万元

方案销路	畅销	一般	滞销	最大后悔值
A	108−90＝18	0	49−44＝5	18
B	108−98＝10	68−60＝8	0	10
C	0	68−66＝2	49−41＝8	8

可见,最大后悔值中的最小值为 8 万元,因此,选择 C 方案。

这种方法是从最不利的情况下选择后悔值即损失额最小的方案作为最满意方案,是一种比较审慎、稳健的决策方法。

(4)折中决策法。由赫威兹创立,又称为赫威兹决策法,是在确定乐观系数 α 和各方案预期价值的基础上,选择各个备选方案中预期价值最大的方案作为中选方案。

各个方案预期价值＝α×方案最大收益值＋(1−α)×方案最小收益值

决策者在确定乐观系数 α 时,既不能过于乐观,也不能过于悲观,而是采取务实的态度,根据实际情况和自己的实践经验折中确定。α 的取值范围是 $0 \leqslant \alpha \leqslant 1$,如果 α 取值接近 1,则比较乐观;如果接近 0,则比较悲观。

本例中,设乐观系数 α 为 0.6,那么三个方案未来收益就有两个结果:畅销和滞销。则:

A 方案的预期价值＝$0.6 \times 90 + (1−0.6) \times 44 = 71.6$(万元)

B 方案的预期价值＝$0.6 \times 98 + (1−0.6) \times 49 = 78.4$(万元)

C方案的预期价值＝0.6×108＋(1－0.6)×41＝81.2(万元)

可见,C方案的预期价值最大。因此,应选择C方案。

任务三 定价决策分析

一、定价决策的范围及目标

(一)定价决策的范围

所谓定价决策,就是怎么样为生产的产品选择一个适当的价格,提高企业的经济效益。在发达的市场经济环境中,价格可分为垄断价格、完全自由竞争市场价格和非完全自由竞争市场价格(即企业可控制价格)三类。

1. 垄断价格

垄断价格是由政府硬性规定价格或大企业财团垄断价格。对于这一类商品的价格,企业只有执行的义务,没有改变的权利和能力,因而不存在自行定价的必要与可能。

2. 完全自由竞争市场价格

完全自由竞争市场价格是完全由市场整体供求规律支配所形成的价格,对于个别企业来说,不可能控制产品价格。换言之,对于个别企业来说,只能接受市场上已经客观形成的价格。因为,其销量不可能大到足以打破市场总体已经形成的供求平衡关系。企业只有根据市场客观的供求规律去测定均衡价格,并自觉地执行,而不存在自行定价的必要与可能。

3. 非完全自由竞争市场价格

非完全自由竞争市场价格又称企业可控制价格,是指企业可自行决定的价格。只有这类价格,才属于管理会计中定价决策的范围。

(二)定价决策的目标

确定定价目标,是每一个企业制定产品价格的首要过程。所谓定价目标,就是每一个产品的价格在实现以后应达到的目的。企业的定价目标一般有以下几种:

1. 利润最大化

追求利润最大化是多数企业定价的最基本目标,也是最终目标。这里所指的最大利润,是指长期最大利润,而不是短期最大利润;是指全部产品的最大利润,而不是单一产品的最大利润。因此,企业为了实现这一目标,往往根据不同情况,对不同产品选择不同的定价目标。

2. 保持和提高市场占有率

市场占有率也称市场份额,是指企业产品销量在同类产品的销售总量中所占的比重。它是反映企业经营状态好坏和产品竞争能力强弱的一个重要指标。能否维持和提高市场占有率,对企业来说,有时比获得预期收益更为重要,因为市场占有率的高低直接影响企业今后能否长期稳定地获得收益。

3. 实现目标投资报酬率

任何企业对投资都希望获得预期的报酬,且是长期的报酬。目标投资报酬率是企业经常采用的注重长期利润的一种定价目标,是根据投资期望得到的一定百分比的纯利或毛利为目标。目标利润率的选择应慎重研究,既要能够保证利润目标的实现,又能够为市场接受。

4. 应付和防止竞争

价格竞争是大多数企业间市场竞争的一个重要方面。对于本企业市场有决定性影响的竞争者,为了应付和防止竞争,企业可紧跟竞争对手来定价,采取与竞争者相同的价格,也可采取低于或高于竞争者的价格。当竞争对手改变价格时,企业也应相应调整价格,以应付或避免竞争。

企业的定价目标是多种多样的,在实践中,企业定价目标往往是多目标的综合运用。

二、以成本为导向的定价决策方法(成本加成定价法)

成本加成定价法,是指在单位产品成本的基础上,按一定的加成率计算相应的加成额,进而确定商品价格的方法。其价格确定的通用模型为:

$$价格 = 单位产品成本 + 加成额$$
$$= 单位产品成本 \times (1 + 加成率)$$

其中:

$$成本加成率 = 加成内容相关成本 \times 100\%$$

由于成本计算有完全成本法与变动成本法之分,按两种不同的成本计算法所求得的单位产品成本的内涵各不相同。因此,其加成的内容也各有差异,故成本加成定价法又可分为完全成本加成定价法和变动成本加成定价法。

(一)完全成本加成定价法

采用完全成本加成定价法,其作为基础的"成本"是单位产品的制造成本,"加成"内容包括期间费用(销售费用、管理费用和财务费用)及目标利润,其计算公式为:

$$产品单价 = 单位产品制造成本 \times (1 + 加成率)$$

其中:

$$加成率 = \frac{目标利润 + 期间费用}{预计产量 \times 单位产品制造成本} \times 100\%$$
$$= \frac{销售毛利}{预计产量 \times 单位产品制造成本} \times 100\%$$
$$= \frac{投资额 \times 期望投资报酬率 + 期间费用}{预计产量 \times 单位产品制造成本} \times 100\%$$

【例7-23】 某企业拟投资300万元生产甲产品,根据市场调查,甲产品预计每年销售50万件,甲产品单位成本的有关资料如表7-20所示。

表7-20　　　　　　　　　　　甲产品单位成本资料　　　　　　　　　　　单位:元

项　目	金　额
直接材料费	6
直接人工费	4
变动制造费用	3
固定制造费用	7
变动销售及管理费用	2
固定销售及管理费用	1
单位产品成本合计	23

该企业期望的投资报酬率为25％,如果采用完全成本加成定价法确定甲产品销售价格,那么:

甲产品单位产品制造成本＝6＋4＋3＋7＝20(元)

期间费用＝50×(2＋1)＝150(万元)

$$加成率＝\frac{300×25％＋150}{50×20}×100％＝22.5％$$

甲产品单价＝20×(1＋22.5％)＝24.5(元)

所以,甲产品销售价格可确定为24.5元。

(二)变动成本加成定价法

采用变动成本加成定价法,其作为基础的"成本"是单位产品的变动成本,加成内容包括全部固定成本和目标利润。其计算公式为:

$$产品单价＝单位产品变动成本×(1＋加成率)$$

其中:

$$加成率＝\frac{目标利润＋固定成本}{预计产量×单位产品变动成本}×100％$$

$$＝\frac{贡献毛益}{变动成本总额}×100％$$

$$＝\frac{贡献毛益率}{变动成本率}×100％$$

$$＝\frac{投资额×期望投资报酬率＋固定成本}{预计产量×单位产品变动成本}×100％$$

【例7—24】 沿用例7—22中的资料,如果采用变动成本加成定价法确定甲产品销售价格,则有:

甲产品单位变动成本＝6＋4＋3＋2＝15(元)

固定成本＝50×(7＋1)＝400(万元)

$$加成率＝\frac{300×25％＋400}{50×15}×100％＝63.33％$$

甲产品单价＝15×(1＋63.33％)＝24.5(元)

成本加成定价应用范围较广,由于加成率可以沿用标准产品的有关指标,故在长期定价时,运用此法简便易行。

三、以市场需求为导向的定价决策方法

受市场供求规律调节,产品价格与销量之间有着密切的关系。一般来说,价格提高往往会直接影响产品需求,使销量减少;反之,销量上升。以市场需求为导向的定价方法又称按需定价法。这种定价法优先考虑的是消费者对价格的接受程度,企业必须研究什么样的价格才能使企业的产品销售不仅符合社会需求,而且能给企业带来最佳效益。下面主要介绍边际分析法。在现实生活中,由于收入函数、成本函数有连续型和离散型之分,故边际分析法有公式法和列表法两种具体应用形式。

(一)公式法

公式法是指当收入和成本函数均为连续可微函数时,可直接通过对利润函数求一阶导数,当边际收入等于边际成本时利润最大,进而求得最优售价的方法。举例说明如下:

【例7—25】 某企业生产甲产品,经预测其收入函数 $TR＝80x－0.02x^2$,成本函数 $TC＝$

$70+20x+0.01x^2$。

那么,边际收入:

$$MR=80-0.04x$$

边际成本:

$$MC=20+0.02x$$

令:

$$MR=MC$$

即:

$$80-0.04x=20+0.02x$$
$$x=1\,000(件)$$

该点就是使利润最大的销售量,此时,产品售价:

$$P=\frac{TR}{x}\times 80-0.02x$$
$$=80-0.02\times 1\,000$$
$$=60(元)$$

所以,甲产品最优售价为 60 元。

(二)列表法

当收入和成本函数均为离散型函数,可通过列表计算找到使利润最大的销售量和单价。

【例 7—26】 某企业生产的丙产品准备投放市场,丙产品的有关销售和成本资料如表 7—21 所示。试确定最优价格。

表 7—21　　　　　　　　　　丙产品有关资料　　　　　　　　　　单位:元

销售价格	预计销售量(件)	固定成本	单位变动成本
60	4 000	60 000	20
55	4 800	60 000	20
50	5 800	60 000	20
45	7 000	80 000	20
40	8 000	80 000	20
35	8 500	80 000	20

根据上述资料,编制分析计算表,如表 7—22 所示。

表 7—22　　　　　　　　　　分析计算表　　　　　　　　　　单位:元

价格	销售量	销售收入	边际收入	固定成本	变动成本	总成本	边际成本	边际利润	利润
60	4 000	240 000	—	60 000	80 000	140 000	—	—	100 000
55	4 800	264 000	24 000	60 000	96 000	156 000	16 000	8 000	108 000
50	5 800	290 000	26 000	60 000	116 000	176 000	20 000	6 000	114 000
45	7 000	315 000	25 000	80 000	140 000	220 000	44 000	−19 000	95 000
40	8 000	320 000	5 000	80 000	160 000	240 000	20 000	−15 000	80 000
35	8 500	297 500	−22 500	80 000	170 000	250 000	10 000	−32 500	47 500

由表7—22可知,当销售量为5 800件、价格为50元时,边际收入最接近边际成本,此时的利润最大,为114 000元。因此,丙产品每件定价50元为最优价格。

四、特殊环境下的定价决策方法

这里的特殊环境是指企业面临闲置生产能力、市场需求发生了变化、参加订货会议或投标活动过程中遇到强劲的竞争对手等环境。此时企业所采用的定价基本上属于一次性的。解决这类定价决策问题常用的几种方法如下:

(一)极限定价法

极限定价法是指企业把事先确定的单位成本标准作为定价决策的最低价格极限的一种定价方法。

在企业面临闲置生产能力且无法转移时,追加订货的最低极限价格就是单位变动成本。只要单位产品价格不低于这种极限价格,对企业来说就是有利可图的或损失最小的。

(二)保本定价法

从长期角度看,如果企业要保本,其产品价格就是保本价格,即盈亏临界点价格。其公式为:

$$保本价格 = 单位变动成本 + \frac{固定成本}{预计销量}$$

(三)保利定价法

企业的经营目标最终是为了获利,如果企业要实现预期利润,其产品价格就是保利价格,即实现目标利润的价格水平。其公式为:

$$保利价格 = 单位变动成本 + \frac{固定成本 + 目标利润}{预计销量}$$

保利定价法和保本定价法可应用于企业在市场需求发生了变化、参加订货会议或投标活动过程中,迅速报出基于不同销售量或订货量下的产品价格。

【例7—27】 某企业生产甲产品,单位变动生产为40元,固定成本总额为10 000元。现企业准备参加订货会,此行的目标是实现目标利润20 000元,要求提供销售量在500~1 000件的范围内(属于企业正常生产能力范围),每间隔100件的保本价格和保利价格,作为洽谈时的重要依据。

企业可以根据资料,编制报价单如表7—23所示。

表7—23　　　　　　　　　　　　　　　　　报价单　　　　　　　　　　　　　　　　单位:元

销售量(件)	500	600	700	800	900	1 000
保本价格	60	56.67	54.29	52.50	51.11	50.00
保利价格	100	90.00	82.86	77.50	73.33	70.00

五、定价策略

在市场经济条件下,影响产品价格的因素多种多样,具体来说,包括成本、需求、产品所处的寿命周期阶段、市场竞争、政策法规、科学技术、相关工业产品销量等。

因此,企业在制定价格时,除了采用数学模型进行定量分析外,还要充分考虑上述因素进行定性分析。针对不同情况,灵活采用定价策略,以期获取尽可能多的利润。

(一)新产品定价策略

新产品定价策略通常有两种方法:一是撇脂法,二是渗透法。

撇脂法是指在新产品上市时,先将价格定得很高,以获取较高的边际利润,随着产品销路的扩大,再逐步降价的方法。

渗透法是指当新产品投放市场时,价格定得尽可能低一些,以扩大销售量,增加市场占有率,提高商品信誉,逐步获得高额利润的方法。

前者着眼于短期收益,后者着眼于长期利益。对于那些同类竞争产品差异性较大、能满足较大市场需要、弹性小、不易仿制的新产品,最好采用撇脂法定价;而对于那些与同类产品差别不大、需求弹性小、易于仿制、市场前景光明的新产品应考虑按渗透法定价。

(二)配套产品定价策略

配套产品定价策略可分为两种情况:第一种情况是对互补关系的配套产品,如钢笔与墨水、照相机与胶卷等配套产品。在充分研究了产品市场和顾客心理后,可以采用此降彼升的办法。例如,照相机降价,而胶卷提价,通过降价打开照相机的销路,从而从胶卷总销量增加带来的增收中得到超过照相机降价损失的超额补偿。

第二种情况是具有配套关系的相关商品,就是既可以配套使用,也可以单独使用的产品,如沙发与茶几、化妆品系列等。该类商品可以规定两组价格:成套价格和单件价格,成套价格低于单件价格,通过成套销售增加企业总收入。

(三)心理定价策略

一般来说,心理定价策略包括以下几种形式:

1. 尾数定价法

如对某商品定价 29.90 元,而不定价 30 元,这样能给消费者一个价格较低的印象。这种价格又称诱人的价格,一般适用于价值较小、销售量大、购买次数多的中低档日用消费品。

2. 整数定价法

与尾数定价法相反,为高档商品或耐用消费品定价时,宜采用整数定价,给消费者质量好、可靠性强的印象。

3. 对比定价法

对于亟待出售、需降价处理的商品,可将削价前后价格同时列出,促使顾客通过对比积极购买。

(四)折扣定价策略

折扣定价策略是指在一定条件下,以降低商品价格来刺激消费者购买,具体方式有:数量折扣、现金折扣、季节折扣、交易折扣等。

(五)竞争定价策略

竞争定价策略是通过刺探主要竞争对手的价格水平,然后决定自己的价格水平的定价策略。对于疲软的对手,常用低价倾销的手段,将对手挤走或挤倒;对于强硬的对手,常用"你提我也提,你降我也降"的定价策略;对于势均力敌的对手常用联合协商、签订价格合约的策略。

(六)分期收款定价策略

分期收款定价策略适用于价格偏高的耐用消费品的定价,如汽车、住房等。在计价时,各期收款的价格中应包括延付利息在内。采用本策略,可促进及时销售,避免商品的大量积压。

任务四　存货决策分析

一、存货管理的必要性与内容

存货是指企业在生产经营过程中为了生产或销售而储备的物资。具体而言,为生产而储备的存货主要包括企业的库存原材料、辅助材料、包装物、低值易耗品等,为销售而储备的存货主要有库存商品、产成品等。

(一)存货管理的必要性

对于一般的企业(尤其是制造业、商业等)来说,持有一定数量的存货是十分必要的,一方面,一定数量的存货有利于保障企业生产经营的顺利进行;另一方面,可以使企业的生产与销售具有较大的机动性,适应市场不规律的突然变化,以免失去商机。但是,存货的增加必然要占用更多的资金,使企业付出较多的持有成本。因此,存货管理的目标就是在充分发挥存货作用的前提下,不断降低存货成本,以最低的存货成本保障企业生产经营的顺利进行。

(二)存货管理的内容

存货管理的内容主要有:①根据企业生产经营的特点,制定存货管理的程序和办法。②合理确定存货的采购批量和储存期,降低各种相关成本。③对存货实行归口管理,使存货管理责任具体化。④加强存货的日常控制与监督,充分发挥存货的作用。

二、存货管理的功能与成本

(一)存货管理的功能

企业持有存货的原因一方面是为了保证生产或销售的经营需要,另一方面是出于价格的考虑,零购物资的价格往往较高,而整购买在价格上有优惠。但是,过多的存货要占用较多资金,并且会增加包括仓储费、保险费、维护费、管理人员工资在内的各项开支。一般来说,存货管理具体以下功能:

1. 保证生产正常进行

生产过程中需要的原材料和在产品,是生产的物质保证,为保障生产的正常进行,必须储备一定量的原材料;否则可能会造成生产中断、停工待料的现象。尽管当前部分企业的存货管理已经实现计算机自动化管理,但要实现存货为零的目标实属不易。

2. 有利于销售

一定数量的存货储备能够增加企业在生产和销售方面的机动性与适应市场变化的能力。当企业市场需求量增加时,若产品储备不足就有可能失去销售良机,所以保持一定量的存货是有利于市场销售的。

3. 便于维持均衡生产,降低产品成本

有些企业产品属于季节性产品或者需求波动较大的产品,此时若根据需求状况组织生产,则可能有时生产能力得不到充分利用,有时又超负荷生产,这会造成产品成本的上升。为了降低生产成本,实现均衡生产,就要储备一定的产成品存货,并应相应地保持一定的原材料存货。

4. 降低存货取得成本

一般情况下,当企业进行采购时,进货总成本与采购物资的单价和采购次数有密切关系。而许多供应商为鼓励客户多购买其产品,往往在客户采购量达到一定数量时,给予价格折扣,所以企业通过大批量集中进货,既可以享受价格折扣,降低购置成本,也因减少订货次数,降低了订货成本,使总的进货成本降低。

5. 防止意外事件的发生

企业在采购、运输、生产和销售过程中,都可能发生意料之外的事故,保持必要的存货保险储备,可以避免和减少意外事件的损失。

（二）存货管理的成本

企业要维持生产经营必须持有一定量的存货,因持有存货发生的成本支出,就是存货管理的成本。企业存货管理的成本由以下三个方面组成:

1. 进货成本(Purchasing Cost)

进货成本是指企业取得存货时的成本,又称取得成本,主要包括存货的进价成本和进货费用。

进价成本是指存货本身的价值,也称购置成本,在数量上等于采购单价与采购数量的乘积。在一定时期进货总量既定,物价不变且无商业折扣的条件下,无论企业采购次数如何变化,存货的进价成本通常保持相对稳定,属于存货决策的一项无关成本。

进货费用是指企业为组织采购存货而发生的支出,也称为订货成本,包括差旅费、运杂费、办公费、电信费、邮资费、检验费、入库前的整理挑选费和入库搬运费等。

2. 储存成本(Storing Cost)

储存成本是指在存货储存过程中发生的资金占用费、仓储费、保险费、存货库存损耗、搬运费等。储存成本按照与存货储存数额的关系分为变动性储存成本和固定性储存成本。

变动性储存成本是指那些随储存数额的增减成正比例变动的费用,如存货资金占用的应计利息、保险费等。这类成本的高低,取决于存货数量,平均库存量越大,成本额越高,因此属于决策的相关成本。

固定性储存成本是指那些与存储数额没有多少直接关系的费用,如保管人员的固定工资、仓库折旧费等。这类成本与存货决策无关。

3. 缺货成本(Out-of-Stock Cost)

缺货成本是指企业因存货储备不足不能满足需要给企业造成的损失,主要包括因材料供应不及时而造成的停工损失、库存商品不足而造成的丧失销售机会损失、信誉损失等。缺货成本因其计量十分困难常常不予考虑,但如果缺货成本能够准确计量的话,也可以在存货决策中考虑缺货成本。

三、存货资金需要量的预测

企业持有存货必然需要一定的资金,而对存货占用资金的需要量进行预测,有利于提前做好购买存货的资金准备。存货资金需要量的预测方法主要有以下几种:

（一）周转期计算法

周转期计算法是根据各种存货平均每天的周转额和资金周转日数来确定存货资金需要量的一种方法。其计算公式为:

$$存货资金需要量＝平均每日周转额×资金周转日数$$

其中,平均每日周转额是指某项存货资金平均每天垫支额;资金周转日数是指存货完成一次周转所需要的天数。

周转期计算法是计算存货资金需要量的最基本的方法,它适用于原材料、在产品和产成品等资金数额的测定。

(二)因素分析法

因素分析法是以上一年资金实际占用量为基础,分析计划期影响资金占用额的各种因素的变动情况,加以调整后,测定存货资金需要量的一种方法。

存货资金需要量=(上一年资金实际平均需要量-不合理占用额)×(1±预测年度各因素
　　　　　　　变动百分比)

这种方法主要适用品种繁多、规模复杂和价格较低的材料物资项目资金占用额的测算,也可用这种方法匡算全部存货资金需要量。

(三)比例计算法

比例计算法是根据存货资金需要量和有关因素之间的比例关系来测算资金需要量的一种方法。计算公式如下:

存货资金需要量=预测年度预计销售收入总额×预计销售收入存货资金率

预计销售收入存货资金率=上一年存货资金平均余额-不合理占用额÷上一年实际销售
　　　　　　　收入总额÷(1-预测年度存货资金周转加速率)

这种方法以前主要用于辅助材料、修理备件等资金需要量的测算,现在也用于全部资金需要量的测算。

四、存货经济批量决策

企业在确定了计划采购总量后,还要确定合理的每次进货批量,以防止盲目采购造成损失。合理的进货批量也就是经济进货批量,是指能够使一定时期存货的总成本达到最低点的进货数量。通过上述对存货成本分析可知,决定存货经济进货批量的成本因素主要包括变动性进货费用(简称"进货费用")、变动性储存成本(简称"储存成本")以及允许缺货时的缺货成本。不同的成本项目与进货批量呈现着不同的变动关系。减少进货批量,增加进货次数,在影响储存成本降低的同时,也会导致进货费用与缺货成本的提高;相反,增加进货批量,减少进货次数,尽管有利于降低进货费用与缺货成本,但同时会导致储存成本的提高。因此,如何协调各项成本费用间的关系,使其总和保持最低水平,是企业组织进货时需解决的主要问题。

(一)存货经济进货批量基本模型

为了将问题简化,在进行经济批量决策时,常常作如下假设:①企业一定时期的进货总量可以较为准确地进行预测;②存货的流转比较均衡;③存货的价格稳定,且不考虑商业折扣;④进货日期完全由企业自行决定,并且采购不需要时间;⑤所需存货市场供应充足,并能集中到货;⑥仓储条件及所需现金不受限制;⑦不允许出现缺货。

在满足以上假设的前提下,经济批量考虑的仅仅是使变动性的进货费用(简称"进货费用")与变动性的储存成本(简称"储存成本")之和最低。

存货相关总成本=进货费用+存储成本

设:Q 为存货的经济批量;A 为某种存货的全年需要量;B 为平均每次进货费用;C 为单位存货平均储存成本;T_c 为经济批量的相关总成本;N 为最佳进货次数;W 为经济批量的资金平均占用额;P 为进货单价。则:

$$T_c = \frac{A}{Q} \cdot B + \frac{Q}{2} \cdot C$$

由此公式可推出 T_c 极小时：

存货的经济批量：

$$Q = \sqrt{\frac{2AB}{C}}$$

经济批量的变动总成本：

$$T_c = \sqrt{2ABC}$$

最佳进货次数：

$$N = \frac{A}{Q} = \sqrt{\frac{AC}{2B}}$$

经济批量的资金平均占用额：

$$W = \frac{Q}{2} \cdot P = P\sqrt{\frac{AB}{2C}}$$

其中，Q 为经济进货批量；A 为某种存货年度计划进货总量；B 为平均每次进货费用；C 为单位存货年度储存成本；T_c 为存货总成本。

【例7—28】 某企业2016年度计划耗用甲材料360 000千克，该材料的单位采购成本为100元，单位年储存成本为2元，平均每次进货费用为400元，试作出经济批量决策。

解：依据题意，则：

$$Q = \sqrt{2 \times 360\ 000 \times 400 \div 2} = 12\ 000(千克)$$

$$T_c = \sqrt{2 \times 360\ 000 \times 400 \times 2} = 24\ 000(元)$$

$$W = 100 \times \frac{12\ 000}{2} = 600\ 000(元)$$

$$N = \frac{360\ 000}{12\ 000} = 30(次)$$

【例7—29】 湘华集团每年需耗用甲材料640 000千克，该材料的单位采购成本100元，单位年储存成本4元，平均每次进货费用200元。

解：

$$Q = \sqrt{\frac{2AB}{C}} = \sqrt{\frac{2 \times 640\ 000 \times 200}{4}} = 8\ 000(千克)$$

$$T_c = \sqrt{2ABC} = \sqrt{2 \times 640\ 000 \times 200 \times 4} = 32\ 000(元)$$

$$N = \frac{A}{Q} = \frac{640\ 000}{8\ 000} = 80(次)$$

$$W = \frac{PQ}{2} = \frac{100 \times 8\ 000}{2} = 400\ 000(元)$$

（二）存在商业折扣的经济订货批量模型

在市场经济条件下，为了鼓励客户购买更多的商品，销售企业通常会以提供商业折扣的方式吸引客户。购买越多，所获得的价格优惠越大。此时，企业对经济订货批量的确定，除了考虑进货费用与储存成本之外，还要考虑存货的进价成本。

在经济订货批量基本模型其他各种假设条件均不变的前提下，存在商业折扣的存货的总成本的计算公式为：

存货相关总成本＝进价成本＋相关进货费用＋相关储存成本

其中：

$$进价成本＝进货数量×进货单价$$

实行数量折扣的经济进货批量具体确定步骤如下：

第一步，按照基本经济进货批量模式确定经济进货批量。

第二步，计算按基本经济进货批量进货时的存货相关总成本。

第三步，计算按给予数量折扣的不同批量进货时的存货相关总成本。

第四步，比较不同批量进货时的存货相关总成本。此时最佳进货批量，就是使存货相关总成本最低的进货批量。

【例7－30】 假设在例7－27中，一次订购甲材料20 000千克以上，则可获得2%的商业折扣，此时应如何做出采购决策。

解：(1)按基本经济批量采购时的总成本：

总成本(一次采购12 000千克)＝年需要量×单价＋基本经济批量的存货变动相关总成本
＝360 000×100＋24 000＝36 024 000(元)

(2)按享受商业折扣的最低批量采购时的总成本：

总成本(一次采购20 000千克)＝年需要量×单价＋年储存成本＋年采购费用
＝360 000×100×(1－2%)＋2×20 000÷2＋400
×360 000÷20 000
＝35 307 200(元)
36 024 000－35 307 200＝716 800

经比较，应享受商业折扣，即应一次采购20 000千克，这样可以节约716 800元的采购总成本。

(三)再订货点(Reorder Point)

再订货点是指企业发出订货指令时尚存的原材料数量。用公式表示为：

$$再订货点＝原材料每日平均耗用量×原材料的交货时间$$

【例7－31】 湘华集团生产周期为一年，甲材料全年需用量为360 000千克，材料的交货时间为5天。

解：原材料每日平均耗用量＝原材料全年需用量÷360
＝360 000÷360
＝1 000(千克)

再订货点＝1 000×5＝5 000(千克)

计算结果表明，当湘华集团原材料库存降为5 000千克时，就需要发出订购指令。

再订货点的操作可以用图7－5说明。

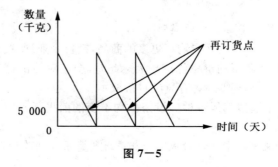

图7－5

（四）订货提前期

订货提前期是指企业从发出订单到货物验收完毕所用的时间。用公式表示为：

$$订货提前期＝预计交货期内原材料的使用量÷原材料每日平均耗用量$$

【例7—32】　湘华集团预计交货期内原材料的使用量为100千克，每日平均耗用量为20千克。

解：订货提前期＝100÷20＝5（天）

也就是说，当湘华集团原材料数量还差5天用完时，就需要发出订购指令。

（五）保险储备

保险储备是指企业为了防止耗用量突然增加或交货延期等意外情况而进行的储备。一般情况下，存货需求和供应的变化越大，公司需要保持的保险储备量越多。公司的保险储备量越多，储存成本越高，但缺货成本越低；相反，保险储备量越少，储存成本越低，但缺货造成损失的可能性增加。所以，公司在建立保险储备量时，必须在缺货成本与储存成本之间进行权衡，以确定理想的保险储备量。用公式表示为：

$$保险储备量（SS）＝1÷2×（预计每天最大耗用量×最长订货提前期－原材料每日平均耗用量×订货提前期）$$

【例7—33】　承例7—29和例7—31湘华集团预计每天最大耗用量为1 200千克，预计最长订货提前期为8天。

解：保险储备量（SS）＝1÷2×（1 200×8－1 000×5）＝2 300（千克）

再订货点＝1 000×5＋2 300＝7 300（千克）

计算结果表明，当湘华集团原材料库存降为7 300千克时，就需要发出订货指令。

五、存货日常管理

存货日常管理包括存货储存期控制、ABC分类控制法等。

（一）存货储存期控制法

存货储存期控制包括存货保本储存期控制和保利储存期控制两项内容，有关计算公式为：

$$利润＝毛利－销售税金及附加－固定储存费－变动储存费用$$

其中：

$$变动储存费用＝每日变动储存费×储存天数$$

$$存货保本储存天数＝\frac{毛利－销售税金及附加－固定储存费用}{每日变动储存费}$$

$$存货保利储存天数＝\frac{毛利－销售税金及附加－固定储存费用－目标利润}{每日变动储存费}$$

$$批进批出经销某商品实际获利或亏损额＝每日变动储存费×（保本储存天数－实际储存天数）$$

$$批进零售经销某商品预计获利或亏损额＝每日变动储存费×（平均保本储存天数－平均实际储存天数）$$

其中：

$$平均实际储存天数＝（实际零散售完天数＋1）÷2$$

【例7—34】　某商品流通企业批进批出一批商品共500件，该商品单位进价500元（不含增值税），单位售价为550元（不含增值税），经销该批商品的一次性费用为5 000元。已知，该商品的进货款来自于银行贷款，年利率为9％，商品的月保管费用率为3‰，流转环节的税金及附

加为2 500元。（一年按360天计算）

要求：

(1)计算该批商品的保本储存天数。

(2)如果企业要求获得目标利润8 750元，计算该批商品的保利期天数。

(3)如果该批商品超过保利期10天后售出，计算该批商品的实际获利额。

解：

(1)保本天数＝[(550－500)×500－5 000－2 500]÷[500×500×(9％÷360＋3‰÷30)]

＝17 500÷87.5

＝200(天)

(2)保利天数＝[(550－500)×500－5 000－2 500－8 750]÷[500×500×(9％÷360＋3‰

÷30)]

＝100(天)

(3)超过保利期10天售出的实际获利额＝[500×500×(9％÷360＋3‰÷30)]

×(200－110)

＝7 875(元)

（二）ABC分类控制法

ABC分类控制法是意大利经济学家巴雷特于19世纪提出的，以后经过不断地发展和完善，已广泛用于存货、成本和生产等方面的控制。所谓ABC分类管理，就是按照一定的标准，将企业的存货划分为A、B、C三类，分别实行分品种重点管理、分类别一般控制和按总额灵活掌握的存货管理方法。

ABC分类管理法的基本原理是：先将存货分为A、B、C三类，其分类的标准有两个：一是金额标准；二是品种数量标准。其中，金额标准是最基本的，品种数量标准仅作为参考。

A类存货的特点是金额巨大，品种数量较少；B类存货金额一般，品种数量相对较多；C类存货品种数量繁多，但价值较小。三类存货的金额比重大致为A：B：C＝0.7：02：0.1

运用ABC分类控制法一般分以下四个步骤：

第一步，根据每一种存货在一定期间内（如一年内）耗用量乘以价格计算出该种存货的资金耗用总额。

第二步，计算出每一种存货资金耗用总额占全部存货资金耗用总额的百分比，并按大小顺序排列，编成表格。

第三步，根据事先设定好的标准，把各项存货分为A、B、C三类，并用直角坐标图表示出来。

第四步，对A类存货实施重点控制，对B类存货实施次重点控制，对C类存货实施一般性的控制。

ABC三类存货的特点与控制要求：

(1)A类存货的特点与控制要求。A类存货品种数量少，但占用资多。企业应集中主要力量进行周密的规划和严格的管理，应列为控制重点。其控制措施有：①计算确定其经济订货批量、最佳保险储备和再订货点，严格控制存货数量；②采用永续盘存制，对存货的收发结存进行严密监视，当存货数量达到再订货点时，应及时通知采购部门组织进货。

(2)B类存货的特点与控制要求。B类存货品种，数量、占用资金均属中间状态，不必像A类存货控制那样严格，但也不能过于宽松。其控制要求是：确定每种存货的经济订货批量、最佳保险储备量和再订货点,并采用永续盘存制对存货的收发结存情况进行反映和监督。

(3)C类存货的特点和控制要求。C类存货品种多,数量大,但资金占用量很小。企业对此类存货不必花费太多的精力,可以采用总金额控制法,根据历史资料分析后,按经验适当增大订货批量,减少订货次数。

六、企业存货决策

企业存货决策可分为存货与否决策、存货数量决策、存货期限决策等方面。其中,存货与否决策涉及零库存问题;存货数量决策决定存货的批量,包括采购批量和生产批量;存货期限决策涉及商品保本期和商品保利期问题。企业存货的决策主要涉及存货订购点决策和订货量决策。

(一)存货订购点决策

存货的基本性质是在当期内随着提取而降低,因此企业的管理人员需要决定在何种剩货水平时就必须发出新的订单,以避免届时完全缺货,这个剩货水平就称为订购点。如果订购点为20,则表明企业所存货物降到20单位时,就必须发出订单,以保持应有的存货量。订购点取决于订购前置时间、使用率、服务水平以及其他因素。

1. 订购前置时间

订购前置时间是指自订购单发出到接到货物所需要的平均时间。这段时间越长,则订购点就越高。例如,订购后等候20天才取得货物比仅需10天所采用的订货点要高,也就是必须提早订货。

2. 使用率

使用率是指在某一段时间内,顾客的平均购买数量。使用率越高,则订购点就应越高。因此,每天销售4单位就比每天销售2单位使用的订购点高。

3. 服务水平

服务水平是指企业希望从存货中直接用来完成顾客订单的百分比。服务水平越高,订购点就应越高。使用率与订购前置时间变动越大,则订购点应越高。只有这样,才能达到一定的服务水平。一般把高于订购点的存货称作安全存货,与补充存货相反。企业安全存货的大小,取决于顾客服务与成本两项因素。

由此可见,"何时订购"这一决策,乃是寻求一个最低的存货水平,当达到这一水平时,就须发出新订单。在使用率越高、订购时间越长以及在使用率及订购前置时间变动的条件下,服务水平越高,则所需的订购点也应越高。换言之,订购点是由平衡缺货的风险和存货过多的成本而决定的。

(二)订购量决策

企业有关订购多少(即订购量)的决策直接影响企业的订购频率。订购量越大,则购买频率越低(即购买次数越少)。每次订购要花费成本费用,但保留大量存货也需要成本费用。企业在决定订购数量时,就要比较订购成本和存货占用成本这两种不同的成本。

1. 订购成本

订购成本也就是订货处理成本,对于经销商和制造商来讲有所不同。经销商订购成本是指每次从发出订单到收货、验货所发生的成本,如物品费用(邮票、订单表格、信封等支出)及人工费用等。不同企业对订货处理成本估计数值的差异,有些是真实的,即来自实际经营成本的差异;有些是人为的,即来自会计方法的不同。

制造商订购成本包括装置成本与运转成本。如果装置成本很低,则制造商可以经常生产该产品,该产品的成本将变得非常牢固。然而,如果装置成本过高,制造商只有在大量生产的情况下才能降低平均单位成本。此时,企业愿采取大量生产但生产次数较少的生产方式。

2. 存货占用成本

存货占用成本大致可以分为四种:

(1)存货空间费用

存货的保存常常需要热、光、冷冻、安全等专门的服务,有关设备可以租赁,也可以建造,但无论是租赁设备还是自建设备,都是存货越多,空间费用越高。

(2)资金成本

实际上,存货也是企业投资的一种形式,因此企业会丧失投资于其他方面的机会收益。存货越多,全部存货的资金成本也就越高。

(3)税金与保险费

企业的存货通常都须加以保险,并负担税金。在制定购量决策时,必须考虑到这两项费用。

(4)折旧与报废损失

企业的存货须冒损坏、降价、报废等风险。尽管这项成本难以计算,但很显然,存货越多,这项成本越高。

关键术语

相关分析法   差别分析法   成本无差别点分析法   风险型生产决策   不确定型生产决策
成本加成定价法   极限定价法

◎ 应知考核 ◎

一、单项选择题

1. 如果决策方案中有专属固定成本的发生,则应从贡献边际中扣除专属固定成本,扣除后的余额一般称为( )。

    A. 剩余贡献边际　　　　　B. 成本边际贡献　　　　　C. 利润边际贡献　　　　　D. 差别边际贡献

2. 在新产品开发的品种决策中,如果方案不涉及追加专属成本,则下列方法中最应当选用的是( )。

    A. 单位资源贡献边际分析法　　　　　　　B. 边际贡献总额分析法
    C. 差别损益分析法　　　　　　　　　　　D. 相关损益分析法

3. 在零件自制或外购的决策中,采用不同工艺进行加工等决策,都可以采用的决策方法是( )。

    A. 最优分析法　　　　　　　　　　　　　B. 差别分析法
    C. 相关分析法　　　　　　　　　　　　　D. 成本无差别点分析法

4. 成本无差别点是指能使两方案( )。

    A. 标准成本相等时的业务量　　　　　　　B. 变动成本相等时的业务量
    C. 固定成本相等时的业务量　　　　　　　D. 预期成本相等时的业务量

5. 在定价决策中,对于那些同类竞争产品差异性较大、能满足较大市场需要、弹性大、不易仿制的新产品最好采用( )。

    A. 撇脂法定价策略　　　　　　　　　　　B. 渗透法定价策略
    C. 弹性定性策略　　　　　　　　　　　　D. 先低后高策略

6. 某企业常年生产需用的某部件以前一直从市场上采购,单价为 8 元/件,预计明年单价将降为 7 元/件。如果明年企业追加投入 12 000 元专属成本,就可以自行制造该部件,预计单位变动成本为 5 元/件,则外购与自制方案的成本无差别点业务量为( )。

 A. 12 000 件   B. 6 000 件   C. 4 000 件   D. 1 400 件

7. 下列各项中,属于管理会计定价决策分析范围的是( )。

 A. 垄断价格   B. 完全自由竞争价格

 C. 企业可控制价格   D. 企业所有商品的价格

8. 一般适用于价值较小、销售量大、购买次数多的中低档日用消费品的是( )。

 A. 尾数定价法   B. 整数定价法   C. 对比定价法   D. 折扣定价策略

9. 企业把事先确定的单位成本标准作为定价决策的最低价格极限的一种定价方法是( )。

 A. 极限定价法   B. 保本定价法   C. 保利定价法   D. 保本加成定价法

10. 下列各项中,被称为最小的最大后悔值法是( )。

 A. 大中取大法   B. 小中取大法   C. 大中取小法   D. 折中决策法

二、多项选择题

1. 下列各项中,属于以成本为导向的定价决策方法的有( )。

 A. 完全成本加成定价法   B. 公式法

 C. 列表法   D. 变动成本加成定价法

2. 下列各项中,属于以市场需求为导向的定价决策方法的有( )。

 A. 完全成本加成定价法   B. 公式法

 C. 列表法   D. 变动成本加成定价法

3. 进行方案评价时反映经济效益的指标有( )。

 A. 边际贡献   B. 利润   C. 成本   D. 费用

4. 短期经营决策常用的方法有( )。

 A. 边际贡献分析法   B. 差别分析法

 C. 相关分析法   D. 成本无差别点分析法

5. 下列各项中,差别分析法包含的因素有( )。

 A. 差别收入   B. 差别成本   C. 差别收益   D. 无差别点

6. 下列各项决策中,属于"是否生产决策"内容的有( )。

 A. 是否增产亏损产品的决策   B. 是否接受低价追加订货的决策

 C. 是否转产某种产品的决策   D. 半成品是否深加工的决策

7. "最优生产批量"进行决策分析,主要应考虑的因素有( )。

 A. 调整准备成本   B. 储存成本   C. 变动成本   D. 完全成本

8. 定价策略包括( )。

 A. 新产品定价策略   B. 配套产品定价策略

 C. 心理定价策略   D. 竞争定价策略

9. 在非确定条件下,根据能否估计未来的情况和因素在各种客观状态下出现的概率可分为( )。

 A. 非风险型决策   B. 确定型决策

 C. 风险型生产决策   D. 不确定型生产决策

10. 下列各项中,属于以特殊目的为导向的定价方法包括( )。

 A. 保利定价法   B. 保本定价法   C. 极限定价法   D. 边际分析法

三、判断题

1. 短期经营决策分析的基本依据是经济效益的高低。　　　　　　　　　　　　　　　（　　）
2. 进行方案评价时反映经济效益的指标有边际贡献、利润和费用。　　　　　　　　　（　　）
3. 对某一种产品来说，单位贡献边际指标只反映产品的赢利能力。　　　　　　　　　（　　）
4. 单位贡献边际最大的方案一定是贡献边际总额最大的方案。　　　　　　　　　　　（　　）
5. 差别收益则是差别收入与差别成本之间的差额。　　　　　　　　　　　　　　　　（　　）
6. 差别分析法只能应用于只有三个备选方案的决策。　　　　　　　　　　　　　　　（　　）
7. 在收入相同的前提下，相关成本最高的方案必然是利润最高的方案。所以，应选择相关成本最高的方案。　　　　　　　　　　　　　　　　　　　　　　　　　　　　　　　　　　（　　）
8. 在不同的备选方案中，能提供边际贡献总额最多或单位时间提供的边际贡献最多的新产品生产方案为最优方案。　　　　　　　　　　　　　　　　　　　　　　　　　　　　　　　　（　　）
9. 外购方案的相关成本一般包括买价、运输费用和采购费用等。　　　　　　　　　　（　　）
10. 完全自由竞争市场价格属于管理会计中定价决策的范围。　　　　　　　　　　　（　　）

四、简述题

1. 在经营决策分析中，衡量选择最佳方案常用的方法有哪些？
2. 什么是差别分析法？试举例说明这种方法的应用。
3. "为了扭亏转盈，凡是亏损产品都应该停产"这句话对吗？为什么？
4. 在哪种经营决策中要计算成本平衡点？
5. 有人说"机器设备折旧有时是决策分析的相关成本，有时又不是相关成本"，你是否同意这种说法，请说明理由。

五、计算题

1. 某企业尚有一定闲置设备台时，拟用于开发一种新产品，现有 A、B 两个品种可供选择。A 品种的单价为 100 元/件，单位变动成本为 60 元/件，单位产品台时消耗定额为 2 小时/件，此外，还需消耗甲材料，其单耗定额为 5 千克/件；B 品种的单价为 120 元/个，单位变动成本为 40 元/个，单位产品台时消耗定额为 8 小时/个，甲材料的单耗定额为 2 千克/个。假定甲材料的供应不成问题。

要求：用单位资源边际贡献分析法作出开发哪种品种的决策，并说明理由。

2. 某企业每年生产 1 000 件甲半成品。其单位完全生产成本为 18 元（其中单位固定性制造费用为 2 元），直接出售的价格为 20 元。企业目前已具备将 80％的甲半成品深加工为乙产成品的能力，但每深加工一件甲半成品需要追加 5 元变动性加工成本。乙产成品的单价为 30 元。假定乙产成品的废品率为 1％。

要求：考虑以下不相关的情况，用差别损益分析法为企业作出是否深加工甲半成品的决策，并说明理由：

(1)深加工能力无法转移；
(2)深加工能力可用于承揽零星加工业务，预计可获得贡献边际 4 000 元；
(3)同(1)，如果追加投入 5 000 元专属成本，可使深加工能力达到 100％，并使废品率降低为零。

3. 某企业每年需用 A 零件 2 000 件，原由金工车间组织生产，年总成本为 19 000 元，其中，固定生产成本为 7 000 元。如果改从市场上采购，单价为 8 元，同时将剩余生产能力用于加工 B 零件，可节约外购成本 2 000 元。

要求：为企业作出自制或外购 A 零件的决策，并说明理由。

4. 某公司生产甲产品，甲产品产量为 500 件时的有关成本费用资料如下：直接材料 20 000 元，直接人工 11 000 元，变动性制造费用 12 000 元，固定性制造费用 10 000 元，销售及管理费用 1 800 元。已知该公司计划实现 30 000 元的目标利润。

要求：分别按完全成本法和变动成本法下的成本加成定价法确定目标售价。

5. 某产品按每件 10 元的价格出售时，可获得 8 000 元贡献边际；贡献边际率为 20%，企业最大生产能力为 7 000 件。

要求：分别根据以下不相关条件作出是否调价的决策：

(1)将价格调低为 9 元时，预计可实现销售 9 000 件；

(2)将价格调高为 12 元时，预计可实现销售 3 000 件。

6. 某企业只生产一种产品，全年最大生产能力为 1 200 件。年初已按 100 元/件的价格接受正常任务 1 000 件，该产品的单位完全生产成本为 80 元/件(其中，单位固定生产成本为 25 元)。现有一客户要求以 70 元/件的价格追加订货。

要求：考虑以下不相关情况，用差别损益分析法为企业作出是否接受低价追加订货的决策，并说明理由。

(1)剩余能力无法转移，追加订货量为 200 件，不追加专属成本；

(2)剩余能力无法转移，追加订货量为 200 件，但因有特殊要求，企业需追加 1 000 元专属成本；

(3)条件同(1)，但剩余能力可用于对外出租，可获租金收入 5 000 元；

(4)剩余能力无法转移，追加订货量为 300 件，因有特殊要求，企业需追加 900 元专属成本。

◎ 应会考核 ◎

★ 观念应用

【背景资料】

格兰有限公司的商品报价

格兰有限公司是一家制造高档电话机的公司，其产品主要在美国出售。公司的营业经理最近收到一家意大利连锁店的邀请，提交一个为该连锁店制造 2 000 台高档电话机的报价。格兰公司将在其有空闲生产能力时段进行这张订单的生产，且不会影响其正常的运作。然而，如果要取得这张订单，所提交的报价必须是很低的。

格兰公司每台电话机的标准成本如表 7-24 所示。

表 7-24

原材料	零部件 A	18.00 元
	零部件 B	12.80 元
	零部件 C	10.00 元
	包装	4.00 元
	合计	44.80 元
直接人工	2 小时，每小时 20 元	40.00 元
组长人工	直接人工的 10%	4.00 元
间接费用	折旧	8.00 元
	其他一般固定制造费用	15.20 元
总成本		112.00 元
毛利	成本的 20%	22.40 元
每台售价		134.40 元

关于原材料的其他资料如下:

(1)目前存货中还有至少2 000件零部件A,但格兰的其他产品已不再使用零部件A了,而该零部件也无其他用途。

(2)零部件B是公司常用的,预计其价格在下年维持不变。

(3)零部件C公司大量使用,但短期内将被一种新的零部件取代。那时在库的大量存货可按每件4元出售。新零部件的外购成本为每件12元。

这张订单并不需要公司的常规包装,但运往意大利的特别包装需花费20 000元,船运费用是24 000元。这张订单所需耗用的直接人工成本在公司有空闲生产能力时段一般按正常工资率照常支付。如果订单落实,要完成必需的维修工作便需支付超时工资28 000元。影响折旧的因素是时间而不是使用量。此外,这张订单直接引起的额外间接费用为6 000元。

【考核要求】

1. 计算格兰公司制造2 000台高档电话机订单的最低报价,而这报价又不会使格兰亏本。

2. 你提议的报价是多少?请列出原因。讨论接受这张订单前除财务因素外,还应考虑的其他因素。

★技能应用

某企业常年生产需用的A零件以前一直从市场上采购。采购量在5 000件以下时,单价为8元;达到或超过5 000件时,单价为7元。如果追加投入12 000元专属成本,就可以自行制造该零件,预计单位变动成本为5元。

【技能要求】

要求:用成本无差别点法为企业作出自制或外购A零件的决策,并说明理由。

★案例分析

【背景资料】

AS公司的定价决策

AS公司是一家生产电子产品的企业,其有关间接费用的预算如表7-25所示。

表7-25

	电子车间	测试车间	辅助部门
变动间接成本(千元)	1 200	600	700
固定间接成本(千元)	2 000	500	800
预算人工工时(千小时)	800	600	

在分派辅助部门间接成本时,变动间接成本是根据各车间的人工工时分配,而辅助部门的固定间接成本以电子车间和测试车间的最大实际生产能力为基础分配。两个车间的最大实际生产能力相等。

AS公司的产品价格长期以来是按照完全生产成本的25%~30%的比例加成的。AS公司正在开发某个新产品,已处于最后阶段。AS公司希望其性能能超过竞争者的同类产品,竞争者同类产品的市场价在60~70元之间。产品开发工程主任确定该产品的直接材料成本为每件7元,电子车间需耗人工工时每件4小时,测试车间3小时。两个车间的小时工资率分别为2.5元和2.0元。

管理人员预测与该产品有关的固定成本为:每年管理人员工资13 000元,最近购置设备的折旧100 000元,广告费37 000元。这些固定成本已包括在上述预算中。另外,上述预算包括很多产品,企业不会因一个产品的原因修改这个预算。

市场研究表明,AS公司对该产品的市场占有率为10%,按乐观估计可达到15%。该产品的市场总需求量为20 000件。

【技能要求】

1. 编制一份概括性的信息资料以帮助决策者制定产品价格。这些资料应包括分派辅助部门间接成本后的完全成本法和变动成本法信息。

2. 详细解释如何根据上述信息制定产品价格。

◎ 项目实训 ◎

【实训项目】

预测分析方法。

【实训情境】

你所属的公司的生产经理就项目Y的成本问题向你询问意见。项目Y是该项目经理准备竞投的一个海外的一次性的订单。该项目的有关成本如表7—26所示。

表7—26

原材料A	16 000元
原材料B	32 000元
直接人工	24 000元
监督成本	8 000元
间接费用	48 000元
合　计	128 000元

你所知的资料如下：

(1) 原材料A已存放于仓库，上述数字乃是其成本价格。除上述项目Y以外，公司暂时没有其他项目使用原材料A。假如需要清理原材料A，费用将是7 000元。原材料B将需要从外面购入，成本如上表所列。

(2) 直接人工24 000元为从另一项目调配到项目Y的工人的人工成本。另一项目因为这次调配而需招聘的额外工人的成本为28 000元。

(3) 监督成本是按项目的人工成本的1/3计算，由现有的职员在其既定的工作范围内执行。

(4) 间接费用按直接人工的200%计算。

(5) 公司现正在高于保本点的水平运作。

(6) 公司为此项目需购置的新机器，在项目完成后别无他用。机器的成本价为40 000元，项目完成后可卖得21 000元。

根据生产部经理的资料，这位海外客户愿意支付的最高价为120 000元，而公司的竞争对手也愿意接受这个价格。基于上述的成本128 000元还未包括机器的成本及公司的利润，生产部经理可接受的最低价格是160 000元。

【实训任务】

要求：

1. 计算项目Y的相关成本，应清楚列明如何得出这些数字，并解释某些数字被排除的理由。

2. 给生产部经理编写一份报告，阐明公司应否竞投此项的原因及投标价。请留意竞争对手愿意出价120 000元竞投此项目。

3. 指出在竞投项目Y前应考虑的一些非货币性因素。

4. 假设公司是在低于保本点的水平运作，你将会提出什么建议？请说明理由。

项目八 长期投资决策分析

【知识目标】

理解:投资的概念和分类、长期投资决策的概念和特征。

熟知:长期投资决策的程序;项目投资决策及其影响因素、项目投资金额及其投入方式、项目投资决策评价的主要指标及分类。

掌握:长期投资决策分析方法、项目投资决策评价指标的运用、项目投资决策的敏感性分析、新项目投资决策、固定资产更新决策、固定资产租赁或购置决策。

【技能目标】

能够具备运用项目投资决策方法进行投资方案的决策能力。

【素质目标】

能够根据企业所处的内外部环境状况,估计项目投资的现金流量,并能够用适当的项目投资决策方法对最佳投资方案作出选择,具备项目投资分析与决策的能力。

【项目引例】

康元葡萄酒厂项目投资决策的可行性分析

康元葡萄酒厂是生产葡萄酒的中型企业,该厂生产的葡萄酒酒香纯正,价格合理,长期以来供不应求。为了扩大生产能力,康元葡萄酒厂准备新建一条生产线。

张晶是该厂的助理会计师,主要负责投资工作。总会计师王冰要求张晶搜集建设葡萄酒新生产线的有关资料,并对投资项目进行财务评价,以供厂领导决策考虑。

张晶经过半个月的调查研究,得到以下有关资料:

(1)投资新的生产线需一次性投入1 000万元,建设期1年,预计可使用10年,报废时无残值收入;按税法要求该生产线的折旧年限为8年,使用直线法折旧,残值率为10%。

(2)购置设备所需的资金通过银行借款筹措,借款期限为4年,每年年末支付利息100万元,第4年年末用税后利润偿付本金。

(3)该生产线投入使用后,预计可使工厂第1~5年的销售收入每年增长1 000万元,第6~10年的销售收入每年增长800万元,耗用的人工和原材料等成本为收入的60%。

(4)生产线建设期满后,工厂还需垫支流动资金200万元。

(5)所得税税率为25%。

(6)银行借款的资金成本为10%。

【讨论】 如何对项目投资进行可行性评价?

任务一　长期投资决策概述

一、投资的概念和分类

(一)投资的概念

投资是指特定经济主体(包括国家、企业和个人)为了在未来可预见的时期内获得收益或使资金增值,在一定时期向一定领域的标的物投放足够数额的资金或实物等货币等价物的经济行为。从特定企业角度看,投资就是企业为获取收益而向一定对象投放资金的经济行为。

(二)投资的分类

1. 按照投资行为的介入程度,分为直接投资和间接投资

直接投资是指不借助金融工具,由投资人直接将资金转移交付给被投资对象使用的投资,包括企业内部直接投资和对外直接投资。前者形成企业内部直接用于生产经营的各项资产,如各种货币资金、实物资产、无形资产等;后者形成企业持有的各种股权性资产,如持有子公司或联营公司股份等。

间接投资是指通过购买被投资对象发行的金融工具而将资金间接转移交付给被投资对象使用的投资,如企业购买特定投资对象发行的股票、债券、基金等。

2. 按照投入的领域不同,分为生产性投资和非生产性投资

生产性投资是指将资金投入生产、建设等物质生产领域中,并能够形成生产能力或可以产出生产资料的一种投资,又称为生产资料投资。这种投资的最终成果将形成各种生产性资产,包括形成固定资产的投资、形成无形资产的投资、形成其他资产的投资和流动资金投资。其中,前三项属于垫支资本投资,后者属于周转资本投资。

非生产性投资是指将资金投入非物质生产领域中,不能形成生产能力,但能形成社会消费或服务能力,满足人民的物质文化生活需要的一种投资。这种投资的最终成果是形成各种非生产性资产。

3. 按照投资的方向不同,分为对内投资和对外投资

对内投资就是项目投资,是指企业将资金投放于为取得供本企业生产经营使用的固定资产、无形资产、其他资产和垫支流动资金而形成的一种投资。

对外投资是指企业为购买国家及其他企业发行的有价证券或其他金融产品(包括期货与期权、信托、保险),或以货币资金、实物资产、无形资产向其他企业(如联营企业、子公司等)注入资金而发生的投资。

此外,按照投资的内容不同,分为固定资产投资、无形资产投资、流动资金投资、房地产投资、有价证券投资、期货与期权投资、信托投资和保险投资等多种形式。

本项目所讨论的投资,是指属于直接投资范畴的企业内部投资,即项目投资。

二、长期投资决策的概念和特征

长期投资是指涉及投入大量资金,投资所获得报酬要在长时期内逐渐收回,能在较长时间

内影响企业经营获利能力的投资。与长期投资项目有关的决策,称作长期投资决策。广义的长期投资包括固定资产投资、无形资产投资和长期证券投资等内容。而固定资产投资在长期投资中所占比例较大,所以狭义的长期投资特指固定资产投资,本项目主要论述狭义的长期投资决策。一般来说,长期投资有如下特征:

（一）投资金额大

长期投资,特别是战略性扩大生产能力的投资需要的金额一般较大,往往是企业多年的资金积累。长期投资在企业总资产中占到很大比重,因此对企业未来的财务状况和现金流量起到相当大的影响。

（二）影响时间长

长期投资投资期和发挥作用的时间都较长,项目建成后对企业的经济效益会产生长久的效应,并可能对企业的前途有决定性的影响。

（三）变现能力差

长期投资的使用期长,一般不会在短期内变现,即使由于种种原因想在短期内变现,其变现能力也较差。长期投资项目一旦建成,想要改变是很困难的,不是无法实现,就是代价太大。

（四）投资风险大

长期投资投资项目的使用期长,面临的不确定因素很多,如原材料供应情况、市场供求关系、技术进步速度、行业竞争程度、通货膨胀水平等都会影响投资的效果。所以,固定资产投资面临较高的投资风险。

长期投资不仅需要投入较多的资金,而且影响的时间长,投入资金的回收和投资所得收益都要经历较长的时间才能完成。在进行长期投资决策时,一方面要对各方案的现金流入量和现金流出量进行预测,正确估算出每年的现金净流量;另一方面要考虑资金的时间价值,还要计算出为取得长期投资所需资金所付出的代价,即资金成本。因此,现金净流量、资金时间价值和资金成本是影响长期投资决策的重要因素。

三、长期投资决策的程序

投资项目具有相当大的风险,一旦决策失误,就会严重影响企业的财务状况和现金流量,甚至会使企业走向破产。因此,投资项目不能在缺乏调查研究的情况下轻率决定,而必须按特定的程序,运用科学的方法进行可行性分析,以保证决策的正确有效。投资项目决策的程序一般包括下述几个步骤:

（一）投资项目方案的提出

为了满足公司生存、发展和获利的需要,根据公司的长远发展战略目标进行投资项目,可以为公司提供更多、更好的发展机遇。公司的各级管理人员都可以提出投资项目。一般而言,公司的最高管理层提出的投资项目多是战略性的,基层管理人员提出的投资项目多是战术性的。

（二）投资项目方案的评价

投资项目方案的评价主要涉及如下几项工作:一是项目对公司的重要意义及项目的可行性;二是估算项目预计投资额,预计项目的收入和成本,预测投资项目的现金流量;三是计算项目的各种投资评价指标;四是写出评价报告,请领导批准。

（三）投资项目方案的决策

投资项目评价后,根据评价的结果,公司相关决策者要作最后决策。最后决策一般可分为

三种情况:

(1)该项目可行,接受这个项目,可以进行投资;

(2)该项目不可行,拒绝这个项目,不能进行投资;

(3)将项目计划发还给投资项目的提出部门,重新调查后,再做处理。

(四)投资项目的执行

公司相关决策者作出投资决策,决定对某项目进行投资后,公司相关部门按照投资计划的要求积极筹措资金,实施投资。在投资项目的执行过程中,还要对工程进度、工程质量、施工成本进行控制,以使投资按预算的规定保质并如期完成。

(五)投资项目的再评价

在投资项目的执行过程中,应根据项目的实行情况判断原来作出的决策是否合理、正确。一旦发现原方案有不妥之处,或者情况有重大变化,就应对原方案重新审议,必要时应修改原方案或者终止投资,以避免更大的损失。

四、项目投资的概念和意义

(一)项目投资的概念

项目投资是对特定项目所进行的一种长期投资行为。对工业企业来讲,主要有以新增生产能力为目的的新建项目投资和以恢复或改善原有生产能力为目的的更新改造项目投资两大类。

(二)项目投资的意义

1. 宏观角度

从宏观角度看,项目投资有以下两方面积极意义:

第一,项目投资是实现社会资本积累功能的主要途径,也是扩大社会再生产的重要手段,有助于促进社会经济的长期可持续发展。

第二,增加项目投资,能够为社会提供更多的就业机会,提高社会总供给量,不仅可以满足社会需求的不断增长,而且会最终拉动社会消费的增长。

2. 微观角度

从微观角度看,项目投资有以下三个方面积极意义:

第一,增强投资者经济实力。投资者通过项目投资,扩大其资本积累规模,提高其收益能力,增强其抵御风险的能力。

第二,提高投资者创新能力。投资者通过自主研发和购买知识产权,结合投资项目的实施,实现科技成果的商品化和产业化,不仅可以不断地获得技术创新,而且能够为科技转化为生产力提供更好的业务操作平台。

第三,提升投资者市场竞争能力。市场竞争不仅是人才的竞争、产品的竞争,而且从根本上说是投资项目的竞争。一个不具备核心竞争能力的投资项目,是注定要失败的。无论是投资实践的成功经验还是失败的教训,都有助于促进投资者自觉按市场规律办事,不断提升其市场竞争力。

五、项目投资决策及其影响因素

项目投资决策是指特定投资主体根据其经营战略和方针,由相关管理人员作出的有关投资目标、拟投资方向或投资领域的确定和投资实施方案的选择的过程。

一般而言,项目投资决策主要考虑以下因素:

（一）需求因素

需求情况可以通过考察投资项目建成投产后预计产品的各年营业收入（即预计销售单价与预计销量的乘积）的水平来反映。如果项目的产品不适销对路，或质量不符合要求，或产能不足，都会直接影响其未来的市场销路和价格水平。其中，产品是否符合市场需求、质量应达到什么标准，取决于对未来市场的需求分析和工艺技术水平的分析；而产能情况则直接取决于工厂布局是否合理、原材料供应是否有保证，以及对生产能力和运输能力的分析。

（二）时期和时间价值因素

1. 时期因素

时期因素是由项目计算期的构成情况决定的。项目计算期（记作 n），是指项目从开始投资建设到最终清理结束整个过程的全部时间，即项目的有效持续时间。项目计算期通常以年为计算单位。

一个完整的项目计算期，由建设期（记作 s，$s \geqslant 0$）和生产经营期（记作 p）两部分构成。其中：建设期是指从开始投资建设到建成投产这一过程的全部时间。建设期的第 1 年初（记作第 0 年）称为建设起点，建设期的最后一年末（记作第 s 年）称为投产日。生产经营期是指从投产日到终结点这一过程的全部时间。生产经营期开始于建设期的最后一年末即投产日，结束于项目最终清理的最后一年末（记作第 n 年），称为终结点。生产经营期包括试产期和达产期（完全达到设计生产能力）。试产期是指项目投入生产，但生产能力尚未完全达到设计能力时的过渡阶段。达产期是指生产运营达到设计预期水平后的时间。运营期一般应根据项目主要设备的经济使用寿命期确定。图 8-1 为项目计算期的构成示意图。

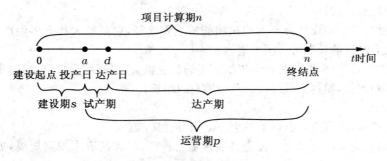

图 8-1　项目计算期示意

项目计算期、建设期和运营期之间的有以下关系成立，即：

$$项目计算期(n) = 建设期(s) + 运营期(p)$$

【例 8-1】　A 企业拟投资新建一个项目，在建设起点开始投资，历经两年后投产，试产期为 1 年，主要固定资产的预计使用寿命为 10 年。

根据上述资料，估算该项目各项指标如下：

建设期为 2 年，运营期为 10 年。

达产期＝10-1＝9（年）

项目计算期＝2+10＝12（年）

2. 时间价值因素

时间价值因素是指根据项目计算期不同时点上价值数据的特征，按照一定的折现率对其进行折算，从而计算出相关的动态项目评价指标。因此，科学地选择适当的折现率，对于正确开展投资决策至关重要。

（三）成本因素

成本因素包括投入和产出两个阶段的广义成本费用。

1. 投入阶段的成本

它是由建设期和运营期初期所发生的原始投资决定的，从项目投资的角度看，原始投资（又称"初始投资"）等于企业为使该项目完全达到设计生产能力、开展正常经营而投入的全部现实资金，包括建设投资和流动资金投资两项内容。建设投资是指在建设期内按一定生产经营规模和建设内容进行的投资。流动资金投资是指项目投产后分次或一次投放于营运资金项目的投资增加额，又称垫支流动资金或营运资金投资。

在财务可行性评价中，原始投资与建设期资本化利息之和为项目总投资，这是一个反映项目投资总体规模的指标。

【例8—2】　B企业拟新建一条生产线项目，建设期为2年，运营期为20年。全部建设投资分别安排在建设起点、建设期第2年年初和建设期末分三次投入，投资额分别为100万元、300万元和68万元；全部流动资金投资安排在投产后第一年末和第二年年末分两次投入，投资额分别为15万元和5万元。根据项目筹资方案的安排，建设期资本化借款利息为22万元。根据上述资料，可估算该项目各项指标如下：

解：建设投资合计＝100＋300＋68＝468（万元）

流动资金投资合计＝15＋5＝20（万元）

原始投资＝468＋20＝488（万元）

项目总投资＝488＋22＝510（万元）

2. 产出阶段的成本

它是由运营期发生的经营成本、营业税金及附加和企业所得税三个因素决定的。经营成本又称付现的营运成本（或简称"付现成本"），是指在运营期内为满足正常生产经营而动用货币资金支付的成本费用。从企业投资者的角度看，营业税金及附加和企业所得税都属于成本费用的范畴，因此，在投资决策中需要考虑这些因素。

严格来讲，各项广义成本因素中除所得税因素外，均需综合考虑项目的工艺、技术、生产和财务等条件，通过开展相关的专业分析才能予以确定。

六、项目投资金额及投资方式

（一）项目投资金额

反映项目投资金额的指标主要有原始总投资和项目总投资。

1. 原始总投资

原始总投资是反映项目所需现实资金的价值指标。从项目投资的角度看，原始总投资等于企业为使投资项目完全达到设计生产能力而投入的全部现实资金。

从项目投资的角度看，原始投资（又称"初始投资"）是指企业为使该项目完全达到设计生产能力、开展正常经营而投入的全部现实资金，包括建设投资和流动资金投资两项内容。

（1）建设投资

建设投资是指在建设期内按一定生产经营规模和建设内容进行的投资，具体包括固定资产投资、无形资产投资和其他资产投资三项内容。

①固定资产投资是指项目用于购置或安装固定资产应当发生的投资。固定资产投资是任

何类型项目中都不可缺少的投资内容。固定资产原值与固定资产投资之间的关系如下：

$$固定资产原值＝固定资产投资＋建设期资本化借款利息$$

②无形资产投资是指项目用于取得无形资产应当发生的投资。

③其他资产投资是指建设投资中除固定资产投资和无形资产投资以外的投资，包括生产准备投资和开办费投资。

（2）流动资金投资

流动资金投资是指项目投产前后分次或一次投放于流动资产项目的投资增加额，又称垫支流动资金投资或营运资金投资。

2. 项目总投资

项目总投资是反映项目投资总体规模的价值指标，它等于原始投资与建设期资本化利息之和。其中，建设期资本化利息是指在建设期发生的与购建项目所需的固定资产、无形资产等长期资产有关的借款利息。

$$项目总投资＝原始投资＋建设期资本化利息$$

【例 8—3】 A 企业拟新建一条生产线，需要在建设起点一次投入固定资产投资 200 万元，在建设期末投入无形资产投资 25 万元。建设期为 1 年，建设期资本化利息为 10 万元，全部计入固定资产原值。流动资金投资合计为 20 万元。

解：根据上述资料可计算该项目有关指标如下：

固定资产原值＝200＋10＝210（万元）

建设投资＝200＋25＝225（万元）

原始投资＝225＋20＝245（万元）

项目总投资＝245＋10＝255（万元）

（二）项目投资方式

项目投资的资金投入方式可分为一次投入和分次投入两种方式。一次投入方式是指投资行为集中一次发生或资金集中在某一个时点上投入。如果投资行为涉及两个或两个以上的时点，则属于分次投入方式。当建设期为零时，则一般为一次投资方式。

七、项目投资决策评价的主要指标及分类

（一）项目投资决策评价指标

投资项目的现金净流量计算出来后，应采用适当的指标进行评价。项目投资决策评价指标是指用于衡量和比较投资项目可行性以便据以进行方案决策的定量化标准与尺度，它由一系列综合反映投资效益、投入产出关系的量化指标构成。项目投资决策评价的指标主要有投资利润率、静态投资回收期、动态投资回收期（又称"贴现投资回收期"）、净现值、净现值率、现值指数、内含报酬率等。

（二）项目投资决策评价指标的分类

1. 按是否考虑货币时间价值分类

按是否考虑货币时间价值，分为非折现评价指标和折现评价指标。非折现评价指标是指在计算过程中不考虑货币时间价值因素的指标，又称为静态指标，包括投资利润率、投资回收期等。折现评价指标是指在计算过程中充分考虑和利用货币时间价值因素的指标，又称为动态指标，包括净现值、净现值率、现值指数、内含报酬率等。

2. 按性质不同分类

按性质不同,分为正指标和反指标。投资利润率、净现值、净现值率、现值指数和内含报酬率属于正指标,在评价决策中,这些指标值越大越好。静态投资回收期、动态投资回收期属于反指标,在评价决策中,这类指标的值越小越好。

3. 按数量特征不同分类

按数量特征不同,分为绝对指标和相对指标。前者包括以时间为计量单位的静态投资回收期指标、动态投资回收期和以价值量为计量单位的净现值指标;后者包括净现值率、现值指数、内含报酬率等指标,除现值指数用指数形式表现外,其余指数用百分比指标。

4. 按指标重要性不同分类

按指标重要性不同,分为主要指标、次要指标和辅助指标。净现值、内含报酬率等为主要指标,静态投资回收期为次要指标,投资利润率为辅助指标。

5. 按指标计算的春易程度不同分类

按指标计算的难易程度不同,分为简单指标和复杂指标。投资利润率、静态投资回收期、动态投资回收期、净现值、净现值率和现值指数等为简单指标;内含报酬率为复杂指标。

任务二　长期投资决策分析方法

长期投资决策分析方法,按照是否考虑货币资金时间价值,可以分为非贴现的决策分析方法和贴现的决策分析方法两大类。所谓非贴现的决策分析方法,就是决策分析时不考虑货币时间价值,计算简单,便于理解;所谓贴现的决策分析方法,就是决策分析时要考虑货币时间价值,虽然计算稍为复杂,但更贴近实际,更为科学合理。

一、非贴现投资评价方法

非贴现的方法不考虑资金时间价值,把不同时间的货币收支看成是等效的。这些方法在选择方案时只起辅助作用。

(一)投资利润率

投资利润率(Return-on-Investment,ROI)又称投资报酬率、平均报酬率(Average Rate of Return,ARR),是指投资方案的年平均利润额与投资总额的比率。

投资利润率的计算公式为:

$$投资利润率(ROI) = \frac{P}{I} \times 100\%$$

式中,P 表示年平均净利润,I 表示投资总额。

$$投资利润率(ROI) = \frac{年平均净利润}{项目投资总额} \times 100\%$$

投资利润率从会计收益角度反映投资项目的获利能力,即投资一年能给企业带来的平均利润是多少。

利用投资利润率进行投资决策时将方案的投资利润率与预先确定的基准投资利润率(或企业要求的最低投资利润率)进行比较:若方案的投资利润率大于或等于基准投资利润率,方案可行;若方案的投资利润率小于基准投资利润率,方案不可行。一般来说,投资利润率越高,表明投资效益越好;投资利润率越低,表明投资效益越差。

【**例 8—4**】 某企业有 A、B 两个投资方案,投资总额均为 280 万元,全部用于购置固定资产,直线法折旧,使用期均为 4 年,不计残值,该企业要求的最低投资利润率为 10%,其他有关资料如表 8—1 所示。

表 8—1   A、B 投资方案相关资料   单位:万元

年序	A 方案		B 方案	
	利润	现金净流量(NCF)	利润	现金净流量(NCF)
0		−280		−280
1	35	105	25	95
2	35	105	28	98
3	35	105	35	105
4	35	105	38	108
合计	140	140	126	126

要求:计算 A、B 两方案的投资利润率。

解:

$$A 方案的投资利润率 = \frac{35}{280} \times 100\% = 12.5\%$$

$$B 方案的投资利润率 = \frac{126 \div 4}{280} \times 100\% = 11.25\%$$

从计算结果可以看出,A、B 方案的投资利润率均大于基准投资利润率 10%,A、B 方案均为可行方案,且 A 方案的投资利润率比 B 方案的投资利润率高出 1.25%,故 A 方案优于 B 方案。

投资利润率的优点主要是计算简单,易于理解。其缺点主要是:①没有考虑资金时间价值;②没有直接利用现金净流量信息;③计算公式的分子是时期指标,分母是时点指标,缺乏可比性。基于这些缺点,投资利润率不宜作为投资决策的主要依据,一般只适用于方案的初选,或者投资后各项目间经济效益的比较。

(二)静态投资回收期

静态投资回收期是指以投资项目营业现金净流量抵偿原始总投资所需要的全部时间,通常以年来表示,记为 PP。投资决策时将方案的投资回收期与预先确定的基准投资回收期(或决策者期望投资回收期)进行比较,若方案的投资回收期小于基准投资回收期,方案可行;若方案的投资回收期大于基准投资回收期,方案不可行。一般来说,投资回收期越短,表明该投资方案的投资效果越好,则该项投资在未来时期所冒的风险越小。它的计算可分为两种情况。

1. 经营期年现金净流量相等

此时,其计算公式为:

$$静态投资回收期 = \frac{原始总投资}{年现金净流量}$$

【**例 8—5**】 根据例 8—4 资料。

要求:计算 A 方案的静态投资回收期。

解:A 方案的静态投资回收期 $=\dfrac{280}{105}=2.67$(年)

2. 经营期年现金净流量不相等

此时,则需计算逐年累计的现金净流量,然后用插入法计算出投资回收期。

【例 8—6】　根据例 8—4 资料。要求:计算 B 方案的投资回收期。

解:现金净流量和累计现金净流量计算如表 8—2 所示。

表 8—2　　　　　　　　　　　现金净流量和累计现金净流量计算表　　　　　　　　　单位:万元

年序	B方案	
	现金净流量(NCF)	累计现金净流量
0	—280	—280
1	95	—185
2	98	—87
3	105	18
4	108	126

从表 8—2 可得出,B 方案第 2 年末累计现金净流量为—87 万元,表明第 2 年末未回收额已经小于第 3 年的可回收额 105 万元,静态投资回收期在第 2 年与第 3 年之间,用插入法可计算出:

$$B 方案的静态投资回收期=2+\frac{|-87|}{105}=2.83(年)$$

A 方案的静态投资回收期小于 B 方案静态投资回收期,所以 A 方案优于 B 方案。

静态投资回收期的优点主要是简单易算,并且投资回收期的长短也是衡量项目风险的一种标志,所以在实务中被广泛使用。其缺点主要是:①没有考虑资金时间价值;②仅考虑了回收期以前的现金流量,没有考虑回收期以后的现金流量,而有些长期投资项目在中后期才能得到较为丰厚的收益,投资回收期不能反映其整体的盈利性。

二、贴现投资评价方法

(一)净现值

净现值(Net Present Value,NPV)是指在项目计算期内,按行业基准收益率或投资者设定的贴现率计算的各年现金净流量现值的代数和,记为 NPV。净现值的基本计算公式为:

$$NPV=\sum_{t=0}^{n}\frac{NCF_t}{(1+i)^t}=\sum_{t=0}^{n}NCF_t\times(P/F,i,t)$$

式中,n 表示项目计算期(包括建设期与经营期);NCF_t 表示第 t 年的现金净流量;i 表示行业基准收益率或投资者设定的贴现率;$(P/F,i,t)$ 表示第 t 年、贴现率为 i 的复利现值系数。

显然,净现值也可表示为投资方案的现金流入量总现值减去现金流出量总现值的差额,也就是一项投资的未来收益总现值与原始总投资现值的差额。若前者大于或等于后者,即净现值大于等于零,投资方案可行;若后者大于前者,即净现值小于零,投资方案不可行。

1. 经营期内各年现金净流量相等,建设期为零时

净现值的计算公式为:

净现值＝经营期每年相等的现金净流量×年金现值系数－原始总投资现值

【例8－7】 根据例8－4资料,假定行业基准收益率为10％。

要求:计算该投资方案A的净现值。

解:$NPV = 105 \times (P/A, 10\%, 4) - 280 = 105 \times 3.1699 - 280 = 52.8395$(万元)

2. 经营期内各年现金净流量不相等

净现值的计算按基本公式计算:

净现值＝∑(经营期各年的现金净流量×各年现金现值系数)－原始总投资现值

【例8－8】 根据例8－4资料,仍假定行业基准收益率为10％。

要求:计算该投资B方案的净现值。

解:$NPV = 95 \times (P/F, 10\%, 1) + 98 \times (P/F, 10\%, 2) + 105 \times (P/F, 10\%, 3) + 108$
$\times (P/F, 10\%, 4) - 280$
$= 95 \times 0.9091 + 98 \times 0.8264 + 105 \times 0.7513 + 108 \times 0.6830 - 280$
$= 40.0022$(万元)

A方案的净现值比B方案大,所以A方案优于B方案。

【例8－9】 某企业准备引进先进设备与技术,有关资料如下:

(1)设备总价700万元,第一年初支付400万元,第二年初支付300万元,第二年初投入生产,使用期限为6年,预计净残值40万元,直线法折旧。

(2)预计技术转让费共360万元,第一、二年初各支付150万元,其余的在第三年初付清。

(3)预计经营期第一年税后利润为100万元,第二年的税后利润为150万元,第三年的税后利润为180万元,第四、五、六年的税后利润均为200万元。

(4)经营期初投入流动资金200万元。

要求:按12％的贴现率计算该项目的净现值,并作出评价。相关内容如表8－3所示。

解:

表8－3 现金流量计算表 单位:万元

年　序	0	1	2	3	4	5	6	7
购买设备	−400	−300						
无形资产投资	−150	−150	−60					
流动资产投资		−200						
税后利润			100	150	180	200	200	200
折旧			110	110	110	110	110	110
无形资产摊销			60	60	60	60	60	60
残值回收								40
流动资产回收								200
现金净流量	−550	−650	210	320	350	370	370	610
折现系数(12％)	1	0.8929	0.7972	0.7118	0.6355	0.5674	0.5066	0.4523

$NPV = -550 + (-650) \times 0.8929 + 210 \times 0.7972 + 320 \times 0.7118 + 350 \times 0.6355 + 370 \times 0.5674 + 370 \times 0.5066 + 610 \times 0.4523 = 160.5110$(万元)

该项目的净现值大于零,方案可行。

使用净现值指标进行投资方案评价时,贴现率的选择相当重要,会直接影响到评价的正确性。通常情况下,可以通过企业筹资的资金成本率或企业要求的最低投资利润率来确定。

净现值是长期投资决策评价指标中最重要的指标之一。其优点在于:①充分考虑了货币时间价值,能较合理地反映投资项目的真正经济价值;②考虑了项目计算期的全部现金净流量,体现了流动性与收益性的统一;③考虑了投资风险性,贴现率选择应与风险大小有关,风险越大,贴现率就可选得越高。但是,该指标的缺点也是明显的。其缺点在于:①净现值是一个绝对值指标,无法直接反映投资项目的实际投资收益率水平,当各项目投资额不同时,难以确定投资方案的好坏。②贴现率的选择比较困难,很难有统一标准。

(二)净现值率

净现值率(Net Present Value Rate,NPVR)是指投资项目的净现值与原始总投资现值之和的比率。净现值率的基本计算公式为:

$$净现值率 = \frac{净现值}{原始总投资现值之和}$$

$$= \frac{NPV}{\left| \sum_{t=0}^{s} \left[NCF_t \cdot (1+i)^{-t} \right] \right|}$$

净现值率反映每元原始投资的现值未来可以获得的净现值有多少。净现值率大于或等于零,投资方案可行;净现值率小于零,投资方案不可行。净现值率可用于投资额不同的多个方案之间的比较,净现值率最高的投资方案应优先考虑。

【例8-10】 根据例8-7、例8-8计算净现值的数据,计算 A、B 两方案的净现值率并加以比较。

解:

$$NPVR_A = \frac{52.8395}{280} = 18.87\%$$

$$NPVR_B = \frac{40.0022}{280} = 14.29\%$$

A 方案的净现值率比 B 方案高,所以 A 方案优于 B 方案。

【例8-11】 根据例8-9的资料,计算投资方案的净现值率。

$$NPVR = \frac{160.511}{-550 + (-650) \times 0.8929 + (-60) \times 0.7972} = 13.62\%$$

净现值率这个贴现的相对数评价指标的优点在于,可以从动态角度反映投资方案的资金投入与净产出之间的关系,反映了投资的效率,使投资额不同的项目具有可比性。

(三)现值指数

现值指数(Profitability Index,PI)又称获利指数,是指项目投产后按一定贴现率计算的经营期各年现金净流量的现值之和与原始总投资现值之和的比率。其计算公式为:

$$现值指数(PI) = \frac{经营期各年现金净流量的现值之和}{原始总投资现值之和} = 1 + 净现值率$$

现值指数反映每元原始投资的现值未来可以获得报酬的现值有多少。现值指数大于或等于1,投资方案可行;现值指数小于1,投资方案不可行。现值指数可用于投资额不同的多个相互独立方案之间的比较,现值指数最高的投资方案应优先考虑。

【例8-12】 根据例8-7、例8-8的数据,计算A、B两方案的现值指数并加以比较。

解:

$$PI_A = \frac{280 + 52.839\,5}{280} = 1.188\,7$$

$$PI_B = \frac{280 + 40.002\,2}{280} = 1.142\,9$$

A方案的现值指数比B方案高,所以A方案优于B方案。

【例8-13】 根据例8-9的资料,计算投资方案的现值指数。

解:

$$PI = \frac{550 + 650 \times 0.892\,9 + 60 \times 0.797\,2 + 160.511}{|-550 + (-650) \times 0.892\,9 + (-60) \times 0.797\,2|} = 1.136\,2$$

现值指数同样是贴现的相对数评价指标,可以从动态角度反映投资方案的资金投入与总产出之间的关系,同样反映了投资的效率,使投资额不同的项目具有可比性。

（四）内含报酬率

内含报酬率(Internal Rate of Return, IRR)又称内部收益率,是指投资方案在项目计算期内各年现金净流量现值之和等于零时的贴现率,或者说能使投资方案净现值为零时的贴现率。显然,内含报酬率 IRR 应满足以下等式:

$$\sum_{t=0}^{n} NCF_t \times (P/F, IRR, t) = 0$$

从上式可以看出,根据方案整个计算期的现金净流量就可计算出内含报酬率,它是方案的实际收益率。利用内含报酬率对单一方案进行决策时,只要将计算出的内含报酬率与企业的预期报酬率或资金成本率加以比较,若前者大于后者,方案可行;若前者小于后者,方案不可行。如果利用内含报酬率对多个方案进行选优时,在方案可行的条件下,内含报酬率最高的方案是最优方案。计算内含报酬率的过程,就是寻求使净现值等于零的贴现率的过程,根据投资方案各年现金净流量的情况不同,可以按以下两种方式进行计算。

1. 简单计算法

如果投资方案建设期为零,全部投资均于建设起点一次投入,而且经营期内各年现金净流量为普通年金的形式,可用简单计算法计算内含报酬率。

假设建设起点一次投资额为 A_0,每年现金净流量为 A,则有:

$$A(P/A, IRR, n) - A_0 = 0$$

$$(P/A, IRR, n) = \frac{A_0}{A}$$

然后,通过查附录四"年金现值系数表",用线性插值方法计算出内含报酬率。

【例8-14】 根据例8-4的资料,计算A方案的内含报酬率。

解:A方案的建设期为零,全部投资280万元在第1年初一次投入,经营期4年内各年现金净流量均为105万元。

$$105 \times (P/A, IRR, 4) - 280 = 0$$

$$(P/A, IRR, 4) = \frac{280}{105} = 2.666\,7$$

查附录四"年金现值系数表",在 $n = 4$ 这一行中,查到最接近2.666 7的两个值,一个大于2.666 7的是2.690 1,其对应的贴现率为18%;另一个小于2.666 7的是2.588 7,其对应的贴现率为20%。 IRR 应位于18%与20%之间,如图8-2所示。

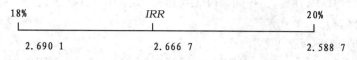

图8—2 线性插值示意

利用线性插值法得到：

$$\frac{IRR-18\%}{20\%-18\%}=\frac{2.690\ 1-2.666\ 7}{2.690\ 1-2.588\ 7}$$

$$IRR=18\%+\frac{2.690\ 1-2.666\ 7}{2.690\ 1-2.588\ 7}\times(20\%-18\%)=18.46\%$$

2. 一般计算法

若建设期不为零，原始投资额是在建设期内分次投入或投资方案在经营期内各年现金净流量不相等的情况下，无法应用上述的简单方法，则应采用逐次测试法，并结合线性插值法计算内含报酬率，其计算步骤如下：

(1)估计一个贴现率，用它来计算净现值。如果净现值为正数，说明方案的实际内含报酬率大于预计的贴现率，应提高贴现率再进一步测试；如果净现值为负数，说明方案本身的报酬率小于估计的贴现率，应降低贴现率再进行测算。反复测试，直到寻找出贴现率 i_1 和 i_2，$i_1<i_2$，以 i_1 为贴现率计算的净现值 $NPV_1>0$ 且最接近零；以 i_2 为贴现率计算的净现值 $NPV_2<0$ 且最接近零。

(2)用线性插值法求出该方案的内含报酬率 IRR，如图8—3所示。

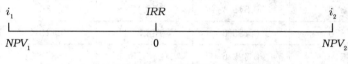

图8—3 线性插值示意

根据各指标之间的关系，即可得到计算内含报酬率的一般公式：

$$IRR=i_1+\frac{NPV_1}{NPV_1-NPV_2}\times(i_2-i_1)$$

【**例8—15**】 根据例8—4的资料，计算B方案的内含报酬率。

解：第一次测试，取贴现率10%：

$NPV=95\times(P/F,10\%,1)+98\times(P/F,10\%,2)+105\times(P/F,10\%,3)+108\times(P/F,10\%,4)-280$

$\qquad=40.002\ 2$（万元）

NPV 的值高出0较多，说明低估了贴现率。

第二次测试，取贴现率16%：

$NPV=95\times(P/F,16\%,1)+98\times(P/F,16\%,2)+105\times(P/F,16\%,3)+108\times(P/F,16\%,4)-280$

$\qquad=1.655$（万元）

说明仍然低估了贴现率。

第三次测试，取贴现率18%：

$$NPV = 95 \times (P/F, 18\%, 1) + 98 \times (P/F, 18\%, 2) + 105 \times (P/F, 18\%, 3) + 108 \times (P/F, 18\%, 4) - 280$$
$$= -9.494\ 5(万元)$$

根据以上计算,得到 $i_1 = 16\%$、$NPV_1 = 1.655$(万元)、$i_2 = 18\%$、$NPV_2 = -9.494\ 5$(万元),B方案的内含报酬率为:

$$IRR = 16\% + \frac{1.655}{1.655 - (-9.494\ 5)} \times (18\% - 16\%) = 16.30\%$$

【例8—16】 根据例8—9的资料,计算该项目的内含报酬率。

解:从例8—9得知:当贴现率为12%时,净现值为160.511 0万元;取 $i = 14\%$ 时,$NPV = 69.156$ 万元,再提高贴现率;取 $i = 16\%$ 时,$NPV = -12.141$ 万元,测试过程也可列表完成,如表8—4所示。

表8—4 内含报酬率测试计算表 单位:万元

年份	现金净流量 (NCF)	贴现率=14%		贴现率=16%	
		现值系数	现值	现值系数	现值
0	−550	1	−550	1	−550
1	−650	0.877 2	−570.180	0.862 1	−560.365
2	210	0.769 5	161.595	0.743 2	156.072
3	320	0.675 0	216.00	0.640 7	205.024
4	350	0.592 1	207.235	0.552 3	193.305
5	370	0.519 4	192.178	0.476 1	176.157
6	370	0.455 6	168.572	0.410 4	151.848
7	610	0.399 6	243.756	0.353 8	215.818
净现值			69.156		−12.141

$$IRR = 14\% + \frac{69.156}{69.156 - (-12.141)} \times (16\% - 14\%) = 15.70\%$$

内含报酬率也是长期投资决策评价指标中最重要的指标之一。它的优点是在考虑货币时间价值基础上,直接反映投资项目的实际收益率水平,而且不受决策者设定的贴现率高低的影响,比较客观。其缺点主要是,如果投资方案在经营期现金净流量不是持续地大于零,而是出现间隔若干年就会有一年现金净流量小于零,就可能计算出若干个内含报酬率。在这种情况下,只能结合其他指标或凭经验加以判断。

任务三 长期投资决策评价指标的运用

正确计算主要评价指标的目的是为了在进行项目投资方案的对比与选优中发挥作用。为正确进行方案的对比与选优,要从不同的投资方案之间的关系出发,将投资方案区分为独立方案和互斥方案两大类。独立方案是指一组相互分离、互不排斥的方案,选择其中一方案并不排斥选择另一方案。例如,新建办公楼、购置生产设备是相互独立的方案。互斥方案是指一组相互关联、相互排斥的方案,选择其中一方案,就会排斥其他方案。例如,假设进口设备和国产设备的使用价值相同,都可用来生产同样的产品,购置进口设备就不能购置国产设备,购置国产设备就不能购置进口设备,所以这两个方案是互斥方案。

一、独立方案的可行性评价

若某一独立方案的动态评价指标满足以下条件:

$$NPV \geq 0, NPVR \geq 0, PI \geq 1, IRR \geq i_m$$

则项目具有财务可行性;反之,则不具备财务可行性。其中,i_m 表示基准贴现率(即预期报酬率或资金成本率)。

要注意的是:利用以上四个动态评价指标对同一个投资方案的财务可行性进行评价时,得出的结论应该完全相同,不会产生矛盾。如果静态评价指标的评价结果与动态评价指标产生矛盾时,应以动态评价指标的结论为准。

【例8-17】　假定某公司计划年度拟购置设备一台,购置成本为120 000元,该设备预计可使用六年,使用期满有净残值6 000元,按直线法折旧。使用后每年可增加营业收入85 000元,同时增加总成本52 500元,所得税税率为40%,若该公司的基准贴现率为10%,决策者期望投资利润率为9.5%,期望静态投资回收期为3年。

要求:计算下列评价指标:(1)投资利润率;(2)静态投资回收期;(3)净现值;(4)净现值率;(5)现值指数;(6)内含报酬率。并对上述设备购置方案是否可行作出评价。

解:年折旧额 $= \dfrac{120\,000 - 6\,000}{6} = 19\,000(元)$

$NCF_0 = -120\,000(元)$

$NCF_{1\sim5} = (85\,000 - 52\,500) \times (1 - 40\%) + 19\,000 = 38\,500(元)$

$NCF_6 = (85\,000 - 52\,500) \times (1 - 40\%) + 19\,000 + 6\,000 = 44\,500(元)$

(1)投资报酬率$(ROI) = \dfrac{(85\,000 - 52\,500) \times (1 - 40\%)}{120\,000} = 16.26\% > 9.5\%$(期望投资报酬率)

(2)

表8-5　　　　　　　　　　　　　　累计现金净流量计算表　　　　　　　　　　　　　　单位:元

年　序	0	1	2	3	4	5
现金净流量	-120 000	38 500	38 500	38 500	38 500	38 500
累计现金净流量	-120 000	-81 500	-43 000	-4 500		

静态投资回收期$(PP) = 3 + \dfrac{|-4\,500|}{38\,500} = 3.12(年) > 3$ 年(期望静态投资回收期)

(3)$NPV = 38\,500 \times (P/A, 10\%, 6) + 6\,000 \times (P/F, 10\%, 6) - 120\,000 = 51\,066.05(元) > 0$

(4)$NPVR = \dfrac{51\,066.05}{120\,000} = 42.56 > 0$

(5)$PI = 1 + NPVR = 1 + 42.56\% = 1.425\,6 > 1$

(6)根据(3),贴现率 $i = 10\%$ 时 $NPV = 51\,066.05$ 元,应较大幅度地增加贴现率。选取贴

现率 $i=20\%$：

$$NPV=38\ 500\times(P/A,20\%,6)+6\ 000\times(P/F,20\%,6)-120\ 000=10\ 041.15(元)$$

选取贴现率 $i=24\%$：

$$NPV=38\ 500\times(P/A,24\%,6)+6\ 000\times(P/F,24\%,6)-120\ 000=-2\ 060.15(元)$$

$$IRR=20\%+\frac{10\ 041.15}{10\ 041.15-(-2\ 060.15)}\times(24\%-20\%)=23.32\%$$

$23.32\%>10\%$（基准贴现率）

根据以上计算结果，该方案的各项动态评价指标和投资利润率指标均达到方案可行的标准，只是静态投资回收期略显长，有一定的风险。所以总体上来讲，该方案值得投资。

二、多个互斥方案的对比和选优

多个互斥方案对比和选优的过程，就是在每一个入选的投资方案已具备财务可行性的前提下，利用评价指标从各个备选方案中最终选出一个最优方案的过程。在各种不同的情况下，将选择某一特定评价指标作为决策标准或依据，从而形成净现值法、净现值率法、差额净现值法、差额内含报酬率法、年等额净现值法等具体方法。

（一）多个互斥方案原始投资额相等的情况

在对原始投资额相等并且计算期也相等的多个互斥方案进行评价时，可采用净现值法；计算期不相等时可采用净现值率法，即通过比较所有投资方案的净现值或净现值率指标的大小来选择较优方案，净现值或净现值率最大的方案为较优方案。

【例 8－18】 某企业计划使用五年的固定资产投资项目需要原始投资额200 000元。现有 A、B 两个互斥方案可供选择。采用 A 方案，每年现金净流量分别为60 000元、70 000元、80 000元、90 000元和100 000元。采用 B 方案，每年现金净流量均为85 000元。如果贴现率为 10%，该企业应选择哪一个方案？

解：$NPV_A=60\ 000\times(P/F,10\%,1)+70\ 000\times(P/F,10\%,2)+80\ 000\times(P/F,10\%,3)$
$+90\ 000\times(P/F,10\%,4)+100\ 000\times(P/F,10\%,5)-200\ 000=96\ 058(元)$

$NPV_B=85\ 000\times(P/A,10\%,5)-200\ 000=122\ 218(元)$

B 方案的净现值大于 A 方案的净现值，应选择 B 方案。

（二）多个互斥方案原始投资额不相等，但项目计算期相等的情况

在对原始投资额不相等但计算期相等的多个互斥方案进行评价时，可采用差额净现值法（记作 ΔNPV）或差额内含报酬率法（记作 ΔIRR），是指在两个原始投资总额不同方案的差量现金净流量（记作 ΔNCF）的基础上，计算出差额净现值或差额内含报酬率，并以此作出判断的方法。

在一般情况下，差量现金净流量等于原始投资额大方案的现金净流量减去原始投资额小方案的现金净流量，当 $\Delta NPV\geqslant0$ 或 $\Delta IRR\geqslant i_m$（基准贴现率）时，原始投资额大的方案较优；反之，则原始投资额小的方案较优。差额净现值 ΔNPV 和差额内含报酬率 ΔIRR 的计算过程与依据 NCF 计算净现值 NPV 和内含报酬率 IRR 的过程完全一样，只是所依据的是 ΔNCF。

【例 8－19】 某公司拟投资一项目，现有甲、乙两个方案可供选择，甲方案原始投资为 200 万元，期初一次投入，1～9 年的现金净流量为 38.6 万元，第 10 年的现金净流量为 52.2 万元。乙方案原始投资为 152 万元，期初一次投入，1～9 年的现金净流量为 29.8 万元，第 10 年的现金净流量为 43.8 万元。基准贴现率为 10%。

要求：

(1)计算两个方案的差额现金净流量；

(2)计算两个方案的差额净现值；

(3)计算两个方案的差额内含报酬率；

(4)作出决策应采用哪个方案。

解：(1)$\Delta NCF_0 = -200-(-152)=-48$(万元)

$\Delta NCF_{1\sim9}=38.6-29.8=8.8$(万元)

$\Delta NCF_{10}=52.4-40.8=11.6$(万元)

(2)$\Delta NPV = 8.8\times(P/A,10\%,9)+11.6\times(P/F,10\%,10)-48$

$\qquad = 8.8\times5.759+11.6\times0.385\,5-48=7.151\,0$(万元)

(3) 取 $i=12\%$ 测算 ΔNPV：

$\Delta NPV = 8.8\times(P/A,12\%,9)+11.6\times(P/F,12\%,10)-48$

$\qquad = 8.8\times5.328\,2+11.6\times0.322\,0-48=2.623\,4$(万元)

再取 $i=14\%$，测算 ΔNPV：

$\Delta NPV=8.8\times(P/A,14\%,9)+11.6\times(P/F,14\%,10)-48$

$\qquad = 8.8\times4.946\,4+11.6\times0.269\,7-48=-1.343\,2$(万元)

用插入法计算 ΔIRR：

$$\Delta IRR=12\%+\frac{2.623\,4}{2.623\,4-(-1.343\,2)}\times(14\%-12\%)=13.32\%>贴现率10\%$$

(4)计算结果表明，差额净现值为 7.151 万元大于零；差额内含报酬率为 13.32%大于基准贴现率 10%，应选择甲方案。

(三)多个互斥方案的原始投资额不相等，项目计算期也不相同的情况

1. 年等额净现值法

在对原始投资额不相等，特别是计算期也不相同的多个互斥方案进行评价时，可采用年等额净现值法，即分别将所有投资方案的净现值平均分摊到每一年，得到每一方案的年等额净现值指标，通过比较年等额净现值指标的大小来选择最优方案。在此法下，年等额净现值最大的方案为最优方案。

年等额净现值法的计算步骤如下：

(1)计算各方案的净现值 NPV；(应排除 $NPV<0$ 的不可行方案)

(2)计算各方案的年等额净现值，假设贴现率为 i，项目计算期为 n，则

$$年等额净现值 A=\frac{净现值}{年金现值系数}=\frac{NPV}{(P/A,i,n)}$$

【例 8—20】 某公司有三项互斥的投资方案，其现金净流量如表 8—6 所示。

表 8—6 　　　　　　　　　　　　　　投资方案现金净流量 　　　　　　　　　　　　单位：万元

年序	0	1	2	3	4	5	6	7	8
A 方案	−100	40	45	50					
B 方案	−120	35	35	35	35	45			
C 方案	−150				48	48	48	48	48

公司的贴现率为10%,要求:

(1)分别判断以上方案的财务可行性;

(2)用年等额净现值法作出投资决策。

解:(1)$NPV_A=40\times(P/F,10\%,1)+45\times(P/F,10\%,2)+50\times(P/F,10\%,3)-100$

$\qquad\quad=40\times0.909\ 1+45\times0.826\ 4+50\times0.751\ 3-100=11.117(万元)>0$

$\quad\ NPV_B=35\times(P/A,10\%,4)+45\times(P/F,10\%,5)-120$

$\qquad\quad=35\times3.169\ 9+45\times0.620\ 9-120=18.887(万元)>0$

$\quad\ NPV_C=65\times(P/A,10\%,5)\times(P/F,10\%,3)-150=35.121\ 8(万元)>0$

A、B、C 三方案均可行。

(2)

A 方案的年等额净现值 $=\dfrac{11.117}{(P/A,10\%,4)}=\dfrac{11.117}{2.486\ 9}=4.470\ 2(万元)$

B 方案的年等额净现值 $=\dfrac{18.887}{(P/A,10\%,5)}=\dfrac{18.887}{3.790\ 8}=4.982\ 3(万元)$

C 方案的年等额净现值 $=\dfrac{35.121\ 8}{(P/A,10\%,8)}=\dfrac{35.121\ 8}{5.334\ 9}=6.583\ 4(万元)$

计算结果表明 C 方案为最优方案。

2. 年等额成本法

在实际工作中,有些投资方案的营业收入相同,也有些投资方案不能单独计算盈亏但能达到同样的使用效果,如甲、乙设备生产数量相等的同类配件,这时可采用"年等额成本法"作出比较和评价。在此方法下,年等额成本最小的方案为最优方案。

【例 8—21】 某企业有甲、乙两个设备投资方案可供选择,两设备的生产能力相同,甲、乙设备的使用寿命分别为 4 年和 5 年,均无建设期,甲方案的原始投资额为 300 万元,每年的经营成本分别为 200 万元、220 万元、240 万元、260 万元,使用期满有 15 万元的净残值;乙方案投资额为 500 万元,每年的经营成本均为 160 万元,使用期满有 25 万元净残值。

要求:假定企业的贴现率为10%,用年等额成本法作出投资决策。

解:甲方案的成本现值 $=300+200\times(P/F,10\%,1)+220\times(P/F,10\%,2)+240$

$\qquad\qquad\qquad\qquad\times(P/F,10\%,3)+260\times(P/F,10\%,4)-15\times(P/F,10\%,4)$

$\qquad\qquad\qquad=300+200\times0.909\ 1+220\times0.826\ 4+240\times0.751\ 3+260\times0.683\ 0$

$\qquad\qquad\qquad\quad-15\times0.683\ 0$

$\qquad\qquad\qquad=1\ 011.275(万元)$

乙方案的成本现值 $=500+160\times(P/A,10\%,5)-25\times(P/F,10\%,5)$

$\qquad\qquad\qquad=500+160\times3.790\ 8-25\times0.620\ 9=1\ 091.005\ 5(万元)$

甲方案的年等额成本 $=\dfrac{1\ 011.275}{(P/A,10\%,4)}=\dfrac{1\ 011.275}{3.169\ 9}=319.024\ 3(万元)$

乙方案的年等额成本 $=\dfrac{1\ 091.005\ 5}{(P/A,10\%,5)}=\dfrac{1\ 091.005\ 5}{3.790\ 8}=287.803\ 5(万元)$

计算结果表明乙方案为最优方案。

3. 计算期最小公倍数法

计算期最小公倍数法是指将各方案计算期的最小公倍数作为比较方案的共有计算期,并将原计算期内的净现值调整为共有计算期的净现值,然后进行比较决策的一种方法。假设参与比较决策的方案都具有可复制性,是使用计算期最小公倍数法的前提条件。调整为共有计算期的净现值最大的方案为最优方案。

【例8—22】 某公司有甲、乙二项互斥的投资方案,其现金净流量如表8—7所示。

表8—7 甲、乙方案现金净流量 单位:万元

年 序	0	1	2	3
甲方案	−100	−100	200	200
乙方案	−120	130	130	

公司的贴现率为10%,要求:

(1)分别判断以上方案的财务可行性;

(2)用计算期最小公倍数法作出投资决策。

解:(1)$NPV_甲 = -100 + (-100) \times (P/F, 10\%, 1) + 200 \times (P/F, 10\%, 2) + 200 \times (P/F, 10\%, 3) = 124.63(万元) > 0$

$NPV_乙 = -120 + 130 \times (P/A, 10\%, 2) = 105.615(万元) > 0$

甲、乙两方案均可行。

(2)甲、乙两方案计算期的最小公倍数为6年,甲方案需要重复2次,乙方案需要重复3次,甲、乙方案重复现金净流量如表8—8所示。

表8—8 甲、乙方案重复现金净流量 单位:万元

年 序	0	1	2	3	4	5	6
甲原方案	−100	−100	200	200			
第一次重复				−100	−100	200	200
乙原方案	−120	130	130				
第一次重复			−120	130	130		
第二次重复					−120	130	130

甲方案共有计算期的净现值 $= 124.63 + 124.63 \times (P/F, 10\%, 3)$

$\qquad = 124.63 + 124.63 \times 0.751\,3$

$\qquad = 218.264\,5(万元)$

乙方案共有计算期的净现值 $= 105.616 + 105.615 \times (P/F, 10\%, 2) + 105.615 \times (P/F, 10\%, 4)$

$\qquad = 105.616 + 105.615 \times 0.826\,4 + 105.615 \times 0.683\,0$

$\qquad = 265.030\,3(万元)$

计算结果表明应选择乙方案。

4. 最短计算期法

最短计算期法是指将所有参与比较决策的方案的净现值均还原为在年等额净现值的基础上,按照投资方案最短的计算期作为共有计算期计算出相应的净现值,然后进行比较决策的一种方法。调整为共有计算期的净现值最大的方案为最优方案。

【例8—23】 同例8—22的资料。

要求:用最短计算期法作出投资决策。

解:甲、乙两方案的最短计算期为 2 年,

$$甲方案年等额净现值 = \frac{124.63}{(P/A,10\%,3)} = \frac{124.63}{2.486\ 9} = 50.114\ 6(万元)$$

甲方案共有计算期的净现值 $= 50.114\ 6 \times (P/A,10\%,2) = 50.114\ 6 \times 1.735\ 5 = 86.973\ 8$(万元)

乙方案原计算期与最短的计算期相等均为两年,不需调整。所以:

乙方案共有计算期的净现值 $= 105.615$(万元)

计算结果表明应选择乙方案。

任务四　长期投资决策案例分析

一、新项目投资决策

新项目投资决策分析涵盖了全部投资寿命周期和完整的收支项目,是标准的投资决策问题。

【例 8-24】　某企业准备新建工厂,有甲、乙两个方案可供选择。甲方案原始投资 60 万元,其中固定资产投资 50 万元,于建设起点投入,建设期 1 年,投产前垫支流动资金 10 万元,项目经济寿命 3 年,投产后预计每年净收益为 30 万元。乙方案原始投资 100 万元,其中固定资产投资 87.5 万元,于建设起点投入,建设期 1 年,投产前垫支流动资金 12.5 万元,项目经济寿命 3 年,投产后预计每年净收益为 40 万元。固定资产均采用直线法计提折旧,预计净残值率为 4%。设基准贴现率为 10%,试作出投资决策。

解:

甲、乙两方案原始投资不同,计算期相同,可采用差别分析法进行评价。

计算两方案的差额(乙方案-甲方案):

固定资产投资差额 $= 87.5 - 50 = 37.5$(万元)

流动资金投资差额 $= 12.5 - 10 = 2.5$(万元)

$$每年折旧差额 = \frac{(87.5-50) \times (1-4\%)}{3} = 12(万元)$$

每年净收益差额 $= 40 - 30 = 10$(万元)

固定资产净残值差额 $= (87.5-50) \times 4\% = 1.5$(万元)

差量现金净流量为:

$\Delta NCF_0 = -37.5$(万元)

$\Delta NCF_1 = -2.5$(万元)

$\Delta NCF_{2\sim3} = 10 + 12 = 22$(万元)

$\Delta NCF_4 = 10 + 12 + 1.5 + 2.5 = 26$(万元)

计算差额内部收益率:

$-37.5 - 2.5 \times (P/F,\Delta IRR,1) + 22 \times (P/A,\Delta IRR,2) \times (P/F,\Delta IRR,1) + 26 \times (P/F,$

$\Delta IRR, 4) = 0$

运用逐次测试逼近法,可得 $\Delta IRR = 21\%$。

因为差额内部收益率大于基准贴现率 10%,所以乙方案优于甲方案,应选择乙方案。

二、固定资产应否更新决策

更新决策不同于一般的投资决策。一般来说,设备更换并不改变企业的生产能力,不增加企业的现金流入。更新决策的现金流量主要是现金流出,即使有少量的残值变价收入,也可看作是支出抵减。此外,新旧固定资产的使用年限一般不同。因此,固定资产应否更新决策是项目计算期不同、只有现金流出的两个互斥方案的比选,可运用等年值法,计算等年现金流出量(也称年平均成本,记作 AC),选择年平均成本最低的方案。

$$AC = \frac{\sum_{t=0}^{n} CO_t (P/F, i, t)}{(P/A, i, t)}$$

其中,CO_t 表示各方案在第 t 年的现金流出量,也可按现金净流量的计算方法分三个时间段来确定,具体方法如下:

(一)建设期现金流出量的计算

旧设备在建设期的现金流出量可以看作是继续使用旧设备的机会成本,新设备在建设期的现金流出量则是与新设备购置、建造有关的成本。

旧设备 CO_t=旧设备变现价值-(旧设备变现价值-旧设备账面价值)×所得税率新设备 CO_t=设备投资额

(二)经营期现金流出量的计算

无论新旧设备,在经营期发生的现金流出主要是设备运行成本,如维修保养费、能源耗费、材料和工时耗费等。折旧引起的所得税抵减额是付现成本的减项。

经营期 CO_t=年运行成本×(1-所得税率)-年折旧×所得税率

(三)经营期末现金流出量的计算

经营期末主要考虑设备余值回收对现金流出量的影响。

经营期末 CO_n=经营期 CO_t-[设备回收余值-(设备回收余值-设备账面价值)×所得税率]

【例8-25】 某公司有一台设备,购于 3 年前,现在考虑是否需要更新。该公司所得税率为 25%,设定的折现率为 10%,其他有关资料如表 8-9 所示。

表8-9
单位:元

项 目	旧设备	新设备
原价	60 000	50 000
税法规定残值(10%)	6 000	5 000
税法规定使用年限(年)	6	4
已用年限	3	0
尚可使用年限	3	4
每年操作成本	8 600	5 000

续表

项　目	旧设备	新设备
两年末大修支出	18 000	
最终报废残值	7 000	10 000
目前变现价值	10 000	
每年折旧额	（直线法）	（直线法）
第一年	9 000	11 250
第二年	9 000	11 250
第三年	9 000	11 250
第四年		11 250

解：

计算旧设备各年的现金流出量：

$CO_0 = 10\ 000 - [10\ 000 - (60\ 000 - 9\ 000 \times 3)] \times 25\% = 15\ 750$（元）

$CO_1 = 8\ 600 \times (1 - 25\%) - 9\ 000 \times 25\% = 4\ 200$（元）

$CO_2 = 8\ 600 \times (1 - 25\%) - 9\ 000 \times 25\% + 18\ 000 \times (1 - 25\%) = 17\ 700$（元）

$CO_3 = 8\ 600 \times (1 - 25\%) - 9\ 000 \times 25\% - [7\ 000 - (7\ 000 - 6\ 000) \times 25\%] = -2\ 550$（元）

计算旧设备的年平均成本：

$$AC = \frac{15\ 570 + 4\ 200 \times (P/F, 10\%, 1) + 17\ 700 \times (P/F, 10\%, 2) - 2\ 550 \times (P/F, 10\%, 3)}{(P/A, 10\%, 3)}$$

$= 12\ 904.28$（元）

计算新设备各年的现金流出量：

$CO_0 = 50\ 000$（元）

$CO_{1\sim3} = 5\ 000 \times (1 - 25\%) - 11\ 250 \times 25\% = 937.5$（元）

$CO_4 = 5\ 000 \times (1 - 25\%) - 11\ 250 \times 25\% - [10\ 000 - (10\ 000 - 5\ 000) \times 25\%] = -7\ 812.5$（元）

计算新设备的年平均成本：

$$AC_{新} = \frac{50\ 000 + 937.5 \times (P/A, 10\%, 3) - 7\ 812.5 \times (P/F, 10\%, 4)}{(P/A, 10\%, 4)}$$

$= 14\ 825.11$（元）

因为旧设备的年平均成本低于新设备的年平均成本，所以选择继续使用旧设备。

三、固定资产经济寿命决策

某项固定资产从开始投入使用直至丧失其应有功能而无法修复再使用为止的期限，称为固定资产自然寿命。某项固定资产的年平均成本达到最低的使用期限，则称为固定资产的经济寿命，也称最低成本期或最优更新期。一般来说，固定资产的经济寿命短于自然寿命。

正确确定固定资产的经济寿命，显然要计算出固定资产在使用期限内各年的年平均成本，从中选取年平均成本最低的使用年限。年平均成本的计算方法与固定资产应否更新决策中所述年平均成本计算方法类似，其计算公式为：

$$AC_m = \left[C - \frac{S_m}{(1+i)^t} + \sum_{t=1}^{m} \frac{C_t(1-T) - D_t T}{(1+i)^t} \right] / (P/A, i, m)$$

其中,m 表示设备被更新的年份($m = 1, 2, \cdots, n$),C 表示设备原值,S_m 表示第 m 年设备税后余值,C_t 表示第 t 年设备运行成本,D_t 表示第 t 年设备折旧,T 表示所得税税率。

【例 8—26】 某设备购买价格是 70 000 元,预计使用寿命为 10 年,无残值。设定的折现率为 10%,企业所得税率为 25%。有关资料如表 8—10 所示。试确定该设备的经济寿命。

表 8—10

单位:元

更新年限	1	2	3	4	5	6	7	8	9	10
折旧额	7 000	7 000	7 000	7 000	7 000	7 000	7 000	7 000	7 000	7 000
设备余值	63 000	56 000	49 000	42 000	35 000	28 000	21 000	14 000	7 000	0
运行费用	10 000	10 000	10 000	11 000	11 000	13 000	15 000	17 000	19 000	20 000

解:根据上述资料,列表计算,如表 8—11 所示。

表 8—11

更新年限	1	2	3	4	5	6	7	8	9	10
C_t	10 000	10 000	10 000	11 000	11 000	13 000	15 000	17 000	19 000	20 000
$C_t(1-25\%)$	7 500	7 500	7 500	8 250	8 250	9 750	11 250	12 750	14 250	15 000
D_t	7 000	7 000	7 000	7 000	7 000	7 000	7 000	7 000	7 000	7 000
$D_t \times 25\%$	1 750	1 750	1 750	1 750	1 750	1 750	1 750	1 750	1 750	1 750
$(P/F, 10\%, m)$	0.909	0.826	0.751	0.683	0.621	0.564	0.513	0.467	0.424	0.386
$\dfrac{C_t(1-25\%) - D_t(1-25\%)}{(1+10\%)^2}$	5 226.75	4 749.5	4 318.26	4 439.5	4 036.5	4 512	4 873.5	5 137	5 300	5 114.5
$\sum_{t=1}^{m} \dfrac{C_t(1-25\%) - D_t(1-25\%)}{(1+10\%)^2}$	5 226.75	9 976.25	14 294.5	18 734	22 770.5	27 282.5	32 156	37 293	42 593	47 707.5
S_m	63 000	56 000	49 000	42 000	35 000	28 000	21 000	14 000	7 000	
$S_m(P/F, 10\%, m)$	57 267	46 256	36 799	28 686	21 735	15 792	10 773	6 538	2 968	
C	70 000	70 000	70 000	70 000	70 000	70 000	70 000	70 000	70 000	70 000
现值总成本①	17 595.75	33 720.25	47 495.5	60 048	71 035.5	81 490.5	91 383	100 755	109 625	117 707.5
$(P/A, 10\%, m)$	0.909	1.736	2.487	3.170	3.791	4.355	4.868	5.335	5.759	6.145
年平均成本②	19 758	19 424	10 098	18 943	18 738	18 712	18 772	18 886	19 035	19 155

注:①现值总成本 $= C - S_m(P/F, 10\%, m) = \sum_{t=1}^{m} \dfrac{C_t(1-25\%) - D_t(1-25\%)}{(1+10\%)^2}$

②年平均成本=现值总成本/$(P/A, 10\%, m)$。

比较表 8—11 的年平均成本可知,该设备运行到第 6 年时的年平均成本最低,因此该设备的经济寿命为 6 年。

四、固定资产租赁或购置的决策

在企业资金有限的情况下,如果要添置某项固定资产,通常面临是借款购置还是租赁的决策。这里,我们分融资租赁和经营租赁两种情况来说明。

(一)固定资产融资租赁或购置的决策

融资租赁租入的固定资产视同自有固定资产管理,这种方式下与新增的固定资产相关的现金流出量和现金流入量完全相同,此时,需要考虑的是这种方式下资金的使用成本。决策时,只要计算租金的内含报酬率(能使各期租金总现值正好等于租入资产原价的贴现率),再将其与举债的借款利率进行比较,选择低者。

【例8－27】 某公司拟添置一台生产设备,该设备的买价为300 000元,可使用10年,假设期满无残值。这项设备的添置有两个方案可供选择:一是向银行借款购入,借款利率为14%;二是向租赁公司融资租入,需于第一年年初支付租金20 000元,以后每年年末支付租金52 000元。要求:为该公司作出该项设备应举债购置还是租入的决策。

解:(1)计算租入固定资产的 IRR:

$52\,000(P/A,IRR,10)=300\,000-20\,000$

$(P/A,IRR,10)=5.385$

查附录四"普通年金现值系数表"可知,在期数 $n=10$ 时,与5.385相邻近的两个贴现率分别为13%、14%,对应年金现值系数分别为5.426、5.216,即13%<租金的 IRR<14%。采用内插法计算得:

$$IRR=13\%+\frac{5.426-5.385}{5.426-5.216}\times(14\%-13\%)=13.20\%$$

(2)比较两个方案的利率。借款利率为14%,租入的 IRR 为13.20%。显然,借款利率高于租入内含报酬率,故该公司应选择租入方案。

(二)固定资产经营租赁或购置的决策

经营租赁租入的固定资产与购置的固定资产相比,设备的生产能力相同,设备的运行费用也相同,此时只需比较两种方案的成本差异及成本对企业所得税产生的影响差异即可。成本差异表现在两个方面:一方面经营租赁每年需支付一定的租赁费用,同时租赁费用可列入成本,抵减相应的所得税;另一方面借款购买设备,企业需支付借款本息,每年还可计提折旧费,折旧和利息费用均可列入成本费用,抵减相应所得税。

【例8－28】 某企业在生产中需要一种设备,设备买价150 000元,该设备预计使用5年,直线法计提折旧,期末无残值。企业可以从某租赁公司租用该设备,需每年年末支付租赁费40 000元,租赁期5年。企业也可借款购置,借款利率8%,不计复利,借款期限3年,到期一次还本付息。假定折现率为10%,所得税率为25%,问企业是借款购置好还是租赁好?

解:分析计算如下:

(1)租赁设备。

租赁费支出现值:$40\,000\times(P/A,10\%,5)=151\,640$(元)

租赁费抵减所得税现值:$40\,000\times25\%\times(P/A,10\%,5)=37\,910$(元)

租赁设备的现金流出量现值:$151\,640-37\,910=113\,730$(元)

(2)借款购置设备。

借款本息现值:$(150\,000+150\,000\times3\times8\%)\times(P/F,10\%,3)=139\,686$(元)

折旧递减所得税现值:$\dfrac{150\,000}{5}\times25\%\times(P/A,10\%,5)=28\,432.5$(元)

利息抵减所得税现值:$150\,000\times8\%\times25\%\times(P/A,10\%,3)=7\,461$(元)

借款购置设备的现金流出量现值:$139\,686-28\,432.5-7\,461=103\,792.5$(元)

上述计算结果表明,借款购置设备的总支出数小于租赁设备的总支出数,因此企业应采取借款购置的方式。

关键术语

投资　长期投资　项目投资　原始总投资　投资总额　投资利润率　静态投资回收期　净现值
净现值率　现值指数　内含报酬率

◎ 应知考核 ◎

一、单项选择题

1. 在以下各种投资中,不属于项目投资类型的是(　　)。

A. 固定资产投资　　　　　B. 更新改造投资　　　C. 证券投资　　　D. 完整企业项目投资

2. 长期投资的特点有(　　)。

A. 投资金额小　　　　　　B. 投资时间较长　　　C. 投资风险小　　　D. 变现能力强

3. 投资项目的建设起点至终点之间的时间段称为(　　)。

A. 项目建设期　　　　　　B. 项目生产经营期　　　C. 项目计算期　　　D. 项目试运行期

4. 项目投资总额与原始总投资的关系是(　　)。

A. 前者与后者相同　　　　　　　　　　　　B. 前者不小于后者

C. 前者小于后者　　　　　　　　　　　　　D. 没有任何关系

5. 下列各项中,既考虑一定期间经营净现金流量因素,又在一定程度上受建设期影响的指标是
(　　)。

A. 投资利润率　　　　　　　　　　　　　　B. 年平均投资报酬率

C. 原始投资回收率　　　　　　　　　　　　D. 静态投资回收期

6. 下列指标中,属于静态评价指标的是(　　)。

A. 投资回收期　　　　B. 净现值　　　　　C. 净现值率　　　D. 内部收益率

7. 能使投资方案的净现值为 0 的折现率是(　　)。

A. 净现值率　　　　　B. 内部收益率　　　C. 投资利润率　　　D. 资金成本率

8. 下列指标中,属于绝对指标的是(　　)。

A. 净现值　　　　　　B. 净现值率　　　　C. 投资利润率　　　D. 内部收益率

9. 在只有一个投资方案的情况下,如果该方案不具备财务可行性,则(　　)。

A. 净现值＞0　　　　B. 净现值率＜0　　　C. 内部收益率＞0　　　D. 内部收益率＜0

10. 项目投资决策中,完整的项目计算期是指(　　)。

A. 建设期　　　　　　　　　　　　　　　　B. 生产经营期

C. 建设期＋达产期　　　　　　　　　　　　D. 建设期＋生产经营期

二、多项选择题

1. 净现值法的优点有(　　)。

A. 考虑了资金时间价值　　　　　　　　　　B. 考虑了项目计算期的全部净现金流量

C. 考虑了投资风险　　　　　　　　　　　　D. 可从动态上反映项目的实际投资收益率

2. 采用净现值法评价投资项目可行性时,所采用的折现率通常有(　　)。

A. 投资项目的资金成本率　　　　　　　　　B. 投资的机会成本率

C. 行业平均资金收益率　　　　　　　　　　D. 投资项目的内部收益率

3. 完整的工业投资项目的现金流入主要包括(　　)。

A. 营业收入　　　　　　　　　　　　　　　B. 回收固定资产变现净值

C. 固定资产折旧　　　　　　　　　　　　　D. 回收流动资金

4. 在一般投资项目中,当一个方案的净现值等于 0 时,即表明(　　)。

A. 该方案的获利指数等于 1   B. 该方案的净现值率大于 0

C. 该方案的内部收益率等于设定的折现率   D. 该方案不具有财务可行性

5. 内部收益率是指（　　）。

A. 投资报酬与总投资的比率   B. 项目投资可望达到的报酬率

C. 投资报酬现值与总投资现值的比率   D. 使投资方案净现值为零的报酬率

6. 如果其他因素不变，一旦折现率提高，则下列指标中其数值将会变小的是（　　）。

A. 净现值率   B. 净现值   C. 内含报酬率   D. 获利指数

7. 若净现值为负数，表明该投资项目（　　）。

A. 为亏损项目，不可行

B. 投资报酬率小于零，不可行

C. 投资报酬率没有达到预定的折现率，不可行

D. 投资利润率不一定小于零

8. 在项目投资决策中，考虑资金时间价值的财务评价指标有（　　）。

A. 净现值   B. 获利指数   C. 投资利润率   D. 内含报酬率

9. 项目投资可行性评价包括（　　）。

A. 财务评价可行性评价   B. 国民经济可行性评价

C. 技术评价可行性评价   D. 项目投资效益评价

10. 项目投资的决策程序一般包括以下步骤（　　）。

A. 投资项目的提出   B. 投资项目的可行性分析

C. 投资项目的决策   D. 投资项目的实施与控制

三、判断题

1. 项目投资是一种以特定项目为对象，直接与新建项目或更新改造项目有关的长期投资行为。一般将其视为固定资产投资。（　　）

2. 项目投资就是固定资产投资。（　　）

3. 企业应该频繁地进行项目投资。（　　）

4. 项目投资决策都应该提交股东大会决策。（　　）

5. 项目投资决策必须按企业规定的程序进行。（　　）

6. 判断投资方案财务可行性的主要指标有净现值、净现值率、内部收益率、投资回收期，但不包括投资利润率。（　　）

7. 净现值是指在项目计算期内，按投资者要求的必要报酬率或资金成本率作为折现率计算的各年净现金流量现值的代数和。（　　）

8. 评价指标按性质不同，可分为折现指标和非折现指标两大类。（　　）

9. 静态投资回收期简称"回收期"，是指投资项目收回原始总投资所需要的时间，即以投资项目经营净现金流量抵偿原始总投资所需要的全部时间。它是一个辅助指标。（　　）

10. 分别利用净现值、净现值率、内部收益率指标对某单一独立项目进行评价，会得出相同结论。（　　）

四、简述题

1. 简述长期投资决策的特征。

2. 简述长期投资决策的程序。

3. 简述项目投资的意义。

4. 简述项目投资金额及其投入方式。

5. 简述项目投资决策评价的主要指标。

五、计算题

1. 某企业拟进行一项固定资产投资,投资额为2 000万元,分两年投入,该项目的现金流量表(部分)如表8—12所示。

表 8—12　　　　　　　　　　　　　现金流量表(部分)　　　　　　　　　　　　　单位:万元

项目 时间	建设期		经营期					合　计
	0	1	2	3	4	5	6	
净收益			—300	600	1 400	600	600	2 900
净现金流量	—1 000	—1 000	100	1 000	(B)	1 000	1 000	2 900
累计净现金流量	—1 000	—2 000	—1 900	(A)	900	1 900	2 900	—
折现净现金流量 (资本成本率6%)	—1 000	—943.4	89	839.6	1 425.8	747.3	705	1 863.3

要求:

(1)计算上表中用英文字母表示的项目的数值。

(2)计算回收期、折现回收期、会计收益率、净现值、现值指数、内含报酬率

2. 某企业拟新建一项固定资产,需投资资金200万元,按直线法折旧,使用年限为6年,其终结点的净残值为20万元。在建设点一次投入借入资金200万元,建设期为一年,发生建设期资本化利息为12万元。预计投产后,每年可增加营业收入80万元,增加付现成本为30万元。借款利息在生产经营期的前2年平均偿还。

要求:计算各年净现金流量(假定回收残值额与预计净残值相等,所得税率为25%)。

3. 城达科技公司有一投资项目需要投入固定资产300万元,建设期资本化利息为50万元,经营期为5年,固定资产期满残值收入30万元。该项目投产以后,预计年营业收入160万元,年经营成本60万元。经营期每年支付借款利息35万元,经营期结束时还本。该企业采用直线法计提折旧。所得税税率为25%,资金成本率为10%。

要求:(1)计算该投资项目静态投资回收期。

(2)计算该投资项目的净现值、净现值率及获利指数。

(3)根据计算结果,评价该投资项目的可行性。

4. 某投资项目累计的净现金流量资料如表8—13所示。

表 8—13　　　　　　　　　　　　　累计的净现金流量资料　　　　　　　　　　　　　单位:万元

年　份	0	1	2	3	…	7	8	…	12
累计净现金流量	—200	—300	—300	—240	…	—30	30	…	350

要求:(1)计算该项目的静态投资回收期。

(2)说明该项目的建设期是多少年? 资金的投资方式如何? 生产经营期为多少年?

◎ 应会考核 ◎

★观念应用

【背景资料】

"双汇"与"春都"的融投资决策

曾经生产出中国第一根火腿肠的"春都第一楼",如今是人去楼空,落寞无声;而在几百里开外的双汇,厂内机器开足马力,厂外排着等货的长长车队。

春都与双汇,双双抓住了上市融资的艰难机遇,却催生出两种不同的结果,谜底何在? 双汇和春都,几乎是前后脚迈入资本市场的。1998 年底双汇上市,1999 年初春都上市,分别募集到三亿多和四亿多元。然而,从上市之初,春都和双汇的目的就大不相同:一个是为了圈钱还债,一个意图扩大业务。

春都董事长贾洪雷说,春都在上市之前,由于贪大求全,四处出击,已经背上了不少债务,上市免不了圈钱还债。春都集团作为独立发起人匆匆地把春都推上市,然后迫不及待地把募集的资金抽走。春都上市仅 3 个月,春都集团就提走募股资金 1.8 亿元左右,以后又陆续占用数笔资金。春都集团及其关联企业先后占用的资金相当一部分用来还债、补过去的资金窟窿,其余的则盲目投入到茶饮料等非主业项目中。春都被大量"抽血",至 2000 年底终于力不能支,跌入亏损行业。

与春都不同,双汇希望凭借股市资金快速壮大主业。双汇董事长万隆说过,双汇使用募集资金有两条原则:一是股民的钱要"落地有声",二是不该赚的钱坚决不赚。他们信守承诺,把募集资金全部投资到上市公司肉制品及其相关项目上。上市 3 年间,双汇发展先后兼并了华北双汇食品有限公司,完成了 3 万吨"王中王"火腿肠技术改造,建设双汇食品肉制品系列工程,产业链条不断完善,产品得到更新,企业实力显著增大。双汇集团和双汇发展的销售收入分别增加了 30 亿和 10 亿元。投资者也得到了丰厚的回报。

【考核要求】

1. 分析春都与双汇是如何运用从资本市场募集到的四亿多元和三亿多元进行投资的? 对各自公司的经营业绩有何影响?

2. 简要说明长期投资决策的重要性及其决策程序。

★技能应用

两个互斥项目的预期现金流量如表 8—14 所示。

表 8—14 <div align="center">**项目的预期现金流量**</div> 单位:元

时间	0	1	2	3	4
A	−10 000	5 000	5 000	5 000	5 000
B	−10 000	0	0	0	30 000

【技能要求】

(1)请计算这两个项目各自的内含报酬率;

(2)如果必要收益率为 10%,请计算项目 A 和项目 B 的净现值;

(3)你会选择哪个项目,为什么?

★案 例 分 析

【背景资料】

华兴公司的新生产线项目投资分析

华兴公司为改变产品结构,开拓新的市场领域,拟开发新产品,为此,需购买价值 110 万元的一条新生产线,该生产线的建设期间为 1 年,可使用期限为 10 年,期满时有残值收入 10 万元;另需购买一项专利权价值 10 万元,专利权的摊销期限为 10 年,在建设期末时投入;同时,建设期末投入流动资金 5 万元开始生产。投资者要求的报酬率是 10%。投产后,每年预计外购原材料 20 万元,支付工资 15 万元,其他费用 5 万元,每年预计营业收入 80 万元。企业适用的所得税率为 25%。

【分析要求】

请你仔细阅读该案例资料,分析并完成以下问题:

1. 根据资料分析华兴公司的投资类型。

2. 分析项目投资决策应考虑的主要因素。

3. 分析投资项目包括的内容。

4. 指出项目投资的期限、投资方式。

◎ 项目实训 ◎

【实训项目】

项目投资管理。

【实训情境】

某工业项目需要原始投资 1 250 万元,其中固定资产投资 1 000 万元,开办费投资 50 万元,流动资金投资 200 万元。建设期为 1 年,建设期发生与购建固定资产有关的资本化利息 100 万元。固定资产投资和开办费投资于建设起点投入,流动资金于完工时,即第 1 年末投入。该项目寿命期 10 年,固定资产按直线法折旧,期满有 100 万元净残值;开办费于投产当年一次摊销完毕;流动资金于终结点一次回收。投产后每年获息税前利润分别为 120 万元、220 万元、270 万元、320 万元、260 万元、300 万元、350 万元、400万元、450 万元和 500 万元。

【实训任务】

1. 为该项目编制一份简要的现金流量分析报告,报告主要包括以下内容:①该项目的项目计算期、固定资产原值、固定资产年折旧;②该项目的建设期净现金流量;③该项目的运营期所得税前净现金流量。

2. 运用投资利润率和静态投资回收期对该项目进行评价。

3. 运用净现值和内含报酬率法对该项目进行评价。

模块四

预算、控制、战略分析

模块四

项目九　全面预算

【知识目标】

理解：全面预算的概念、分类和作用。

熟知：全面预算的内容、编制原则、程序。

掌握：全面预算的编制、经营预算的编制、财务预算的编制。

【技能目标】

能够依据预测数据编制业务预算；能够依据业务预算及其他资料编制现金预算；能够依据基期报表及相关预算编制预计利润表和预计资产负债表。

【素质目标】

能够结合实例，具备提高信息分析与整理能力、计算能力、规划与协调能力。

【项目引例】

施乐公司案例

施乐公司主要从事各种复印机的生产、销售和租赁，同时，施乐公司还提供各种复印服务。这些复印机的复印工作效率及特征各不相同，相应的销售和租赁计划也各不相同。

每年，施乐公司都要对投放多少台各种型号的复印机用于公司提供的复印服务进行计划，并且要对收回多少台旧复印机进行计划。这些数据将为下一年的生产计划提供必要的信息。用于提供复印服务的各种复印机，即所谓的"服务基地"数量将影响参与提供复印服务工作的员工的人数、其需要的培训以及为这些基地服务所需的零配件存货的数量。这类服务基地的情况还将影响到施乐公司生产的易耗品的销售。

【讨论】

1. 施乐公司中各个部门之间应该怎样进行沟通？在预算过程中，怎样对一些关键的计划假设信息进行归集和共享？通过本案例的分析，你认为本案例涉及了哪些管理思想和管理方法在决策中的应用。

2. 公司中较低层的管理人员，在整个预算过程中，应该扮演什么角色？

知识精讲

任务一　全面预算概述

一、全面预算的概念和分类

(一)全面预算的概念

预算是指企业在科学的生产经营预测与决策的基础上,用价值和实物等多种指标反映企业未来一定时期内的生产经营状况、经营成果及财务状况等的一系列具体计划。预算是计划工作的结果,又是控制生产经营活动的依据。

全面预算主要用来规划企业在未来一定时期内的财务状况和经营成果,为企业活动提出一个具体的目标,以此协调各部门活动,从而保证企业各项计划的顺利实现。它是控制企业未来一定期间内生产经营活动的有效手段,是强化企业内部管理的重要环节,是企业未来一定时期内的经营和决策方针的数量化表现。

(二)全面预算的分类

全面预算按其涉及的时间长短可分为长期预算和短期预算。长期预算是指一年以上的预算,如长期销售预算和资本支出预算等。短期预算是指企业在一定时期(一般不超过一年,如年度、季度或月度等)经营、财务等方面的预算。

全面预算按其涉及的内容可分为总预算和专门预算。总预算是指反映企业总体状况的预算,包括资产负债表预算和利润表预算。专门预算是指反映企业某一方面经营活动的预算。

全面预算按其涉及的业务活动领域可分为业务预算和财务预算。业务预算是指反映企业基本经济业务的预算。财务预算是指关于资金筹措和使用方面的预算。

二、全面预算的内容

全面预算的内容广泛,涉及企业的销售、生产、分配和筹资等各项活动。具体而言,全面预算可分为以下三类:

(一)经营预算

经营预算,又称业务预算,是指对企业日常生产经营过程中发生的各项经济活动的预算,属于短期预算。它主要包括销售预算、生产预算、直接材料预算、直接人工预算、制造费用预算、产品成本预算、销售费用预算和管理费用预算等内容。

(二)财务预算

财务预算是指企业在未来一定时期内反映有关其财务状况、经营成果和现金收支等各种预算的总称,属于短期预算。它主要包括现金预算、利润表预算和资产负债表预算等内容。

(三)专门决策预算

专门决策预算,又称特种决策预算,是指企业为不经常发生的长期投资项目或者一次性专门业务所编制的预算,属于长期预算。它可分为资本预算和一次性专门业务预算。资本预算是指针对企业长期投资决策而编制的预算。一次性专门业务预算主要包括资金筹措及运用预算、发放股利预算等内容。

从以上全面预算的内容来看,一般意义上的制造业基本业务预算,包括销售预算、生产预算、直接材料采购预算、直接人工预算、制造费用预算、管理费用预算等;而一般意义上的流通业基本业务预算则包括销售预算、采购预算、经营费用预算、管理费用预算等。所谓特种业务预算,一般是反映企业基本业务活动之外的特殊业务的预算,通常包括投资及其收益预算、其他业务收支预算、营业外收支预算等。显然,业务预算尤其是基本业务预算是预算管理的基础,没有业务预算,预算将是无源之水、无本之木,预算目标的实现也就无从谈起。

通常意义上的财务预算,一般包括现金流量预算、预计利润表和预计资产负债表。在这个意义上来说财务预算业务预算、资本预算构成了一个完整而紧密的系统,我们可以用图9—1来表示整个预算构成的基本情况。

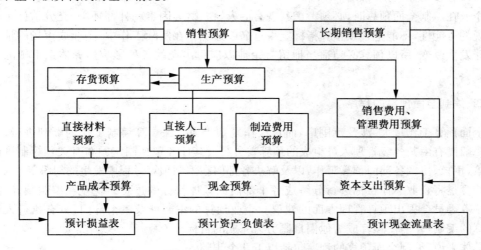

图9—1 全面预算的构成内容

正是因为业务预算和财务预算两者相互支撑、相互依赖的密切关系,进一步启示我们学财务人员的必须懂业务,始终不要忘记自己的职责:将财务的观念带到业务部门,将业务的观念带回财务部门,在"走动管理"中创造价值。

全面预算体系内容有:①根据长期销售预算确定本年度的销售预算和资本支出预算;②销售预算是年度预算的编制起点,根据"以销定产"的原则确定生产预算、销售费用预算和管理费用预算;③根据生产预算来确定直接材料预算、直接人工预算和制造费用预算;④现金预算和产品成本预算是相关预算的汇总;⑤资产负债表预算和利润表预算是全面预算的汇总;⑥全面预算的编制应考虑宏观经济、企业发展阶段、战略规划、经营目标、资源状况和组织架构等问题。

三、全面预算的编制原则

一般来说,企业编制预算时必须遵守以下几个原则:

(一)明确企业经营目标

企业通过科学的预测,先制定企业的目标利润,然后确定目标成本,从而控制企业各方面的工作。用公式表示为:

$$目标成本＝预计销售收入－目标利润$$

只有事先明确目标利润,积极控制成本,预算才能发挥作用。

（二）以销定产

在整个预算体系中，销售预测是起点。企业只有根据科学的市场预测事先确定各种产品的销售量，编制销售预算，确定生产产品的种类、数量以及材料的采购等，实现供产销的结合，使企业不至于停工待料，也不至于造成产品滞销。

（三）全面完整

凡是影响企业目标实现的业务和事项，都应该以货币或其他计量形式具体反映在预算中，尽可能全面、完整地考虑问题，确保企业目标的实现。相关的预算指标之间要相互衔接，关系明确、清晰，保证整个预算体系的综合平衡。

（四）符合实际，留有余地

企业在编制全面预算时，必须考虑其现有的人、物、财等因素和外部环境，充分估计企业目标实现的可能性，不能把各项预算指标定得过高或过低。在实际工作中，企业或市场的情况随时可能发生改变，所以预算必须适当地留有余地以应付出现的各种影响预算体系平衡的意外情况。

四、编制全面预算的程序

全面预算工作量大、涉及范围广，而且操作复杂。为确保预算编制工作的顺利进行，企业内部一般设有由其各级管理人员组成的预算委员会。其任务包括制定颁布有关预算制度的各项政策，审核、协调各部门预算工作，以及解决各部门在编制预算过程中发生的纠纷等。

预算是将企业总体目标进行分解成各个部门的具体目标的过程。企业在编制预算时，一般由预算委员会提出预算管理方面的建议。企业预算的编制涉及各个部门，只有执行人都参与预算的编制，才能使预算成为他们自愿努力完成的目标。

具体来说，编制全面预算的程序包括以下几个步骤：

（1）企业决策机构根据长期规划，利用本量利分析等方法，制定企业未来一定时期的总目标，同时下达规划指标。

（2）由基层的成本控制人员自行编制预算，这样，预算才更为可靠、更符合实际。

（3）各部门汇总部门预算，同时初步协调本部门的预算，编制出销售、生产、财务等预算。

（4）预算委员会审查、平衡各项预算，汇总出总的预算。

（5）预算经过总经理批准，审议机构通过或驳回修改。

（6）将主要预算指标报告给董事会或上级主管单位，经其讨论通过或者驳回修改。

（7）将批准后的预算下达给各部门。

五、全面预算的作用

企业的各个部门是相互联系的，只有通过其协调一致的工作，才能达到企业的经营目标。全面预算的编制有助于企业各部门明确工作任务，安排并控制各自的生产经营活动，同时为员工的业绩评价确立了一个客观的标准。全面预算的作用主要有以下几点：

（一）明确企业各部门的工作目标

全面预算的过程就是将企业的总体目标分解为各个部门的具体目标的过程。通过编制全面预算，各部门可以清楚地了解各自的工作任务，明确在未来一定期间内自己在成本、利润、资金等方面应达到的水平及努力的方向，从各自的角度去完成企业的总体目标，从而使工作在总目标和具体行动中顺利进行。

（二）协调各部门的工作

现代化生产条件下的企业，各级部门因其职责不同，很可能出现相互冲突的现象。同时，企业的经营目标单靠某几个部门的努力是无法实现的，必须靠企业所有部门的共同努力才能实现。全面预算将企业各方面的工作纳入统一计划之中，各个部门能够清楚地了解本部门在全局中的地位及作用，从而促使各部门相互协调预算，达到平衡，取得最佳经济效益。

（三）控制企业日常生产经营活动

计划一旦确定，就开始进入实施阶段，此时管理工作的重心转入生产经营过程。在生产经营过程中，有关部门和单位需要随时对比各项指标的完成情况和预算数，及时提供实际偏离预算的差异额，分析产生差异的原因，以便采取有效措施及时纠正偏差，从而使各项生产经营活动处于预算指标的控制之下，保证预定目标的完成。

（四）评价各部门的业绩

企业总体目标的实现取决于各个部门具体目标的实现，只有当所有部门都按预算完成各种任务时，企业才能实现总体目标。所以，企业应根据预算定期对各部门所承担的工作任务和目标进行考核，以了解其目标的实现情况，同时评价各部门的工作业绩，并据此实行奖惩和人事任免，促使各部门更好地工作。科学的预算指标能为企业或部门提供业绩评价的比较标准。

任务二　全面预算的编制方法

科学的预算编制方法是保证企业全面预算正确的前提之一。编制预算的方法有很多，包括固定预算法、弹性预算法、增量预算法、零基预算法、定期预算法、滚动预算法、概率预算法等。

一、固定预算法与弹性预算法

按其业务量基础的数量特征的不同，编制财务预算的方法可以分为固定预算法和弹性预算法两类。

（一）固定预算法

固定预算法又称静态预算法，是指在编制预算时，只根据预算期内正常、可实现的某一固定的业务量（如生产量、销售量）水平作为唯一基础来编制预算的方法。在此法下，不论未来预算期内的实际业务量水平是否发生波动，都只以事先预计的某一个确定的业务量水平作为编制预算基础，显得过于机械；同时，对那些未来业务量不稳定、水平经常发生波动的企业来说，如果采用此法，就可能对企业预算的业绩考核和评价产生扭曲甚至误导作用。

（二）弹性预算法

弹性预算法又称动态预算法，是为克服固定预算法的缺点而设计的，以业务量、成本和利润之间的依存关系为依据，按照预算期内可能的一系列业务量（如生产量、销售量、工时等）水平编制的系列预算方法。

由于未来业务量的变动会影响到成本、费用、利润等各方面，因此，弹性预算法理论上适用于编制财务预算中所有与业务量有关的预算。但在实务中，主要用于编制成本费用预算和利润预算。由于收入、利润可以利用概率进行风险分析预算，直接材料、直接人工一般按标准成本制度进行标准预算,因此,制造费用、销售费用等间接费用应用弹性预算法较为广泛。

编制弹性预算首先要选择适当的业务量。选择业务量包括选择业务量计量单位和选择业务量范围两部分内容,两者都应根据企业的具体情况进行选择。例如,以手工操作为主的车间,可以选用人工工时;生产单一产品的部门,可以选用产品数量;修理部门可以选用直接修理工时。

弹性预算法所采用的业务量的范围,要保证实际业务量不至于超出相关业务量范围。一般来说,可定在正常生产能力的70%~120%之间,或以历史上最高业务量或最低业务量为其上下限。弹性预算法编制预算的准确性,在很大程度上取决于成本性态分析的可靠性。弹性预算编制一般采用公式法和列表法两种。

1. 公式法

公式法是运用成本性态模型,测算预算期的成本费用数额,并编制弹性预算的方法。根据成本性态,成本与业务量之间的数量关系可以用公式表示为:$y=a+bx$。(其中,y 表示某项预算成本总额,a 表示该项成本中的预算固定成本额,b 表示该项成本中的预算单位变动成本额,x 表示预计业务量。)

【例 9—1】 已知:M 公司按公式法编制的制造费用弹性预算如表 9—1 所示。

表 9—1　　　　　　　　　　　　　制造费用弹性预算(公式法)　　　　　　　　　　　单位:元

费用项目	7 000~12 000(人工工时)	
	固定费用 a	变动费用 b
管理人员工资	8 000	—
设备租金	6 000	—
保险费	4 000	—
维修费	2 000	0.15
辅助材料	1 000	0.10
辅助工人工资		0.25
检验员工资		0.20
合　计	21 000	0.70

根据表 9—1,可利用 $y=21\,000+0.70x$,计算出人工工时在 7 000~12 000 的范围内,任一业务量基础上的制造费用预算总额,也可计算出在该人工小时变动范围内,任一业务量的制造费用中某一费用项目的预算额,如辅助材料 $y=1\,000+0.10x$,检验员工资 $y=0.20x$ 等。

公式法的优点是便于计算任何业务量的预算成本,编制预算的工作量较小。但是,在进行预算控制和考核时,不能直接了解特定业务量下的成本预算;阶梯型成本和曲线成本还需要修正为直线,才能采用公式法,比较麻烦,也存在有一定的误差。

2. 列表法

列表法是在通过列表的方式,在相关范围内将业务量分为若干个水平,然后按不同的业务量水平编制预算的方法。

【例 9—2】 已知:M 公司按列表法编制的制造费用弹性预算如表 9—2 所示。

表 9—2　　　　　　　　　　　制造费用弹性预算(列表法)　　　　　　　　　　单位:元

直接人工小时	7 000	8 000	9 000	10 000	11 000	12 000
生产能力利用(%)	70	80	90	100	110	120
1.变动成本项目:	3 150	3 600	4 050	4 500	4 950	5 400
辅助工人工资	1 750	2 000	2 250	2 500	2 750	3 000
检验员工资	1 400	1 600	1 800	2 000	2 200	2 400
2.混合成本项目:	3 850	4 400	4 950	5 500	6 050	6 600
维修费	2 450	2 800	3 150	3 500	3 850	4 200
辅助材料	1 400	1 600	1 800	2 000	2 200	2 400
3.固定成本项目:	18 000	18 000	18 000	18 000	18 000	18 000
管理人员工资	8 000	8 000	8 000	8 000	8 000	8 000
设备租金	6 000	6 000	6 000	6 000	6 000	6 000
保险费	4 000	4 000	4 000	4 000	4 000	4 000
制造费用预算	25 000	26 000	27 000	28 000	29 000	30 000

　　表 9—2 中的业务量间距为 10%,实际工作中,可以选择更小的间距。显然,业务量的间距越小,实际业务量水平出现在预算表中的可能性就越大,但工作量也就越大。列表法的优点是可以直接从表中找到与业务量相近的预算成本,便于预算的控制和考核,但这种方法工作量较大,且不能包括所有业务量条件下的费用预算。

二、增量预算法和零基预算法

　　按出发点的特征不同,编制预算的方法可分为增量预算法和零基预算法两类。

　　(一)增量预算法

　　增量预算法是指在基期成本费用水平的基础上,结合预算期业务量水平及有关影响成本因素的未来变动情况,通过调整有关原有成本费用项目而编制预算的一种方法。增量预算法的前提条件主要有两点:第一,现有的业务活动是企业所必需的。只有保留企业现有的每项业务活动,才能使企业的经营过程得到正常发展。第二,原有的各项业务都是合理的。既然现有的业务活动是必需的,那么原有的各项费用开支就一定是合理的,必须予以保留。

　　增量预算法以过去的经验为基础,实际上是承认过去所发生的一切都是合理的,主张不需在预算内容上做较大改进,而是因循沿袭以前的预算项目。这种方法容易受原有费用项目限制,可能使原来不合理的费用开支继续存在下去,形成不必要开支的合理化,造成预算上的浪费,也容易滋长预算中的"平均主义",不利于调动各部门降低费用的积极性。按照这种方法编制的费用预算,只对目前已存在的费用项目编制预算,而那些对企业未来发展有利、确实需要开支的费用项目却未予考虑,不利于企业未来的发展。

　　(二)零基预算法

　　零基预算法是指在编制预算时,对于所有的预算支出以零为基础,不考虑其以往情况如何,从实际需要与可能出发,研究分析各项预算费用开支是否必要合理,进行综合平衡,从而确定预算费用的一种方法。

零基预算法是美国德州仪器公司彼得·派尔在 20 世纪 70 年代提出来的,作为管理间接费用的一种有效方法,现在已被很多国家广泛采用。

零基预算打破了传统的编制预算观念,不再以历史资料为基础进行调整,而是一切以零为基础。编制预算时,首先要确定各个项目是否应该存在,然后按项目的轻重缓急,安排企业的费用预算。零基预算法的具体步骤:

第一,根据企业预算期利润目标、销售目标和生产指标等,分析预算期各项费用项目,并预测费用水平。

第二,拟定预算期预算费用控制总额目标,权衡轻重缓急,划分费用支出的等级并排列先后顺序。

第三,根据企业预算期预算费用控制总额目标,按照费用支出等级及顺序,分解落实相应的费用控制目标,编制相应的费用预算。

【例 9—3】 M 公司为降低费用开支水平,拟对历年来超支严重的业务招待费、劳动保护费、办公费、广告费、保险费等间接费用项目按照零基预算法进行编制。经讨论研究,确定预算年度所需发生的费用项目及支出数额如表 9—3 所示。

表 9—3   预计费用项目及开支金额   单位:元

费用项目	开支金额
1. 业务招待费	100 000
2. 差旅费	50 000
3. 办公费	120 000
4. 广告费	200 000
5. 保险费	160 000
6. 租金	30 000
合　计	660 000

对上述各项费用进行充分论证,对各费用项目中属于可避免成本的业务招待费和培训费,参照历史经验,业务招待费成本收益率为 1∶15,广告费成本收益率为 1∶25。然后,权衡上述各项费用开支的轻重缓急,排出等级及顺序如下:

第一等级:差旅费、办公费、保险费和租金属于约束性成本,是预算必不可少的开支,应全额得到保证。

第二等级:广告费属于可避免成本,可以根据预算期企业资金供应情况酌情增减,但由于广告费的成本收益率高于业务招待费,因而列入第二等级。

第三等级:业务招待费,也属于可避免成本,根据预算期企业资金供应情况酌情增减,但由于成本收益率最低,因而列入第三等级。

假定该公司预算年度对上述各项费用可动用的资金只有 600 000 元,根据以上排列的等级和顺序分配落实预算资金:

(1)第一等级的费用项目所需资金应全额满足:

50 000＋120 000＋160 000＋30 000＝360 000(元)

（2）确定可分配的资金数额：

600 000−360 000＝240 000（元）

（3）按成本收益率的比例分配业务招待费和广告费，则

$$业务招待费可分配资金＝240\ 000×\frac{15}{15＋25}＝90\ 000（元）$$

$$广告费可分配资金＝240\ 000×\frac{25}{15＋25}＝150\ 000（元）$$

零基预算法与传统预算方法相比，它以零为起点，不受前期费用项目和费用水平的制约，可以促使企业合理有效地进行资源分配，能够调动企业各部门降低费用的积极性，能对环境变化做出较快反应，能够紧密地复核成本状况，但需要对企业现状和市场进行大量的调研，耗时巨大，参加预算工作的人员先要进行培训，并且需要全员参与。因此，实务中，企业并不需要每年都按零基预算法来编制预算，而是每隔几年才按此方法编制一次预算。一般适用于产出较难辨认的服务性部门费用预算的编制。

三、定期预算法和滚动预算法

按其预算期的时间特征不同，可分为定期预算法和滚动预算法两类。

（一）定期预算法

定期预算法是以固定不变的会计期间（如年度、季度、月份）作为预算期间编制预算的方法。

采用定期预算法编制预算，保证预算期间与会计期间在时期上配比，便于依据会计报告的数据与预算进行比较，考核和评价预算的执行结果。但定期预算往往是年初或提前几个月编制的，不能随情况的变化及时调整，不利于前后各个期间的预算衔接，不能适应连续不断的业务活动过程的预算管理，不利于企业的长远发展。

（二）滚动预算法

滚动预算法又称永续预算法，是指在编制预算时，将预算期与会计年度脱离，调整和编制下期预算，并将预算期间逐期连续向后滚动推移，使预算期间保持为一个固定期间的一种预算编制方法。滚动预算法按其预算编制和滚动时间单位不同可分为逐月滚动、逐季滚动和混合滚动三种方式。

1. 逐月滚动方式

逐月滚动方式是指在预算编制过程中，以月份为预算的编制和滚动单位，每个月调整一次预算的方法。如在 2016 年 1 月至 12 月的预算执行过程中，需要在 1 月末根据当月预算的执行情况，修订 2 月至 12 月的预算，同时补充 2017 年 1 月的预算；到 2 月末可根据当月预算的执行情况，修订 3 月至 2017 年 1 月的预算，同时补充 2017 年 2 月的预算……以此类推。逐月滚动预算示意如图 9−2 所示。

按照逐月滚动方式编制的预算比精确，但工作量很大。

2. 逐季滚动方式

逐季滚动方式是指在预算编制过程中，以季度为预算的编制和滚动单位，每个季度调整一次预算的方法。如在 2016 年第一季度至第四季度的预算执行中，需要在第一季末根据当季预算的执行情况，修订第二季度至第四季度的预算；同时补充 2017 年第一季度的预算；第二季度末根据当季预算的执行情况，修订第三季度至 2017 年第一季度的预算，同时补充 2017 年第二

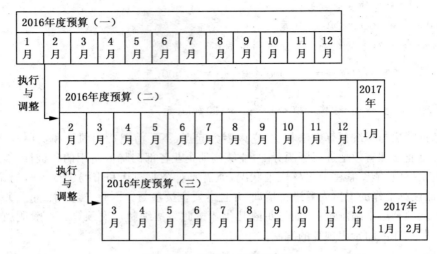

图9—2　逐月滚动预算示意

季度的预算……以此类推。

按照逐季滚动编制的预算比逐月滚动的工作量要小,但预算精度略差。

3. 混合滚动方式

混合滚动方式是指在预算编制过程中,同时使用月份和季度作为预算的编制和滚动单位的方法。它是滚动预算的一种变通方式。

这种预算方法的理论依据是:人们对未来的了解程度具有对近期把握较大、对远期的预算把握较小的特征。为了做到长计划短安排,远略近详,在预算编制过程中,可以对近期预算提出较高的精度要求,使预算的内容相对详细;对远期预算提出较低的精度要求,使预算的内容相对简单,这样可以减少预算工作量。

如对2016年1月至3月逐月编制详细预算,其余4月至12月分别按季度编制粗略预算;3月末根据第一季度预算的执行情况,编制4月至6月的详细预算,并修订第三至第四季度的预算,同时补充2017年第一季度的预算;以此类推。混合滚动预算示意如图9—3所示。

在实际工作中,采用哪一种滚动预算方式应视企业的实际需要而定。

与传统定期预算法相比,由于按滚动预算法编制的预算实现了与日常管理的紧密衔接,可以使管理人员始终能够从动态角度把握住企业近期的规划目标和远期的战略布局,使预算具有较高的透明度。另外,由于滚动预算能根据前期预算的执行情况,结合各种因素的变动影响,及时调整和修订近期预算,从而使预算更加切合实际,能够充分发挥预算的指导和控制。其缺点是预算工作量较大。

四、概率预算法

概率预算法是为了反映企业在实际经营过程中各预定指标可能发生的变化而编制的预算。它不仅考虑了各因素可能发生变化的水平范围,而且考虑到在此范围内有关数据可能出现的概率情况。因此,在预算的编制过程中,不仅要对有关变量的相应数值进行加工,而且需对有关变量可预期的概率进行分析。用该方法编制出的预算由于在其形成过程中,把各种可预计到的可能性都考虑进去,因而比较接近客观实际情况,同时还能帮助企业管理人员对各种

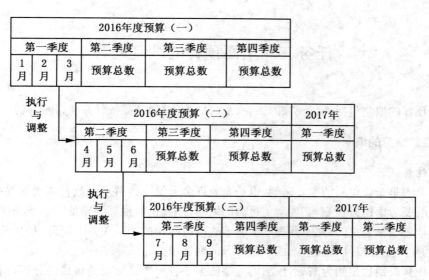

图 9—3　混合滚动预算示意

经营情况及其结果出现的可能性做到心中有数,有备无患。

【例 9—4】　假设 M 公司预算期产品销售单价为 100 元,销售量和变动成本的预测值及相应的概率,以及其他有关数据如表 9—4 所示。

表 9—4　　　　　　　　　　　　　产品相关资料　　　　　　　　　　　　　单位:元

销售量(件)	20			25			30		
销售收入(元)	2 000			2 500			3 000		
概率Ⅰ	0.2			0.6			0.2		
变动成本(生产)(元)	50	55	60	50	55	60	50	55	60
变动成本(销售)(元)	5	5	5	5	5	5	5	5	5
概率Ⅱ	0.3	0.4	0.3	0.3	0.4	0.3	0.3	0.4	0.3
固定成本(元)	400	400	400	450	450	450	500	500	500
利润(元)	500	400	300	675	550	425	850	700	550
总概率(Ⅰ×Ⅱ)	0.06	0.08	0.06	0.18	0.24	0.18	0.06	0.08	0.06
利润期望值(元)	550								

根据表 9—4,通过将各变量的有关数据与其相对应的总概率相乘,然后汇总,就可以求得各变量的预期值。

前面介绍的六种预算法属于三种类型,固定预算法与弹性预算法归为一类,增量预算法与零基预算法归为一类,定期预算法与滚动预算法归为一类。概率预算法多用于利润的预算,现金收支法主要应用于现金预算的编制。后面将介绍现金预算的编制。任何一种预算方法只有通过具体的预算才能发挥作用,即使是不同类型之间的预算方法之间也并非是完全相互排斥的关系,在编制某一特定内容的预算过程中,完全有可能同时采用两种预算方法。

任务三　全面预算的编制内容

全面预算的编制包括经营预算的编制、专门决策预算的编制、财务预算的编制。

一、经营预算的编制

(一)销售预算

销售收入是企业盈利的主要来源,也是企业现金流量中经营现金流量实现的保证。显然,销售预算既要考虑销售预测,又要避免过高的风险,一般销售预算要略低于企业预测值。销售预算与其他各项预算之间,在不同程度上有着直接或间接的相互关系。因此,销售预算一经确定,就成为生产预算以及各项生产成本预算等的编制依据。

销售预算以销售预测为基础,预测的主要依据是各种产品历史销售量的分析,结合市场预测中各种产品发展前景等资料,先按产品、地区、顾客和其他项目分别加以编制,然后加以归并汇总。

销售预算中通常还包括现金收入的计算,这是为后面编制现金预算提供必要的资料。第一季度的现金收入包括两部分,即上年应收账款在本年第一季度收到的货款,以及本季度销售中可能收到的货款两部分。

根据销售预测确定未来期间预计的销售量和销售单价后,可得到以下公式:

$$预计销售收入＝预计销售量×预计销售单价 \tag{9-1}$$

$$预计含税销售收入＝该期预计销售收入＋该期预计销项税额 \tag{9-2}$$

$$某预算期现金收入＝该期现销含税收入＋该期回收以前期的应收账款 \tag{9-3}$$

【例9-5】　M公司生产一种产品,销售单价为1 000元,预算年度内4个季度的销售量分别为100件、150件、200件和180件。假设每季度销售收入中,本季度收到现金60%,另外的40%要到下季度才能收到。预计第一季度可收回上年第四季度的应收账款12 000元。

根据上述资料,编制销售预算及预计现金收入预算表,如表9-5所示。

表9-5　　　　　　　　　　　　　　　销售预算　　　　　　　　　　　　　　　单位:元

季　度	一	二	三	四	全年
预计销售量	100	150	200	180	630
销售单价	100	100	100	100	100
销售收入	10 000	15 000	20 000	18 000	63 000
增值税销项税额	1 700	2 550	3 400	3 060	10 710
含税销售收入	11 700	17 550	23 400	21 060	63 710
期初应收账款	12 000				12 000
第一季度	7 020	4 680			11 700
第二季度		10 530	7 020		17 550

续表

季　度	一	二	三	四	全年
第三季度			14 040	9 360	23 400
第四季度				12 636	12 636
现金收入合计	19 020	1 5210	21 060	21 996	77 286

根据表9—5中的数据还可以计算出 M 公司年末应收账款的余额：

$$应收账款余额＝21\ 060×40\%＝8\ 424(元)$$

（二）生产预算

生产预算是根据销售预算编制的，计划为满足预算期的销售量以及期末存货所需的资源。通常，企业的生产和销售不能做到"同步同量"，计划期间除必须有足够的产品以供销售之外，还必须考虑计划期期初和期末存货的预计水平，以避免存货太多形成积压，或存货太少影响下期销售。计算公式：

$$预计生产量＝预计销售量＋预计期末存货－预计期初存货 \qquad (9—4)$$

生产预算是所有营业预算中唯一只使用实物量单位的预算，可以为有关费用和成本提供实物量数据。生产预算在实际编制时比较复杂，一方面产量受到生产能力的限制，同时存货数量又会受到仓储容量的限制。

为了解现有生产能力是否能够完成预计的生产量，生产设备管理部门有必要再审核生产预算，若无法完成，预算委员会可以修订销售预算或考虑增加生产能力；若生产能力超过需要量，则可以考虑把生产能力用于其他方面。实践中，一般是按事先估计得期末存货量占下期销售量的比例进行估算。

【**例9—6**】 依例9—5资料，假设 M 公司期末存货量为下期销售量的10％，预算年度第一季度期初存货量为10件，期末存货量为20件。

根据销售预算的预计销售量和上述有关数据，编制预算年度的生产预算表，如表9—6所示。

表**9—6**　　　　　　　　　　　　　　　　生产预算　　　　　　　　　　　　　　单位:元

季　度	一	二	三	四	全年
预计销售量	100	150	200	180	630
加:预计期末存货	15	20	18	20	20
减:预计期初存货	10	15	20	18	650
预计生产量	105	155	198	182	640

（三）直接材料预算

直接材料预算即为直接材料采购预算，是指在预算期内，根据生产预算所确定的材料采购数量和材料采购金额的计划。直接材料采购预算以生产预算为基础，根据生产预算的每季预计生产量、单位产品的材料用量、期初和期末存料量、材料的计划单价以及采购材料的付款条件等编制的预算期直接材料采购计划。"预计生产量"的数据来自生产预算，"单位产品材料用量"的数据来自标准成本资料或消耗定额资料，"生产需用量"是上述两项的乘积。期初、期末的材料库存量是根据当前情况和销售预测估计得到的。实践中,各季度"期末材料存量"一般根据下季度需用量的百分比确定。

预计各季度采购量,根据下式计算确定:

$$预计采购量=生产需要量+预计期末库存量-预计期初库存量 \quad (9-5)$$

在实际工作中,直接材料采购预算往往还附有"预计现金支出计算表",用以计算预算期内为采购直接材料而支付的现金数额,以便编制现金预算。

预算期采购金额的计算公式为:

$$预算期采购金额=该期预计采购总成本+该期预计进项税额 \quad (9-6)$$

预算期内的采购现金支出的计算公式为:

$$预算期采购现金支出=该期现购材料现金支出+该期支付前期的应付账款 \quad (9-7)$$

【例9-7】 假设 M 公司所生产的产品只需要一种原材料,单位产品材料用量为 4 千克/件,材料采购单价为 5 元/千克,每季度末的材料存量为下季度生产用量的 20%,估计预算年度期初存货量 120 千克,期末材料存货量 150 千克。假定每季采购金额中,有 60%需要当季支付现金,其余 40%到下季支付。预算年度第一季应付上年第四季度赊购材料款为 2 500 元。

根据预计生产量和上述单位产品的材料消耗定额以及期初、期末的材料存量等相关资料,编制直接材料预算及材料采购现金支出计算表,如表 9-7 所示。为了简化计算,计算结果保留为整数。

表 9-7　　　　　　　　　　　　　　　直接材料预算　　　　　　　　　　　　　　单位:元

季　度	一	二	三	四	全年
预计生产量(件)	105	155	198	182	640
单位产品材料用量(千克/件)	4	4	4	4	4
生产需用量(千克)	420	620	792	728	2 560
加:预计期末库存量(千克)	124	158	146	150	150
减:预计期初库存量(千克)	120	124	158	146	120
预计采购量	424	654	780	732	2 590
材料采购单价(元/千克)	5	5	5	5	5
预计采购成本(元)	2 120	3 270	3 900	3 660	12 950
增值税进项税额(元)	360	556	663	622	2 201※
预计采购金额合计(元)	2 480	3 826	4 563	4 282	15 151
预计现金支出:					
上年应付账款	2 500				2 500
第一季度	1 488	992			2 480
第二季度		2 296	1 530		3 826
第三季度			2 738	1 825	4 563
第四季度				2 569	2 569
现金支出合计	3 988	3 288	4 268	4 394	15 938

备注:※的地方有尾差。

根据表 9-7 中的数据还可以计算出 M 公司年末期末应付账款的余额:

应付账款余额＝4 282×40％＝1 713(元)

（四）应交税费预算

应交税费预算是指为规划一定预算期内预计发生的应交增值税、营业税、消费税、资源税、城市维护建设税和教育费附加金额而编制的一种经营预算。本预算中不包括预交的所得税和直接计入管理费用的印花税。

【例9—8】　M公司流通环节只缴纳增值税，并于销售的当期用现金完税，城建税率为7％，教育费附加征收率为3％。

根据前例预计的增值税销项税额和进项税，编制应交税费预算表，如表9—8所示。为了简化起见，计算结果保留为整数。

表9—8　　　　　　　　　　　　　应交税费预算　　　　　　　　　　　　　单位：元

季　度	一	二	三	四	全年
增值税销项税额	1 700	2 550	3 400	3 060	10 710
增值税进项税额	360	556	663	622	2 201
应交增值税	1 340	1 994	2 737	2 438	8 509
应交城建税及教育费附加	134	199	274	244	851
现金支出合计	1 474	2 193	3 011	2 682	9 360

（五）直接人工预算

直接人工预算也是以生产预算为基础编制的。其主要内容有预计产量、单位产品工时、人工总工时、单位工时工资率和人工总成本。单位产品工时和单位工时工资率数据来自标准成本资料。人工总工时和人工总成本是在直接人工预算中计算出来的。直接人工预算可以反映预算期内人工工时的消耗水平和人工成本。

由于人工工资一般均由现金支付，通常不单独编制列示与此相关的预计现金支出开支。即便我国有一些企业的工资不一定在提取的当期用现金开支，但这不受职工欢迎。

【例9—9】　M公司的单位产品工时定额为5小时，单位工时工资率为8元。

根据单位产品工时定额、单位工时工资率和预计生产量，编制直接人工预算表，如表9—9所示。

表9—9　　　　　　　　　　　　　直接人工预算　　　　　　　　　　　　　单位：元

季　度	一	二	三	四	全年
预计生产量(件)	105	155	198	182	640
单位产品工时(小时/件)	5	5	5	5	5
人工总工时(小时)	525	775	990	910	3 200
单位工时工资率(元/小时)	8	8	8	8	8
人工总成本(元)	4 200	6 200	7 920	7 280	25 600

（六）制造费用预算

制造费用是一种能反映直接人工预算和直接材料使用与采购预算以外的所有产品成本的

预算计划。为编制预算,制造费用通常可按其成本性态可分为固定制造费用和变动制造费用两部分。固定制造费用可在上年的基础上根据预期变动加以适当修正进行预计;变动制造费用根据预计生产量乘以单位产品预定分配率进行预计。对于制造费用中的混合成本项目,应将其分解为固定费用和变动费用两部分,并分别列入制造费用预算的固定费用和变动费用。

为了全面反映企业资金收支,在制造费用预算中,通常包括费用方面预期的现金支出。需要注意的是,由于固定资产折旧费是非付现项目,在计算时应予排除。

【例9—10】 M公司在预算期间的变动制造费用为3 200元,固定制造费用为8 000元。

根据变动制造费用和固定制造费用相关资料,编制制造费用预算表,如表9—10所示。

表9—10 制造费用预算 单位:元

季 度	一	二	三	四	全年
变动制造费用:					
间接人工(1元/件)	105	155	198	182	640
间接材料(1元/件)	105	155	198	182	540
维修费(2元/件)	210	310	396	364	1 280
水电费(1元/件)	105	155	198	182	640
小 计	525	775	990	910	3 200
固定制造费用:					
管理人员工资	1 000	1 000	1 000	1 000	4 000
折旧费	400	400	400	400	1 600
办公费	250	150	180	320	900
保险费	200	350	450	500	1 500
小 计	1 850	1 900	2 030	2 220	8 000
合 计	2 375	2 675	3 020	3 130	11 200
减:折旧	400	400	400	400	1 600
现金支出的费用	1 975	2 275	2 620	2 730	9 600

为了便于以后编制现金预算,需要预计现金支出。制造费用中,除折旧费外都必须支付现金,所以,根据各个季度制造费用数额扣除折旧费后,即可得出"现金支出的费用"。

根据表9—10可得,

$$变动制造费用分配率 = \frac{3\ 200}{3\ 200} = 1(元/小时)$$

$$固定制造费用分配率 = \frac{8\ 000}{3\ 200} = 2.5(元/小时)$$

(七)产品成本预算

产品成本预算是指为规划一定预算期内每种产品的单位产品成本、生产成本、销售成本等内容而编制的一种日常业务预算。产品成本预算是生产预算、直接材料预算、直接人工预算、制造费用预算的汇总,即产品成本预算主要依据生产预算、直接材料预算、直接人工预算、制造费用预算等汇总编制。产品成本预算的主要内容是产品的总成本与单位成本。单位产品成本可根据下式计算确定:

某种产品某期预计发生的单位生产成本＝单位直接材料成本＋单位直接人工成本

＋单位制造费用　　　　　　（9—8）

不同的存货计价方法，需要采取不同的预算编制方法。此外，不同的成本计算模式也会产生不同的影响。在变动成本法下，产成品存货一般按先进先出法计价，产品成本只考虑直接材料、直接人工和变动制造费用。

【例9—11】根据表9—7、表9—9和表9—10的数据，编制产品成本预算表，如表9—11所示。（只编制全年的产品成本预算）

表9—11　　　　　　　　　　　　　产品成本预算　　　　　　　　　　　　　单位:元

项　目	单位成本			生产成本（640件）	期末存货（20件）	销货成本（630件）
	每千克或每小时	投入量	成本（元）			
直接材料	5	4	20	12 800	400	12 600
直接人工	8	5	40	25 600	800	25 200
变动制造费用	1	5	5	3 200	100	3 150
固定制造费用	2.5	5	12.5	8 000	250	7 875
合　计	/	/	77.5	49 600	1 550	48 825

（八）销售及管理费用预算

销售费用预算是指为了实现销售预算所需支付的费用预算。它以销售预算为基础，对销售收入、销售利润和销售费用的关系进行分析，力求实现销售费用的最有效使用。在安排销售费用时，要利用本量利分析方法，费用的支付应能获取更多的收益。

管理费用预算是指企业日常生产经营中为搞好一般管理业务所必需的费用预算。在编制管理费用预算时，要分析企业的业务成绩和一般经济状况，务必做到合理化。

销售及管理费用预算也要编制相应的现金支出预算，其中固定资产折旧费、无形资产摊销等均属不需要现金支出的项目，在预计费用现金支出时，应予以扣除。

【例9—12】假定M公司在预算期间变动销售及管理费用为1 260元，按销售量计算分配率，固定销售及管理费用为1 200元，其中年折旧费用为800元。

根据预计销售量和上述资料，编制销售及管理费用预算表，如表9—12所示。

表9—12　　　　　　　　　　　　销售及管理费用预算　　　　　　　　　　　　单位:元

季　度	一	二	三	四	全　年
预计销售量（件）	100	150	200	180	630
变动销售及管理费用分配率	2	2	2	2	2
变动销售及管理费用（元）	200	300	400	360	1 260
固定销售及管理费用（元）	300	300	300	300	1 200
减:折旧费（元）	200	200	200	200	800
现金支出的费用（元）	300	400	500	460	1 660

上例中,变动销售及管理费用分配率＝1 260÷630＝2(元/件)。

二、专门决策预算的编制

专门决策预算又称特种决策预算,是指企业为不经常发生的长期投资项目或者一次性专门业务所编制的预算,一般包括资本支出预算和经营决策预算两种。资本支出预算又称投资预算,是指企业为了今后更好的发展、获取更大的报酬而作出的资本支出计划。它是综合反映建设资金来源与运用的预算,其支出主要用于经济建设,其收入主要是债务收入。由于这类预算涉及长期建设项目的投资投放与筹措等,并经常跨年度,因此,除个别项目外一般不纳入日常业务预算,但应记入与此有关的现金预算与预计资产负债表。

经营决策预算是指与短期经营决策密切相关的特种决策预算,该类预算的主要目标是通过制定最优生产经营决策和存货控制决策来合理地利用或调配企业经营活动所需要的各种资源。本类预算通常是在根据短期经营决策确定的最优方案基础上编制的,因而需要直接纳入日常业务预算体系,同时也将影响现金预算等财务预算。

【例 9－13】 M公司为了开发新产品,决定预算期间上马一条新的生产线,预计在 1 季度购置 60 000 元的设备。为筹措该项投资资金,M 公司年初向银行借入年利率为 10％的 3 年期的长期借款 60 000 元,每季末支付利息,到期还本。

根据上述设备购置及资金筹措的资料,编制投资项目预算表,如表 9－13 所示。

表 9－13　　　　　　　　　　　新产品生产线投资项目预算　　　　　　　　　　　　单位:元

季　度	一	二	三	四	全　年
设备购置	60 000				60 000
投资支出合计	60 000				60 000
投资资金筹措:					
向银行借款	60 000				60 000
合　计	60 000				60 000

三、财务预算的编制

(一)现金预算

现金预算也称现金收支预算,是所有相关现金收支预算的汇总。现金预算通常包括现金收入、现金支出、现金收支差额、资金的筹措及运用四个方面。

现金收入部分包括期初现金余额和预算期现金收入,主要是销货取得的现金收入,来自销售预算。

现金支出部分包括预算期各项现金支出,由"直接材料"、"直接人工"、"制造费用"、"销售费用"、"管理费用"、"财务费用"、"支付的税金以及预交所得税"等组成,有时还涉及资本性现金支出。

现金收支差额部分列示现金收入合计与现金支出合计的差额。差额为正,说明收大于支,现金有多余;差额为负,说明支大于收,现金不足。

企业根据预算期现金收支差额的性质、数额的大小和期末应保持的现金余额,确定筹集或运用资金的数额。如果现金多余,可用于偿还向银行取得的借款,或用于购买有价证券;如果现金不足,要向银行取得新的借款或抛售有价证券。

【例9—14】　假定M公司每季末现金余额不得少于4 000元,否则要向银行借款,借款数额一般为1 000的倍数。借款年利率为12%。现金多余时,可购买年利率为6%的有价证券作为临时调剂。预计预算期期初现金余额为4 000元。

根据前述有关销售预算、直接材料预算等相关资料,编制预算各季度的现金预算表,如表9—14所示。

表9—14　　　　　　　　　　　　　　　　现金预算　　　　　　　　　　　　　　　　单位:元

季　度	一	二	三	四	全年
期初现金余额	4 000	4 583	4 857	4 098	4 000
加:销售现金收入	19 020	15 210	21 060	21 996	77 286
可供使用现金合计	23 020	19 793	25 917	26 094	81 286
减:现金支出:					
直接材料	3 988	3 288	4 268	4 394	15 938
直接人工	4 200	6 200	7 920	7 280	25 600
制造费用	1 975	2 275	2 620	2 730	9 600
销售及管理费用	300	400	500	460	1 660
支付增值税、城建税等	1 474	2 193	3 011	2 682	9 360
预交所得税	1 000	1 000	1 000	1 000	4 000
购买设备	60 000				60 000
预分股利(估计)	2 000	2 000	2 000	2 000	8 000
现金支出合计	74 937	17 356	21 319	20 546	134 158
现金收支差额	(51 917)	2 437	4 598	5 548	(52 872)
资金筹措及运用:					
加:借入的长期借款	60 000				60 000
借入的短期借款		4 000			4 000
减:归还借款本金					
短期借款利息(8%)		80			80
长期借款利息(10%)	1 500	1 500	1 500	1 500	6 000
购买有价证券	2 000		(1 000)		1 000
期末现金余额	4 583	4 857	4 098	4 048	4 048

本例中,购置设备向银行借入的长期借款60 000元,每季支付利息为1 500元(60 000×10%÷4)。

现金不足时,向银行借入的短期借款,一般按"每期期初借入,每期期末归还"来预计利息,第二季度末应支付的利息为80元。短期借款本金借款期限设定为一年。

现金预算是企业现金管理的重要工具,有助于企业合理安排和调动资金,降低资金的使用成本。现金预算涉及面广,比较复杂,一定要注意现金预算表各项目之间的勾稽关系。

（二）利润表预算

利润表预算是指以货币形式综合反映预算期内企业经营活动成果（包括利润总额、净利润）计划水平的一种财务预算。利润表预算与实际利润表的格式、内容相同，但它是由预算数据形成的。该预算需要在销售预算、产品成本预算、营业税金及附加预算、制造费用预算、销售及管理费用预算、财务费用预算等基础上编制。

【例9－15】 根据M公司前例各预算资料，编制利润表预算表，如表9－15所示。

表9－15　　　　　　　　　　　　　　　利润表预算　　　　　　　　　　　　单位：元

项　目	金　额
销售收入	63 000
减：销售成本	48 825
营业税金及附加	851
销售及管理费用	2 460
财务费用	6 080
利润总额	4 784
所得税费用（估计）	4 000
净利润	784

其中，销售收入数据来自销售预算；销售成本数据来自产品成本预算；营业税金及附加数据来自应交税费预算；销售及管理费用数据来自销售及管理费用预算；财务费用数据来源于现金预算。所得税费用是估计数值，并已列入现金预算。它通常不是根据利润和所得税税率计算出来的，如果根据利润和税率重新计算，就需要修改现金预算，引起信贷计划修订，进而改变利息，最终又要修改利润，从而陷入数据的循环修改。另外，所得税费用计算还存在诸多纳税调整的事项。

通过编制利润表预算，可以了解企业预期的盈利水平，如果预算利润与目标利润有较大出入，就需要重新分析研究，修改目标利润。

（三）资产负债表预算

资产负债表预算是指用于总括反映企业预算期末财务状况的一种财务预算。资产负债表预算与实际资产负债表的格式、内容相同，但它是由预算数据形成的。资产负债表预算表中除上年期末数已知外，其余项目均应在前述各项营业预算和特种决策预算的基础上分析填列。

【例9－16】 根据M公司前例各预算资料，编制资产负债表预算表，如表9－16所示。

表9－16　　　　　　　　　　　　　　资产负债表预算　　　　　　　　　　　单位：元

资　产			负债及所有者权益		
项　目	年初	年末	项　目	年初	年末
库存现金（表9－14）	4 000	4 048	应付账款	2 500	1 713
应收账款（表9－5）	12000	8 424	短期借款	0	4 000
有价证券投资（表9－14）	0	1 000	长期借款	10 000	70 000

续表

资 产			负债及所有者权益		
产成品存货(表9—6、表9—10)	775	1 550	负债合计	12 500	75 713
原材料存货(表9—7)	600	750	普通股	20 000	20 000
固定资产(表9—12)	30 000	90 000	未分配利润	12 875	5 659
累计折旧(表9—10、表9—12)	2000	4 400			
			所有者权益合计	32 875	25 659
资产总额合计	45 375	101 372	负债及所有者权益合计	45 375	101 372

根据表9—16资料,可知:期末未分配利润=12 875+784-8 000=5 659(元)。

编制资产负债表预算的目的在于判断预算反映的财务状况的稳定性和流动性。如果通过资产负债表预算的分析,发现某些财务比率不佳,必要时可修改有关预算,以改善财务状况。

关键术语

全面预算　经营预算　财务预算　专门决策预算　弹性预算法　固定预算法增量预算法
零基预算法　定期预算法　滚动预算法　概率预算法

◎ 应知考核 ◎

一、单项选择题

1. ( )是其他预算的起点。

A. 销售预算　　　　　B. 现金预算　　　　　C. 生产预算　　　　　D. 产品成本预算

2. 在编制制造费用预算时,计算现金支出应予排除的项目是( )。

A. 间接材料　　　　　B. 间接人工　　　　　C. 管理人员工资　　　D. 折旧费

3. 下列项目中,能够克服固定预算方法缺点的是( )。

A. 固定预算　　　　　B. 弹性预算　　　　　C. 滚动预算　　　　　D. 零基预算

4. 下列各项中,应当作为编制零基预算出发点的是( )。

A. 基期的费用水平　　　　　　　　　　　B. 历史上费用的最好水平

C. 国内外同行业费用水平　　　　　　　　D. 费用为零

5. 下列各项中,能够揭示滚动预算基本特点的表述有( )。

A. 预算期是相对固定的　　　　　　　　　B. 预算期是连续不断的

C. 预算期与会计年度一致　　　　　　　　D. 预算期不可随意变动

6. 预计期初存货50件,期末存货40件,本期销售250件,则本期生产量为( )件。

A. 230　　　　　　　　B. 240　　　　　　　　C. 250　　　　　　　　D. 260

7. 下列预算中,不涉及现金收支内容的项目为( )。

A. 销售预算　　　　　B. 生产预算　　　　　C. 制造费用预算　　　D. 产品成本预算

8. 营业预算中唯一只使用实物量计量单位的预算是( )。

A. 销售预算　　　　　B. 生产预算　　　　　C. 直接材料预算　　　D. 管理费用预算

9. 下列各项预算中,属于财务预算的是( )。

A. 现金预算　　　　　B. 销售预算　　　　　C. 直接材料预算　　　D. 生产预算

10. 某企业编制"生产预算",预计第一季度期初存货为 120 件;预计销售量第一季度为 1 500 件、第二季度为 1 600 件。该企业存货数量通常按下期销售量的 10％比例安排期末存货,则"生产预算"中第一季度的预计生产量为（   ）件。

A. 1 540　　　　　　　B. 1 460　　　　　　　C. 1 810　　　　　　　D. 1 530

二、多项选择题

1. 编制弹性预算所用业务量可以是（   ）。

A. 生产量　　　　　　B. 销售量　　　　　　C. 直接人工工时　　　D. 机器工时

2. 下列各项中,属于经营预算的有（   ）。

A. 销售预算　　　　　　　　　　　　B. 制造费用预算

C. 销售及管理费用预算　　　　　　　D. 预计利润表

3. 滚动预算法按其编制和滚动的时间单位可分为（   ）。

A. 逐日滚动　　　　　B. 逐月滚动　　　　　C. 逐季滚动　　　　　D. 混合滚动

4. 产品成本预算是（   ）预算的汇总。

A. 制造费用　　　　　B. 销售及管理费用　　C. 直接材料　　　　　D. 直接人工

5. 下列各项中,属于编制直接人工预算时需要考虑的因素有（   ）。

A. 预计产量　　　　　　　　　　　　B. 单位产品工时

C. 人工总工时　　　　　　　　　　　D. 单位工时工资率和人工总成本

6. 编制全面预算应遵守的原则是（   ）。

A. 明确经营目标　　　　　　　　　　B. 以销定产

C. 全面、完整　　　　　　　　　　　D. 符合实际,留有余地

7. 全面预算具体包括（   ）。

A. 经营预算　　　　　B. 财务预算　　　　　C. 专门决策预算　　　D. 控制预算

8. 下列（   ）是在生产预算的基础上编制的。

A. 直接材料预算　　　B. 直接人工预算　　　C. 产品成本预算　　　D. 管理费用预算

9. 增量预算方法的缺点包括（   ）。

A. 形成不必要开支的合理化,造成预算上的浪费

B. 滋长预算中的"平均主义",不利于调动各部门降低费用的积极性

C. 只对目前已存在的费用项目编制预算,不利于企业未来的发展

D. 预算适用范围宽

10. 滚动预算的优点包括（   ）。

A. 预算工作量较大　　　　　　　　　B. 与日常管理的紧密衔接

C. 具有较高的透明度　　　　　　　　D. 切合实际,能够充分发挥预算的指导和控制

三、判断题

1. 预算是计划工作的结果,又是控制生产经营活动的依据。　　　　　　　　　　（   ）

2. 零基预算是企业未来一定时期内的经营和决策方针的数量化表现。　　　　　（   ）

3. 业务预算是指反映企业基本经济业务的预算,而财务预算是指关于资金筹措和使用方面的预算。　　　　　　　　　　　　　　　　　　　　　　　　　　　　　　　　　（   ）

4. 财务预算包括现金预算、利润表预算和资产负债表预算等内容。　　　　　　（   ）

5. 编制弹性预算首先要选择适当的业务量。　　　　　　　　　　　　　　　　（   ）

6. 弹性预算法编制预算的准确性,在很大程度上取决于成本性态分析的相关性。（   ）

7. 零基预算以历史资料为基础。 （　　）

8. 概率预算法不仅考虑各因素可能发生变化的水平范围，而且考虑在此范围内有关数据可能出现的概率情况。 （　　）

9. 销售预算一经确定，就成为生产预算以及各项生产成本预算等的编制依据。 （　　）

10. 应交税费预算中包括预交的所得税和直接计入管理费用的印花税。 （　　）

四、简述题

1. 什么是全面预算？编制全面预算有什么作用？

2. 全面预算的编制程序包括哪些步骤？

3. 什么是零基预算？其编制包括哪些步骤？

4. 什么是弹性预算和滚动预算？各有什么特征？

5. 什么是概率预算？用概率预算法编制预算时，其关键是什么？

五、计算题

1. 星海公司预算期间 2016 年度简略销售情况如表 9－17 所示，若销售当季度收回货款 60%，次季度收款 35%，第三季度收款 5%，预算年度期初应收账款金额为22 000元，其中包括上年度第三季度销售的应收款4 000元，第四季度销售的应收账款18 000元。

表 9－17

季　度	一	二	三	四	合　计
预计销售量（件）	2 500	3 750	4 500	3 000	13 750
销售单价（元）	20	20	20	20	20

要求：根据上述资料编制预算年度的销售预算，填写表 9－18。

表 9－18

	项　目	一季度	二季度	三季度	四季度
预计销售量	预计销售量（件）	2 500	3 750	4 500	3 000
	销售单价（元/件）	20	20	20	20
	预计销售金额	（1）	（2）	（3）	（4）
	本年期初应收账款收现	（5）	（6）		
	一季度销售收现	（7）	17 500	2 500	
	二季度销售收现		45 000	（8）	3 750
	三季度销售收现			54 000	31 500
	四季度销售收现				36 000

2. 企业 2016 年度现金预算部分数据如表 9－19 所示，若该企业规定各季末必须保证有最低的现金余额5 000元。

表 9—19

摘　　要	一季度	二季度	三季度	四季度	全　年
期初现金余额					
加:现金收入	8 000	70 000	96 000		321 000
可动用现金合计	68 000		100 000		
减:现金支出					
直接材料	45 000				
制造费用	35 000	30 000	30 000		113 000
购置设备	8 000	8 000	10 000	35 000	36 000
支付股利	2 000	2 000	2 000	2 000	
现金支出合计		85 000			
现金结余(不足)	(2 000)		11 000		
现金筹集与运用					
银行借款(期初)	—	15 000			
归还本息(期末)	—	—	(17 000)		
现金筹集与运用合计					
期末现金余额					

将该企业 2016 年度现金预算中未列金额的部分逐一填列。

3. ABC 公司预计 2016 年第一季度销售甲产品分别为 2 200 件、2 600 件、3 300 件,单价分别为 2 元、2.2 元、2.5 元,销售乙产品分别为 500 件、800 件、650 件,单价分别为 55 元、70 元、65 元。应收账款分三个月收回,回款率依次为 60%、30%、10%。上年 11 月份销售收入为 15 000 元,其中甲产品为 1 350 元,乙产品为 13 650 元。上年 12 月份销售收入为 23 000 元,其中甲产品为 4 000 元,乙产品为 19 000 元。

要求:根据以上资料,编制 ABC 公司 2016 年第一季度的销售预算、应收账款预算和销售现金收入预算。

4. ABC 公司预计 2016 年前 5 个月销售甲产品分别为 2 200 件、2 600 件、3 300 件、3 500 件、3 500 件,单价分别为 2 元、2.2 元、2.5 元、2.5 元、2.2 元,销售乙产品分别为 500 件、800 件、650 件、700 件、710 件,单价分别为 55 元、70 元、65 元、68 元、70 元。根据测算,每月的期末存货约为下一个月销售量的 10%,1 月份期初库存量:甲产品为 220 件,乙产品为 50 件。甲产品每件材料消耗定额为 5 千克,单价为 0.13 元,乙产品每件材料消耗定额为 10 千克,单价为 1.5 元。月末库存材料量:甲产品为下一月生产需要量的 20%,乙产品为下一月生产需要量的 10%,1 月初甲材料库存量为 2 000 千克,乙材料库存量为 1 100 千克。材料采购款分两个月付清,比例分别为 70% 和 30%。上年末应付材料款为 3 000 元。

要求:根据以上资料,编制 ABC 公司 2016 年第一季度的生产预算、材料耗用预算、直接材料采购预算,采购现金支出预算。

5. 某企业计划期间的制造费用如表 9—20 所示。

表 9—20

制造费用项目	具体情况
间接人工费	基本工资为 2 000 元,另外每一小时补贴 0.2 元
物料费	每小时 0.25 元
折旧费	5 000 元
维修费	0～3 000 工时为 1 000 元,4 000～5 000 工时每增加一小时为 0.2 元,6 000 工时以上每增加一小时为 0.12 元
水电费	基数为 600 元,另外每一小时 0.15 元

要求:在生产能量为 2 000～6 000 工时的范围内,按照制造费用的习性,编制制造费用弹性预算(间隔为 1 000 工时)。

◎ 应会考核 ◎

★ 观念应用

【背景资料】

大华公司生产 A 产品,2016 年预计销售量如表 9—21 所示。

表 9—21 2016 年 A 产品预计销量表 单位:件

月份	销售量	月份	销售量
1	10 000	7	13 000
2	12 000	8	12 000
3	10 000	9	12 000
4	12 000	10	9 000
5	12 000	11	10 000
6	13 000	12	10 000

A 产品单位售价 100 元,单位产品变动成本 40 元,变动销售和管理费 5 元,每月固定制造费用 50 000 元,固定销售和管理费用 30 000 元,所得税率 25%。

【考核要求】

根据上述资料,请编制大华公司 2016 年度利润表的滚动预算(按季度滚动)。

★ 技能应用

某公司制造费的成本性态如表 9—22 所示。

表 9—22

成本项目	间接人工	间接材料	维修费用	折旧费用	其他费用
固定部分	6 000	1 000	220	100	880
单位变动率(元/小时)	1.0	0.6	0.15		0.05

【技能要求】

(1)若企业正常生产能力为10 000小时,试用列表法编制该企业生产能力在70%～110%范围内的弹性制造费用预算(间隔为10%)。

(2)若企业5月份实际生产能力只达到正常生产能力的80%,实际发生的制造费用为23 000元,则其制造费用的控制业绩为多少?

★ 案例分析

【背景资料】

2012年度,同大股份将持续扩大生产规模和新品研发投入,按计划分步完成"生态超纤高仿真面料扩大生产规模"募投项目和超募资金使用项目的建设,同时通过精益生产体系的构建、7s的实施等不断加强公司管理水平和研发实力,提高经济效益。

根据公司2012年生产经营发展计划确定的经营目标,编制公司2012年度财务预算方案如下:

一、主要财务预算指标

1. 营业总收入:52 905.00万元;

2. 营业总成本:40 642.00万元;

3. 利润总额:7 769.00万元

4. 净利润:6 629.00万元;

其他:2012年度,公司计划实现年产各类超纤产品1 287万平方米。

二、公司2012年度财务预算与2011年度经营成果比较如表9-23所示。

表9-23   单位:万元

项　　目	2012年预算	2011年度实际	增减变动率(%)
营业总收入	52 905.00	43 015.00	22.99
营业总成本	40 642.00	33 085.00	22.84
利润总额	7 769.00	6 106.00	27.24
净利润	6 629.00	5 286.00	25.41

三、拟定上述计划所依据的假设条件及原因

公司实现上述计划所依据的假设条件及原因为:(略)

……

四、2012年度预算编制说明

主营业务收入按照公司生产能力、销售目标、市场预测编制,产品销售价格和主要原材料采购价格按照市场价格测定编制,各主要材料消耗指标以公司2011年实际并结合公司考核指标要求测定编制。销售费用、管理费用结合公司2011年实际水平,考虑到人工费用、差旅费用、折旧摊销等预计将增加的费用测定编制,财务费用结合公司经营和投资计划测定编制。

资料来源:同大股份:山东同大海岛新材料股份有限公司2012年度财务预算报告[EB/OL].证券之星网,2012-06-07。

【分析要求】

1. 同大股份编制2012年度预算有什么意义?

2. 同大股份编制财务预算的依据是什么?

3. 如何正确编制财务预算?

◎ 项目实训 ◎

【实训项目】

全面预算的编制。

【实训情境】

天元公司生产经营甲产品，2016年年初应收账款和各季度预测的销售价格与销售数量等资料如表9－24所示。

表9－24

季　度		1	2	3	4	应收账款年初值	收现率	
							当季度	下季度
甲产品	单价	65	65	65	65	19 000	60%	40%
	销售量（件）	800	1 000	1 200	1 000			

天元公司年初产成品存货量80件，年末产成品存货量120件，预计季末产成品存货量占下季度销量的10%。另外，年初产成品单位成本为40元/件。

天元公司生产甲产品使用A材料，1、2、3季度的生产甲产品对于A材料的消耗定量均为3千克/件，4季度的消耗定量为4千克/件。年初A材料存货为1 500千克，年末存货量为1 800千克，预计期末材料存货量占下季度需用量的20%，材料价款当期支付60%，下期支付40%。应付账款年初余额4 400元，材料销售单价为4元/件。

天元公司单位产品工时定额为3小时/件，单位工时工资率前3季度均为3元/小时，第4季度为4元/小时。全部费用当季支付。

天元公司变动制造费用的工时分配率为1.2，预计年度固定制造费用合计6 000元，其中折旧费用为1 200元。需用现金支付的费用当季支付。

天元公司变动管理和销售费用的单位产品标准费用额为4元，全年的固定管理和销售费用为10 000元，其中折旧费用为2 000元。需用现金支付的费用当季支付。

天元公司季度末现金最低限额为2 000元。银行借款利息为5%。预计缴纳全年所得税费用为10 000元，各季度平均分配。期初现金余额为2 400元。产成品存货采用先进先出法计价。

【实训任务】

请仔细阅读天元公司的有关资料，编制业务预算、现金预算和预计利润表。

项目十　标准成本控制

【知识目标】

理解：标准成本的概念、特点、种类、作用及意义。

熟知：标准成本系统的运行程序及制定。

掌握：成本差异分析；成本差异的账务处理。

【技能目标】

能够运用标准成本系统控制成本，分析差异产生的原因。

【素质目标】

能够结合企业实例，提高分析和总结能力、语言表达能力、与人合作的能力。

【项目引例】

小王应该被解雇吗？

中盛公司正打算解雇采购员小王。因为公司发现小王是以大量的采购来获得价格优惠的，这样造成大量资金被占用在存货上。而小王认为，公司的要求是达到标准，至于如何达到标准并不重要。小王还强调，只有通过大量购进才能达到价格标准，否则就会出现不利的价格差异。

讨论　你认为：①小王为什么购进大量的原材料？这种行为就是价格目标吗？如果不是，那么目标又是什么？②小王应该被解雇吗？请解释原因。

知识精讲

任务一　标准成本概述

一、标准成本的概念与特点

（一）标准成本的概念

所谓标准成本，是指根据已达到的生产技术水平，在有效经营条件下应当发生的成本，是一种预定的目标成本。以目标成本为基础，把实际发生的成本与标准成本进行对比，揭示成本差异，使差异成为向人们发出的一种信号。以此为线索进行分析、研究，企业便可以进一步查明差异形成的原因和责任,并据此采取相应的措施,发扬优点、克服缺点,实现对成本额的有效控制,期末还可以通过一定的方法将标准成本和成本差异结合起来,确定产品的实际成本。

"标准成本"一词在实际工作中有两种概念:一种是指单位产品的标准,它是根据单位产品的标准消耗量和标准单价计算出来的,准确来说应该称为成本标准;另一种是指实际产量的标准成本,是根据实际产品产量和单位产品标准成本计算出来的。

$$成本标准=单位产品标准成本=单位产品标准消耗量×标准单价$$

$$标准成本=实际产量×单位产品标准成本$$

（二）标准成本的特点

1. 客观性和科学性

标准成本是根据对实际情况的调查,用科学的方法制定的,所以它具有客观性和科学性。

2. 正常性

标准成本是按正常条件制定的,并未考虑不能预测的异常变动,所以它具有正常性。

3. 稳定性

标准成本一经制定,只要制定的依据不变,不必重新修订,所以它具有相对的稳定性。

4. 目标性和尺度性

标准成本是成本控制的目标和衡量实际成本的依据,所以它具有目标性和尺度性。

二、标准成本的种类

一般来说,标准成本的设定分为以下三类:

（一）理想的标准成本

理想的标准成本是根据最佳的生产技术条件,在最优的经营状况下,即在最理想的工作条件下所能达到的标准而制定出来的标准成本。它意味着无丝毫浪费,在无废料、无废品、机器设备无故障或损坏、工人的工作无间歇时间等最理想的情况下所发生的全部成本。这种标准成本一般要求过高,通常难以达到,会使经理们失去实现目标的信心,所以在实际工作中很少被采用。

（二）基本的标准成本

基本的标准成本是根据实施标准成本的前一个年度或选定某一基本年度的实际成本制定的,用来衡量以后各年度的成本高低,据以观察成本变动的趋势。这种标准成本一经制定,多年保持不变,因此它可使各年度的成本具有可比性,可为统计工作提供数据资料。但随着时间的推移,企业的生产经营条件会发生较大的变化,使这种标准成本与实际成本之间产生较大的差异,因而不能反映企业当前应达到的标准,不能作为会计的计价标准,因此在实际工作中也很少被采用。

（三）现实的标准成本

正常的标准成本是根据企业当前正常的耗费水平、正常的价格和有效经营的条件而制定的标准成本,即经过努力可以达到的现行标准。它允许材料的正常损耗、工人有一定间歇时间、机器的故障等,即把那些在现实条件下无法完全避免的耗费计算在内。这种标准成本对于管理人员和工人来说,既非轻而易举,但也不是高不可攀,只要经过努力即可望实现。因此,它在成本管理工作中能充分发挥其应有的积极作用,在实际工作中被广泛应用。

三、标准成本系统的运行程序

（一）制定单位产品的标准成本

单位产品标准成本的制定是标准成本计算和成本控制的基础和依据，因此在标准成本系统中占有重要地位。单位产品成本通常是按照产品的生产工序和阶段，区分直接材料、直接人工和制造费用等项目分别制定的。各成本项目的标准成本确定后，将各项目的标准成本加总，即为单位产品的标准成本。其计算公式为：

单位产品标准成本＝直接材料标准成本＋直接人工标准成本＋制造费用标准成本

（二）计算产品标准成本

按照各产品的实际产量，计算出该产品的直接材料、直接人工和制造费用的标准成本。其计算公式为：

产品标准成本＝产品实际产量×单位产品标准成本

（三）汇总计算实际成本

按照成本核算的一般程序，归集、计算产品生产过程中发生的直接材料、直接人工和制造费用的实际耗费。

（四）计算标准成本差异额

标准成本差异额是指产品实际成本与产品标准成本之间的差额。其计算公式为：

标准成本差异额＝实际成本－标准成本

通常情况下，实际成本大于标准成本所产生的差异，称为不利差异，在账务处理时一般在账户的借方，故称为借差；实际成本小于标准成本所产生的差异，称为有利差异，在账务处理时一般在账户的贷方，故称贷差。

（五）成本差异分析

成本差异分析是标准成本系统运行过程中最为重要的一个环节，因为只有通过成本差异分析，才能为成本控制提供依据，进而为提出降低成本的措施指明方向。成本差异分析一般包括三个步骤：确定差异性质及数额、查明差异产生的原因、明确有关责任的归属。

（六）提交成本控制报告

通过成本差异分析，企业一方面可以找出成本差异产生的原因，另一方面又能够明确相关经济责任。据此，企业可以提出成本控制报告，使有关部门能采取有效措施巩固成绩，克服不足或在必要时修订标准成本，以确保成本控制程序运行通畅。

标准成本系统运行程序中的各个环节是有机联系的，各部分相互衔接和呼应，构成了企业成本控制的完整系统。

四、标准成本的作用

具体来说，标准成本的作用有以下几点：

（一）绩效衡量的依据

因为标准成本是事先制定的、在正常经营条件下应当发生的成本，通过对实际成本脱离标准成本的差异进行分析研究，可以评价和考核各有关部门、人员的业绩，分清其管理责任，确定其工作质量和经济活动的效果，并采取相应的改进措施。

（二）节省账务处理成本

因为在标准成本会计制度中，标准成本和成本差异分别列示，因而对原材料、产品、产成品和产品销售成本均可采用标准成本进行日常收发核算,从而极大地简化了日常的账务处理工作,信息提供更加迅速。实际数与标准数差异的部分,只要在期末调整即可。

(三)便于管理人员实施例外管理

有了标准成本,就可为日常的成本管理工作提供成本是否失控的依据,即可发现实际成本与标准成本之间的差异,进而分析差异产生的原因。如果发现重大问题,即可反馈给有关业务部门,迅速采取有效措施加以纠正,以保证企业预定目标的实现。同时,管理人员通常较为忙碌,每件事不管轻重缓急皆由其处理,则会使日常营业受到影响。所以,设立标准成本可协助管理人员来控制成本,当成本超过标准时才采取纠正行动,使管理人员可将精力和时间运用在其他更重要的地方。至于差异部分,管理人员应探究其差异原因,从而提出改进方案,以达到例外管理的目的。

(四)协助规划及决策工作

标准成本是一种预计成本,是在经济活动发生之前就已经按照成本项目制定出来的。所以,它可以作为编制预算的依据,并可作为订定产品售价的依据,使企业在未实际出售产品之前,即可预支收入预算数和成本支出数,也可为正确进行经营决策提供有用的数据,以满足成本预测、决策等方面的需要。同时,因为在制定标准成本时已剔除了多种不合理的成本耗费因素,故所制定的标准成本可为各种存货的计价提供客观合理的基础。

任务二 标准成本的制定

由于产品的制造成本是由产品的直接材料、直接人工和制造费用组成的,所以制定标准成本时要针对不同的成本项目分别制定。标准成本的基本形式,是以用量标准乘以价格标准,得到有关项目的标准成本,这样做便于计算、分析实际成本与标准成本之间的差异及其产生的原因,并据以明确责任。

一、直接材料标准成本

(一)用量标准

它是指现有生产技术条件下生产单位产品所需要的材料和数量,包括构成产品实体的材料、生产中必要的损耗以及不可避免的、产生一定的废品所需要的材料和数量。一般由工艺部门在生产人员的帮助下,通过分析、测算,确定用于产品生产所需耗用的直接材料及其数量。直接材料标准数量的确定,也可以采用现场测试的方式,即在受控制的条件下,向生产过程投入一定数量的材料来研究其结果。如果存在切割或下料损耗,一般采用如下的公式来计算标准数量中包含的损耗:

要增加的损耗百分比=某材料在生产过程中损耗的重量÷制成品中的该材料的净重量

以此为基础,确定在合理的范围内追加一定的损耗百分比,纳入直接材料的标准数量中。

(二)价格标准

它是指采购部门按供应单位提供的价格及其他因素预先确定的各种材料的单价,包括采购价和运杂费等。制定标准价格时,应当充分分析、研究市场环境及其变化趋势、供应商的报价和最佳采购批量等因素。当前流行的适时制管理思想要求使存货最低化,因而较为频繁的小批量订货单对材料价格的影响也是一个必须考虑的因素。与此同时,企业应要求采购部门既要对采购物品的价格负责,也对采购物品的质量负责,借以避免采购部门只注重于寻找报价较低的供应厂商,而对采购物品的质量要求有所忽视。与实际成本计算中会计人员将材料处理成本分摊到库存材料账户的做法相类似,材料标准价格也应考虑这些费用,为有关的运输、采购、验收和其他材料处理费用设定分配率,加计到材料的标准价格上。根据用量标准和价格标准就可以确定直接材料的标准成本,其计算公式如下:

$$直接材料标准成本＝材料的价格标准×单位产品的用量标准$$

【例 10—1】 C公司生产甲产品,有关直接材料的资料如表 10—1 所示,要求确定甲产品直接材料标准成本。

表 10—1

	材料 A	材料 B
单位产品用量标准(千克):		
主料用量	12	10
辅料用量	3	4
必要损耗	0.5	0.5
价格标准(元):		
发票价格	12	10
采购费用	2.5	1.5
正常损耗(千克)	0.5	0.5

根据表 10—1,计算如下:

直接材料用量标准:

单位产品材料 A 标准耗用量＝12＋3＋0.5＝15.5(千克)

单位产品材料 B 标准耗用量＝10＋4＋0.5＝14.5(千克)

直接材料价格标准:

材料 A 标准价格＝12＋2.5＋0.5＝15(元/千克)

材料 B 标准价格＝10＋1.5＋0.5＝12(元/千克)

甲单位产品直接材料标准成本:

单位产品材料 A 标准成本＝15.5×15＝232.5(元)

单位产品材料 B 标准成本＝14.5×12＝174(元)

甲单位产品直接材料标准成本＝232.5＋174＝406.5(元)

二、直接人工标准成本

产品耗用人工的成本是由单位产品耗用的人工工时乘以每小时工资率所决定的。在直接人工标准成本中,用量标准是指工时标准,价格标准是指工资率标准。

(一)工时标准

它是指在现有生产技术条件下生产单位产品(或零部件)所需要的工作时间,包括对产品进行直接加工所耗用的工时、必要的间歇和停工时间以及不可避免地在废品上所耗用的工时。

制定工时标准时,应经技术测定,先按零件及经过的工序、车间分别计算,然后按产品加以汇总。

（二）工资率标准

工资率标准取决于企业所采用的工资制度。如果企业采用的是计件工资制,标准工资率就是预定的每件产品支付的工资除以标准工时;如果企业采用的是计时工资制,标准工资率就是每一标准工时应分配的工资。这里应该注意的是,如果同一项操作在不同情况下需要不同的技能才能完成,那么,就应该制定不同的工资率标准。

$$单位工时标准工资率＝预计直接人工标准工资总额÷标准工时总数$$

式中,标准工时总数是指企业在现有的生产技术条件下能够完成的最大生产能力,也称产能标准,通常用直接人工工时数和机器小时数来表示。根据工时标准和工资率标准,可以确定直接人工标准成本,其计算公式如下:

$$直接人工标准成本＝单位工时标准工资率×单位产品的工时标准$$

【例10-2】C公司生产甲产品,有关直接人工的资料如表10-2所示,要求确定甲产品直接人工标准成本。

表10-2

	作业 A	作业 B
单位产品工时标准（小时）：		
直接加工工时	4	2
辅助工时	1.8	0.6
废次品损耗工时	0.2	0.4
小时工资率标准（元/小时）：		
月工资总额（元）	60 000	45 000
生产工人数（人）	30	20
每人月工时数（24 天×8 小时）	192	192
月出勤率（%）	95	90

根据表10-2,计算如下:

（1）直接人工标准工时:

作业 A 单位产品标准工时＝4＋1.8＋0.2＝6（小时/件）

作业 B 单位产品标准工时＝2＋0.6＋0.4＝3（小时/件）

（2）可用工时总量:

作业 A 可用工时总量＝192×95％×30＝5 472（小时）

作业 B 可用工时总量＝192×90％×20＝3 456（小时）

（3）直接人工标准工资率:

作业 A 标准小时工资率＝60 000÷5 472＝10.965（元）

作业 B 标准小时工资率＝45 000÷3 456＝13.021（元）

（4）单位甲产品直接人工标准成本:

作业 A 直接人工标准成本＝6×10.965＝65.79（元）

作业 B 直接人工标准成本＝3×13.021＝39.06(元)

甲单位产品直接人工标准成本＝65.79＋39.06＝104.85(元)

三、制造费用标准成本

制造费用是指在生产过程中发生的除直接材料和直接人工以外的所有费用。制造费用标准成本是按部门分别编制,然后将同一产品所涉及的各部门单位制造费用用标准加以汇总后得出的整个产品的制造费用标准成本。由于制造费用按成本习性分为变动制造费用和固定制造费用,因而制造费用标准成本也分为变动制造费用标准成本和固定制造费用标准成本两部分。在标准成本系统中,确定制造费用的标准成本,首先要按生产能力的利用程度编制生产费用预算,再除以用直接人工小时或机器小时等表现的生产能力程度的标准生产量来确定制造费用的标准分配率,这是确定制造费用标准成本的两个构成要素。

（一）变动制造费用的标准成本

变动制造费用的用量标准与直接人工标准成本制定中所确定的单位产品的工时标准相同,变动制造费用的价格标准是与变动制造费用预算联系在一起的。

变动制造费用标准分配率＝变动制造费用预算总额/标准总工时

根据上式可以确定单位产品变动制造费用标准成本的公式：

单位产品变动制造费用标准成本＝变动制造费用标准分配率×单位产品工时标准

（二）固定制造费用的标准成本

固定制造费用标准成本的制定要视企业的成本计算方法而定。如果企业采用的是变动成本法,固定制造费用应视为期间费用,作为边际贡献的扣减项目,产品成本中不包括固定制造费用,因而单位产品的标准成本中也不包括固定制造费用的标准成本。在这种成本计算方法下,不需要制定固定制造费用的标准成本。如果企业采用的是制造成本法,产品成本中应包括固定制造费用,则需要制定固定制造费用的标准成本。固定制造费用标准成本的制定与变动制造费用标准成本的制定方法基本相同。用量标准为单位产品的直接人工工时标准或机器工时标准。价格标准的计算公式如下：

固定制造费用标准分配率＝固定制造费用预算总额÷标准总工时

根据上式可以确定单位产品固定制造费用的标准成本的公式：

单位产品固定制造费用标准成本＝固定制造费用标准分配率×单位产品标准工时

【例 10—3】 C 公司生产甲产品,有关制造费用的资料如表 10—3 所示,要求确定甲产品制造费用标准成本。

表 10—3

	部门 A	部门 B
单位产品工时标准(小时/件)	6	3
费用分配率标准(元/小时)：		
生产量标准(人工工时)	10 000	8 000
制造费用预算(元)：		
变动制造费用	120 000	65 000
间接材料	95 000	45 000

续表

	部门 A	部门 B
间接人工	15 000	12 000
水电费	10 000	8 000
固定制造费用	51 000	39 600
管理人员工资	30 000	20 000
折旧	20 000	18 800
保险费(元)	1 000	800

根据表 10—3,计算如下:

(1)变动制造费用标准分配率:

部门 A 变动制造费用标准分配率=120 000÷10 000=12(元/小时)

部门 B 变动制造费用标准分配率=65 000÷8 000=8.13(元/小时)

(2)固定制造费用标准分配率:

部门 A 固定制造费用标准分配率=51 000÷10 000=5.1(元/小时)

部门 B 固定制造费用标准分配率=39 600÷8 000=4.95(元/小时)

(3)单位甲产品制造费用标准成本:

单位甲产品变动制造费用标准成本=12×6+8.13×3=96.39(元/件)

单位甲产品固定制造费用标准成本=5.1×6+4.95×3=45.45(元/件)

单位甲产品制造费用标准成本=96.39+45.45=141.84(元/件)

四、单位产品标准成本

在确定了直接材料、直接人工和制造费用的标准成本后,就可以据此汇总确定产品完整的标准成本。通常,企业通过编制标准成本卡来反映企业库存商品的标准成本的具体构成。但采用不同的成本计算方法确定的产品标准成本有所不同。

(一)变动成本法

在变动成本法下,单位产品标准成本的公式如下:

产品标准成本=直接材料的标准成本+直接人工的标准成本+变动制造费用的标准成本

(二)制造成本法

在制造成本法下,单位产品标准成本的公式如下:

产品标准成本=直接材料的标准成本+直接人工的标准成本+变动制造费用的标准成本
　　　　　+固定制造费用的标准成本

【例 10—4】 C 公司甲产品标准成本卡如表 10—4 所示,要求计算甲产品的标准成本。

表 10—4

成本项目	用量标准	价格标准
直接材料		
A 材料	3 千克/件	6 元/千克
B 材料	4 千克/件	8 元/千克

成本项目	用量标准	价格标准
小计		
直接人工		
一车间	3 小时/件	3 元/小时
二车间	4 小时/件	4 元/小时
小计		
变动制造费用		
一车间	3 小时/件	0.60 元/小时
二车间	4 小时/件	0.70 元/小时
小计		
固定制造费用		
一车间	3 小时/件	0.60 元/小时
二车间	4 小时/件	0.70 元/小时
小计		

解:

成本项目	用量标准	价格标准	标准成本(元/件)
直接材料			
A 材料	3 千克/件	6 元/千克	18
B 材料	4 千克/件	8 元/千克	32
小　计			50
直接人工			
一车间	3 小时/件	3 元/小时	9
二车间	4 小时/件	4 元/小时	16
小　计			25
变动制造费用			
一车间	3 小时/件	0.60 元/小时	1.8
二车间	4 小时/件	0.70 元/小时	2.8
小　计			4.6
固定制造费用			
一车间	3 小时/件	0.60 元/小时	0.9
二车间	4 小时/件	0.70 元/小时	1.6
小　计			2.5
单位产品标准成本			82.1

任务三 成本差异分析

一、成本差异的概念和类型

(一)成本差异的概念

在标准成本制度下,成本差异是指在一定时期生产一定数量的产品所发生的实际成本与标准成本之间的差额。成本差异对于企业管理部门来说,是一项非常重要的成本控制和经济管理信息。它反映了有关责任单位的工作质量和效果,可以据此发现问题、纠正缺点、巩固成绩、改进工作。它既是日常成本控制的主要依据,又是评价与考核成本责任单位的重要参考数据。

(二)成本差异的类型

从性质上看,成本差异一般可分为执行偏差、预测偏差、模型偏差、计量偏差和随机偏差五种类型。

1. 执行偏差

执行偏差是指在标准或预算执行过程中,由于执行者采取某种错误的行动,或系统接受了某种错误的指令而产生的一种成本差异。例如,加工操作没有按照规定程序进行,造成废次品增加,使实际成本超过标准成本,并形成不利差异的情况就属于执行偏差。执行偏差的出现总是与特定行动相关,由此造成的成本差异一经确认,就可以通过制止错误行动得以纠正。

2. 预测偏差

预测偏差是指事先编制预算或制定标准时,由于参数预测不正确而产生的一种成本差异。例如,在制定标准成本过程中,没有考虑到人工成本迅速上升的趋势,以及国家关于最低工资限额的规定而将人工标准成本定得过低。

3. 模型偏差

模型偏差是指在事先为编制预算或制定标准而建立模型时,由于错误而影响成本各因素间的关系而产生的一种成本差异。例如,在制定标准成本过程中,选择函数、变量、约束条件不正确而使有关标准成本或预算偏离实际情况,造成成本差异。这类成本差异通常要通过修订模型、调整预算或成本标准来消除。这里应该指出,预测偏差和模型偏差都是在事先制定标准或编制预算时产生的,最终都会导致标准或预算的不切实际,而且都需要通过重新修订标准或预算进行纠正。但两者还是有区别的:模型偏差是因不正确的函数关系形成的,预测偏差则是参数预测错误造成的;模型偏差影响整体结果,预测偏差只是影响模型中的个别参数值。

4. 计量偏差

计量偏差是指在标准成本或预算执行过程中,由于计量错误而产生的一种成本差异。例如,对车间已领材料在已用与未用之间的盘点出错、有关耗费记录不完整或分类不正确等情况都会导致此类偏差。这类偏差应在制定并执行严格的内部控制制度的基础上,通过加强基础性工作,增强工作人员的责任感等防范性措施来纠正。

5. 随机偏差

随机偏差是指在标准成本或预算执行过程中,由于实际成本和标准成本中的某种参数的随机波动而产生的一种成本差异。这类偏差往往是不可控的、正常的,因为无论是预算还是标准成本,都是作为衡量实际成本完成情况的一种尺度,即使这些标准非常准确、精密,实际执行情况也难免会围绕这一尺度上下波动。从统计学的角度上看,随机偏差总是存在的,只要波动在合理范围内,一般无需控制。

二、成本差异计算的通用模式

(一)变动成本差异

在变动成本差异中,料、工、费三大成本构成项目虽各有其特点,发生的差异名称各不相同,但都可以归纳为价格差异和用量差异两大类,而且在每大类下的计算方法都基本相同。价格差异为"实际价格×实际用量"与"标准价格×实际用量"之间的差异;用量差异为"标准价格×实际用量"与"标准价格×标准用量"之间的差异。其计算方法如表10—5所示的通用模式。

表10—5

(1)实际价格×实际用量	(1)-(2)=价格差异	材料价格差异	(1)-(3)=成本差异总额
		工资率差异	
(2)标准价格×实际用量		变动费用耗费差异	
	(2)-(3)=用量差异	材料用量差异	
(3)标准价格×标准用量		人工效率差异	
		变动费用效率差异	

(二)固定成本差异

一般来说,期间费用差异也应包括在固定费用差异内,但本章所指的固定费用差异实际上仅仅是固定制造费用差异。固定制造费用不同于变动费用,影响固定费用的因素有三个主要方面:产量、工时和制造费用总额。

三、直接材料成本差异的计算与分析

直接材料差异,是指一定产量产品的直接材料实际成本和标准成本之间的差额。其中:

材料实际成本=实际用量×实际价格

材料标准成本=标准用量×标准价格

材料标准用量=单位产品耗用量标准×实际产量

材料实际用量=单位产品实际耗用量×实际产量

直接材料成本差异包括直接材料用量差异和直接材料价格差异两部分。

(一)直接材料用量差异

直接材料用量差异是指生产中实际耗用的材料数量与按标准计算的应耗用材料数量之间的差额。直接材料用量差异的计算公式如下:

直接材料用量差异=(实际用量×标准价格)-(标准用量×标准价格)

或

=标准价格×(实际用量-标准用量)

直接材料用量差异一般应由生产部门负责,如生产中由于用料出现浪费,或者由于技术水平低而导致用量过多等。有时也可能由于采购部门为了片面压低价格,购进了质量低劣的材料,造成用量过多,由此形成直接材料数量的不利差异。这种用量差异应由采购部门负责。一些常见的用量差异情况及其责任部门如表 10—6 所示。

表 10—6

原　因	责任部门
产品设计变更,用量标准未调整	标准制定部门
工艺变更,用量标准未调整	标准制定部门
生产工人技术素质	生产部门
生产工人责任感	生产部门
生产技术水平	生产部门
机器设备效率	设备维护部门
购进材料质量	采购部门
材料实物管理水平	仓储管理部门

（二）直接材料价格差异

直接材料价格差异是指对于实际采购的材料数量,按实际价格计算的价格与按标准价格计算的价格之间的差额。因此,直接材料的价格差异是根据一定时期的采购数量,而不是根据耗用量来计算的。直接材料价格差异的计算公式如下:

直接材料价格差异＝（实际数量×实际价格）－（实际数量×标准价格）

或 ＝实际数量×（实际价格－标准价格）

直接材料价格差异一般应由采购部门负责,如采购的批量、交货方式、运输方式、有无数量折扣及材料的品质等,其中任何一方面的因素脱离制定标准成本的预定要求,都会形成直接材料价格差异。对形成直接材料价格差异的原因和责任应进一步具体分析,有时它也有可能是由生产上的原因造成的。例如,为满足生产上的急需,对某种材料采取小批量订货,或者由陆运改为空运而形成的直接材料价格的不利差异。这种直接材料价格差异应由生产部门负责。只有查明原因,才能使责任落实到部门或个人,进一步改进工作。一些常见的价格差异原因及其责任部门如表 10—7 所示。

表 10—7

原　因	责任部门
材料市场价格波动	—
材料采购计划偏离生产经营实际情况	采购部门
材料订购批量偏离经济批量	采购部门
运输方式选择	采购部门
供应商选择	采购部门
付款及时性、现金折扣损失	财务部门

综上所述,直接材料的成本差异可归结为:

材料成本差异＝实际用量×实际价格－标准用量×标准价格

或 　　　　　　　　　＝材料实际成本－材料标准成本
　　　　　　　　　　　　＝材料价格差异＋材料用量差异

以下举例说明上述公式的具体运用。

【例10-5】　C公司生产甲产品仅耗用一种直接原材料A,其有关资料如表10-8所示。

表10-8

项　目	数　量
计划产量(件)	500
实际产量(件)	575
单位产品材料用量标准(千克/件)	4
实际材料耗用量(千克)	2 000
材料计划价格(元/千克)	2
材料实际价格(元/千克)	2.20

根据资料,材料成本差异可分析为:

材料用量差异＝(2 000－4×575)×2＝－600(元)(有利差异)

材料价格差异＝2 000×(2.20－2)＝400(元)(不利差异)

材料成本差异＝－600＋400＝－200(元)(有利差异)

四、直接人工成本差异的计算与分析

直接人工成本差异是指一定产量产品的直接人工实际成本与直接人工标准成本之间的差额。其中:

直接人工标准成本＝标准工资率×标准工时
直接人工实际成本＝实际工资率×实际工时

直接人工成本差异可以分为直接人工效率差异和直接人工工资率差异两部分。直接人工效率差异是指直接人工成本的用量差异(或工时差异);直接人工工资率差异是指直接人工的价格差异,是因实际工资率脱离标准工资率产生的人工成本差额。

(一)直接人工效率差异

直接人工效率差异,是指在生产中实际产量耗用的实际工时与按标准计算的应耗用的标准工时之间的差额。其计算公式如下:

直接人工效率差异＝(标准工资率×实际工时)－(标准工资率×标准工时)
或 　　　　　　　　＝标准工资率×(实际工时－标准工时)

直接人工效率差异的产生可能有多种原因,如材料或零件传递方法不正确、机器运转不正常、生产部门安排技术水平低的工人从事技术水平高的工作等。这种直接人工效率差异应由生产部门负责。但是,如果是由于采购部门购入不合格的材料,或者由于生产工艺的改变而造成的标准工时的差异,则不是生产部门可以控制的,应由相关部门负责。影响人工效率的因素是多方面的,表10-9中给出了造成人工效率差异的部分原因及责任部门。

表 10-9

原　因	责任部门
操作工人技术熟练程度	生产部门
工作岗位稳定性/岗位适应性	生产部门
材料、燃料、动力供应状况	供应部门
生产设备状况	设备管理部门
生产工艺变更,工时标准未修订	标准制定部门
生产计划安排及衔接	生产部门
产品批量及批次安排	生产部门、其他部门
操作环境	生产部门

（二）直接人工工资率差异

直接人工工资率差异是指按实际工资率计算的人工成本与按标准工资率计算的人工成本之间的差额。其计算公式如下:

直接人工工资率差异＝（实际工时×实际工资率）－（实际工时×标准工资率）

或　　　　　　　　　＝实际工时×（实际工资率－标准工资率）

工资率差异一般应由劳动人事管理部门或生产部门负责。在正常情况下,因工资的发放是严格按照用工合同规定的标准执行的,故一般不会产生工资率差异。但在实际工作中,由于存在着大材小用或小材大用、高能低就或低能高就等情况,因此,有权决定如何使用工人的部门或经理人员就是工资率差异的责任者。有时,工资率出现差异是难以避免的,这是因为在劳动力流动的环境下,工资率标准只能是一个平均值,同一岗位的工人资历组合经常处于变化之中。造成工资率差异的常见原因及责任部门如表 10-10 所示。

表 10-10

原　因	责任部门
操作工人调度合理性	生产部门
工资细则变更,原工资标准未修订	劳动工资部门
工资计算方法变更,原工资标准未修订	劳动工资部门
季节性、临时性加班工资	生产部门
国家工资政策调整	—
出勤率变化	劳动工资/生产部门

综上所述,直接人工的成本差异可归结为:

人工成本差异＝实际工资率×实际工时－标准工资率×标准工时

或　　　　　　　＝人工效率差异＋人工工资率差异

以下举例说明上述公式的具体运用。

【例 10-6】 C 公司甲产品本月直接人工成本有关资料如表 10-11 所示。

表 10－11

项　目	数　量
单位产品定额工时(小时/件)	2
实际耗用工时(小时)	1 200
标准工资率(元/小时)	5
实际工资率(元/小时)	5.5

直接人工成本差异计算为：

人工效率差异＝(1 200－2×575)×5＝250(元)(不利差异)

人工工资率差异＝1 200×(5.5－5)＝600(元)(不利差异)

人工成本差异＝250＋600＝850(元)(不利差异)

五、变动制造费用成本差异的计算与分析

变动制造费用成本差异是指一定产量产品的实际变动制造费用与标准变动制造费用之间的差额。其中：

实际变动制造费用＝实际分配率×实际工时

标准变动制造费用＝标准分配率×标准工时

实际分配率＝实际变动制造费用÷实际工时

标准工时＝单位产品工时耗用标准×实际产量

变动制造费用差异又分为变动制造费用效率差异(即用量差异)和变动制造费用耗费差异(即价格差异)。由于变动制造费用与一定的生产活动水平相联系,因此,对变动制造费用应预先编制弹性预算。

(一)变动制造费用效率差异

变动制造费用效率差异是指按生产实际耗用工时计算的标准变动制造费用与按标准工时计算的标准变动制造费用之间的差额。其计算公式如下：

变动制造费用效率差异＝(标准分配率×实际工时)－(标准分配率×标准工时)

或　　　　　　　　　　　＝标准分配率×(实际工时－标准工时)

变动制造费用效率差异实质上是反映生产过程中的工时利用效率,它与变动制造费用的耗用效率并无关系。通常,这种差异可以理解为工时效率差异,此差异应由有权安排工时的管理人员负责,其常见的导致差异产生的原因与直接人工效率差异产生的原因大致相同,这里不再赘述。

(二)变动制造费用耗费差异

变动制造费用耗费差异又称开支差异,是指实际发生的变动制造费用与按实际产量所耗用的实际工时计算的标准变动制造费用之间的差额。

变动制造费用耗费差异＝(实际分配率－标准分配率)×实际工时

或　　　　　　　　　　　＝实际发生额－实际产量所耗实际工时×标准分配率

一般而言,变动制造费用开支差异所反映的不仅仅是支付价格的节约或超支,同时也包含着变动制造费用用量方面的节约或超支。因此,应具体分析差异产生的原因,明确责任主体,并根据具体情况进行必要控制。

综上所述,变动制造费用总差异按下列公式计算：

变动制造费用总差异＝实际变动制造费用－标准变动制造费用

或 ＝变动制造费用分配率差异＋变动制造费用效率差异

＝变动制造费用的实际发生额－实际产量所耗标准工时×标准分配率

以下举例说明上述公式的具体运用：

【**例10－7**】 承前例,C公司生产甲产品变动制造费用有关资料如表10－12所示。

表10－12

项　目	数　量
变动制造费用标准分配率(元/小时)	3
实际支付变动制造费用(元)	3 000
实际耗用工时(小时)	1 200

变动制造费用差异计算为：

实际分配率＝3 000÷1 200＝2.5(元/小时)

变动制造费用分配率差异＝(2.5－3)×1 200＝－600(元)(有利差异)

变动制造费用效率差异＝(1 200－2×575)×3＝150(元)(不利差异)

变动制造费用成本差异＝－600＋150＝－450(元)(有利差异)

六、固定制造费用成本差异的计算和分析

固定制造费用主要是指企业为了获得生产能力以及维持这种生产能力而发生的费用。它具有在相关范围内总额固定不变的特性。它是通过编制固定预算进行成本控制的。固定制造费用成本差异是固定制造费用实际成本与固定制造费用标准成本之间的差额。其计算公式如下：

固定制造费用成本差异＝固定制造费用实际成本－固定制造费用标准成本

或 ＝固定制造费用实际分配率×实际产量的实际工时

－固定制造费用标准分配率×实际产量的标准工时

固定制造费用成本差异的分析方法通常有二因素分析法和三因素分析法两种。

（一）二因素分析法

所谓二因素分析法,也称两差异分析法,是指将固定制造费用成本差异分为耗费(预算)差异和能量差异。制造费用由许多明细项目组成,如工资、折旧、税金和保险费等,其中很多项目在短期内是不会改变的。由于固定制造费用主要由长期决策决定,而受生产水平变动的影响较小,因而固定制造费用耗费差异通常很小。其计算公式为：

固定制造费用耗费(预算)差异＝固定制造费用实际数－固定制造费用预算数

固定制造费用能量差异是固定制造费用预算数与固定制造费用标准成本之间的差额,其计算公式如下：

固定制造费用能量差异＝固定制造费用预算数－固定制造费用标准成本

＝固定制造费用标准分配率×(生产能量－实际产能标准工时)

固定制造费用成本差异的分析与控制可分为以下两种情况：

1. 预算差异分析与控制

通常情况下,造成预算差异的原因主要包括：①管理人员数量的增减变化以及管理人员工薪标准的调整；②相关税率的变化；③折旧方法的变更；④修理费用开支规模的变化；⑤职工培

训费用的增减变化;⑥租赁费、保险费等的调整与变化;⑦各种公共用品价格发生变化。预算差异的责任应视不同情况明确其归属。例如,由于折旧方法变更而造成的预算差异应由财务部门负责;由于修理费用增加而造成的预算差异应由设备管理部门负责;由于扩大租赁、保险范围而造成的差异应由财务、设备管理部门等共同负责。至于一些不可控因素,如税率变化、公共用品价格变化、工资标准的统一调整等所造成的差异,一般不能直接归咎于某一部门。

2. 能量差异分析与控制

能量差异实际上包括效率差异和生产能力差异两个部分,主要是生产能力利用程度不同而造成的差异。造成能量差异的原因主要包括:①总体供求失衡,即产能过剩或供应不足;②企业设计能力与生产水平的相对关系;③企业营销策略对产销量的影响;④供应过程的影响;⑤生产过程组织的合理程度;⑥设备故障、维修状况;⑦产品结构及批量;⑧员工技术水平状况。能量差异是现有生产能力没有充分发挥出来而造成的差额,其责任主要应由高层管理人员负责,同时计划部门、生产部门、采购部门、销售部门、人力资源管理部门等也可能负有一定责任,因此需要从企业整体角度进行系统分析、综合解决。

(二)三因素分析法

所谓三因素分析法,又称三差异分析法,是指将固定制造费用成本差异分为预算差异、效率差异和能力差异三部分。其中,预算差异与两差异分析法下的计算方法相同,能力差异和效率差异就是利用预算工时、实际工时和标准工时三个变量对两差异分析法下的产能差异的进一步分解,两个差异之和就等于两差异分析法下的产能差异。其计算公式为:

固定制造费用能力差异=固定制造费用标准分配率×(预算产能标准工时-实际产能实际工时)

固定制造费用效率差异=固定制造费用标准分配率×(实际产能实际工时-实际产量标准工时)

下面举例说明上述公式的具体运用。

【例10-8】 承前例,C公司生产甲产品固定制造费用有关资料如表10-13所示。

表10-13

项　目	数　量
预算产能标准总工时(小时)	1 000
实际耗用工时(小时)	1 200
实际产量标准工时(小时)	1 150
固定制造费用预算总额(元)	2 400
固定制造费用实际支付总额(元)	2 600

具体计算如下:

两差异分析法:

标准分配率=2 400÷1 000=2.4(元/小时)

预算差异=2 600-2 400=200(元)(不利差异)

产能差异=2.4×(1 000-1 150)=-360(元)(有利差异)

固定制造费用成本差异=200-360=-160(元)(有利差异)

三差异分析法:

预算差异＝2 600－2 400＝200(元)(不利差异)

能力差异＝2.4×(1 000－1 200)＝－480(元)(有利差异)

效率差异＝2.4×(1 200－1 150)＝120(元)(不利差异)

固定制造费用成本差异＝200－480＋120＝－160(元)(有利差异)

任务四　成本差异的账务处理

一个完整的标准成本会计体系,需由标准成本的制定、成本差异的计算分析和成本差异的账务处理三部分共同构成。日常计算出来的各类成本差异除了可据以编报有关差异分析报告之外,还应分别归集、登记成本差异明细分类账或登记表,使差异能在账务系统中得以登记,以便期末汇总每类差异的合计数,并统一进行处理。

一、成本差异核算的账户设置

采用标准成本法时,针对各种成本差异,应另设置各个成本差异账户进行核算。在材料成本差异方面,设置"材料价格差异"和"材料用量差异"两个账户;在直接人工差异方面,设置"直接人工工资率差异"和"直接人工效率差异"两个账户;在变动制造费用差异方面,设置"变动制造费用开支差异"和"变动制造费用效率差异"两个账户;在固定制造费用效率差异方面,设置"固定制造费用开支差异"、"固定制造费用能力差异"和"固定制造费用效率差异"三个账户,分别核算三种不同的固定制造费用差异。各种成本差异类账户的借方核算发生的不利差异,贷方核算发生的有利差异。

二、成本差异归集的账务处理

采用标准成本法进行核算时,由于成本差异的计算、分析工作要到月底实际费用发生后才能进行,所以对于平时领用的原材料、发生的直接人工费用、各种变动及固定制造费用应先在"直接材料"、"直接人工"和"制造费用"账户进行归集。月底计算、分析成本差异后,再将实际费用中的标准成本部分从"直接材料"、"直接人工"和"制造费用"账户转入"制造成本"账户;将完工产品的标准成本从"制造成本"账户转入"产成品"账户。随着产品的销售,再将已售产品的标准成本从"产成品"账户转入"销售成本"账户。对于各种成本差异,将其从"直接材料"、"直接人工"和"制造费用"账户转入各个相应的成本差异账户。下面结合前一任务所举实例说明归集成本差异的账务处理:

(1)月末计算成本差异后,编制材料成本及其差异的会计分录:

　　借:生产成本——直接材料(2×2 300)　　　　　　　　　　　4 600

　　　　材料价格差异　　　　　　　　　　　　　　　　　　　　400

　　　　贷:原材料(2.2×2 000)　　　　　　　　　　　　　　　　　　4 400

　　　　　　材料用量差异　　　　　　　　　　　　　　　　　　　　600

(2)月末计算成本差异后,编制人工成本的会计分录如下:

　　借:生产成本——直接人工(5×1 150)　　　　　　　　　　　5 750

　　　　人工效率差异　　　　　　　　　　　　　　　　　　　　250

人工工资率差异　　　　　　　　　　　　600

贷：应付职工薪酬　　　　　　　　　　　　　　6 600

（3）月末计算成本差异后，编制变动制造费用成本的会计分录：

借：生产成本——变动制造费用（3×1 150）　　3 450

变动制造费用效率差异　　　　　　　　　150

贷：变动制造费用　　　　　　　　　　　　　3 000

变动制造费用分配率差异　　　　　　　　600

（4）月末计算成本差异后，编制固定制造费用成本的会计分录：

借：生产成本——固定制造费用（2.4×1 150）　2 760

固定制造费用预算差异　　　　　　　　　200

固定制造费用效率差异　　　　　　　　　120

贷：固定制造费用　　　　　　　　　　　　　2 600

固定制造费用能力差异　　　　　　　　　480

三、期末成本差异的账务处理

在各个成本差异账户中对发生的成本差异进行了归集，在"在产品"、"产成品"和"销售成本"账户中只核算了产品的标准成本。随着产品的出售及产品成本的结转，期末对所发生的成本差异也应进行结转和处理。成本差异的处理主要有直接处理法和递延法两种。

（一）直接处理法

直接处理法是指将本期发生的各种成本差异全部转入"产品销售成本"账户，由本期的销售产品负担，并全部从利润表的销售收入项下扣减，不再分配给期末在产品和期末库存产成品。这时，期末资产负债表的在产品和产成品项目只反映标准成本。随着产品的出售，应将本期已销售产品的标准成本由"产成品"账户转入"产品销售成本"账户，而各个差异账户的余额，则应于期末直接转入"产品销售成本"账户。这种方法可以避免期末的成本差异分配工作，同时本期发生的成本差异全部反映在本期的利润上，使利润指标能如实地反映本期生产经营工作和成本控制的全部成效，符合权责发生制的要求。但这种方法要求标准成本的制定要合理及切合实际且要不断进行修订，这样期末资产负债表的在产品和产成品项目反映的成本才能切合实际。先举例说明该方法的运用如下：

【例10－9】　C公司"生产成本"和"产成品"账户期初均无余额，本期投产的产品575件已全部完工，并已全部销售。有关成本差异的结转分录如下：

（1）产品完工入库：

借：库存商品　　　　　　　　　　　　　　16 560

贷：生产成本　　　　　　　　　　　　　　　16 560

（2）结转已销售产品标准成本：

借：直营业务成本　　　　　　　　　　　　　16 560

贷：库存商品　　　　　　　　　　　　　　　16 560

（3）结转成本差异：

借：主营业务成本　　　　　　　　　　　　　40

材料用量差异　　　　　　　　　　　　　600

变动制造费用分配率差异　　　　　　　　600

固定制造费用能力差异	480
贷：材料价格差异	400
人工效率差异	250
人工工资率差异	600
变动制造费用效率差异	150
固定制造费用预算差异	200
固定制造费用效率差异	120

(二)递延处理法

递延处理法是指将本期的各种成本差异按标准成本的比例在期末在产品、产成品和本期销货之间进行分配，从而将存货成本和主营业务成本调整为实际成本的一种成本差异处理方法。此方法下，资产负债表和利润表中相关的项目反映的都是本期的实际成本。该法强调成本差异与本期的存货和销货均相关，不能只由销货来负担，应该有一部分差异随期末的存货递延到下期。这种方法可以确定产品的实际成本，但差异分配工作烦琐，不便于当期成本的分析与控制，因而在实际工作中应用较少。

关键术语

标准成本　用量标准　价格标准　工时标准　工资率标准　成本差异　执行偏差　预测偏差
计量偏差　随机偏差　直接材料用量差异　直接材料价格差异　变动制造费用差异率
变动制造费用耗费差异　二因素分析法　三因素分析法

◎ 应知考核 ◎

一、单项选择题

1. 以最优的生产经营条件、生产技术条件为基础确定的标准成本称为（　　）。
A. 理想的标准成本　　　　　　　　　　B. 现实的标准成本
C. 可达到的标准成本　　　　　　　　　D. 正常的标准成本

2. 固定制造费用效率差异是由于（　　）之间的差异而造成的固定制造费用差异。
A. 实际工时与预算工时　　　　　　　　B. 实际工时与标准工时
C. 预算工时与标准工时　　　　　　　　D. 实际分配率与标准分配率

3. 对变动制造费用应预先编制（　　）。
A. 弹性预算　　　　B. 零基预算　　　　C. 固定预算　　　　D. 增量预算

4. 下列直接材料用量差异中，应该由采购部门负责的是（　　）。
A. 材料浪费　　　　　　　　　　　　　B. 不能合理下料
C. 不能修旧利废　　　　　　　　　　　D. 压低价格购进低劣材料

5. 下列直接材料价格差异中，应该由生产部门负责的是（　　）。
A. 贪图便宜购进劣质材料　　　　　　　B. 为吃回扣购进高价材料
C. 陆运改为空运　　　　　　　　　　　D. 因未及时提供用料计划导致仓促订货

6. （　　）是在生产中实际产量耗用的实际工时与按标准计算的应耗用的标准工时之间的差额。
A. 直接人工效率差异　　　　　　　　　B. 直接人工资率差异
C. 生产成本差异　　　　　　　　　　　D. 生产能力差异

7. 材料价格差异是根据实际数量与价格脱离标准的差额计算的，其中实际数量是指材料的（　　）。
A. 采购数量　　　　B. 入库数量　　　　C. 领用数量　　　　D. 耗用数量

8. 递延法是将本期的各种差异,按( )的比例分配给期末在产品、期末产成品和本期已售产品的方法。

A. 标准成本 B. 实际成本 C. 预算成本 D. 成本差异

9. 直接处理法下,期末资产负债表的在产品和产成品项目只反映( )。

A. 实际成本 B. 标准成本 C. 预算成本 D. 计划成本

10. 将固定制造费用成本差异分为耗费(预算)差异和能量差异的方法是( )。

A. 二因素分析法 B. 三因素分析法 C. 四因素分析法 D. 五因素分析

二、多项选择题

1. 一般来说,标准成本的设定分为( )。

A. 理想的标准成本 B. 基本的标准成本
C. 现实的标准成本 D. 预算的标准成本

2. 固定制造费用差异可以分解为( )。

A. 耗费差异 B. 价格差异 C. 能力差异 D. 效率差异

3. 标准成本的特点包括( )。

A. 客观性和科学性 B. 正常性 C. 稳定性 D. 目标性和尺度性

4. 单位产品的标准成本由( )组成。

A. 直接材料的标准成本 B. 直接人工的标准成本
C. 制造费用的标准成本 D. 管理费用的标准成本

5. 影响直接材料的标准成本的因素有( )。

A. 单位产品的用量标准 B. 单位产品的标准工时
C. 材料的价格标准 D. 标准工资率

6. 按成本的构成,成本差异可以分为( )。

A. 直接材料成本差异 B. 直接人工成本差异
C. 制造费用差异 D. 管理费用差异

7. 制定标准成本的作用,主要体现为( )。

A. 绩效衡量的依据 B. 节省账务处理成本
C. 便于管理人员实施例外管理 D. 协助规划及决策工作

8. 从性质上看,成本差异一般可分为( )。

A. 执行偏差 B. 预测偏差 C. 模型偏差 D. 计量偏差

9. 固定制造费用成本差异的分析方法有( )。

A. 二因素分析法 B. 三因素分析法 C. 四因素分析法 D. 五因素分析

10. 在材料成本差异方面,设置( )账户。

A.“材料价格差异” B.“直接人工工资率差异”
C.“材料用量差异” D.“直接人工效率差异”

三、简述题

1. 简述成本差异的种类。
2. 简述标准成本的作用。
3. 简述标准成本差异的局限性。
4. 简述预算和标准成本之间的区别。
5. 简述成本差异的处理方法。

四、判断题

1. 理想的标准成本是经过努力可能达到的现行标准。（　　）
2. 标准成本差异额是指产品实际成本与产品标准成本之间的差额。（　　）
3. 标准成本是以用量标准乘以价格标准,得到有关项目的标准成本。（　　）
4. 工资率标准取决于企业所采用的工资制度。（　　）
5. 变动制造费用的价格标准与变动制造费用预算是不联系在一起的。（　　）
6. 固定制造费用标准成本的制定要视企业的成本计算方法而定。（　　）
7. 有利差异是因实际成本低于标准成本而形成的超支差;不利差异是因实际成本高于标准成本而形成的节约差。（　　）
8. 随机偏差是指在标准成本或预算执行过程中,由于计量错误而产生的一种成本差异。（　　）
9. 材料的价格差异是根据一定时期的耗用量来计算的。（　　）
10. 固定制造费用主要由长期决策决定,受生产水平变动的影响较大,因而固定制造费用耗费差异通常很大。（　　）

五、计算题

1. 已知:某企业生产 A 产品,有关资料如下:

(1)生产 A 产品,耗用甲、乙两种材料。其中甲材料标准价格为每千克 20 元,乙材料标准价格为每千克 32 元。单位产品耗用甲材料标准为每件 5 千克,乙材料为每件 9 千克。

(2)甲产品单位标准工时为 13 小时,直接人工标准工资率为 7.5 元。

(3)固定性制造费用预算数为 61 000 元;变动性制造费用预算数为 38 000 元。标准总工时数为 10 000 小时。

要求:确定 A 产品的标准成本。

2. 已知:某企业生产甲产品,其标准成本资料如表 10—14 所示。

表 10—14　　　　　　　　　　　　甲产品标准成本单

项　目	价格标准	数量标准	金额(元/件)
直接材料	9 元/千克	50 千克/件	450
直接人工	4 元/小时	45 小时/件	180
变动制造费用	3 元/小时	45 小时/件	135
固定制造费用	2 元/小时	45 小时/件	90
合　计			855

甲产品正常生产能量为 1 000 小时。本月实际生产量为 20 件,实际耗用材料 900 千克,实际人工工时 950 小时,实际成本分别为:直接材料 9 000 元;直接人工 3 325 元;变动制造费用 2 375 元;固定制造费用 2 850 元,总计为 17 550 元。

要求:分别计算直接材料成本差异、直接人工成本差异、变动制造费用成本差异、固定制造费用成本差异,其中固定制造费用采用三因素法。

3. 已知:某企业生产甲产品,其标准成本的相关资料如下:单件产品耗用 A 材料 10 千克,每千克的标准单价为 3 元;耗用 B 材料 8 千克,每千克标准单价为 5 元;单位产品的标准工时为 3 小时,标准工资率为 12 元/小时;标准变动性制造费用率为 8 元/小时;标准固定性制造费用率为 12 元/小时。

假定本期实际产量 1 300 件,发生实际工时 4 100 小时,直接人工总差异为 3 220 元,属于超支差异。

要求:

(1)计算甲产品的单位标准成本;

(2)计算实际发生的直接人工;

(3)计算直接人工的效率差异和工资率差异

4. 已知:某企业生产的一种产品,相关成本资料如表10—15和表10—16所示。

表 10—15　　　　　　　　　　　直接材料相关资料表

材料品名	标准成本			实际成本			差异
	耗用量	单价	金额	耗用量	单价	金额	
甲	1 000	10	10 000	1 200	11	13 200	+3 200
乙	2 000	6	12 000	2 100	5	10 500	−1 500
合　计			22 000			23 700	+1 700

表 10—16　　　　　　　　　　　制造费用相关资料表

项　目	预算数（工时:6 000）		实际产量标准数（工时:5 000）	实际数（工时:5 500）
	金额	分配率	金额	金额
变动性制造费用	2 400	0.4	0.4×5 000=2 000	2 090
固定性制造费用	4 800	0.8	0.8×5 000=4 000	4 675
制造费用合计	7 200	1.2	1.2×5 000=6 000	6 765

要求:

(1)计算直接材料标准成本差异;

(2)计算直接材料数量差异和价格差异;

(3)计算变动制造费用标准成本差异;

(4)计算变动制造费用的效率差异和耗费差异;

(5)计算固定制造费用标准成本差异;

(6)计算固定制造费用的预算差异和能量差异。

◎ 应会考核 ◎

★观念应用

【背景资料】

金利制造公司采用标准成本系统,8月份该公司有关成本和生产资料如表10—17所示。

表 10—17　　　　　　　　　　　有关成本和生产资料

固定制造费用标准分配率	1 元/人工小时
变动制造费用标准分配率	4 元/人工小时
预算的直接人工小时	40 000 小时
实际使用的直接人工小时	39 500 小时
实际产量上允许的标准人工小时	39 000 小时
制造费用总差异(有利差异)	2 000 元
实际发生的变动制造费用	159 500 元

【考核要求】

要求：为制造费用的差异作会计分录。

★ 技能应用

某制造车间采用弹性预算和标准成本系统，直接材料的价格差异由采购部门经理负责，车间主任对其余的所有差异负责。该企业某年的有关资料如下：(1)实际生产产品 5 000 单位；(2)购买直接材料 8 000 千克，每千克实际价格为 15 元，生产实际使用 5 400 千克，直接材料每千克标准价格为 16 元，每单位产品标准用量为 1 千克；(3)生产中实际使用人工 8 000 个小时，每小时实际支付工资 30.50 元，合计 244 000 元。直接人工小时标准工资率为 30 元，每单位产品的标准工时为 1.5 小时；(4)固定制造费用预算为 270 000 元，按直接人工小时分配，预算直接人工小时可达到 9 000 小时，变动制造费用标准分配率为每直接人工小时 10 元，固定制造费用实际发生额为 276 000 元，变动制造费用实际发生额为 88 000 元。

【技能要求】

要求计算下列各项差异：①直接材料的价格差异和用量差异；②直接人工的工资率差异和效率差异；③变动制造费用的支出差异和效率差异；④固定制造费用的支出差异、生产能力差异和效率差异；⑤如果实际产出 6 000 单位产品，固定制造费用差异会有什么不同？

★ 案例分析

【背景资料】

某企业按变动成本法计算 C 产品成本，产品的标准成本资料如表 10－18 所示。

表 10－18　　　　　　　　　　　　产品的标准成本资料　　　　　　　　　　　　单位：元

直接材料	120
直接人工	80
变动制造费用	50
合　计	250

本年度实际生产量为 1 000 件，有关差异资料如表 10－19 所示。

表 10－19　　　　　　　　　　　　有关差异资料　　　　　　　　　　　　单位：元

直接材料数量差异	3 000	借
直接材料价格差异	1 200	贷
直接人工效率差异	2 600	贷
直接人工工资率差异	1 700	借
变动制造费用耗费差异	1 400	借
变动制造费用效率差异	900	贷

【分析要求】

要求：计算该产品的实际成本。

◎ 项目实训 ◎

【实训项目】

预测分析方法。

【实训情境】

某公司生产和销售甲产品,耗用 A、B 两种材料。有关成本资料如表 10—20 所示。

表 10—20　　　　　　　　　　　　有关成本资料

项　目	材料名称	用量标准	价格标准	金额(元)
直接材料	A	10 千克	10 元/千克	100
	B	20 千克	9 元/千克	180
直接人工		15 工时	4 元/工时	60
变动制造费用		15 工时	2 元/工时	30
固定制造费用		15 工时	3 元/工时	45
单位产品标准成本				415

已知本月投产甲产品 3 600 件,全部于本月完工入库,其实际成本资料如表 10—21 所示。

表 10—21

项　目	材料名称	实际耗用量	实际价格(元/千克)	实际成本(元)
直接材料	A	34 000 千克	11	374 000
	B	74 000 千克	8.5	629 000
直接人工		56 000 工时		229 600
变动制造费用				103 600
固定制造费用				173 600
产品实际成本				1 509 800

又知本月固定制造费用预算数为 180 000 元,产能标准总工时为 60 000 工时。

【实训任务】

要求:根据上述资料,计算各种成本差异,其中材料价格差异在领用材料时计算,固定制造费用按三因素分析法计算。

项目十一 责任会计

【知识目标】

理解:责任会计的产生和概念、基本内容、作用、基本原则。

熟知:责任中心的概念与特征;责任中心的划分;责任中心的业绩评价;责任预算与责任中心的业绩报告。

掌握:企业业绩评价的非财务方法——经济增加值法、平衡计分卡;内部转移价格的概念、作用;内部转移价格对相关责任中心的影响;制定内部转移价格的原则;内部转移价格的方法类型及其利弊。

【技能目标】

能够计算和分析不同责任中心的考核指标;能根据实际情况对内部转移价格的方法进行选择和应用。

【素质目标】

提高分析和总结能力、语言表达能力、与人合作的能力。

【项目引例】

财务科长对生产部门和销售部门矛盾的处理

广州某保健品厂主要产品为阿胶膏和补脑液,市场旺销特别是在春、秋两季市场上常常脱销供不应求。今年一入春,该工厂销售部门要求进行突击生产,加班加点生产更多的产品以增加销售提高利润。然而,生产部门却反对这种做法,认为这样做会打乱全年生产计划,花费的代价太大。另外,生产部门知道由于节假日加班加点往往要支付双倍甚至三倍的工资,因此产品成本很高,在进行一系列成本指标考核时,显然对生产部门十分不利甚至要影响奖金。所以,生产部门竭力反对并抱怨销售部门只顾自己的一系列销售指标而不考虑生产部门的苦衷。但是销售部门马上提出,生产部门是否愿意承担失去大量客户的责任、是否考虑到销售收入和企业利润等各项经济指标。当然,生产部门是不愿意承担这些责任的,但双方互争不休最后矛盾上交厂部。厂长请财会科长提出意见,是否接受各项加班加点任务,怎样处理生产部门和销售部门之间的矛盾。

【讨论】 假如你是财会科长,应该怎样回答这两个问题。

1. 请解释总体优化原则和可控制性原则的内容。

2. 请简要阐述你对本案例中处理生产部门与销售部门之间的矛盾的意见。

3. 在本案例中,你认为是否应该接受此项特殊加班任务,请简要阐述理由。

4.简述判断一项成本是否属于责任中心的可控成本应该符合的条件。

5.请列举质量成本五个方面的特性。

知识精讲

任务一　责任会计概述

一、责任会计的产生和概念

(一)责任会计的产生

责任会计是生产社会化、分权管理理论和企业内部经济责任制的产物。责任会计是现代管理会计中的重要内容,实行责任会计是企业将庞大的组织机构"分而治之"的一种做法。责任会计的产生可以追溯到19世纪末20世纪初。这个时期西方资本主义经济发展迅速,企业规模不断扩大;此外,以泰勒的科学管理理论为基础的标准成本制度的出现以及预算管理制度的出现,使得责任会计的理论和方法得到了迅速发展,并在实践中发挥着越来越重要的作用。

第二次世界大战后,随着股份公司、跨行业公司和跨国公司的出现,这些公司出现了涉及行业交叉、管理层次重叠、分支机构遍布的情况,传统的管理模式已不再适用或者效率低下,实施分权管理就显得尤为重要。

所谓分权管理(Decentralization Management),就是将生产经营决策权随同相应的经济责任下放给不同层次的管理人员,使其能对日常经营活动及时做出有效决策的一种组织管理形式。在企业实行分权管理的情况下,各部门按权力和责任大小分为若干成本中心、利润中心和投资中心等责任中心,实行分权管理,其结果是各分权单位之间既有自身利益,又不允许各分权单位在所有方面像一个独立的组织那样进行经营。分权管理的特点是:中下层管理人员有较多的决策权,上级的控制较少,往往以完成规定的目标为限;在统一领导下可以独立经营,实行独立核算,有一定的财务收支权力。

(二)责任会计的概念

责任会计是在分权管理条件下,为适应经济责任制的要求,在企业内部建立若干责任中心,并对它们分工负责的经济活动进行规划、控制、考核与业绩评价的一整套会计制度。它实质上是企业为了加强内部经营管理而实施的一种内部控制制度,是把会计资料与各级有关责任单位紧密联系起来的信息控制系统,即责任会计制度。

二、责任会计的基本内容

责任会计是以各个责任中心为主体,以责、权、效、利相统一的机制为基础,评价和控制企业经营活动的进程和效果服务的信息系统。其基本内容可分为责任会计制度的建立和实施两大部分。

(一)责任会计制度的建立

利用会计信息系统进行业绩评价是责任会计的基本内容,建立企业责任会计制度的步骤如下：

1. 划分责任中心

将企业内部单位划分为一定的责任中心，赋予其一定的经济责任和权力。责任中心是指企业内部负有特定管理责任的部门和单位，每个责任中心都必须有明确的控制范围。按所负责任和所控制的范围及类型，责任中心可分为成本中心、利润中心和投资中心。在责任会计中，事前的计划、事中的核算和事后的控制分析都是以责任中心为基础进行的。

2. 确定权责范围

将企业的总体经营目标逐级分解到不同层次、不同种类的责任中心，以此作为各责任中心的责任目标，并制定各责任中心的责任预算，确定责任中心在成本费用、收入、利润、投资收益等责任目标要素方面的具体数额，同时分析决定各责任中心为完成其工作责任所应拥有的决策管理权力，并将这些必要的权力授予各责任中心。

3. 确定业绩评价方法

为了正确反映和监督责任履行情况，实现经济责任的制度化和数量化，必须建立一套完整的日常记录、报告有关责任预算执行情况的信息系统。确定业绩评价方法主要包括以下五个方面内容：①确定衡量责任中心目标的一般尺度，如成本量、利润额等；②确定目标尺度的解释方法；③规定业绩尺度的计量方法，如成本分摊、内部转移定价等；④选择预算或标准的确定方式，如固定预算或弹性预算等；⑤确定报告的制度，包括报告的时间、内容和形式等。

4. 制定相关奖惩制度

制定与业绩体系相关的奖惩制度是责任会计对责任人及部门的反馈，也是责任会计进行良好运作的保证。

(二)责任会计制度的实施

实施责任会计主要包括以下四个环节：

1. 编制责任预算

责任预算是指将企业全面预算所确定的总体目标和任务进行层层分解后，按每个责任中心编制的预算。它是落实到每个责任中心的具体工作目标和任务，也是对各责任中心业务活动进行反映、监督，以及对其工作业绩进行考核评价的依据和标准。预算通常可以按销售、生产、采购、人工、管理等职能以及资本支出等专门决策来编制。责任预算（按责任中心编制）和计划预算（按生产经营过程编制）可以并行，前者强调企业实现总目标中每个人应负的责任，后者强调达到目标的具体途径，各自从不同角度计划企业的经营活动，以实现企业的最终目标。

2. 实施责任监控

责任监控是指对责任预算的执行情况进行跟踪反馈和监督控制，这是责任会计工作程序中的主要环节。其要求对实际发生的成本、取得的收入和利润及占用的资产按责任中心来归集和分类，并与预算口径一致。同时，为了防止责任转嫁，应尽量减少收益和费用在各责任中心之间的盲目分配，对必须分配的共同收入和费用，要根据归属合理分配，防止不可控因素进入各责任中心。

内部提供服务应议定适当的结算价格，以利于单独考核各责任中心的业绩。为此，必须建立一整套专门的责任核算信息系统，包括凭证系统、账簿系统、内部结算系统、费用归集分配系统、损益确定及业绩报告系统等；也可以利用原有的财务会计、成本会计核算信息系统并加以改进，使之同时能与责任会计的核算要求相适应。

责任核算信息系统的功能不仅在于如实反映各责任中心的工作业绩,为考核评价、实施奖惩提供依据,而且在于对各责任中心的业务活动及时进行信息反馈,通过对实际数与预算数的差异分析,发现问题,解决问题,实现对各责任中心业务活动的监督、调节和控制,促使其更好地执行责任预算,从而保证企业全面预算总体目标和任务的完成。

3. 进行业绩考核评价

对各责任中心的工作业绩定期进行全面的考核评价,为实施奖惩提供依据,这是责、权、利三者相结合的具体贯彻和最终落实。同时,在预算期末要编制业绩报告,比较预算与实际的差异并分析差异的原因和归属,据此评价考核各中心的业绩,提出改进工作的措施以及实行奖惩建议等。此外,对预算中未规定的经济事项和超过预算限额的经济事项实行例外报告制度,及时向上报告,由适当管理级别作出决策。

4. 进行反馈控制

根据各责任中心的业绩报告,经常分析实际数与预算数发生差异的原因,及时通过信息反馈,控制和调节其经济活动,并督促责任单位及时采取有效措施,纠正缺点,巩固成绩,不断降低成本,压缩资金占用,借以扩大利润,提高经济效益。

三、责任会计的基本原则

责任会计制度的建立,在不同类型的企业中,往往由于具体情况的不同,其具体做法也各有特点。但建立责任会计制度的原则是基本一致的,概括起来有以下几条:

(一)目标一致性原则

责任中心是企业内部的各个布局,局部利益应当服从企业整体利益,这就要求各责任中心目标的实现要有助于企业总体目标的实现,两者要保持一致。建立责任会计的目的是有效地促进各责任中心的工作,实现企业的总体目标。但由于各责任中心有不同的职责,甚至存在利益上的冲突,所以在制定预算和考核标准时应防止局部利益损害企业总体利益的情况。

而在责任会计中,目标一致性原则主要通过选择恰当的考核和评价指标来体现。首先,为每个责任单位编制责任预算时,就必须要求它们与企业的整体目标相一致;然后,通过一系列控制步骤,促使各责任单位自觉自愿地实现目标。应该注意的是,单一性的考评指标往往会导致上下级目标的不一致,因此考评指标的综合性与完整性是责任会计中的重要问题。

(二)可控性原则

责任会计的实质就是把会计资料与责任单位紧密联系起来的信息控制系统,这一内部控制制度的贯彻执行,要求各责任单位必须突出其相对独立的地位,避免出现职责不清、功过难分的局面。因此,可控性原则是指各个责任中心仅对其可以控制的经济活动所产生的结果负责,对于其无法控制的经济活动所产生的后果不承担经济责任。所谓可控,是指能通过自己的行为对某一特定对象施加有效影响,使之能按某种预定目标或要求发展变化。在责任中心职责范围的划分、责任预算及业绩报告的编制,以及责任中心的业绩评价等各个环节上,都应当体现可控性原则。

(三)责任主体原则

责任会计旨在通过落实经济责任来实现对企业内部各部门、各单位的协调与控制,所以其会计主体是经济责任的承担者,即企业内部划分的各个责任单位或责任中心,相应的责任者有责有权;其所承担的责任是实现企业总体目标、提高企业经济效益的重要保证,也是衡量其工作成果的标准;而赋予其的相应管理权力是其能够顺利履行责任的前提条件。实行责任会计制度时,会计主体必须与责任主体相一致。

(四)激励原则

实现经济责任制的目的是为了最大限度地调动企业全体职工的积极性和创造性,因此所确立的目标或预算应相对合理。目标过高,会挫伤职工的工作积极性;目标过低,不利于企业整体目标的实现。同时,各类奖励措施也应注意适当和合理,既要奖惩分明,又要给员工以希望,这样就能不断激励全体员工为实现目标而努力奋斗。

(五)反馈性原则

管理会计的特点之一就在于它不是着眼于反映过去,而是着眼于控制现在和决策未来。作为现代管理会计的组成部分,责任会计也是如此。它要求责任预算的执行情况有一套健全的跟踪系统和反馈系统,使各个责任单位不仅能保持良好、完善的记录和报告制度,及时掌握预算的执行情况,而且要通过对实际数与预算数的分析,迅速运用各自的职权来控制和调节相关经济活动,以保证预定的目标和任务的实现。责任预算执行情况的信息反馈,既是一个经济信息的运用过程,也是责任会计真正发挥其管理作用的一个重要步骤。经济信息通过层层反馈和层层控制而形成的一个反馈控制网络,能保证整个企业的生产经营活动正常有序地进行。

(六)及时性原则

责任会计为了进行有效的控制,需要建立反馈系统,而反馈系统的作用在很大程度上取决于反馈的及时性。因此,各个责任单位在编制业绩报告以后,应及时将有关信息反馈给责任者,以便迅速调控自己的行为;同时,及时的反馈还有助于迅速发现和调查在业绩报告中出现的不可控因素,以保证对责任者的业绩进行综合考评的正确性;另外,业绩报告的编制绝不能与财务报表同步,而应做到及时、机动和灵活。根据管理需要,每旬、每周甚至每天编制一次,只有这样,才能把在生产经营中发现的重要问题立即反馈给有关单位,促使其迅速采取有效措施,及时加以解决。

(七)公平性原则

各责任中心之间的经济关系的处理应该公平合理,应有利于调动各责任中心的积极性。根据这一原则,在编制责任中心责任预算时,应注意预算水平的协调性,避免出现诸如由于内部结算价格制定不当而导致的不等价交换等情况。

(八)例外管理原则

例外管理原则也称重要性原则,即要求各责任中心对其生产经营过程中发生的重点差异进行分析、控制。重点差异有两重概念:一是指对实现企业总体预算、责任中心责任预算或对社会效益有实质性影响的差异,如国家下达的指令性计划或供销合同完成情况等。这类差异无论数额大小都应列为重点进行分析控制。二是指数额较大的差异。通过对这类差异的分析控制,可以花费较少的精力解决较大的问题,达到事半功倍的效果。重点差异包括不利差异和有利差异,不论是不利差异还是有利差异,均应深入分析其产生的原因。

四、责任会计的作用

实行责任会计的主要作用有以下两点:

(一)有利于贯彻企业内部经济责任制

实行责任会计以后,可使各级管理人员目标明确、责任分明;责任者有责有权,可以把其应该管的以及能控制的各种财务指标严格管好、控制住;同时,可以责任单位为核算主体(而不是按产品)来记录和归集会计信息,并据以评价和考核各个单位的工作实绩和经营成果。这样一来,就能做到功过分明、奖惩有据。

(二)有利于保证经营目标的一致性

实行责任会计以后,各个责任单位的经营目标就是整个企业经营总目标的具体体现。因而在日常经济活动进程中,必须注意各个责任单位的经营目标是否符合企业的总目标。如有矛盾,应及时协商调整。这样就便于把各个责任单位的经营目标与整个企业的总目标统一起来,促使每个责任单位为保证企业总目标的实现而协调地工作,从而保证经营目标的一致性。

任务二 责任中心

一、责任中心的概念与特征

(一)责任中心的概念

一个规模较大的企业,在实行分权经营体制的条件下,按照"目标管理"的原则,将企业生产经营的整体目标分解为不同层次的子目标,落实到有关单位去完成而形成的企业内部责任单位,称为"责任中心"。

企业为了实行有效的内部协调与控制,通常按照统一领导、分级管理的原则,在企业内部合理划分责任单位,明确各责任单位应承担的经济责任及应享有的权利和经济利益,使各责任单位协调配合。同时,为了保证预算目标的落实与实现,还需要把总预算目标按照责任中心进行层层分解,形成各责任中心的责任预算,作为各责任中心的目标和任务,并把各责任中心实际执行的结果与责任预算进行比较,确定各责任中心的工作业绩,作为考核与奖惩的依据。

(二)责任中心的特征

责任中心通常具有以下特征:

1. 责、权、利相结合的实体

每个责任中心都要对一定的财务目标负有完成的责任,同时赋予责任中心与其所承担责任的范围和大小相适应的权力,并有相应的业绩考核标准和利益分配标准。

2. 具有承担经济责任的条件

责任中心应该具有完成其应承担的经济责任的条件和能力,如果不能完成,则应对其后果承担责任。

3. 所承担的责任和行使的权力均可控

每个责任中心只对其权责范围内可控的成本、收入、利润和投资负责,在责任预算和业绩考核中应明确可控的项目。当然,可控与不可控是相对的,一般而言,责任层次越高,其可控的范围越大。

4. 进行独立的会计核算

具有相对独立的经营业务和财务收支活动是确定经济责任的客观对象及责任中心得以存在的前提条件。而独立核算是划清责任的基础和保证,只有既划清责任又能独立核算的企业内部单位,才能作为一个责任中心。

二、责任中心的划分

在企业内部,按照控制范围的大小、权限和责任的大小,责任中心一般可分为收入中心、成本中心、利润中心和投资中心。

(一)收入中心

收入中心是对收入或边际贡献负责的责任中心,其特点是只对收入负责,不对相应的成本负责,因此只考核其收入的实现情况。典型的收入中心是企业的销售部门,它们负责产品的销售和分配。如果收入中心有制定价格的权力,那么它们就要对获得的毛收入负责;如果没有,只需要对实际销售量和销售结构负责。收入中心存在的一个重要原因就是在传统的成本计算方法下,其销售产品的成本和提供劳务的成本不能准确计量,由于缺乏配比信息,无法对其利润进行评估。但随着作业成本法和以作业为基础的战略成本管理在企业中的广泛应用,对营销费用也可以按照作业成本法进行准确核算,从而也可以评估利润,收入中心因而转为利润中心。因此,收入中心在分权管理中的作用将逐渐减小。

(二)成本中心

1. 成本中心的概念

成本中心是指应对成本或费用负责的责任中心。狭义的成本中心仅指直接从事生产产品或提供劳务等活动、应对构成的产品成本或劳务成本的费用负责的责任中心;广义的成本中心则还包括从事行政管理或研究开发等非生产性活动、应对各种非生产性费用负责的责任中心。成本中心没有经营决策权,更没有投资决策权。就财务指标而言,成本中心应对成本负责,成本指标确切地反映了其所应承担的经济责任;通过考核其成本指标的完成情况,就能够对其工作业绩作出评价。

2. 成本中心的特点

成本中心有以下三个特点:①投入可以用货币来衡量;②尽管其产出(如零部件、产品等)可能具有市场价格或内部价格,但不是用货币而是用物理量衡量其产出;③一般可以规定单位产出的最优投入量,即在投入与产出之间可建立确定的优化关系。

3. 成本中心的分类

按照成本中心控制对象的特点,可将成本中心分为技术性成本中心和酌量性成本中心两类:①技术性成本中心,又称标准成本中心、单纯成本中心或狭义成本中心,是指把生产实物产品而发生的各种技术性成本作为控制对象的成本中心。该类中心不需要对实际产出量与预算产量的变动负责,往往通过应用标准成本制度或弹性预算等手段来控制产品成本。②酌量性成本中心,又称费用中心,是指把为组织生产经营而发生的酌量性成本或经营费用作为控制对象的成本中心。该类中心一般不形成实物产品,不需要计算实际成本,往往通过加强对预算总额的审批和严格执行预算标准来控制经营费用开支。

4. 责任成本与产品成本的区别联系

责任成本是各成本中心当期确定或发生的各项可控成本之和,又可分为预算责任成本和实际责任成本。前者是根据有关预算所分解确定的、各责任中心应承担的责任成本;后者是指各责任中心由于从事业务活动实际发生的责任成本。责任成本与产品成本是既有联系又有区别的两个概念,具体归纳如表11—1所示。

表 11-1

	项 目	责任成本	产品成本
联系	成本本质	无论是责任成本还是产品成本,都是由企业生产经营过程中一定量的资金消耗构成的	
	总和相等	在一定时期内,企业发生的全部责任成本之和应当等于全部产品成本之和	
区别	费用的归集分配对象	成本中心	产品
	分配原则	"谁负责,谁承担","谁"是指责任中心及其责任人	"谁受益,谁承担","谁"是指产品成本的物质承担者,即产品本身
	核算基础条件	以成本的可控性为分类标志,以将成本分为可控成本和不可控成本两部分为前提条件	以成本的经济用途作为分类标志,以将成本区分为生产成本和期间成本两大类为前提条件
	核算主要目的	控制耗费、降低成本、考核和评价责任中心的工作业绩	为资产的计价、成本的补偿和计量经营成果提供信息

(三)利润中心

1. 利润中心的概念

利润中心是应对利润负责的责任中心。因为利润由收入与成本两方面因素所决定,所以利润中心既要对收入负责,又要对成本负责。显然,利润中心是比成本中心处于更高层次上的责任中心,每个利润中心都包含若干个下属的成本中心。

利润中心所要负责控制的成本按下属各成本中心进行分解,即形成各成本中心所要负责控制的对象,而利润中心则要对其权责范围内取得的全部收入和发生的全部成本,以及作为两者综合反映的利润指标负责。利润中心有经营决策权,但没有投资决策权。利润中心的权责范围包括了从材料采购到产品的生产与销售这一整个经营过程。所以,利润中心一方面有权自主决定经营过程中发生的成本或费用,同时还因其有可控的经营收入而要对收入和利润负责。

2. 利润中心的分类

按照利润中心控制的对象的特点,可将利润中心分为自然利润中心和人为利润中心两类:①自然利润中心是指能够直接对外销售产品或提供劳务收入,从而给企业带来收益的利润中心。这类利润中心具有产品的销售权、定价权、材料采购权和生产决策权,总而言之,自然利润中心具有很强的独立自主性。②人为利润中心是指不能直接对外销售产品或提供劳务,只能在企业内部各个责任中心之间按照内部转移价格相互提供产品或劳务而形成收入的利润中心,这种利润不是企业真实实现的利润,所以又称人为利润。这类利润中心也具有较强的自主性,可以自主决定产品的生产、销售、定价及材料的采购等,但是其产品主要作为中间产品在企业内部转移,而不是对外销售。

自然利润中心和人为利润中心的区别在于:其产品是对外销售还是内部转移。自然利润中心的产品对外销售,其收入是实际售价,真实客观;人为利润中心的产品是企业的中间产品,在企业内部转移,其价格按内部转移定价方法确定(相关概念及方法将在本项目任务四介绍),存在一定的主观性。

3. 利润中心的设立条件

利润中心的设立一般具有很大的弹性，只要是可计算利润的部门，都可视作利润中心。在具体运用中，利润中心的设立除了可计算利润外，关键在于责任中心管理人员对影响利润的因素是否有控制能力。责任中心要想设立为利润中心一般要符合以下条件：①部门营运要有相当的独立性，即部门要有明确的工作区域和业务范围，部门管理人员有权对人员配置、机器设备处置和日常经营（生产、市场、采购等）作出决策，以避免利润中心之间存在争功诿过或过分依赖的情形；②部门营运较少受客观环境影响，其部门利润能反映出管理人员和基层员工努力的主观程度；③部门具有较大的规模，且其收入和成本有相当大的弹性，使管理人员和基层员工具有很大的利润努力空间。高度自动化的生产部门或附加价值低的部门由于缺乏这种利润的弹性，一般也不需要设立为一个利润中心。

4. 责任利润与经营利润的区别与联系

与产品成本和责任成本的关系相类似，对利润中心来说，它所要控制并应对其负责的利润与通常意义上的产品销售利润或营业利润也不尽相同。根据可控性原则，利润中心所要控制并应对其负责的利润是其可控收入扣除其可控成本后的剩余部分，它是将收入与费用按"谁负责，谁承担"的原则进行配比的结果，所以又称责任利润。它与按"谁受益，谁承担"的原则进行配比而形成的产品经营利润或销售利润的计算口径往往并不完全一致。例如，某些利润中心的可控成本可能只包括变动成本而不包括固定成本，或只包括一部分固定成本，这样其所应负责控制的利润实际上是指贡献毛益或可控毛益。

需要指出的是，由某个利润中心直接经手取得的收入或支付的费用，未必是其所能控制的收入或费用；相反，其所能控制的收入或费用也有可能是经由其他责任中心来收取或支付的。所以，在计算确定其利润指标的完成情况时，必须根据可控性原则，将有关收入与费用在各责任中心之间进行必要的划转。

（四）投资中心

投资中心是既对成本、收入、利润负责，又对投入的全部资金的使用效果负责的责任中心。投资中心实质上也是利润中心，是一种扩大了职权的、特殊的利润中心，它不仅拥有利润中心的日常经营决策权，而且在一定程度上也能控制投资决策。

投资中心是处于企业最高层次的责任中心，它具有最大的决策权，也承担最大的责任。投资中心的管理特征是较高程度的分权管理。投资中心的典型类型是被控股公司（如附属公司、子公司、关联公司等）。总公司（投资公司或称为母公司）与投资中心（被控股公司）的关系为单纯的投资关系，各投资中心的独立性相当高。在法律上，投资中心是一个独立法人，不仅独立计算其盈亏，而且资产负债的管理也独立，故拥有充分的经营决策权和投资决策权。总公司对该类投资中心的干涉主要是通过股东大会或董事会的运作进行的。

（五）成本中心、利润中心和投资中心三者之间的关系

成本中心、利润中心和投资中心彼此并非孤立存在的，每个责任中心都要承担相应的经营责任，具体如图 11—1 所示。

最基层的成本中心应就经营的可控成本向其上层成本中心负责；上层的成本中心应就其本身的可控成本和下层转来的责任成本一并向利润中心负责；利润中心应就其本身经营的收入、成本（含下层转来成本）和利润（或边际贡献）向投资中心负责；投资中心最终就其经营的投资利润率和剩余收益向总经理和董事会负责。总之，企业各种类型和层次的责任中心形成一个连锁责任网络，这就促使每个责任中心为保证经营目标一致而协调运转。

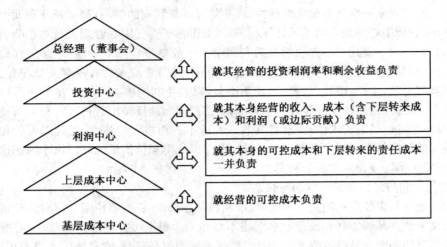

图 11-1　成本中心、利润中心和投资中心的经营责任

三、责任中心的业绩评价

(一)收入中心的业绩衡量

收入中心的首要目标是对销售收入负责,若其没有价格制定的权力,则只对销售数量和销售结构负责。有时候收入中心还对一些非财务指标负责,比如有些公司要求其收入中心承担市场占有率、市场排名等责任。一般而言,收入中心的考核指标主要有:销售收入完成百分比、销售账款回收天数。其计算公式为:

$$销售收入完成百分比 = 实际完成销售收入 \div 目标销售收入 \times 100\%$$

$$销售账款收回天数 = \sum (销售收入 \times 回收天数) \div 销售收入总额$$

此外,还有一些指标可以考核收入中心的业绩,如现金销售率、坏账发生率,其计算公式为:

$$现金销售率 = 现金销售收入 \div 销售收入总额 \times 100\%$$

$$坏账发生率 = 某期间坏账发生总额 \div 该期间销售收入总额 \times 100\%$$

(二)成本中心的业绩衡量

1. 成本的可控性

标准成本中心带来了投入与产出之间的密切联系,对其进行考核评价通常是以既定产品质量、数量条件下的标准成本或预算成本(即单位产品的标准成本与预算产量的乘积)为依据的。因为成本中心没有经营决策权,无权决定生产的技术条件,也无权决定材料、工资的价格,所以它不能对影响成本的技术因素和价格因素负责,而只能在既定生产技术条件下,对完成既定产品质量、数量而发生的投入量承担责任。

同时,针对成本中心责任者计算与考核的是责任成本,而不是传统的产品成本。为了计算责任成本,必须先把成本按其可控性分为可控成本与不可控成本两类。要判定某项成本为可控成本,一般应同时具备以下三个条件:①在该项成本实际发生之前,成本中心能预知其将要发生;②对于该项成本的发生数额,成本中心能确切计量;③成本中心能通过自己的行为对该项成本的实际发生过程施加有效影响,使之符合某种预定的目标和要求。凡不同时具备上述条件的成本都是不可控成本,不应计入责任成本。属于某成本中心责任者的各项可控成本之和,即构成该中心责任者的责任成本。任何成本中心责任者的责任成本必须是该中心的可控成本。就最低基层的成本中心责任者(如个人或班组)来说,其可控成本项目之和即为该中心责任者的责任成本。但是基层以上的成本中心,其责任者的责任成本就要包括两个部分:一是中心直接发生的责任者可控的成本项目之和;另一部分则是责任者的下属责任单位(或中心)转上来的责任成本。具体的产品成本、责任成本及可控成本、不可控成本的计算及构成可参见下例。

【例 11-1】 某企业生产 A、B 两种产品,都经过甲、乙两个生产车间生产,本期共发生费用 1 500 000 元,产品成本和责任成本如表 11-2 所示。

表 11-2   单位:元

成本项目	产品成本			责任成本		
	A 产品	B 产品	全厂	A 产品	B 产品	全厂
直接材料	250 000	150 000	400 000	280 000	120 000	400 000
直接人工	150 000	100 000	250 000	100 000	150 000	250 000
制造费用	550 000	300 000	850 000	—	—	—
车间可控制造费用	—	—	—	150 000	200 000	350 000
车间责任者责任成本	—	—	—	530 000	470 000	1 000 000
车间不可控制造费用	—	—	—	200 000	300 000	500 000
合　计	950 000	550 000	1 500 000	730 000	770 000	1 500 000

A、B 产品分别经过甲、乙两个车间生产,经过资料归集和分配,计算出 A、B 产品的总成本分别为 950 000 元和 550 000 元。成本资料按成本中心归集,得到甲车间可控成本为 530 000元,不可控成本为 200 000 元;乙车间可控成本为 470 000 元,不可控成本为 300 000 元,由此可确立甲车间责任者的责任成本为 530 000 元,乙车间责任者责任成本为 470 000 元。两车间责任成本合计为 1 000 000 元。某些费用项目如折旧、维修、财产保险费等从车间的角度看是不可控成本,但这些费用对于全厂的责任者而言是可控的,因此这两个车间的不可控成本500 000元是全场的可控责任成本。从全厂的角度看,两种产品的总成本 1 500 000 元与全厂的责任成本 1 500 000 元是相等的。

成本分为可控与不可控应视具体情况而定,并非一成不变。某些项目在一个成本中心是不可控的,在另一个部门可能是可控的。例如,能源的消耗,如果车间没有单独的计量仪表,对这个车间来说就是不可控成本;反之,对另一个有计量仪表的车间来说,则是可控成本。某些项目对下一级成本中心而言是不可控成本,对于上一级成本中心来说,则往往是可控的。如折旧费等,对于车间一级而言是不可控成本;但对全厂负责人而言,由于设备的购进决策是由其决定的,折旧费的多少应由购进设备的决策者负责,因而折旧费是全厂负责人的责任成本。有些成本项目在这个时期内是不可控成本,在另一个时期可能是可控成本,例如,原来没有装计量仪表的车间在装上仪表后,车间的能源消耗就从不可控成本变为可控成本。由此可见,成本的可控性不能脱离有关的具体情况,而是与一个特定的责任中心和一个特定的时期相联系的,抽象的谈论某个成本项目的可控性是没有实际意义的。

2. 成本中心的考核指标

既然成本中心的业绩考核与评价的对象是责任成本而不是全部成本,那么成本可控性就应当是确定责任成本的唯一依据。在成本中心的业绩报告中,应从全部成本中区分出可以控制的责任成本,将其实际发生额与预算额进行比较、分析,揭示产生差异的原因,据此对责任中心的工作成果进行评价。成本中心的考核指标包括责任成本的变动额和变动率两类指标。其计算公式是:

$$责任成本变动额＝实际责任成本－预算责任成本$$
$$责任成本变动率＝责任成本变动额÷预算责任成本×100\%$$

在对成本中心进行考核时,如果预算产量与实际产量不一致,应注意按弹性预算的方法先行调整预算指标,然后再按上述指标计算。成本中心考核指标的具体计算可参见下例:

【例11－2】 某企业第一车间是一个成本中心,只生产A产品。其预算产量为8 000件,单位标准材料成本为150元/件(假定:150元/件＝15元/千克×10千克/件);实际产量为10 000件,实际单位材料成本140元/件(假定:140元/件＝20元/千克×7千克/件)。其他成本暂时忽略不计。要求计算该成本中心消耗的直接材料责任成本的变动额和变动率,分析并评价该成本中心的成本控制情况。

解:依题意得:

$$责任成本变动额＝140×10\ 000－150×10\ 000＝－100\ 000(元)$$
$$责任成本变动率＝－100\ 000÷(150×10\ 000)×100\%＝－6.67\%$$

计算结果表明,该成本中心的成本降低额为100 000元,降低率为6.67%。其原因分析如下:

由于材料价格上升对成本的影响:

$$(20－15)×7×10\ 000＝350\ 000(元)$$

由于材料用量降低对成本的影响:

$$15×(7×10\ 000－10×10\ 000)＝－450\ 000(元)$$

该成本中心的直接材料成本节约了100 000元。

原因分析与评价:一方面,由于材料采购价格上升致使成本超支350 000元,这属于第一车间的不可控成本,应将此超支责任由该车间转出,转由采购部门承担;另一方面,由于材料用量降低使得成本节约了450 000元,属于该中心取得的成绩。

对标准成本中心的具体考核指标,也可直接采用成本降低额和成本降低率表示,其计算公式如下:

$$成本降低额＝预算成本－实际成本$$
$$成本降低率＝成本降低额÷预算成本$$

【例11－3】 A产品标准成本计算单上有关直接材料、直接人工的部分如表11－3所示。A产品预算产量500件,其直接材料、直接人工的预算成本为7 500元,一车间当月实际生产A产品540件,实际发生的直接材料、直接人工成本也列示于该表内。

表11－3

成本项目	直接材料、直接人工			实际发生的直接材料、直接人工成本			
	价格标准	用量标准	标准成本	实际价格	实际用量	实际单位成本	实际总成本
直接材料	2元/千克	5千克/件	10元	2.2元/千克	5.5千克/件	12.1元	6 534元
直接人工	5元/小时	1小时/件	5元	5.2元/小时	0.95小时/件	4.94元	2 667.6元
合　计	—	—	15元	—	—	17.04元	9 201.6元

在实际总成本9 201.6元中,一车间的责任成本是其中按标准价格与实际用量计算的部

分;而在计算成本降低额和降低率指标时,还应按弹性预算的方法,根据实际产量对预算成本进行调整。对有关指标可计算分析如下:

$$一车间责任成本=(2×5.5+5×0.95)×540=8\ 505(元)$$

较预算成本 7 500 元超支 1 005 元,其原因如下:

由于实际产量偏离预算产量而使成本超支数为:

$$(540-500)×15=600(元)$$

由于材料消耗超标而使成本超支数为:

$$(5.5-5)×2×540=540(元)$$

由于直接人工效率提高而使成本降低数为:

$$(1-0.95)×5×540=135(元)$$

因为实际产量对预算产量的偏离既可能高于预算产量,也可能低于预算产量,如果不剔除产量因素,计算出的成本降低额和降低率指标就不能反映产品生产过程中直接材料、直接人工的实际消耗水平。在计算有关指标时,首先要按实际产量调整预算成本。

即有:

调整后预算成本=540×15=8 100(元)

成本降低额=8 100-8 505=-405(元)(注:超支 405 元)

成本降低率=-450÷8 100=-5%(注:超支 5%)

注意到按调整后预算成本计算出的成本降低额,就是前面分析成本超支的三个原因中后两个原因引起的成本差异数,即剔除了产量因素后,完全是由产品生产过程中直接材料、直接人工的实际消耗引起的成本差异数(超支 405 元=直接材料超支 540 元-直接人工节约 135 元)。

关于生产车间发生的制造费用,应视具体情况分别计入有关成本中心的责任成本。例如,机物料消耗、低值易耗品领用等,其按标准价格计算的部分可直接计入生产车间责任成本,价格差异部分则由采购部门负责;动力费、维修费、运输费等,可按责任基数在各辅助生产车间与基本生产车间进行分配;厂房、设备等的折旧费、租赁费等,应由作出相关决策的责任中心负责;车间的间接人工成本,则应由有权决定工资率水平的人事劳动部门负责;等等。凡与产品联系较密切的制造费用,其考核指标及分析方法与产品直接成本相类似;而与产品产量无密切联系的制造费用,按其特点实际上更类似于费用中心的控制对象,所以其考核指标及分析方法与产品的直接成本应有所不同。

对于费用中心来说,简单地计算成本降低额与降低率指标往往难以如实反映其实际工作业绩。首先,因为其成本的发生与其服务成果的产出无密切联系,所以无法以产出量为客观基础来衡量其成本是节约还是超支。其次,因为费用中心的工作质量和服务水平一般来说伸缩性很大,且很难量化,所以不能为确定其费用的合理水平提供一种可靠的客观基础。也就是说,费用中心的实际支出低于预算未必能说明其节约了开支,而很可能是因为其降低了工作质量和服务水平所致;相反,其实际支出超过预算,也未必就能说明其成本控制不力或效果不好,而有可能该费用水平本来就是提供优质服务所必需的,应该予以调整的恰恰是预算本身。费用中心的特点决定了很难通过一个或几个简单明了的考核指标来客观公正地反映和评价其成本控制业绩。通常,较为合理可行的做法是:为其编制零基预算,作为考核其业绩的基本依据和标准;由有较丰富实际工作经验的专业人员对其工作质量和服务水平作出有根据的判断,在此基础上,按零基预算标准来分析其实际支出情况,对其成本控制业绩进行考核评价。

(三)利润中心的业绩衡量

1. 利润中心的成本计算

利润中心要对利润负责,需要以计算和考核责任成本为前提。只有正确计算利润,才能为利润中心业绩考核与评价提供可靠的依据。对利润中心的成本计算,通常有以下两种方式可供选择:

(1)利润中心只计算可控成本,不分担不可控成本,即不分摊共同成本。这种方式主要适用于共同成本难以合理分摊或无需进行共同成本分摊。按这种方式计算出来的盈利不是通常意义上的利润,而是相当于边际贡献总额。企业各利润中心的边际贡献总额之和,减去未分配的共同成本,经过调整后才是企业的利润总额。采用这种成本计算方式的利润中心,实质上已不是完整的和原来意义上的利润中心,而是边际贡献中心。人为利润中心适合采取这种计算方式。

(2)利润中心不仅计算可控成本,而且计算不可控成本。这种方式适用于共同成本易于合理分摊或不存在共同成本分摊。这种利润中心在计算时,如果采用变动成本法,应先计算出边际贡献,再减去固定成本,才是税前利润;如果采用完全成本法,利润中心可以直接计算出税前利润。各利润中心的税前利润之和,就是企业的利润总额。自然利润中心适合采用这种计算方式。

2. 利润中心的考核指标

利润中心的考核指标是利润。通过比较一定期间实际实现的利润与责任预算所确定的利润,可以评价其责任中心的业绩。由于成本计算方式不同,各利润中心的利润指标的表现形式也不相同。

(1)当利润中心不计算共同成本或不可控成本时,其考核指标是:

利润中心边际贡献总额=该利润中心销售收入总额-该利润中心可控成本总额(或变动
　　　　成本总额)

需要说明的是,如果可控成本包含可控固定成本,就不完全等于变动成本总额。一般而言,利润中心的可控成本大多只是变动成本。

(2)当利润中心计算共同成本或不可控成本,并采取变动成本法计算成本时,其考核指标主要有以下几种:

利润中心边际贡献总额=该利润中心销售收入总额-该利润中心变动成本总额

利润中心负责人可控利润总额=该利润中心边际贡献总额-该利润中心负责人可控固定
　　　　成本总额

利润中心可控利润总额=利润中心负责人可控利润总额-该利润中心负责人不可控固定
　　　　成本总额

该利润中心税前净利润=该利润中心可控利润总额-分配成本

公司利润总额=各利润中心可控利润总额之和-公司不可分摊的各种管理费用、财务费用

利润中心负责人业绩反映了部门经理通过其主观努力和运用相关职权所达到的业绩水平,即部门经理有权处理生产和销售领域的各项事宜。这反映了部门经理工作的好坏,也是进一步衡量部门业绩的基础。确定部门经理业绩的关键,是将固定成本分为可控和不可控两部分,这一点也是可控性原则在利润中心业绩评价中的具体表现。固定成本中的酌量性部分如管理人员工资、办公成本等属于部门经理的可控成本。固定成本中的约束性部分如设备折旧费、保险费、某些经理人员工资等不受部门经理的控制,属于部门经理的不可控成本。由部门

经理业绩减去这些部门经理不可控成本就得到该部门的业绩。部门业绩反映了部门经理在各种因素(内部与外部、主观与客观)的影响下,部门(或利润中心)所取得的工作成果。它是评价一个部门经营实力、行业竞争力的依据,也是公司总部对部门是否进行新投资、减少投资、撤并等决策的基础。

利润中心税前净利是由部门业绩扣除总公司的分配成本得到的,它表示一个分部作为一个经济实体对公司税前净利的贡献。一般而言,公司总部的直接可控成本由两部分构成:一部分是在分部发生的但部门经理不能直接控制的约束性固定成本,这些成本虽然发生在利润中心,但受到公司总部经营方针和决策的影响,这些成本仍然属于部门经理的不可控固定成本。另一部分是公司总部发生的为管理各分部或为各分部提供服务的行政管理费、研究开发费等。虽然利润中心仅负责其内部发生的成本,但在实际工作中,常将这些公司总部发生的共同成本也分配计入各利润中心。将共同成本分配至各中心,一般采用双重比率法。在这种方法下将共同成本中的固定费用按各利润中心的正常产出量进行分配;变动费用按各利润中心的实际产出量进行分配。利润中心考核指标的具体计算可通过下例来说明。

【例11—4】　某企业的第二车间是一个利润中心。本期实现内部销售收入250 000元,变动成本为150 000元,该中心负责人可控固定成本为20 000元,中心负责人不可控但应由该中心负担的固定成本为30 000元。要求计算该利润中心的实际考核指标。

解:依题意得:

利润中心边际贡献总额=250 000-150 000=100 000(元)

利润中心负责人可控利润总额=100 000-20 000=80 000(元)

利润中心可控利润总额=80 000-30 000=50 000(元)

利润中心的成本和收入,对利润中心来说都必须是可控的。可控收入减去可控成本就是利润中心的可控利润,也就是责任利润。一般来说,企业内部的各个单位都有自己的可控成本(费用),所以成为利润中心的关键在于是否存在可控收入。责任会计中的可控收入通常包括:①对外销售产品取得的实际收入;②按照包含利润的内部结算价格转出本中心的完工产品而取得的内部销售收入;③按照成本型内部结算价格转出本中心的完工产品而取得的收入。对利润中心工作业绩进行考核的重要指标是其可控利润,即责任利润。如果利润中心在获得的利润中受该利润中心不可控因素的影响,则必须进行调整。将利润中心的实际责任利润与责任利润进行比较,可以反映利润中心责任利润预算的完成情况。而通常,如前文已述,责任利润的评价指标有总边际贡献、利润中心负责人边际贡献和利润中心边际贡献等。下面举例进一步说明这几个利润指标的计算公式以及它们之间的区别。

【例11—5】　甲、乙、丙三个利润中心有关数据如表11—4所示,要求计算其利润中心的利润指标。

表11—4　　　　　　　　　　　　　　　　　　　　　　　　　　　　　　　　　　　　单位:元

利润指标 利润中心	甲	乙	丙
销售收入	45 000	30 000	50 000
变动成本	28 000	25 000	30 000
利润中心可控固定成本	6 000	5 000	7 000
利润中心不可控固定成本	3 000	3 000	3 000

解:依题意所得结果如表11—5所示。

表11—5　　　　　　　　　　　　　　　　　　　　　　　　　　单位:元

利润指标利润中心	甲	乙	丙
销售收入	45 000	30 000	50 000
减:变动成本	28 000	25 000	30 000
总边际贡献	17 000	5 000	20 000
减:利润中心可控固定成本	6 000	5 000	7 000
利润中心负责人边际贡献	11 000	0	13 000
减:利润中心不可控固定成本	3 000	3 000	3 000
利润中心边际贡献	8 000	—3 000	10 000

(四)投资中心的业绩衡量

对投资中心进行绩效衡量,既要考核成本和利润,还要考核和评价其所用资金的使用效果,即考核其投资报酬率。同时,为弥补投资报酬率指标的不足,还要考核投资中心的剩余收益。

1. 投资报酬率

投资报酬率,又称投资收益率或投资利润率,是投资中心所获得的利润与投资额(或平均资产)之间的比率。它反映每一元投资所获得的回报,是衡量投资中心业绩的最常用指标。其计算公式为:

$$投资报酬率＝营业利润÷投资额(或平均资产总额)×100\%$$

以平均资产总额作为投资额计算的投资报酬率,主要是考核资产的利用效率。对投资中心业绩的衡量应该是衡量其所控制的全部资产,所以计算投资报酬率所用的资产指标是期初与期末总资产余额的平均数。与之相对应,营业利润也应该是扣除利息及所得税之前的利润,即息税前利润。由于投资报酬率受收入、成本、资金占用等因素的影响,因而可将其计算公式分解为:

$$投资报酬率＝营业利润÷销售收入×(销售收入÷平均资产总额)×100\%$$
$$＝销售利润率×资产周转率$$

相关指标的具体计算及关系可参见下例。

【**例11—6**】　某投资中心2015年和2016年的收入、成本、利润资料如表11—6所示,要求计算其投资报酬率。

表11—6　　　　　　　　　　　　　　　　　　　　　　　　　　单位:元

项　目	2015 年	2016 年
销售收入	400 000	500 000
销售成本及营业费用	240 000	300 000
营业利润	160 000	200 000
平均营业资产	800 000	800 000

续表

项 目	2015 年	2016 年
销售利润率	40%	40%
资产周转率	50%	62.5%
投资报酬率	20%	25%

该投资中心 2015 年的销售利润率与 2016 年的销售利润率都是 40%,但由于 2016 年的资产周转率比 2015 年加快,所以 2016 年的投资报酬率增加到 25%。

投资报酬率是目前许多公司常用的衡量投资中心业绩的指标。该指标具有以下优点:①投资报酬率能综合反映投资中心的赢利能力。投资报酬率反映了销售收入、成本与投资之间的关系,可以通过增收节支(增加收入、降低成本),也可以通过减少投资来提高投资报酬率。②投资报酬率具有可比性。投资报酬率既体现了资本的获利能力,又剔除了因投资额不同而导致利润差异的不可比因素,因而可用来横向比较各投资中心的经营业绩的优劣。③投资报酬率可以作为选择投资机会的依据。投资者可以根据不同企业的投资报酬率的高低作出资本是否转移的决策,以优化资源配置。

然而,投资报酬率作为评价指标也有不足之处:①由于计算投资报酬率的基础是投资中心的营业资产,因而投资中心的业绩就可以通过尽量降低其固定资产的账面净值而提高。这等于鼓励投资中心长期使用账面净值不断降低的陈旧设备,因此不利于引导投资中心积极进行固定资产更新,从而影响投资中心技术装备的更新换代。②各投资中心为达到或维持较高投资报酬率,可能采取一些违背公司整体利益的决策行为。具体表现为:投资报酬率较高的投资中心往往倾向于不扩张,甚至拒绝高于全公司平均投资报酬率的投资;而投资报酬率低的投资中心往往倾向于采纳低于公司平均投资报酬率的投资项目。下面,我们通过下例来说明投资报酬率作为衡量投资中心业绩指标的缺陷。

【例 11—7】 某电子企业的电动玩具事业部今年有两个投资项目可供选择,两个项目的投资报酬及投资报酬率如表 11—7 所示。

表 11—7   单位:元

	项目 A	项目 B
投资额	10 000 000	4 000 000
营业利润	1 300 000	640 000
投资报酬率	13%	16%

该分部目前的投资报酬率为 15%,营业资产为 50 000 000 元,分部今年可以申请到 15 000 000 元的新增投资。公司总部要求每项投资必须至少获利 10%。分部如有闲置资金将由公司总部进行投资,投资报酬率也为 10%。对于新增投资部分可以选择:对 A 项目投资、对 B 项目投资、同时对 A 和 B 项目投资、A 和 B 两个项目都不投资。四种方案的分部投资报酬率如表 11—8 所示。

表 11—8 单位:元

	备选方案			
	投资项目 A	投资项目 B	同时投资 A 和 B	两个项目都不投资
营业收益	8 800 000	8 140 000	9 440 000	7 500 000
营业资产	60 000 000	54 000 000	64 000 000	50 000 000
投资报酬率	14.57%	15.07%	14.75%	15%

如果按投资报酬率考核责任中心,分部经理一定会选择投资 B 项目的方案,但是这个选择对企业整体来说并非是利润最大化的。如果选择对 A 项目投资,企业将整体盈利 1 300 000 元。如果不对项目 A 进行投资,企业总部将取得 10% 的收益率,获得 1 000 000 元的利润,这样,由于分部经理仅仅关注本部门的投资报酬率,使得企业整体损失了 300 000 元的利润。

因此,运用投资报酬率指标去衡量投资中心业绩,将可能引起投资中心目标与总公司目标不一致。为克服这个弊端,我们可采用剩余收益作为评价指标。

2. 剩余收益

剩余收益也称剩余利润,是指投资中心的经营利润扣减其经营资产按规定的最低投资报酬率计算的投资报酬后的余额。其计算公式为:

$$剩余收益＝经营利润－最低投资报酬率×平均营业资产$$

这里的最低投资报酬率,通常可以是整个公司各个投资中心的加权投资报酬率,也可以是该投资中心所规定的预期投资报酬率。公式中,从投资中心业绩中所扣除的最低投资报酬率乘以平均营业资产的收益并不是中心的实际资金成本,而是一种机会成本。剩余收益是个绝对数指标,这个指标的优点是简单明了,可以避免局部利益与整体利益的背离。在相同的基本情况下,剩余收益越大越好。

【例 11—8】 某事业部今年的投入是 200 万元,都用于对甲项目的投入可获得营业收益 20 万元,都用于对乙项目的投入可获得营业收益 30 万元,该公司的最低投资报酬率为 8%。计算两个项目的投资报酬率和剩余收益,并请作出投资决策。

解:依题意得:

甲项目的剩余收益＝20－200×8%＝4(万元)

甲项目的投资报酬率＝20÷200＝10%

乙项目的剩余收益＝30－200×8%＝14(万元)

乙项目的投资报酬率＝30÷200＝16.67%

因此,事业部应选择对乙项目进行投资。

剩余收益指标虽然弥补了投资报酬率局部目标和整体目标不一致的缺陷,但是也存在一些缺点,如它与投资报酬率一样无法避免经理人的短期行为。下例正好说明这一问题。

【例 11—9】 某电子企业的电动玩具事业部今年有两个投资项目可供选择,两个项目的最低投资报酬率与剩余收益如表 11—9 所示。

表 11—9
单位:元

	项目 A	项目 B
投资额	10 000 000	4 000 000
营业利润	1 300 000	640 000
最低投资报酬率	10%	10%
剩余收益	300 000	240 000

该分部目前的投资报酬率为 15%,营业资产为 50 000 000 元,分部今年可以申请到 15 000 000 元的新增投资。公司总部要求每项投资必须至少获利 10%。分部如有闲置资金将由公司总部进行投资,投资报酬率也为 10%。对于新增投资部分可以选择:对 A 项目投资、对 B 项目投资、同时对 A 和 B 项目投资、A 和 B 两个项目都不投资。表 11—10 是对这四个方案剩余收益进行的比较。

表 11—10
单位:元

	备选方案			
	投资项目 A	投资项目 B	同时投资 A 和 B	两个项目都不投资
营业收益	8 800 000	8 140 000	9 440 000	7 500 000
营业资产	60 000 000	54 000 000	64 000 000	50 000 000
最低投资报酬率	6 000 000	5 400 000	6 400 000	5 000 000
剩余收益	2 800 000	2 740 000	3 040 000	2 500 000

由表 11—10 可见,同时投资两个项目能产生最大的剩余收益,但剩余收益指标将促使分部经理选取营业收益高于最低投资率的有关方案。

剩余收益作为一个绝对数指标,只能用于规模相同的投资中心间的比较,如果在投资规模有差异情况下,这个指标就没有太大意义。

【例 11—10】 某事业部去年投资 50 万元,营业收益为 10 万元;今年投资为 100 万元,营业收益为 15 万元;该公司的最低投资报酬率为 8%。计算两年的剩余收益。

解:依题意得:

$$去年的剩余收益 = 10 - 50 \times 8\% = 6(万元)$$
$$今年的剩余收益 = 15 - 100 \times 8\% = 7(万元)$$

这两个数字进行比较,似乎今年的业绩好于去年,但事实上并非一定如此,因为投资规模不同。可见,剩余收益指标在投资规模不一样的情况下对业绩评价意义不大。

投资报酬率和剩余收益是常用的对投资中心进行业绩评价的指标,但是它们有个共同的特点,就是只能用来评价短期业绩。为了抑制这种短期行为,可以采用与投资中心健康发展更为相关的辅助性业绩指标共同评价。例如,采用市场占有率、销售渠道的发展状况、客户意见、员工流动率和员工的能力发展状况等非财务指标。

四、责任预算与责任中心的业绩报告

(一)责任预算

责任预算是指以责任者(或责任中心)为对象,以其可控的成本、收入和利润等为内容编制

的预算。责任预算既是责任者(或责任中心)的努力目标和控制依据,又是考核责任者(或责任中心)业绩的标准。在实行责任会计的企业中,责任预算是企业总预算的补充和具体化,可以与总预算融为一体,构成企业的预算体系。通过编制责任预算,可以明确各责任中心的责任,并与企业的总预算保持一致,以确保企业目标的实现。只有将各责任中心的责任预算与企业的总预算有机地结合,才能较好地达到责任预算的效果。

责任预算的编制程序有以下两种:①自上而下编制,即在企业编制的总预算基础上,通过层层分解的程序,将总预算中的利润、收入、成本与费用等整体指标分解到各级责任中心,形成各责任者(或责任中心)的责任预算;②自下而上编制,即首先由最基层的责任中心,如生产或职能部门等一线的个人、岗位、班组根据过去的业绩和今后的努力,编制最基层的责任预算草案,然后逐级向上汇总,形成各成本中心、收入中心、费用中心与利润中心的责任预算。以此递推,一直汇总到企业的最高层,由企业的预算委员会进行多次的协调与平衡,最终形成企业的总预算。两种责任预算的编制方法各有千秋,其优点与缺点归纳如表 11—11 所示。

表 11—11

	自上而下的程序	自下而上的程序
优点	可以使整个企业在编制各部门责任预算时,实现一元化领导,便于统一指挥和调度	便于充分调动和发挥各基层责任中心的积极性
缺点	可能会限制基层责任中心的积极性和创造性的发挥	由于各责任中心往往只注意本中心的具体情况或多从自身利益角度考虑,容易造成彼此协调上的困难、互相支持少,以致冲击企业的总体目标,层层汇总的工作量比较大,协调的难度大,可能影响预算质量和编制时效

(二)责任中心的业绩报告

责任中心的业绩评价和考核应通过编制业绩报告来完成。业绩报告也称责任报告、绩效报告,是反映责任预算的实际执行情况,揭示责任预算与实际结果之间差异的内部会计报告。它着重于对责任中心管理人员的业绩评价,其本质是要得到一个结论:与预期的某种标准相比较,责任中心管理人员干得怎么样。业绩报告的主要目的在于将责任中心的实际业绩与其在特定环境下本应取得的业绩进行比较,因此实际业绩与预期业绩的差异的原因应予澄清,并且应尽可能地予以数量化。

责任报告是对各个责任中心责任预算执行情况的系统概括和总结。根据责任报告,可进一步对责任预算执行差异的原因和责任进行具体分析,以充分发挥反馈作用,以使上层责任中心和本责任中心对有关生产经营活动实行有效控制和调节,促使各个责任中心根据自身特点,卓有成效地开展有关活动以实现责任预算。责任报告与责任预算的具体关系如图 11—2 所示。

责任中心是逐级设置的,责任报告也必须逐级编制,但通常只采用自下而上的程序逐级编报。编制业绩报告应遵循如下一些基本原则:①可控性原则。为了能公平地评价业绩,要将可控的业绩成果与不可控的环境因素的影响区分开来,各责任者只对完成或超额完成特定的可控目标负责。②重要性原则。该原则体现在重点分析和报告对各责任者有重大影响的可控业绩指标方面,重要性主要由涉及事项的性质、数额的大小等因素决定。③例外管理原则。在业绩报告中,一般列出可控业绩指标的预算、实际和差异(率)三种数据资料。为了提高管理工作

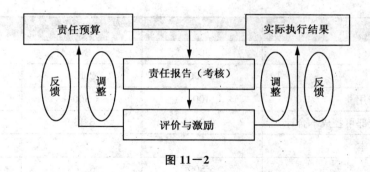

图 11—2

的效率,责任者应将注意力集中在属于不正常、不符合常规的关键性差异上。

下面针对成本中心、利润中心和投资中心的业绩报告的常用编制格式分别给出范例。

1. 成本中心的业绩报告

由于成本中心的职能是决定生产要素的投入组合,不会产生收入和利润,它的业绩考核指标为可控成本之和,即责任成本。因此,对于成本中心而言,其业绩报告中应当包含大量的关于可控成本的数据。成本中心业绩报告的常用格式如表 11—12 所示。

表 11—12　　　　　　　　　　　　　　　　　　　　　　　　　　　　　　　　　　单位:元

项　　目	实际	预算	差异
X分公司第一车间可控成本			
变动成本			
直接材料	2 100	2 000	100
直接人工	800	860	(60)
变动制造费用	300	280	20
小计	3 200	3 140	60
固定成本			
固定制造费用	400	450	(50)
小计	400	450	(50)
X分公司第一车间可控成本合计	3 600	3 590	10
X分公司制造部可控成本			
第一车间			
变动成本	3 200	3 140	60
固定成本	400	450	(50)
小计	3 600	3 590	10
第二车间			
变动成本	2 200	2 150	50

项 目	实际	预算	差异
固定成本	300	360	（60）
小计	2 500	2 150	（10）
制造部其他费用	400	360	40
X分公司制造部可控成本合计	6 500	6 460	40
X分公司可控成本			
制造部	6 500	6 460	40
行政部	1 120	1 200	（80）
销售部	1 560	1 600	（40）
总 计	9 180	9 260	（80）

2. 利润中心的业绩报告

利润中心不但有成本发生，而且有收入发生，因此，利润中心不但要对成本、收入负责，而且要对利润负责，即对收入与成本的差额负责。利润中心最核心的评价指标是利润，利润具体可以划分为边际贡献、分公司利润和总公司利润等。因此，对于利润中心而言，它的业绩报告通常包括以上利润指标，其具体格式如表11—13所示。

表 11—13   单位：元

项 目	实际	预算	差异
X分公司销售收入			
地区1	4 800	5 000	（200）
地区2	5 200	5 500	（300）
地区3	6 400	6 200	200
小计	16 400	16 700	（300）
X分公司变动成本			
第一车间	3 200	3 140	60
第二车间	2 200	2 150	50
小计	5 400	5 290	110
X分公司边际贡献	11 000	11 410	（410）
X分公司固定成本			
制造部			
第一车间	400	450	（50）
第二车间	300	360	（60）
制造部其他费用	400	360	40

续表

项 目	实际	预算	差异
小计	1 100	1 170	(70)
行政部	1 120	1 200	(80)
销售部	1 560	1 600	(40)
小计	2 680	2 800	(120)
X 分公司利润	7 220	7 440	(220)
总公司利润			
X 分公司利润	7 220	7 440	(220)
Y 分公司利润	6 400	6 000	400
合 计	13 620	13 440	180

3. 投资中心的业绩报告

投资中心不仅需要对成本、收入和利润负责,而且要对所占用的全部资产(包括固定资产和营运资金)负责。投资中心的业绩评价指标除了成本、收入和利润指标外,还包括投资利润率、剩余收益等指标。因此,对于投资中心而言,它的业绩报告通常包含上述评价指标。投资中心业绩报告的常用格式如表11-14所示。

表11-14 单位:元

项 目	实际	预算	差异
Y 分公司销售收入	17 800	18 000	(200)
Y 分公司变动成本			
第一车间	3 600	3 800	(200)
第二车间	4 400	4 800	(400)
小计	8 000	8 600	(600)
Y 分公司边际贡献	9 800	9 400	400
Y 分公司固定成本			
制造部			
第一车间	430	450	(20)
第二车间	370	400	(30)
行政部	1 400	1 450	(50)
销售部	1 200	1 100	100
小计	3 400	3 400	0
经营净利润	6 400	6 000	400
经营资产平均占用额	62 000	62 000	0

续表

项 目	实际	预算	差异
经营资产周转率	28.71%	29.03%	−0.32%
销售利润率	35.96%	33.33%	2.62%
投资利润率	10.32%	9.68%	0.65%
剩余收益(规定最低投资报酬率为10%)	200	(200)	400

业绩报告是对各个责任中心执行责任预算情况的系统概括和总结。通过定期编制业绩报告,可以评价企业内部各责任中心的经营业绩;根据业绩报告,可以对差异形成原因和责任进行具体分析,从而发挥信息的反馈功能,有助于企业最高管理层对企业的经营活动进行细致有效的控制和调节。

任务三 企业业绩评价的非财务方法

一、经济增加值法

(一)经济增加值的概念

经济增加值(EVA)指标是美国斯特恩公司于1991年提出的用于评价企业业绩的指标。经济增加值也称经济利润,其不同于会计利润,它是指企业税后净营业利润与全部投入资本成本(债务资本成本与权益资本成本)之间的差额,是扣除了股东所投入的资本成本后的企业真实利润。其基本思想是,一个公司的经营利润只有超过了所有债务资本成本和权益资本成本后,才会为企业创造真正的财富,带来真正的价值。但由于企业权益资金的非偿还性和股利支付的非确定性,使得有些企业的管理人员忽视了权益资金的机会成本,误以为偿还了企业债务成本后的利润即为企业创造的财富,结果在经营活动中盲目投资,无形中损害了股东的利益。EVA的使用使管理人员充分意识到权益资金的机会成本,在增加营业收入的同时,尽量减少资金的闲置,提高资金的利用效率,为股东也为自己创造更多的财富。实施EVA管理的目的,不仅在于评价企业经营业绩,而且更在于对管理人员的引导,从过去只重视会计利润转向持续的价值增值,从而激励管理人员作出提高企业价值和股东财富的决策。

(二)EVA的计算

经济增加值的计算结果取决于三个基本变量:税后净营业利润、投入资本总额和加权平均资本成本。

1. 税后净营业利润的确定

税后净营业利润等于税后净利润加上利息支出部分(如果税后净利润的计算中已扣除少数股东权益,则应加回),即公司的营业收入减去除利息支出以外的全部经营成本和费用(包括所得税费用)后的净值。税后净营业利润是以报告期营业净利润为基础,经过下述调整得到的:①加上利息支出的税后值;②加上坏账准备和减值准备本期增加额的税后值;③加上当期研究开发费用摊销额的税后值;④加上当期广告营销支出摊销额的税后值;⑤减去公允价值变

动损益的税后值;⑥减去营业外损益的税后值等。公式如下:

$$税后净营业利润＝会计净利润＋(利息支出＋当期研究开发费用摊销额＋当期广告营销$$
$$支出摊销额＋当期员工培训费用摊销额＋坏账准备和资产减值准备的$$
$$本期增加额－公允价值变动收益＋汇兑损失＋非营业投资的投资损失$$
$$－非营业投资的投资收益＋营业外支出－营业外收入±其他调整事$$
$$项)×(1－所得税率)$$

2. 投入资本总额的确定

投入资本总额是指所有投资者投入公司的全部资本的账面价值,包括债务资本和权益资本。其中,债务资本是指债权人提供的短期和长期贷款,不包括应付账款、应付票据、其他应付款等商业信用(无息流动负债)。权益资本不仅包括普通股,而且包括少数股东权益。在实务中,既可以采用年末的投入资本总额,也可以采用年初与年末投入资本总额的平均值。公式如下:

$$调整后的投入资本总额＝资产负债表期初与期末平均总资产＋资本化的研发费用＋资本$$
$$化广告费用＋各种减值准备余额－累计税后营业外净收益－平$$
$$均在建工程－平均无息流动负债±其他调整事项$$

特别需要说明的是,利息支出是计算经济增加值的一个重要参数,但是我国上市公司的利润表中仅披露财务费用项目。根据我国的会计制度,财务费用中除利息支出外还包含利息收入、汇兑损益等项目,不能将财务费用简单等同于利息支出,但利息支出可以从上市公司的现金流量表中获得。

3. 加权平均资本成本的确定

$$加权平均资本成本率＝债务成本×债务资本占总资本的比重＋股权成本$$
$$×权益资本占总资本的比重$$

在计算加权平均资本成本时,债务成本的确定比较简单,可按中长期银行贷款利率的平均水平确定。权益资本成本的计算往往较为困难,大多采用资本资产定价模型进行计算。

$$债务资本成本＝平均利率×(1－所得税税率)$$

$$权益资本成本＝无风险收益率＋\beta×(市场平均资本收益率－无风险收益率)$$

此外,在计算债务资本和股权资本的比重时,不能简单地利用资产负债表中负债和所有者权益的数值简单地计算。计算 EVA 的总投入资本按前述经过调整的投入资本计算,负债资本中应扣除无息流动负债。

$$EVA 的总投入资本＝债务资本＋股权资本－在建工程－免费融资$$

4. 计算经济增加值

$$经济增加值＝税后净营业利润－投入资本总额×加权平均资本成本率$$

(三)EVA 对会计报表项目调整

1. EVA 对会计报表调整的目的和原则

在计算 EVA 时,需要对有关数据作一系列调整,以消除权责发生制下利润受会计政策限制而产生的不合理性。具体而言,调整的目的是:①消除稳健主义影响,真实反映经营状况。商誉、研发支出摊销、减值准备计提等对债权人有利,但会对衡量企业价值和股东决策产生不良影响。②消除或减少盈余管理的机会。权责发生制为利润操纵提供了空间,对坏账准备、担保、减值准备的调整,主要目的是消除平滑会计利润的机会。③防止管理人员的短期倾向。对研发支出、广告营销支出等处理会使管理人员为满足眼前的利益而牺牲股东的长远利益。

从会计项目到真实的 EVA,斯特恩公司认为调整项多达 160 多项。一般而言,一个公司只需进行 5～10 项的调整就可达到相当的准确程度。因此,在选择调整项目时应遵循的原则是:①重要性原则,即拟调整的项目涉及金额应该较大,如果不调整,则会严重扭曲公司的真实情况;②可影响性原则,即管理层能够影响被调整项目;③可获得性原则,即进行调整所需的有关数据可以获得;④易理解性原则,即非财务人员能够理解;⑤现金收支原则,即尽量反映公司现金收支的实际情况,避免管理人员通过会计方法的选择操纵利润。

2. 对具体的会计报表项目的调整

大量实践表明,涉及 EVA 调整的不外乎有以下几类:①对稳健会计影响的调整;②对可能导致盈余管理项目的调整;③对非经营利得和损失的调整;④弥补指标计算本身固有缺陷的调整。主要调整项目如表 11-15 所示。

表 11-15

项 目	调整方法	调整的目的和原因
商誉	资本化,不摊销:把当期的商誉摊销加到税后净营业利润中,把过去年份已摊销的商誉加到资本中	大多数商誉资产的寿命是无限期的,如品牌、声誉和市场地位等,能为企业带来收益;促使管理人员更加关注现金流,而不仅仅是记账
研发费用	资本化并摊销	研发占用企业资金,需要资本化并按一定期限摊销
存货	先进先出法	采用后进先出法将低估存货占用的资金(通货膨胀)
战略性投资	开始产生税后净营业利润时,再考虑计算投资所占用的资金的成本	拓展管理人员视野,鼓励其认真考虑长期的投资机会
折旧	偿债基金法	相对于资产本身价值的不断下降,EVA 方法中扣减的资本成本也在下降,因此旧的资产看起来比新资产要实惠得多。这样一来,管理人员就不愿用昂贵的新设备取代廉价的旧设备
资产清理	直接从资产负债表转出	让企业部门经理不必对这部分资产利得或损失负责,以保证其业绩是由生产经营产生的
税收	把过去从利润中扣除的递延税款从资产负债表中的负债项下移出,加到股本中去	从经济观点看,公司应该从当前利润中扣除的唯一税款就是当前缴纳的税款,而不是将来可能或不可能缴纳的税款。因此,为了在公司层次上计算税后净营业利润和 EVA,公司扣除的税款只应是在度量期内所缴纳的税额
各种准备金	当期变化加入利润,余额加入资本总额	准备金并不是当期资产的实际减少,准备金余额的变化也不是当期费用的实际支出

总之,实施 EVA 的公司,应该对需要调整的会计项目进行分析:调整是否对 EVA 衡量标准(如 EVA 增量)产生重大影响;是否提高 EVA 对市场的诠释能力;是否会对经营决策的制定产生影响。同时,还要考虑成本和收益的比较,如果调整过于复杂只会增加成本。通过比较分析,方能确定调整方案。

(四)EVA 绩效评价系统

1. EVA 绩效评价基本原理

采用 EVA 评价企业的经营业绩意味着以股东(所有者)价值最大化为目标。它所蕴含的基本思想是:只有投资的收益超过资本成本,投资才能为投资者创造价值。企业以 EVA 作为业绩的评价标准,就必须提高效益,并慎重地选择融资方式:是出售新股、借贷,还是利用收益留存和折旧,哪种方式能使股东价值最大化就选择哪种方式。这样,企业就有了一个最基本的经营目标,能为股东、经营者、监管部门提供最客观的经营表现,同时也能为奖酬制度提供合理的依据。

2.EVA绩效评价指标

在选择 EVA 作为评价企业经营业绩和考核企业资本保值增值的核心指标时,应根据企业面临的不同风险,使用不同的收益率计算股本成本,用三个不同水平的 EVA 指标对经营结果加以评价。

(1)基本标准和要求是企业的净利润应大于或等于股本资本的时间价值,我们可称其为基本 EVA 值。其具体计算公式为:

$$基本\ EVA = NOPAT - IC \times [D/(D+E) \times K_D + E/(D+E) \times R_F]$$

式中,$NOPAT$ 表示税后净营业利润,IC 表示总资本,D 表示有息负债,E 表示所有者权益,K_D 表示负债资本成本,R_F 表示无风险投资报酬率。

根据公式可知,该指标小于零时,说明资本所有者投入资本遭到损失,经营业绩较差;该指标为零时,说明资本所有者投入资本没有损失,即资本保值,经营业绩一般;该指标大于零时,说明资本所有者投入资本获得增值,经营业绩较好。

(2)正常标准和要求是企业的净利润应大于或等于股本资本的正常利润,我们可称其为正常 EVA 值。其具体计算公式为:

$$正常\ EVA = NOPAT - IC \times [D/(D+E) \times K_D + E/(D+E) \times (R_F + R_P)]$$

式中,R_P 表示风险补偿率,其余符号概念同上式。

根据公式可知,该指标小于零时,说明企业经营没有达到社会平均利润率或正常利润水平,资本所有者投入资本不但未得到保值,反而遭到损失,经营业绩较差;该指标为零时,说明资本所有者投入资本实现了保值,经营业绩一般;该指标大于零时,说明资本所有者投入资本获得增值,经营业绩较好。

(3)理想标准和要求是企业的净利润应大于或等于普通股成本,我们可称其为理想 EVA 值。其具体计算公式为:

$$理想\ EVA = NOPAT - IC \times [D/(D+E) \times KD + E/(D+E) \times K_M]$$

式中,K_M 表示按资本资产定价模型计算的股本成本,其余符号概念同上式。

根据公式可知,当该指标小于零时,说明企业经营没有达到股票市场投资者对其的期望水平,资本所有者投入不但未得到保值,反而遭到损失,经营业绩较差;当该指标为零时,说明资本所有者投入资本实现了保值,经营业绩一般;当该指标大于零时,说明资本所有者投入资本获得增值,经营业绩较好。由于资本成本率完全反映了市场的评价,因此理想 EVA 值的大小将直接反映企业市值的变化。

(五)EVA 绩效评价的优点与局限

1.EVA 的优点

通过学术界的研究及企业界的实践,人们发现应用 EVA 要比其他经营业绩评价指标如会计收益等具有更多的优点:

(1)真实反映企业经营业绩。考虑资本成本是 EVA 指标最具特点和最重要的方面。只有考虑了权益资本成本的经营业绩指标,才能反映企业的真实赢利能力。那些盈利少于权益机会成本的企业的股东财富实际上是在减少。只有企业的收益超过企业的所有资本的成本,才能说明经营者为企业增加了收益,为股东创造了财富。如果企业的收益低于企业的所有资本的成本,则说明企业实质发生亏损,企业股东的财富受到侵蚀。EVA的原理明确指出,企业管理人员必须考虑所有资本的回报。通过考虑所有资本的机会成本,EVA表明了一个企业在每个会计年度所造成损失的股东财富数量。

(2)尽量剔除会计失真的影响。传统的评价指标如会计收益、剩余收益由于是在公认会计准则下计算而来的,因此都存在某种程度的会计失真,从而歪曲了企业的真实经营业绩。而对于EVA来说,尽管传统的财务报表依然是进行计算的主要信息来源,但是它要求在计算之前对会计信息来源进行必要的调整,以尽量消除公认会计准则所造成的扭曲性影响,从而能够更加真实、更加完整地评价企业的经营业绩。

(3)将股本财富与企业决策联系在一起。EVA指标有助于管理人员将财务的两个基本原则运用到经营决策中。一方面,企业的主要财务目标是股东财富最大化;另一方面,企业的价值依赖于投资者预期的未来利润能否超过资本成本。根据EVA的定义可知,企业EVA业绩持续的增长意味着公司市场价值的不断增加和股东财富的持续增长。所以,应用EVA有助于企业进行符合股东利益的决策,如企业可以利用EVA指标决定在其各个不同的业务部门分配资本。通常,一个多元化经营的公司需要在不同的业务部门分配资本。利用EVA可以为资本配置提供正确的评价标准,而使用会计利润和投资报酬率指标可能导致资本配置失衡,前者导致过度资本化,后者导致资本化不足。

(4)注重企业的可持续发展。EVA不鼓励以牺牲长期业绩为代价来夸大短期效果,也就是不鼓励诸如削减研究和开发费用的行为,而是着眼于企业的长远发展,鼓励企业的经营者进行能给企业带来长远利益的投资决策,如新产品的研究和开发、人力资源的培养等。这样就能够杜绝企业经营者短期行为的发生。因此,应用EVA不但符合企业的长期发展利益,而且符合知识经济时代的要求。因为在知识经济时代,以知识为基础的无形资产将成为决定企业未来现金流量与市场价值的主要动力,劳动不再是以成本的形式从企业收入中扣除,资产不再是企业剩余的唯一分配要素,智力资本将与权益资本和债权资本一起参与企业的剩余分配,甚至前者将处于更重要的地位。

(5)显示了一种新型的企业价值观。EVA业绩的改善是与企业价值的提高相联系的。为了增加公司的市场价值,经营者就必须表现得比与他们竞争资本的那些人更好。因此,一旦获得资本,他们在资本上获得的收益必须超过有其他风险相同的资本资金需求者提供的报酬率。如果他们完成了目标,企业投资者投入的资本就会获得增值,投资者就会增加投资,其他的潜在投资者也会把其资金投向这家公司,从而促使公司股票价格上升,表明企业的市场价值得到了提高。如果他们不能完成这个目标,就表明存在资本的错误配置,投资者的资金就会流向别处,最终可能导致股价下跌,表明企业的市场价值降低。

2. EVA的局限

任何事物都不是尽善尽美的,EVA也存在着一些局限:

(1)EVA的计算受资本成本波动影响。不同时期,资本成本通常是EVA等式中最不稳定、最易变的变量。例如,公司对现有资产中的投资预期会创造显著的经济价值,但如果几个月内,市场收益率迫使资本成本上升,新投资变成损耗价值,而不是期望的创造价值。这种EVA的波动使那些操作层经理面临着无法控制的风险,这种情况下以EVA作为业绩衡量指标,难免会出现偏差。

(2)EVA受规模差异影响。规模大的公司即使赢利能力比规模小的公司差,资本回报率低,但由于其资本总额大,EVA值可能比规模小的公司要大,该指标显然不能用来比较它们的赢利能力。一般而言,规模较大的公司(工厂、部门)比规模较小的公司(工厂、部门)趋于创造更高的 EVA,因此 EVA 不能有效地控制公司(工厂、部门)之间的规模差异因素对评价结果产生的影响。

(3)EVA 系统认为主要是财务资本驱动着企业的成长,而非财务资本。如人力资本、顾客资本、革新资本、过程资本等都是由财务资本驱动的。由于 EVA 用完全以产出为基础的业绩计量替代以投入为基础的战略制定过程,故而 EVA 所谓的战略实际上是一个黑箱。显而易见,EVA 系统对非财务资本重视不够,无法提供诸如产品、员工、创新等方面的信息。EVA 所涉及的股东与经理之间的关系是以财务理论中理想的组织形式为基础的,它所关心的是决策的结果,而不是驱动决策结果的过程因素,因此无法揭示财务业绩指标与公司的经营、运作和战略之间的关系。

(4)财务导向。虽然经过多项调整,EVA 仍是一个计算出的数字,它依赖于收入实现和费用确认的财务会计处理方法。为了提高部门的 EVA,部门管理人员可能通过设计决策的顺序来操纵这些数字。例如,可以选择满足或延迟客户的订单来操纵本会计期间确认营业收入:在本会计期间的后期,加速执行收入相对较高的订单,在商定的交货日期之前送达客户手中,而获利较少的订单就可能被推迟执行,在商定的交货日期或本会计期间结束之后交货。这么做的最终结果虽然提高了该期间的 EVA,却降低了用户的满意度和忠诚度。这反映出如果企业仅仅以 EVA 来评价管理人员的业绩可能会造成激励失灵或功能失调。将平衡计分卡和 EVA 方法结合使用会在一定程度上抑制这类行为的发生,前者根据企业战略来制定当前与未来需关注的最重要的目标;后者作为股东价值衡量的终极标准,将其他财务和非财务指标紧密地联系在一起,并最终指向价值的创造。

(六)修正的经济增值

1. 修正的经济增值的概念

修正的经济增值(REVA)是以资产市场价值为基础的企业业绩评价指标。其公式为:

$$REVA_t = NOPAT_t - WACC_x(MV_{t-1})$$

式中,$NOPAT_t$ 表示 t 期末公司调整后的营业净利润,MV_{t-1} 表示 $t-1$ 期末公司资产的市场总价值,$WACC$ 表示企业加权平均资本成本。

2. 修正的经济增值指标的意义

(1)从市场意义上定义企业利润。考虑资产的市场价值是 REVA 指标最重要的特点。在传统的会计方法和 EVA 指标下,企业是盈利的。但在 REVA 指标下,如果盈利小于按资本市场价值计算的资本成本,则企业价值实际上在减少。

(2)将股东财务最大化与企业决策联系在一起。REVA 指标有助于将理财目标运用到经营决策中。理财目标是股东财富最大化,企业 REVA 持续的增加,意味着公司市场价值的不断增加和股东财富的持续增长。

(3)便于管理人员理解财务指标。通过考虑公司使用资本的成本,REVA 使管理人员在关心收入的同时,更加注意管理资产,提高资产使用效益,并帮助其围绕股东财富最大化和企业价值最大化这一共同目标进行正确的决策。

(4)终结多重目标的混乱状况。许多公司用一系列指标来说明其具体财务目标。对这些目标的衡量与考核方法不一致,可能会导致部门之间的冲突。而使用 REVA 可以排除由于多目标带来的多种分析方法的不一致而产生的矛盾和冲突,使企业所有不同目标的决策集中于一个共同的问题:如何改善企业的 REVA,并使其成为财务管理制度中联系管理人员之间、管理人员与员工之间以及所有管理决策的共同语言,从而使企业的目标始终定位于股东财务和企业价值的最大化上。

二、平衡计分卡

(一)平衡计分卡的产生

平衡计分卡(BSC)是由美国著名的管理大师罗伯特·卡普兰和复兴方案国际咨询企业总裁戴维·诺顿提出的具有划时代意义的战略管理业绩评价工具。它强调传统的财务会计模式只能衡量过去发生的事项(落后的结果因素),但无法评估企业前瞻性的投资(领先的驱动因素)。因此,必须改用一个将组织的愿景转变为一组由四项观点组成的绩效指标架构来评价组织的绩效。此四项指标分别是财务、顾客、内部流程、学习与成长。借着这四项指标的衡量,组织得以明确和严谨的手法来诠释其策略。

(二)平衡计分卡的原理

平衡计分卡从财务、顾客、内部流程、学习与成长四个层面说明公司的愿景与战略。平衡计分卡四个层面的内容及各层面内部指标之间均存在一定的联系。四个层面的指标体系中,财务层面的指标是根本,其他三个方面的指标都是为财务指标服务的。企业只有不断地学习和成长,才能使内部经营过程不断完善,员工素质和服务质量不断提高,从而使客户的满意度不断提高,企业的竞争力不断增强,最终实现财务目标。另外,各个评价指标必定与平衡计分卡的某一方面存在着因果联系。因为,企业战略所体现的一系列因果关系,作为企业战略业绩评价指标的平衡计分卡也体现了这样一种层层递进的因果关系。它以公司的战略和远景为核心。这四个层面和一个核心构成了平衡计分卡的基本框架,如图11-3所示。

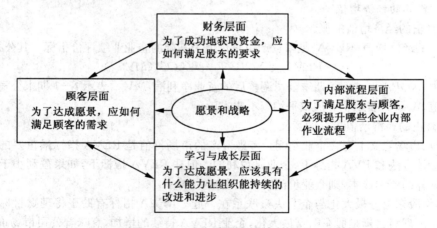

图11-3 平衡计分卡的基本框架

(三)平衡计分卡的主要内容

平衡计分卡一般包括财务、顾客、内部流程、学习与成长四个层面,但并不是只包含固定的四个层面,所有对公司战略起着重要作用,且能为公司创造独特竞争优势的因素,都可以纳入平衡计分卡中。因此,不同的企业编制的平衡计分卡会有所不同。下面仅就平衡计分卡的上述四个主要层面进行阐述。

1. 财务层面

虽然财务业绩评价体系存在种种缺陷和弊端,但这并不能完全否定财务衡量指标的作用。

因为企业经营管理活动的最终结果归根结底要通过企业的财务指标来体现,企业经营成功与否,最终都要表现为财务方面的业绩,如果质量、顾客满意度、生产率等方面的改善和提高无法转化为销售额的增加、成本费用的减少、资产报酬率的提高等财务成果,那么经营得再好也无济于事。因此,财务业绩评价在平衡计分卡中不仅是一个单独的衡量方面,而且是其他三个方面的出发点和落脚点。

财务层面的绩效衡量主要包括:收入增长指标、成本减少或生产率提高指标、资产利用或长期投资指标。当然,也可以根据企业的具体要求,设置更加具体的指标,如经济增加值、净资产收益率、投资报酬率、销售利润率、成本降低额与成本降低率、应收账款周转率、存货周转率、流动资产周转率、净利润、现金流量等。

2. 顾客层面

企业财务目标的实现取决于顾客,企业只有提供使顾客满意的产品或服务,才能在目标市场范围内增加市场份额,取得较好的经营绩效。顾客满意度的高低是企业成败的关键,企业的活动必须以顾客价值和顾客满意为出发点。因此,顾客方面的绩效指标分成两类:一类是通用的核心结果指标;另一类是顾客价值指标。(1)核心结果指标。核心结果指标是对企业在顾客、市场方面要获得的最终成果进行度量的滞后指标,它主要包括市场份额、顾客保持率、新顾客增加率、顾客满意度和顾客利润率。这五个方面有着内在的因果关系,顾客满意度支持着顾客保有率、新顾客增加率和顾客利润率,而顾客保有率和新顾客增加率则支持着市场份额。(2)顾客价值指标。顾客价值反映企业通过产品和服务所提供给顾客的属性,是核心结果度量的驱动因素和领先指标。

核心结果指标和顾客价值指标可以组成一个因果关系链:顾客满意程度、企业的形象和声誉、顾客关系决定了顾客保持率和顾客增加率;顾客保持率和顾客增加率决定了市场份额的大小;顾客保持率、顾客增加率、顾客满意度和市场份额决定了顾客利润率;顾客满意程度又源于企业对顾客需求反应的时间、产品功能、质量和价格等的重视程度。该因果关系链如图11—4所示。

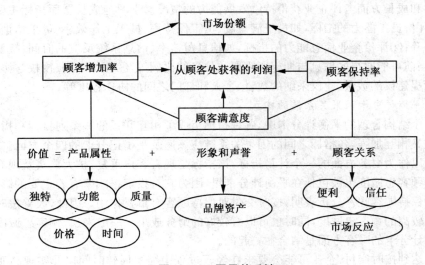

图11—4 因果关系链

3. 内部流程层面

企业内部价值链通常包括创新过程、经营过程、售后服务过程，如图11—5所示。

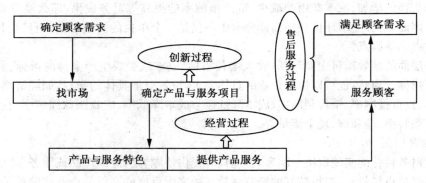

图11—5　企业内部价值链

创新过程是确定顾客的需求，设计出满足顾客需要的产品或服务；经营过程是提供现有的产品或服务给顾客，完美的运作和低成本是重要目标；售后服务过程是在销售后提供服务给顾客，增加顾客从公司产品或服务中获得价值。相应的，平衡计分卡内部经营过程的评价指标划分为创新、经营、售后服务三个方面：①创新过程评价指标。如新产品开发所用的时间、新产品销售额在总销售额中所占的比例、比竞争对手率先推出新产品的比例、研究开发费用与营业利润的比例等。②生产经营过程评价指标。在生产过程中，日益激烈的市场竞争，要求企业以最低的成本、最高的效率、最好的产品和服务满足顾客，因此，经营过程强调时间、质量和成本的统一。③售后服务过程评价指标。对售后服务过程进行评价也可以用时间、质量和成本指标。时间指标如企业对产品故障的反应时间和处理时间、顾客付款时间；质量指标如售后服务的一次成功率、重复维修率、顾客满意度；成本指标如单台机器维修费用、服务费用。

4. 学习与成长层面

学习和成长方面考评企业获得持续发展能力的情况。学习与成长层面指标主要包括三个方面：①评价员工能力的指标，如员工满意度、员工保持率、员工工作效率、员工培训次数、员工知识水平等；②评价企业信息能力的指标，如信息覆盖率、信息系统反应的时间、接触信息系统的途径、当前可能取得的信息与期望所需要的信息的比例等；③评价激励、授权与协作的指标，如员工所提建议的数量、建议采纳的数量、个人和部门之间的协作程度等。

（四）平衡计分卡因果关系链的建立

在一个结构合理的平衡计分卡中，各种指标组成了相互联系的一系列目标和指标，它们既保持一致又相互加强，各指标之间的因果关系链应该遍及平衡记分卡的四个方面。例如，投资报酬率可以作为财务方面的一个计量指标，该指标是现有客户重复、扩大购买及现有顾客忠诚的结果。顾客忠诚度也被包括在平衡计分卡里，因为它对投资报酬率有着重要的影响。但是，如何做到保持顾客呢？分析表明，按时交付对保持顾客有重要作用。因此，改善按时交付状况可以产生较高的顾客忠诚度，同时也可以有较好的财务成果。一般来说，顾客忠诚度和按时交付在平衡计分卡的顾客方面是结合在一起的。

为了达到按时交付，企业可能会要求在经营过程中缩短周转时间以及实现高质量的内部作业过程。这两个都是平衡计分卡在内部经营方面的指标。那么，企业如何改善质量，并缩短内部经营的周转时间呢？这一般通过培训员工并提高他们的技术来实现，而这又是学习和成长方面的一项内容。平衡计分卡的因果关系链如图 11—6 所示。

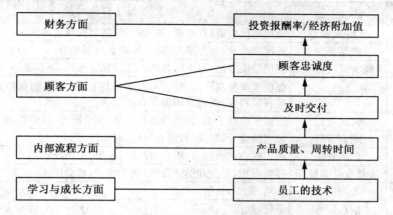

图 11—6　平衡计分卡的因果关系链

因此,一个结构合理的平衡计分卡既可以反映经营单位的策略,又可以确认相关因素之间的因果关系。

（五）战略地图

战略地图就是描述公司战略的地图,包括战略目标、目标市场、价值定位、重要的内部流程、主要能力以及其他重要的因素等。它直观地表达了企业主要的战略主题、战略目标以及每个关键角度的重点关注区域。通过把公司战略描绘在一张图里,可以使管理人员对组织的战略一目了然,便于对战略的理解和管理。战略地图根据平衡计分卡的思想,把公司战略分成四个层面:财务、顾客、内部流程、学习与成长,其中顾客是核心。

卡普兰将战略地图定义为制定平衡计分卡前的一个步骤。这样一来,企业输出价值的过程如图 11—7 所示。

图 11—7　企业输出价值的过程

而最终输出的战略结果为股东满意、顾客满意、高效过程、自觉自愿的劳动力。为了达到企业的最终目的,必须细化平衡计分卡战略地图的各个部分,卡普兰将各部分细化后,得到的内容如表 11—16 所示。

表 11—16

角度	战略主题	策略方针或领域
财务	生产力战略	改进成本结构,提高资产使用率
	成长战略	扩展收入机会,提升顾客价值

续表

角度	战略主题	策略方针或领域
顾客	低成本	低成本供应商,高品质,迅速供货,适当选择
	产品领先	高性能产品,领先进入市场,渗透新市场细分
	顾客解决方案	提供品质方案,每个顾客的产品数和服务数,顾客维持
	系统锁定	提供多样便利产品,提供宽泛的应用标准,提供创新稳定的平台,提供顾客资料库,提供易用的平台和标准
内部流程	营运管理	发展供应商关系,提供产品和服务,细分顾客,风险管理
	顾客管理	顾客挑选,顾客获得,顾客维持,顾客培育
	创新管理	辨识机会,管理产品组合,设计与发展,上市新产品
	法规及外部管理	环境管理,安全和健康管理,员工管理,社会团体
学习与成长	人力资本	技巧,知识,价值
	信息资本	系统,数据库,网络
	组织资本	文化,领导,合作,团队

每个组织都有其战略目标,根据其资源、环境状况,可以有不同的战略实现过程并把它用战略地图画出来。这样就可以清晰地反映战略实现的过程,然后将其转化为平衡计分卡及其派生的行动方案。通过平衡计分卡指标的引导,有助于引导无形资产变现,促使战略目标实现。通过测评这些指标,可以评估战略实施的效果,这就是战略地图和平衡计分卡的功效。

（六）平衡计分卡的操作步骤

平衡计分卡在实际应用过程中,需要综合考虑企业所处的行业环境、企业自身的优势与劣势,以及企业所处的发展阶段、企业自身规模与实力等。企业在应用平衡计分卡来建立绩效评价体系时,一般经过以下步骤:

1. 公司愿景与战略的制定与实施

首先,公司要建立愿景与战略,使每个部门可以采用相应的衡量指标去实现公司的愿景与战略。同时,成立平衡计分卡小组或委员会去解释公司的愿景和战略,并建立财务、顾客、内部流程、学习与成长四个层面的具体目标。

2. 绩效指标体系的设计与建立

根据公司的战略目标,结合企业长短期发展需要,为四类层面的指标找出最有意义的绩效衡量指标。并对所设计的指标要自上而下、自下而上进行充分的交流与讨论,征询各方面的意见和建议,使所设计的指标体系能全面反映企业的战略目标。

3. 具体考核目标的确定

确定每年、每季、每月的绩效衡量指标的具体数字,并与公司的计划和预算相结合。注意各类指标间的因果关系、驱动关系与连接关系。

4. 公司内部的沟通与教育

利用各种不同沟通渠道如定期或不定期的会议、公告、刊物等,让各层管理人员了解公司的愿景、战略、目标、绩效衡量指标与目标。

5. 公司奖励方案的制订

将公司的报酬奖励制度与平衡计分卡挂钩,根据平衡计分卡对业绩的考核结果来实施奖励。

6. 绩效指标体系的修正与完善

在设计平衡计分卡时,应重点考察指标体系的设计是否科学合理,是否能真正反映企业实际;在实施后,对其中的不全面之处,应补充新的测评指标;对已设计的不合理的指标,要坚决取消或改进。经过这种反复认真的改进,才能使平衡计分卡更好地为企业战略目标服务。

(七)平衡计分卡的优点

平衡计分卡揭示了业绩与业绩动因之间的关系,与传统业绩评价系统相比较,平衡计分卡具有许多优点:

1. 平衡计分卡把企业战略放在中心位置

平衡计分卡的最主要特点是把企业战略(而不是控制)置于中心位置,将企业的业绩评价与战略相联系。企业成功与否的关键标志在于是否完成企业既定的战略。平衡计分卡一方面根据企业战略制定出各方面的目标和测评指标;另一方面又利用这些指标进行信息的反馈,反映企业战略的执行情况。企业战略是各项工作的出发点和最终归宿,这是其与传统财务评价体系最主要的差别,同时,这也是与现代企业战略管理需要相适应的。

2. 评价指标全面化和长期化

随着国内外竞争的加剧,买方市场的形成,企业要从内外部环境入手,从市场需要出发,以战略眼光在市场、科研、人才、产品质量等方面投入资金。传统财务指标已不能适应这种要求。平衡计分卡在财务指标的基础上增加了顾客、内部流程、学习与成长三个方面的非财务指标,从而可以全面衡量企业业绩。非财务指标尽管在资料获取上不如财务指标来得容易,但是利用这些指标来衡量企业的业绩,可以使企业管理人员看到其长期发展的能力如何,针对企业长期发展存在的不足,采取相应措施,使企业能够着眼于长远,而不是眼前的一时利益,因此,它能避免单独使用财务指标给企业带来的误导。

3. 平衡了定量指标与定性指标

定量指标所具有的特点是较准确,具有内在的客观性,这也是其在传统业绩评价中得以应用的一个主要原因。但定量数据基于过去的经营活动而产生,与它直接相联系的是过去,因此定量数据的分析需要以趋势可预测为前提条件。但目前企业所面临的未来环境越来越具有不确定性,导致基于过去对未来所作预测的实际效用趋于递减。而定性指标由于其具有相当的主观性,甚至外部性,比如顾客满意度是在企业内部无法获得的,所以往往不具有准确性,有时还不容易获得,因而在应用中受到的重视不如定量指标。但是,这并不影响定性指标的相关性和可靠性,而这两个性质正是业绩衡量中所需要的。平衡计分卡引入定性指标以弥补定量指标的缺陷,使业绩衡量体系更加完善。

4. 侧重于业绩取得的驱动性因素的衡量

企业应当清楚其所追求的业绩与产生这些业绩的动因之间的关系,只有找到这些动因,企业才可能有效地获得所期望的业绩。平衡计分卡按照因果关系构建,能够揭示企业长远战略成功的关键因素。平衡计分卡从业绩驱动因素入手,改变了以往仅仅从财务数据之间的关系着手分析并寻找问题症结所在的局限性。平衡计分卡不仅能够指出企业生产经营中的薄弱环节,更重要的是指出了造成该环节薄弱的原因是什么,以及企业在哪些方面加以努力才能加强该环节。这有利于找出企业存在问题的真正根源,有利于企业合理安排各项任务的轻重缓急,驱动企业的发展。

5. 有利于组织内部的交流

平衡计分卡把企业看成是有机联系的整体,每个员工都可以找到自己的位置,了解其工作是怎样影响企业财务指标的,这样,不仅便于策略的上传下达,而且使员工产生认同感和成就感,从而增强他们的积极性、主动性。平衡计分卡通过层层分解和因果关系链的追溯,在组织内部交流企业战略。为了实现组织战略,员工能自觉学习业务知识和技能,因此,平衡计分卡还可以被看作是一个用来通知和学习的系统。

6. 评价指标及时化和动态化

财务指标是滞后的指标,一般在期末才能看到,因而及时性较差。等到期末分析财务报表和指标时才发现问题,可能已经于事无补了。而平衡计分卡的非财务指标则能够迅速指出企业目标能否按时完成以及在经营过程中存在的问题。例如,市场占有率下降了及新产品设计的速度放慢了,这些都会使企业财务报表的表现变差。如果企业能及时发现这些问题,找出原因,有针对性地采取纠正措施,情况就变得不同了。此外,平衡计分卡是一种动态的评价方法。传统财务指标虽然也有期间指标,如销售增长率、利润增长率等,但实时性显然没有平衡计分卡强。平衡计分卡能随时反映出市场情况、客户需求的变化情况及企业内部生产情况,表现出极强的动态性。

7. 有利于企业内部生产工艺流程的改造

企业内部生产工艺流程的安排、产品的设计可能是不合理的。据统计,产品成本的70%在设计阶段就已经决定,而且在今后的生产中不可避免。传统的财务评价体系显然并不能指出企业的生产工艺流程或者产品的设计是否合理。但是,引入平衡计分卡就会使管理人员意识到,企业的生产组织方式可能是不合适的。通过平衡计分卡内部价值链的研究,可以发现在企业的价值链上有哪些环节是多余的。如果使用项目成本法,就会发现有些项目是不增值的,对于不能给客户增加价值的项目,企业必须调查;如果这些项目又是企业生产所不能缺少的,就要尽量减少这些项目或者提高这些项目的效率。企业生产流程的重新构造,也会使企业的价值增加更有效率。

8. 平衡计分卡有利于全面质量管理的实现

平衡计分卡将客户方面作为单独一个方面来衡量,会使管理人员意识到加强全面质量管理的重要性。在日益激烈的市场竞争中,如何才能吸引和保持客户,是每一企业经理不得不回答的重要问题。加强产品质量是解决问题的途径之一。企业应该并不仅仅是在客户对企业产品的质量提出抱怨或者投诉之后,给予耐心和周到的解决服务,而是把不合格产品消灭在生产环节,即企业追求的是零缺陷。平衡计分卡有助于这一先进管理思想的推广,全面质量管理的重要性在平衡计分卡这一业绩衡量工具下被放大了。当管理人员认识到,客户的满意度会强烈地影响企业财务指标的时候,他们就会努力改进与客户的关系,狠抓产品质量。

(八)平衡计分卡应用过程中应注意的问题

1. 建立平衡计分卡必须结合企业的实际情况

企业必须结合自身的实际情况建立具有企业自身特色的平衡计分卡业绩衡量体系。由于企业所处的环境、行业不同,自身具有的优势、劣势和所处的发展阶段也不尽相同,企业所制定的战略、所要实现的各方面目标、着重应考虑的指标也会有所差异。企业必须结合自身的实际情况,充分发挥主观能动性,掌握企业的实际情况,有针对性地建立平衡计分卡。

2. 建立平衡计分卡必须做好信息处理工作

建立平衡计分卡,要做好企业的信息搜集、整理工作。平衡计分卡关注企业内外部的信息,它的各项指标的计算都依赖于企业的信息系统能够及时有效地工作。这对企业的信息处理工作提出了很高的要求。企业必须做好相应的基础工作,强化和明确各职能部门、生产单位的职责,确保信息能畅通地在企业中传递。

3. 建立平衡计分卡必须要贯彻成本效益原则

平衡计分卡要求从企业的财务、顾客、内部流程、学习与成长四个方面全方位地考核企业业绩,并为每个方面制定详细明确的目标和指标;它需要全体成员的参与,以便每个部门、每个成员都有自己的平衡计分卡。当然,企业为此要付出较高的代价。在进行评价、收集、整理数据的过程中,企业也同样要投入很多人力、物力、财力,这些都会导致成本的支出。如果企业的成本管理水平较差,就会使成本支出大幅度上升。

总之,平衡计分卡在我国总体上还处于理论引进和研究阶段,应用的范围比较小。企业在引入这种新型的业绩衡量体系时要结合自身实际情况,充分考虑平衡计分卡在实施中可能遇到的问题,并制订相应的解决方案,保证平衡计分卡能够顺利地建立并有效地应用。

(九)平衡计分卡的发展

1. 动态的平衡计分卡(DBSC)

动态的平衡计分卡主要运用系统动态学原理,以平衡计分卡的四个基本面为研究基础,依据个案公司的特征与历史资料进行基本仿真,对模型做效度测试和最适化仿真,然后在不同策略中选取最优的策略。它主要是针对静态计分卡策略和绩效之间的反馈时间过长提出的,目的是要实现策略和中短期的绩效联系,在平衡计分卡未反馈基础上更新之前动态而产生最佳的业绩指标的评价系统。其具体操作如图11-8所示。

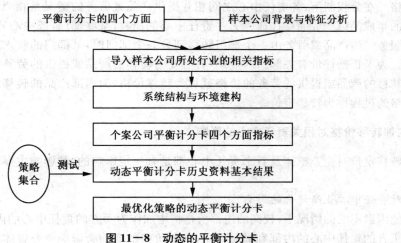

图 11-8 动态的平衡计分卡

2. TQM 和 KBEM 基础上的计分卡(KBS)

谢菲尔德大学的凯吉教授在 2001 年提出了 KBS(Kanji's Business Scorecard)的概念,KBS 总结了 TQM(Total Quality Management)的 KBEM(Kanji's Business Excellence Model)的基本原理和分析方法。凯吉认为,平衡计分卡理论与 TQM、BEM 理论中的很多内容如出一辙,平衡计分卡的四个方面的任何一个都是 BEM 中几个核心标准的集合。同时,KBS 也试图改善平衡计分卡的不足,主要是平衡计分卡的四个方面的因果联系并不是很清晰,并且平衡计分卡对主要的资金管理人员和供应商的贡献的阐述也不明确。基于此,凯吉提出了 KBS 模型,如图 11-9 所示。

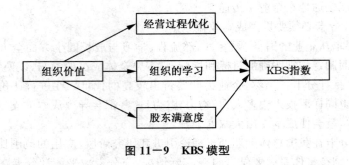

图 11—9　KBS模型

任务四　内部转移价格

一、内部转移价格的概念

内部转移价格又称内部转让价格,是指企业内部有关责任中心之间相互提供中间产品和劳务的价格。在分权制下,各责任中心之间相互提供产品或劳务的情况是相当普遍的。某一责任中心的半成品或产成品往往成为另一责任中心的原料,某些部门(或中心)则专门为其他部门提供服务。当产品或劳务由一个部门转移到另一个部门时,某部门的收入就成了另一部门的成本。为了正确评价有关部门的业绩,有必要为转移的产品或提供的劳务确定一个合理的价格。转移的产品或提供的劳务的价格就称为转移价格,为内部产品的转移或服务提供指定转移价格的过程称为转移定价。

二、内部转移价格对相关责任中心的影响

内部转移定价对企业整体及各个责任中心都是有一定影响的,其影响主要表现在以下几个方面:

(一)对责任中心业绩评价的影响

在其他因素不变的情况下,较高的内部价格将增加作为卖方的责任中心的内部利润,同时减少作为买方的责任中心的内部利润。可见,内部价格的变动会影响企业整体利润在企业内部不同责任中心之间的分配,也会影响对责任中心业绩的考核与评价。

(二)对企业整体利润的影响

从企业整体角度考虑内部转移定价方法的制定,内部转移定价从两方面影响企业整体利润:一是影响责任中心的行为;二是影响企业的所得税。责任中心在进行决策时,可能会制定有利于责任中心利润最大化而不利于企业整体利润最大化的转移价格。例如,如果内部转移价格比产品实际生产成本高出很多时,购买方就有可能不在内部进行采购,直接从企业外部采购。在这种情况下,虽然购买方节约了一定的采购成本,但是对于该产品的生产方因为不能实现销售将损失更多,从而会减少企业的整体利润。内部转移定价对企业所得税的影响主要体现在跨国企业上。通常,企业会通过制定适当的内部转移价格使更多的利润转移到低税率的责任中心,降低企业的所得税总额,从而提高企业的整体价值。

（三）对企业各责任中心的经营自主权的影响

由于内部转移价格是由内部责任中心制定的，企业高层存在介入的可能。由于内部转移价格的制定最终会影响企业的整体利润，使企业高层存在介入的动机。但是一旦这种介入成为一种惯例，企业实际上就背离了分权管理，自然也无法发挥分权管理的优势，内部转移定价也就失去了原本的意义。

三、制定内部转移价格的原则

（一）公平性

实施责任会计制度应该相应地制定一套公平合理的内部结算价格体系。应该使各责任中心都能明确认识到，其提供与接受产品和劳务的内部结算价格是正确反映产品和劳务劳动价值的价格。如果存在不等价交换的现象，必然导致某个责任中心在交换过程中的经济利益受到损害或得到额外的收益，也必然会使双方的经济往来无法长久保持，最终影响到整个企业的生产经营。可以说，内部结算价格的公平与否将直接关系到责任会计制度是否能够真正建立和实施。

（二）一致性

内部结算价格的一致性是指其必须与企业的整体经营目标相一致，符合企业总体的经济利益。所以，在内部结算价格的制定过程中一方面要考虑作为整体的企业利益（因为整体利益最大化是企业所追求的目标），另一方面也要兼顾各责任中心的利益，只有这样才能起到相应的激励作用。内部结算价格是在权衡整体利益与局部利益的基础上制定出来的。如果内部结算价格制定不当，则可能导致各责任中心的利己行为，从而损害企业的整体利益或者过多地剥夺部门利益而使其工作缺乏积极性，最终损害企业的总体利益。

（三）稳定性

内部结算价格应具有一定的稳定性，变动不宜过于频繁，要给每个责任中心留有努力改善经营条件、提高经济效率并从中取得一定利益的空间，否则便会影响其提高经营效益的积极性、主动性和创造性。当然，强调内部结算价格的稳定性并不是维持不变，在企业的生产技术、工作条件等因素发生变化的条件下可以对内部结算价格做相应的改动。

（四）激励性

责任会计的最终目的就是要激励企业各责任中心和员工，使其更加努力地工作，实现企业的经营目标。内部结算价格是实施责任会计制度的一个重要手段，在制定过程中也要贯彻激励性原则，应该使各责任中心都有利可图，否则会影响其积极性，最终影响整个企业的正常生产经营。

四、内部转移价格的方法类型及其利弊

（一）正常的市场价格法

如果转移产品处于一个完全竞争的市场，那么确定正确的内部转移价格应该直接使用市场价格。完全竞争性市场是指不受任何阻碍和干扰的市场形态。在这种市场上，有大量的买方与卖方，任何一个买方与卖方都不会影响产品的价格，产品是同质的、无差别的。任何买方分部既可以从内部卖方分部购买中间产品，也可以向外部市场购买这种产品。卖方分部也是如此，既可以将中间产品出售给买方分部，也可以将产品直接出售给外部市场。买方分部与卖方分部在完全竞争市场上很容易获得或出售其产品，并且市场价格也易于取得。在这种情况

下,卖方分部能以市场价格出售所有产品,若内部转移价格比市场价格低,卖方分部就会遭受损失。同样,买方分部也能以市场价格获得所需产品,它也不愿意支付比市价更高的价格购买中间产品。所以,内部转移价格应是市场价格。

（二）协商转移价格法

协商转移价格（简称"协商价格"）是指买卖双方以正常的市场价格为基础,通过充分自由协商后而确定的一个双方都愿接受的价格。在一般情况下,协商转移价格可以比市场价格稍低一点,这是因为内部交易不仅易于保证中间产品的质量和运输安全,也能降低和消除交易谈判的交易成本。因而,通常以中间产品的公开市场价格扣减一定的成本来确定协商转移价格。尤其是在卖方分部无法销售出所有产品时,卖方分部生产能力过剩,从公司利益的角度看需要鼓励内部交易,此时协商转移价格只需略高于卖方分部的单位变动成本即可。所以,以低于市场的价格作为内部转移价格,供给方的利益仍能得到保证,而需求方则更倾向于内部购买。在大多数情况下,这有利于企业整体利益最大化的实现。协商转移定价是解决分权组织目标一致性问题的一种有效手段。具体来说,它可以实现内部转移定价的三个目标:准确的业绩评价、目标一致和经营资质。此外,协商转移定价方法可以作为企业高层协调企业行为的一种手段。应该说,自主参与式的内部转移价格均是协商达成的成果,它是一种最常见的内部转移价格定价方式。

下面以例子说明协商转移定价法相对于外部销售节约销售费用的优势。

【例11—11】 假设某企业是一个家电生产企业,其中甲分厂生产电路板,其市场价格为20元,该电路板销路非常好,能按市场销售所有的产品。目前,该电路板的成本情况为:变动性制造成本为10元,变动性销售费用为2元,每年的固定性制造费用为1 000 000元。该企业乙分厂生产游戏机,需要甲分厂的电路板,乙分厂的游戏机市场价为45元,其变动性制造费用为32元,变动性销售费用为3元,固定性制造费用为500 000元。甲、乙分厂的销售及成本情况如表11—17所示。

表11—17　　　　　　　　　　　　　　　　　　　　　　　　　　　　　　　　　　　　单位:元

	甲分厂（电路板）	乙分厂（游戏机）
销售量:		
每日	1 000	350
每年（每年按260个工作日计算）	260 000	91 000
单位数据:		
市场售价	20	45
变动性制造费用	10	32（其中电路板成本为20）
变动性销售费用	2	3
每年的固定性制造费用	1 000 000	500 000

由于乙分厂是最近才合并到公司的,所以从未和甲分厂发生中间产品的内部转移,双方进行协商内部转移价格。甲分厂提出:每台游戏机需要一块电路板,每天的产量是350台,愿意按市场价（20元）销售给乙分厂。乙分厂提出:希望价格可以更优惠些,因为产品在内部转移,甲分厂可以省去销售、运输、包装等方面的开支,这些费用大约是2元,因此希望能以低于市价

2元的价格即18元的价格购买,这不会影响甲分厂的利润,同时能为公司增加利润364 000元 (4×91 000)。最后双方达成协议,按19元的价格进行内部转移,这样一方面通过内部转移可 以增加公司利润,另一方面双方的利润也得到了提高。协商前后的比较损益如表11—18所 示。

表11—18 单位:元

协商前:与外部进行交易			
	甲分厂(电路板)	乙分厂(游戏机)	合 计
销售收入	5 200 000	4 095 000	9 815 000
减:变动性制造费用	2 600 000	2 912 000	5 512 000
变动性销售费用	520 000	273 000	793 000

协商前:与外部进行交易			
	甲分厂(电路板)	乙分厂(游戏机)	合 计
贡献毛利	2 080 000	910 000	2 990 000
减:固定性制造费用	1 000 000	500 000	1 500 000
净利润	1 080 000	410 000	1 490 000

协商后:以19元进行内部交易			
	甲分厂(电路板)	乙分厂(游戏机)	合 计
销售收入	5 190 000	4 095 000	9 285 000
减:变动性制造费用	2 600 000	2 821 000	5 421 000
变动性销售费用	338 000	273 000	611 000
贡献毛利	2 252 000	1 001 000	3 253 000
减:固定性制造费用	1 000 000	500 000	1 500 000
净利润	1 252 000	501 000	1 753 000
利润差额	172 000	91 000	263 000

由表11—18可知,内部交易使得企业整体利润提高了263 000元,这部分新增利润在企业 的两个分厂进行的分配是:甲分厂172 000元,乙分厂91 000元。这个内部交易使得企业整体 利益与责任中心个体利益都得到了实现。

如前所述,在一个完全竞争的市场中,销售方能以市价销售出其所有产品。而在一个不完 全竞争的市场中,销售方可能无法销售其所有的产品,这就是生产过剩。在生产过剩的情况 下,按照低于市场价的内部交易价格进行内部交易,以扩大其产量,分摊部分固定性费用,对于 交易的双方都是有利的,对企业整体目标也是有益的。以下列加以说明。

【例11—12】 仍以例11—11中的某家电企业的甲、乙分厂为例,有关生产数据相同,但甲 分厂的销售并不好,出现了生产过剩的情况。甲的年生产能力是260 000件,但实际只能对外 销售160 000件。此时,甲、乙分厂进行协商。乙分厂提出:因为了解到甲分厂生产能力过剩, 愿意按12元的单价向甲每年订购91 000件产品。甲分厂提出:确实存在生产能力过剩,剩余

100 000 件的产品,所以能够完成乙分厂的订单,但是对于乙分厂提出的价格不能接受,因为电路板的变动成本就是 12 元,该价格没有任何边际利润。最后,双方协定按照 15 元的单价成交。协商前后的比较损益如表 11—19 所示。

表 11—19　　　　　　　　　　　　　　　　　　　　　　　　　　　　　　　　　　　　单位:元

协商前:与外部进行交易			
	甲分厂(电路板)	乙分厂(游戏机)	合　计
销售收入	3 200 000	4 095 000	7 295 000
减:变动性制造费用	1 600 000	2 912 000	4 512 000
变动性销售费用	320 000	273 000	593 000
贡献毛利	1 280 000	910 000	2 190 000
减:固定性制造费用	1 000 000	500 000	1 500 000
净利润	280 000	410 000	690 000
协商后:以 15 元进行内部交易			
	甲分厂(电路板)	乙分厂(游戏机)	合　计
销售收入	4 745 000	4 095 000	8 840 000
减:变动性制造费用	2 600 000	2 457 000	5 057 000
变动性销售费用	338 000	273 000	611 000
贡献毛利	1 807 000	1 365 000	3 172 000
减:固定性制造费用	1 000 000	500 000	1 500 000
净利润	807 000	865 000	1 672 000
利润差额	527 000	455 000	982 000

由表 11—19 可知,内部交易使得企业整体利润提高了 982 000 元,这部分新增利润在企业的两个分厂进行的分配是:甲分厂 527 000 元,乙分厂 455 000 元。这个内部交易使得企业整体利益与责任中心个体利益都得到了实现。

(三)成本类内部转移价格制定法

以成本为基础的转移价格在实践中经常使用,尤其适用于以下情况:①转让的产品没有外部市场;②尽管有外部市场,但不完全,因为市场价格受到制定转移价格企业对外销售数量的影响或者只有有限的外部需求;③产品包含秘方,管理人员不想对外泄露。如果存在上述三者之一的情况,成本就成为定价的现实选择。因此,各成本中心之间相互提供产品或劳务时通常只能采用以成本为基础的内部转移价格。根据所依据成本和定价的具体方式不同,以成本为依据的定价包含以下几种方式:

1. 实际成本

实际成本是指生产某种产品或提供某种劳务而实际发生的有关耗费。以实际成本作为内部转移价格,容易理解,便于实施。

2. 标准成本

标准成本是指在正常生产经营条件下,生产某种产品所应当发生的成本。由于标准成本是在事前制定的,并且在制定时就已经排除了无效率的耗费。因此,以标准成本作为内部转移价格,可以避免将某一部门的浪费和低效率转嫁给别的有关部门,同时可以促使企业内供需双方改善生产经营,降低成本,起到激励作用。标准成本法简便易行,且易于划分供需双方的责任,避免了实际成本法的缺陷。

3. 变动成本

变动成本是指在某种产品的生产过程中发生的、与其产量保持同方向、等比例变动的成本。以提供部门产品或劳务的变动成本作为内部转移价格,其优点是:一方面,可以使接受中间产品或劳务的责任中心准确而快捷地确定本责任中心有关产品的全部变动成本,从而有利于各责任中心经理人员适时、正确地制定短期经营决策(如确定最终产品销售时的价格下限);另一方面,可以使各责任中心在排除各种间接费用或固定费用的不利影响的情况下,尽量在企业内部而不是直接从企业外部市场购买所需要的中间产品或劳务,从而避免企业现有生产能力的闲置与浪费。

4. 实际成本加成

实际成本加成就是以产品或劳务的实际成本为基础,再加上一定比例的利润来决定内部转移价格。使用实际成本加成法,可使提供产品或劳务的部门得到一定数额的利润,因而有助于提高它们的积极性,但这种方法不能把责任中心的责任划分清楚,影响对责任各方的业绩评价,与责任会计的要求相悖。

5. 标准成本加成

标准成本加成就是在标准成本的基础上,再加上一定比例的利润来确定内部转移价格。标准成本法适用于成本中心的产品转移,而对于利润中心,则可以使用标准成本加成法,以便于用利润指标对其业绩进行考核。此方法的缺点是在确定加成的利润率时难免带有主观随意性。因此,确定加成利润率时,需要慎重考虑,以调节供需双方的利益。

【例11—13】 某企业现有甲、乙两个生产部门。其中,甲部门生产A零件,该零件单位变动成本18元,单位直接人工1小时,单位售价30元。乙部门现生产某种新产品,其生产中每年需要B零件50 000个。为此,乙部门提出下列两个零件取得方案:①直接从外部市场购买,单价22.5元;②向本企业的甲部门购买所需B零件,甲部门若接受乙部门的零件订购任务,就要停止现有A零件的生产。经测算,甲部门生产B零件的单位变动性生产成本15元,单位直接人工1小时。此外,乙部门所生产的某种新产品的单位售价90元,除零件成本之外的其他单位变动成本37.5元。现要求通过计算,确定乙部门究竟应从甲部门还是外部市场购买所需B零件。

解:当乙部门向甲部门购买B零件时,甲部门为满足乙部门的零件供应需要,将停止生产目前的A零件,以其全部生产能力转而加工B零件,数量50 000个。此时,甲、乙两个部门及整个企业以边际贡献表现的经营结果为:

甲部门边际贡献＝0

乙部门边际贡献＝50 000×[90－(15＋37.5)]＝1 875 000(元)

计算结果表明,在乙部门向甲部门购买B零件的情况下,甲部门必定放弃现有A零件的加工任务,丧失了对外销售的机会。因此,该部门将无销售收入,而只有为乙部门加工所需B零件的成本750 000元。乙部门生产的某新产品获得的边际贡献为1 875 000元,此即整个企业在现有条件下的边际贡献总额。

当乙部门直接从外部市场购买其所需 B 零件时,甲部门可继续从事现有 A 零件的加工工作,且可实现销售。此时,甲、乙两个部门及整个企业以边际贡献表现的经营结果为:

甲部门边际贡献＝50 000×(30－18)＝600 000(元)

乙部门边际贡献＝50 000×[90－(22.5＋37.5)]＝1 500 000(元)

整个企业的边际贡献总额＝600 000＋1 500 000＝2 100 000(元)

计算结果表明,在乙部门向外部市场购买 B 零件时,甲、乙两个部门均可提供一定数额的边际贡献,两者之和即为整个企业的边际贡献总额。

从本例中两个备选方案的测算结果可见,虽然当甲部门负责向乙部门提供其所需 B 零件,甲、乙两个部门之间以成本作为内部转移价格时,乙部门的边际贡献总额可达到 1 875 000 元,比它直接向外部市场购买 B 零件所能创造的边际贡献要多 375 000 元(1 875 000－1 500 000),但整个企业的边际贡献总额仅有 1 875 000 元,比甲部门继续制造 A 零件、乙部门从企业外部取得其所需 B 零件时的边际贡献总额减少 225 000 元。也就是说,当企业内部有关责任中心之间提供产品或劳务以成本作为转移价格基础时,可能会促使某个责任中心的经理人员选择对本中心有利的决策方案,但整个企业却可能由此而蒙受一定的经济损失。基于以上计算与分析,正确的解决办法是:甲部门依旧维持原有 A 零件的生产,而乙部门则直接向外部市场购入所需要的 B 零件。

(四)双重价格定价法

双重价格是各责任中心分别采用不同的、各自内部所制定的价格,具体又分为双重市场价格和双重成本价格。双重市场价格即供给方可采用较高的市价,而需求方则采用较低的市价,其差额由会计最终调整。之所以采用双重价格是因为内部转移价格主要是为了对企业内部各责任中心的业绩进行评价、考核,故各相关责任中心所采用的价格并不需要完全一致,各责任中心可分别采用对其最有利的价格为计价依据。双重价格有以下几种形式:

1. 按标准成本与市价双重定价

采用这种方法时,各责任中心之间相互提供的材料、半成品、劳务、产成品一律按标准成本定价,以反映各责任中心在生产过程中的实际耗费(量差因素影响),便于分清彼此的经济责任,及时进行成本核算。同时,为了加强协作,鼓励优先考虑向企业内部其他责任中心出售产品或劳务,对拥有外销权的责任中心的半成品、产成品或劳务,按市价定价,以保证其利润的完整,并以此作为考核业绩的依据。

2. 按标准成本与成本加成双重定价

采用这种方式时,企业内部各责任中心之间相互提供产品与劳务一律按标准成本定价,以反映各责任中心在生产过程中的实际耗费,便于企业及时进行会计核算,编制及上报会计报表。与此同时,使用含有一定利润的内部转移价格进行第二种核算,以确定各责任中心的责任利润,将其作为评价考核的依据。

3. 按市价与变动成本双重定价

采取这种方式,对于售出方出售的产品和劳务,按市场价格定价,以利于考核其经营业绩。对于购入方购入的产品和劳务,按变动成本定价,以利于其作出正确的经营决策。

综上所述,内部转移价格的各种应用的前提条件及其应注意的问题如表 11－20 所示。

表 11—20

类型	应用的前提条件	应注意的其他问题
市场价格	一般假设中间产品有完全竞争市场,或中间产品提供部门无闲置生产能力	市场价格扣除了销售费、广告费、运输费、销售税金作为内部转移价格;通常认为市价是制定内部转移价格的最好依据
协商价格	存在非竞争性市场,买卖双方自行决定是否买卖中间产品	协商价格的上限是市价,下限是单位变动成本。当产品或劳务没有适当的市价时,采用议价方式确定
双重价格	内部转移的产品或劳务有外部市场;供应方有剩余生产能力,而且其单位变动成本要低于市价	双重市场价格,即供应方采用最高市价,使用方采用最低市价;双重转移价格,即供应方以市价或议价作为基础,而使用方以供应方的单位变动成本作为议价的基础
成本价格	制定准确的标准成本	标准成本:有利于调动双方降低成本的积极性。标准成本加成:能分清责任,但有主观随意性标准变动成本:明确解释成本与产量的关系,便于考核业绩,利于经营决策

五、内部转移价格的作用

制定内部转移价格的作用主要有以下几个方面:

(一)有助于明确划分责任中心的经济责任

划分企业内部各部门的经济责任是实行分权管理的重要一环,而制定合理的内部转移价格是划分经济责任的重要手段。因为要划分各个责任中心的经济责任,首先必须确定各责任中心之间发生业务联系、进行经济往来时所采用的结算价格。因此,只有制定出合理的内部转移价格,才能真正明确各个责任中心的经济责任界限,维护有关各方的正当经济权益,保证责任会计制度的正确进行。

(二)有助于客观评价责任中心的工作业绩

在责任会计制度下,不论是成本中心还是利润中心或投资中心,它们的业绩考评都直接或间接地与内部转移价格有关。合理的内部转移价格能恰当地衡量各责任中心的工作成绩,准确地计量和考核各责任中心责任预算的实际执行结果,使其工作业绩和经营效果能够按照科学的标准进行统一、客观的评价,将绩效考评工作引向健康的发展轨道。

(三)有助于制定正确的经营决策

通过制定和运用内部转移价格,可以把各责任中心的经济责任和工作绩效加以数量化,使企业最高管理人员和内部各业务、各职能部门经理人员,能够根据企业未来一定期间的经营目标、经济资源以及有关收入、成本、利润、资金等情况,在计量、分析、比较的基础上,制定正确的经营决策,选择履行经济责任、完成责任预算、实现预定目标的最佳行动方案。比如,借助合理的内部转移价格,各责任中心的主管人员可以决定其权责范围内生产经营活动是不断扩大还是适当缩小,某些中间产品或劳务是向企业内部有关部门购买还是直接从外部市场购买等。

(四)有助于调动企业内部各部门的生产积极性

科学、合理的内部转移价格,不仅可以作为衡量各责任中心经济责任完成情况的客观标准,而且可以发挥类似于外部市场价格的辅助调节作用,在相当程度上影响全体员工的劳动态度和工作精神,影响他们从事业务活动的积极性。这是因为内部转移价格的提高或降低,必将导致一部分责任中心比较容易获利,且获利较多;同时导致一部分责任中心获利较少,甚至无利可图。另外,如果内部转移价格制定欠妥,则还会促使一部分责任中心乐意在企业内部购买中间产品和劳务,而另一部分责任中心却乐意向外部市场购买所需的产品和劳务。事实上,无论出现哪种情况,都有可能从不同侧面、不同程度上挫伤某些责任中心的积极性,从而妨碍整个企业生产经营活动的正常开展和责任会计制度的顺利施行。

关键术语

责任会计　责任中心　收入中心　成本中心　利润中心　投资报酬率　剩余收益　责任预算
经济增加值　内部转移价格

◎ 应知考核 ◎

一、单项选择题

1.( )是承担一定经济责任,并拥有相应管理权限和享受相应利益的企业责任单位的统称。

A. 成本中心　　　　B. 利润中心　　　　C. 投资中心　　　　D. 责任中心

2. 既对成本、收入、利润负责,又对投入的全部资金的使用效果负责的责任中心是( )。

A. 成本中心　　　　B. 利润中心　　　　C. 投资中心　　　　D. 责任中心

3. 利润中心不具有( )。

A. 价格制定权　　　B. 投资决策权　　　C. 生产决策权　　　D. 销售决策权

4.( )的首要目标是对销售收入负责,若其没有价格制定的权力,则只对销售数量和销售结构负责。

A. 投资中心　　　　B. 利润中心　　　　C. 费用中心　　　　D. 收入中心

5.( )实质上也是利润中心,是一种扩大了职权的、特殊的利润中心。

A. 投资中心　　　　B. 利润中心　　　　C. 费用中心　　　　D. 收入中心

6.( )一般不形成实物产品,不需要计算实际成本,往往通过加强对预算总额的审批和严格执行预算标准来控制经营费用开支。

A. 酌量性成本中心　　B. 技术性成本中心　　C. 责任中心　　　　D. 投资中心

7. 在集权管理制度下,企业通常采用( )的预算编制方式。

A. 自下而上　　　　B. 自上而下　　　　C. 上下结合　　　　D. 纵横结合

8. 在正常生产经营条件下,生产某种产品所应当发生的成本是( )。

A. 实际成本　　　　B. 标准成本　　　　C. 标准成本加成　　　D. 变动成本

9. 在标准成本的基础上,再加上一定比例的利润来确定内部转移价格的是( )。

A. 实际成本　　　　B. 标准成本　　　　C. 标准成本加成　　　D. 变动成本

10.( )的前提是内部转移的产品或劳务有外部市场;供应方有剩余生产能力,而且其单位变动成本要低于市价。

A. 市场价格　　　　B. 协商价格　　　　C. 双重价格　　　　D. 成本价格

二、多项选择题

1. 责任中心一般可以分为( )。

A. 收入中心　　　　B. 成本中心　　　　C. 利润中心　　　　D. 投资中心

2. 利润中心可以分为( )。

A. 自然利润中心　　　　　B. 人为利润中心　　　　C. 行业利润中心　　　　　D. 品种利润中心

3. 实施责任会计主要包括(　　)环节。

A. 编制责任预算　　　　　　　　　　　　B. 实施责任监控

C. 进行业绩考核评价　　　　　　　　　　D. 进行反馈控制

4. 建立企业责任会计制度的步骤有(　　)。

A. 划分责任中心　　　　　　　　　　　　B. 确定权责范围

C. 确定责任目标　　　　　　　　　　　　D. 制定相关奖惩制度

5. 责任中心通常具有(　　)特征。

A. 责、权、利相结合的实体　　　　　　　B. 具有承担经济责任的条件

C. 所承担的责任和行使的权力均不可控　　D. 进行独立的会计核算

6. 下列各项中,属于建立责任会计制度必须遵循的原则有(　　)。

A. 责任主体原则　　　　　　　　　　　　B. 可控性原则

C. 目标一致性原则　　　　　　　　　　　D. 激励原则

7. 成本中心有(　　)特点。

A. 投入可以用货币来衡量

B. 产出可能具有市场价格或内部价格,但不是用货币而是用物理量衡量其产出

C. 在投入与产出之间可建立确定的优化关系

D. 所承担的责任和行使的权力均可控

8.(　　)是常用的对投资中心进行行业绩评价的指标。

A. 投资报酬率　　　　　B. 剩余收益　　　　　C. 边际贡献　　　　　D. 净利润

9. 下列各项中,能够揭示责任成本与产品成本主要区别的表述有(　　)。

A. 成本的本质不同　　　　　　　　　　　B. 分配的对象不同

C. 分配的原则不同　　　　　　　　　　　D. 核算的基础条件不同

10. 平衡计分卡一般包括(　　)。

A. 财务　　　　　　　　　B. 顾客　　　　　　　C. 内部流程　　　　　　D. 学习与成长

三、简述题

1. 产品成本与责任成本有什么区别?

2. 以责任中心为主体的业绩考核与评价指标体系。

3. 内部转移价格有哪些? 制定内部转移价格的原则是什么?

4. 以 EVA 作为企业业绩评价指标的优缺点。

5. 平衡计分卡的基本框架和应用步骤。

四、判断题

1. 责任会计是生产社会化、分权管理理论和企业内部经济责任制的产物。　　　　　(　　)

2. 责任会计是以各个责任中心为主体,以责、权、效、利统一的机制为基础而形成的。　(　　)

3. 责任会计的实质就是把会计资料与责任单位紧密联系起来的信息控制系统。　　　(　　)

4. 利润中心有权决定企业的投资方向、投资规模及投资类型等投资问题。　　　　　(　　)

5. 成本中心、利润中心和投资中心彼此孤立存在。　　　　　　　　　　　　　　　(　　)

6. 成本中心的考核指标包括责任成本的变动额和变动率两类指标。　　　　　　　　(　　)

7. 经济增加值取决于三个基本变量:税后净营业利润、投入资本总额和综合资本成本。(　　)

8. 企业以 EVA 作为业绩的评价标准,就必须提高效益,并慎重地选择融资方式。　　(　　)

9. 责任中心的业绩评价和考核应通过编制业绩报告来完成。 （　　）

10. 剩余收益是个相对数指标，该指标简单明了，避免了局部利益与整体利益的背离。 （　　）

五、计算题

1. 假定某公司有甲、乙两个事业部（投资中心），近两年有关营业利润和投资额的资料如表 11—21 所示。

表 11—21

项　目	甲事业部		乙事业部	
	2015 年	2016 年	2015 年	2016 年
营业利润（元）	30 000	36 000	5 000	6 250
投资额（元）	200 000	200 000	25 000	25 000

若该公司最低投资报酬率为 14%。

要求：（1）用投资报酬率（ROI）指标来评价甲、乙两个事业部的业绩，通过计算，你认为哪个事业部较优？（2）用剩余收益指标（RI）来评价甲、乙两个事业部的业绩，通过计算，你认为哪个事业部较优？（3）结合两个事业部近两年营业利润的增长情况，你认为哪个指标的评价比较正确？为什么？

2. 某公司有甲、乙两个事业部，均为投资中心，其中甲事业部生产的 A 产品既销售给乙事业部，也向公司外部销售。2016 年甲事业部预计生产 A 产品 10 000 件，其中 4 000 件向公司外部销售，单价为 575 元，其余 6 000 件销售给乙事业部。A 产品的有关成本数据资料如表 11—22 所示。

表 11—22　　　　　　　　　　　　　　　　　　　　　　　　　　　　　　　　单位：元

变动制造成本	100
固定制造费用	50
变动销售费用	55
固定销售费用	25
单位成本	230

该公司 A 产品内部转移价格可有五个选择方案：（1）变动成本；（2）变动成本加成 40%；（3）全部成本；（4）全部成本加成 50%；（5）市场价格（即 575 元）。

要求：（1）按上述五个方案分别计算 A 产品的内部销售收入及全部销售收入；（2）上述五个内部转移价格中，站在该公司的角度应选用哪一个？站在乙事业部的角度，应选用哪一个？

3. 某公司生产甲产品，现有的资料如表 11—23 所示：

表 11—23

单位变动成本	200 元
全年固定成本	120 万元
全年预计销售量	10 000 台
固定资产平均占用额	150 万元

已知该公司目标投资利润率为 20%。

要求：（1）为实现目标投资利润率，销售单价应为多少？（2）假设该公司的销售量分别为 8 000、

10 000和12 000台,分别计算三种情况下的销售利润率、资产周转率及投资利润率。

◎ 应会考核 ◎

★ 观念应用

【背景资料】

已知某集团下设三个投资中心,有关资料如表11—24所示。

表11—24

指 标	集团公司	A投资中心	B投资中心	C投资中心
净利润(万元)	34 560	10 400	15 800	8 450
净资产平均占用额(万元)	315 000	94 500	145 000	75 500
规定的最低投资报酬率	10%			

【考核要求】

(1)计算该集团公司和各投资中心的投资利润率,并据此评价各投资中心的业绩。

(2)计算各投资中心的剩余收益,并据此评价各投资中心的业绩。

(3)综合评价各投资中心的业绩。

★ 技能应用

某公司下设A、B两个投资中心。A中心的投资额为250万元,投资利润率为16%;B中心的投资额为300万元,剩余收益为9万元;公司要求的平均投资利润率为13%,现公司决定追加投资150万元,若投向A中心,该中心每年增加利润30万元;若投向B中心,该中心每年增加利润25万元。

【技能要求】

1. 追加投资前A中心的剩余收益;

2. 追加投资前B中心的投资利润率;

3. 若A中心接受追加投资,计算其投资利润率;若B中心接受追加投资,计算其剩余收益。

★ 案例分析

【背景资料】

永辉电器厂一车间的成本预算和实际执行结果资料如表11—25所示。

表11—25   单位:元

	预算资料	实际执行结果
生产数量	2 000 只	2 050 只
(计划)投入直接材料	40 000	41 000
直接人工	10 000	10 500
分摊可控的间接材料	2 000	2 000
间接制造费用	1 500	1 550

【分析要求】

要求:请根据上述资料进行分析,并编制永辉电器厂一车间成本业绩报告。

◎ 项目实训 ◎

【实训项目】

利润中心业绩报告的编制。

【实训情境】

大成灯具厂利润中心的预算资料和实际执行结果如表 11-26 所示。

表 11-26   单位:元

	预算资料	实际执行结果
销售收入	500 000	475 000
销售数量	10 000 只	9 500 只
变动制造成本	200 000	195 000
变动销售管理费用	50 000	45 000
固定制造成本	100 000	100 000
固定销售管理费用	20 000	18 000
所得税税率	25%	25%

【实训任务】

要求:编制大成灯具厂利润中心的业绩报告。

项目十二　战略管理会计

【知识目标】

理解:战略管理会计的产生、发展和概念。

熟知:战略管理会计的特征、基本程序。

掌握:战略管理的基本体系、战略管理会计研究的内容。

【技能目标】

能够充分理解并实践五力模型、价值链、成本动因分析战略管理会计在实际中的应用。

【素质目标】

能够结合企业实例,提高战略管理会计在现代企业管理中的所处的地位,塑造管理会计职业生涯。

【项目引例】

戴尔公司的战略管理会计思想

戴尔公司利用技术和信息将计算机价值链上的供应商、生产商和顾客的流程垂直地联合起来。公司的创立者迈克尔·戴尔认为,这种做法会使戴尔公司获得更高的生产效率和更强的赢利能力。此外,他认为"实质性联合"的公司将会成为信息时代的组织模型。对市场而言,价值链上的所有组织就像是一个整体。

供应商为计算机生产零部件。戴尔公司将供应商的送货与生产的计划协调起来。供应商生产的零部件只有在需要时才直接送到车间,而不是送到仓库,也不需经过卸货、检查、储存、领用等环节,这就需要供应商和购买者的信息和计划能够持续地分享。

索尼公司为戴尔公司的计算机提供显示屏。但是,显示屏在发送给顾客之前并不送到戴尔公司,而是由 Airborne Expres 或 UPS 将它们同需要发送的计算机一起包装,发送给顾客。

戴尔公司重视提高产品的价值和减少顾客的成本,例如 Eastman Chemical 和波音公司。Eastman Chemical 的计算机需要专业化程度很高的软件,如果在收到计算机后再安装这种软件,那么每台计算机需要的花费将超过 200 美元。为了减少顾客的成本,戴尔公司在组装计算机时就为每台计算机安装这种专业软件,其安装费用只有 15~20 美元。

波音公司有 10 万台戴尔计算机,戴尔公司则安排 30 名员工长驻波音公司。"我们看起来更像是波音公司的计算机部门",迈克尔·戴尔说。他注意到戴尔公司已经密切地参与到波音公司的计算机需求计划和网络计划之中。

【讨论】　你认为本案例说明了哪些管理思想和管理方法在决策中的应用。

任务一　战略管理会计概述

一、战略管理会计的概念

战略管理会计（Strategic Management Accounting）是适合于企业战略管理需要的管理会计信息系统和重要的决策工具，即服务于战略比较、战略选择和战略决策的一种新型管理会计，它是管理会计向战略管理领域的延伸和渗透。具体而言，战略管理会计是会计人员运用专门方法，以协调高层领导制定竞争战略、实施战略规划，促使企业良性循环并不断发展为目的，从战略的高度进行分析和思考，既提供顾客和竞争对手具有战略相关性的外向型信息，也提供本企业与战略相关的内部信息，从而为企业取得竞争优势的手段，是服务于企业战略管理的一个会计分支。

战略管理会计以传统管理会计为基础，为适应当代企业保持和创造长期竞争优势的决策要求而作出的新的改良与探索。它追寻高屋建瓴式的决策理念，站在全球竞争的角度，思考企业与其外部宏观与微观商业环境的关系，同时使用财务信息与非财务信息，采取长期性、全面性、前瞻性和外向性的理念，采用新的绩效评价方式，实现管理会计从微观到宏观的扩展与补充。

二、战略管理会计的特征

战略管理会计是对传统管理会计的开拓性发展，具有如下特征：

（一）外向性

传统的管理会计是一种内向性会计，只强调服务于企业内部的管理职能，对企业的外部环境有所忽视，其视野基本上不涉及企业的顾客和竞争对手的相关信息，致使提供的信息失去战略相关性。而战略管理会计站在战略的高度，跳出了单一企业这一狭小的空间范围，关注企业外部环境的变化，使企业能够面对竞争对手分析自身所处地位，以企业取得竞争优势作为主要目标，因而具有明显的外向性。战略管理会计不仅收集、分析企业内部的数据信息，更走出企业，为本企业提供外部市场环境和竞争者信息，并分析整个经济市场、自然环境和竞争对手的变动对企业战略目标的影响，使企业做到知己知彼，在市场竞争中立于不败之地。它拓展了管理会计对象的范围，使管理会计由内向型向外向型发展，以满足企业战略管理的需要。

（二）长期性和整体性

传统的管理会计以利润最大化为目标，促使企业讲求核算，加强管理，其信息具有短期性，未考虑企业的长远规划，有时甚至会给企业带来一定的危害。战略管理会计与传统管理会计注重企业短期利益的最大化不同，它结合企业战略管理，着重反映企业经营管理行为是否与其长期发展战略相一致，使战略管理会计的目标与企业的目标具有一致性，即企业价值最大化。战略管理会计追求企业长久的竞争优势，立足长远目标，不断扩大市场份额，从长远利益角度来分析评价企业资本投资。在战略管理会计中，对企业投资方案的评价不再局限于财务效益指标，还必须同时考虑非财务效益方面的指标；投资决策也不仅仅是采用定量分析法，还要辅之以定性分析法。战略管理会计若应用于企业集团，则注重全局利益，它的信息分析完全基于整体利益考量。为了长远利益，它会考虑放弃短期利益；为了顾全整体利益，它甚至会放弃某个成员企业的利益。在战略管理会计中，企业的经营成果不仅要反映在利润指标上，还要反映在企业价值的增加上，因此，战略管理会计注重长远性及整体利益的最大化。

（三）全面性

企业是由具有执行不同功能的部分所组成的统一有机整体，因而管理会计需要为企业提供适用于企业评价、分析、控制整体经营战略的全面信息。传统的管理会计由于其内向性和短期性的特征决定了其不可能具备全面性的特征，而战略管理会计弥补了这一缺陷，它从整体上分析和评级企业的战略管理活动，着眼于信息的全面性，保证企业整体资源得以最优利用，企业局部资源利用的最优化也必须从属于企业整体资源利用的最优化。与此同时，战略管理会计也注重全面综合性的管理，既重视主要的生产经营活动，也重视价值链内的辅助活动。它旨在高瞻远瞩地把握各种潜在机会，规避可能的风险——包括从事多种经营而导致的风险，由于行业及产业结构发生变化而导致的风险，由于资产、客户、供应商等过分集中而产生的风险以及由于流动性差异导致的风险等，以便从战略的角度最大限度地增强企业的赢利能力和价值创造能力。

（四）多样性

战略管理会计为有效地服务于企业的战略管理，必须围绕企业、顾客和竞争对手组成的"战略三角"，及时提供以外向性为主体的多样化信息和相应的分析研究资料。这里所涉及的多样化信息，除了优良的财务货币信息，还必须依靠众多的非财务指标，具体包括战略财务信息、经营绩效信息、前瞻性信息、背景信息和竞争对手信息等。信息来源除了企业内部的财务部门外，还应包括市场、技术、人事部门，以及企业外部的政府机关、金融机构、中介顾问和大众媒体等。多样的信息来源同时对信息分析方法提出了多样化的要求，因此，战略管理会计所采用的不仅是财务指标的计算方法，还结合了环境分析法、对手分析法、价值链分析法和动因分析法等多种方法，这无疑是对现代管理会计方法的极大丰富。战略管理会计突破了传统管理会计只提供财务信息的局限，在提供信息的内容和处理信息的方法上都进行了拓展，在借以帮助企业高层领导进行战略思考的同时，从更广阔的视野、更深层次的内涵进行由表及里、由此及彼的分析研究，为企业核心竞争力的培育创造有利条件。

（五）有效性和及时性

传统的管理会计的业绩报告一般是每月或者每周编报一次，而在制造周期已经大大缩短的今天，多数企业建立了信息系统，这大大方便了各个职能部门的管理人员，他们可以通过这些信息系统的操作和控制来监控各种资源的运用。计算机化的信息系统为数据的综合性和及时性提供了极大的可能，编制管理会计业绩报告的时间也大为缩短，使得管理会计在问题发生的当时或当天就能提供相关的信息。信息技术的发展为改进信息的质量和时效性提供了可能。战略管理会计的理念和技术为会计分析提供了可靠的基础，更易于取得实效性和相关性更强的信息。

三、战略管理会计的内容

从战略管理会计的发展过程和特点来看，战略管理会计的体系内容应是围绕战略管理展开的，主要包括战略管理目标、战略管理会计信息系统、战略成本管理、战略性经营投资决策和战略绩效评价五个方面：

（一）战略管理目标

战略管理会计需要协助企业管理人员制定战略目标。企业的战略目标可以分为公司总战略目标、经营竞争性战略目标和职能性战略目标三个层次。公司总战略目标主要是确定企业经营方向、经营区域和业务范围方面的目标；经营竞争性战略目标主要是确定产品和服务在市场上竞争的目标问题；而职能性战略目标是保证性目标，其明确了在实施竞争战略的过程中，公司各个职能部门应该发挥什么作用、达到什么目标。因此，战略管理会计必须研究企业面临的环境因素，深入了解企业所处的环境特征和发展趋势，从企业的内外部搜集、归类、整理和分析各种信息，提供各种可行性战略目标，供高层管理人员选择和决策。

（二）战略管理会计信息系统

战略管理会计信息系统是指收集、加工和提供战略管理信息资料的技术和方法体系。战略管理会计作为战略管理的决策支持系统，面对的是复杂多变的外部环境和大量半结构化、非结构化的战略决策问题，因而它所需要的信息来源、数量、特征和加工处理都与传统的管理会计有着明显的区别，需要重新对原有的管理会计信息系统进行设计和改进，战略管理会计信息系统的设计必须符合有助于战略决策、消除信息沟通隔阂、通告决策用户参与程度、及时提供与特定战略决策相关的信息与应变能力强的要求。

战略管理会计信息系统特别重视对竞争对手的分析，也着重反映质量、供应量、需求量和市场份额等战略管理方面的信息。它提供的信息主要包括对本企业分析、预测及与竞争对手进行比较的信息；客户方面的信息；对竞争对手的分析、评价及发展趋势进行预测的信息；政府政策、市场情况及可能影响企业经济发展方面的信息；企业自愿披露的其他信息等。能否及时准确地提供与特定战略决策相关的信息，是建立战略管理会计信息系统成功与否的关键。因此，企业信息收集工作不容忽视。

（三）战略成本管理

战略成本管理是指为了获得和保持企业持久竞争优势而进行的成本分析和成本管理，即根据企业所采取的战略建立相应的成本管理系统。战略成本管理要求从战略角度去研究、分析、评价和控制影响成本的每一个环节，其关注成本管理的战略环境、战略规划、战略实施和战略绩效。战略成本管理与传统成本管理相比较存在很大的区别，具体如表 12－1 所示。

表 12－1　　　　　　　　　　　　战略成本管理与传统成本管理的区别

项　目	传统成本管理	战略成本管理
成本概念	仅指产品的短期成本：制造成本	多种成本：质量成本、责任成本、作业成本、开发设计成本、制造成本、使用成本、维护保养成本、废弃成本等
目标	以降低成本为目标，具有局部性和具体性	以企业战略为目标，追求成本优势，具有全局性和竞争性
范围	较狭窄（考虑近期的成本效益原则）	较宽泛（考虑长期的战略效益）
成本控制	成本节省	成本避免：零库存、零缺陷
时间跨度	短期（每月、每季、每年）	长期（产品生命周期）
频度	定期进行	经常且持续进行
形式	事后反应式	事前行动式

续表

项　目	传统成本管理	战略成本管理
效果	暂时性/直接性	长期性/间接性
对象	表层的直接成本动因	深层的表现在质量、时间、服务、技术创新等方面的动因
侧重点	重视成本结果信息，即事后信息	重视成本过程信息，即实时信息
战略观念	注重内部成本管理，较少联系宏观政策、外部竞争对手、环境资源等来分析，难以超越本会计主体的范围	注重外部环境，分析企业的市场定位，提供预警信息，及时调整企业竞争战略，可超越本会计主体的范围

战略成本管理的基本框架是对于成本驱动因素，运用价值链分析工具，明确成本管理在企业战略中的功能定位。价值链分析、成本动因分析、战略定位分析构成了战略成本管理的基本内容。价值链分析主要应用于分析从原材料供应商至最终产品的消费者相关作业的整合，是从战略层面上分析、控制成本的有效方法。成本动因是指导致成本发生的因素，从价值的角度看，每一个创造价值的活动都有一组独特的成本动因。成本动因分析将影响成本的因素划分为两大类：一类是与企业生产作业有关的成本动因，如存货搬运次数、生产安排等；另一类是与企业战略有关的成本动因，如规模、技术、经营多元化、全面质量管理以及人力资本的投入等。因此，如何将企业的成本动因进行合理的划分，并分别对战略成本动因和作业成本动因进行针对性的成本管理，是成本动因分析的主要内容。

（四）战略性经营投资决策

传统管理会计采用净现值或内含报酬率作为评价投资项目是否可行的标准，但此方法存在三个主要问题：①其认为项目的成本或收益是一定可以量化的，并且可以用货币表示的；②其没有考虑某个项目的接受与否是否与公司的整体战略相吻合，如公司利用剩余生产力生产一批质量较低的临时订货，尽管这个订单在经济上是可行的，但却可能影响公司的市场形象，从而削弱企业的竞争优势；③其没有充分考虑风险在项目执行中的影响。针对这些问题，战略管理会计提出了全新的观点：一方面，项目中的成本或收益分为可直接用货币表示的、可换算为货币表示的以及不能用货币表示的三类，传统管理会计只考虑了第一种成本，是不科学的；另一方面，在项目的执行过程中存在各种风险，传统的净现值法在使用时虽考虑了市场风险因素，但风险不仅在市场环节中出现，而且贯穿项目执行的全过程。因此，按照战略管理会计的要求，投资评价可以采用一种新方法——战略投资评价矩阵，这种方法克服了传统管理会计的不足，它将项目执行过程中的风险和项目对公司总体战略的影响充分考虑在内。

（五）战略绩效评价

战略绩效评价是战略管理会计的重要组成部分。从战略管理的角度看，绩效评价是连接战略目标和日常经营活动的桥梁。良好的绩效评价体系可以将企业的战略目标具体化，可以有效地引导管理人员的行为。所谓战略绩效评价，是指结合企业的战略采用财务性与非财务性指标相结合的方法来动态地衡量战略目标的完成程度，并提供及时反馈信息的过程。战略绩效指标应具有以下基本特征：①注重企业长远利益；②集中体现与企业战略相关的内外部因素；③重视企业内部跨部门的合作；④综合运用企业内外部的各种货币与非货币的多层次绩效评价指标；⑤绩效的可控性；⑥将战略绩效指标的执行贯穿于全过程。

四、战略管理会计的基本程序

实施战略管理会计一般经过以下几个程序：

（一）宗旨和目标确定

作为战略管理的核心问题，企业的宗旨和目标就是企业的长期规划和长期奋斗目标。明确企业当前的宗旨，要求管理会计人员协助企业高层领导研究企业目前的产品和服务范围，并以此作为修正的基础。

（二）环境分析

企业所处的环境往往因为政策及竞争对手等外部因素而发生变化，因此管理会计人员不仅要善于分析企业当前的环境，而且要预测未来可能因素的变化及对企业所处环境的影响。而分析环境的一个重要方面就是对竞争对手的分析，管理会计人员必须确定竞争对手并搜集竞争对手公开的相关信息，研究竞争对手的活动，做到知己知彼，以便调整自己的战略。若企业能正确预测环境中可能发生的技术和社会变化，就能及早准备，取得抢占先机的效果。

（三）资源分析

在企业外部环境分析的基础上，管理会计人员还应关注企业的内部资源，即物质资源与人力资源，前者包括房屋、机器设备、现金、无形资产等；后者包括职工的技术、能力等。相关人员要分析企业是否存在资源短缺现象及短缺的程度，同时还应注重企业资源的利用状况。

（四）识别机会、威胁及优劣势

发掘企业是否存在可利用的机会，洞察企业可能面临的威胁，是管理会计人员在分析企业内外部环境资源基础上应进一步关注的内容。机会与威胁常常并存，如何抓住机会同时规避风险是企业制胜的关键。同时，管理会计人员还应找出可作为企业竞争武器的独特技能和资源，并看到企业自身的弱点。正确认识企业自身的优势和劣势，才能制定出扬长避短的竞争战略。

（五）重估企业宗旨和目标

在明确机会、威胁及优劣势后，管理会计人员便可重新评价企业的宗旨和目标是否实事求是，并由此判断是否需要做出调整。

（六）战略制定

战略是指企业长远计划和经营策略。而制定企业战略不仅包括总体战略，还包括分层战略，这要求各层次均应对其战略进行定位，以便获得能领先于竞争对手的相对优势。

（七）战略实施

企业应制定实施战略的具体行为规范和实施战略的具体方法以实现战略目标，即企业要建立实施战略的计划体系，从行动方案、预算、程序入手，将企业的战略具体化。在此基础上，从新的战略出发调整企业的组织结构、人员安排、财务政策、生产管理制度、研究与发展政策等，使之符合企业战略的要求。

（八）评价和反馈

战略实施到一定阶段，应对其执行的过程和结果进行及时评价，并将评价结论及时准确地反馈到企业战略管理的各个环节，以便各级领导及时分析并采取必要的纠正行动。

任务二 战略管理会计的研究内容

一、战略管理的基本体系

"战略"一词起源于军事科学,是指全面、长期思考后提出的长远计划和策略。战略具有长期性、全面性和层次性的特点。企业站在战略的高度对企业的现在及未来进行的筹谋、规划及策略的制定就是企业战略管理,其目的在于保持企业的竞争优势,促进企业长期、稳定、健康且不断发展。

(一)战略管理的特点

战略管理是企业为适应外部环境变化的需要而产生的,是企业在激烈竞争环境下的管理创新。与企业以往的管理形态相比,战略管理具有以下几个特点:

1. 战略管理需要考虑企业外部环境的诸多因素

战略管理是以市场为导向的管理,它非常强调对企业外部市场环境的变化及其趋势的把握,要求企业将内部资源条件与外部环境的变化结合起来考虑,有效地建立自己的管理模式。

2. 战略管理具有全局性

战略管理是有关企业发展方向的管理,它特别关注企业的总体发展方向,如企业寻求的新的经营领域是什么,在该领域期望取得怎样的差别优势,必须采取哪些战略推进步骤等,以强化企业在市场上的竞争能力,提高获利能力和经济效益,从而形成企业自身所特有的竞争优势。

3. 战略管理从时间上来说具有长远性

战略管理是面向未来的管理,企业战略反映了企业在一个相当长的时间内应达到的目标,这种目标的实现,将使企业面貌发生根本性变化。

4. 战略管理的目的是寻求企业长期稳定的发展

企业在战略管理过程中要根据外部环境和内部条件的变化进行战略调整,当某个战略目标实现后,企业要及时实现战略转移。

(二)战略管理的层次

一般来说,拥有多个战略业务单位(Strategic Business Unit,以下简称 SBU)的企业战略至少可以分为三个层次:公司层战略(Corporate－level Strategy)、业务层战略(Business Unit Strategy)和职能层战略(Functional－level Strategy)。而对于只拥有单个战略业务单位的中小企业,其公司战略和竞争战略是合而为一的。

1. 公司层战略

公司层战略又称总体战略,是企业最高层次的战略。公司层战略的关注范围是由多个战略业务单位组成的、从事多元化经营的企业整体。

2. 业务层战略

业务层战略也称竞争战略,是在公司层战略的指导下,就如何在某个特定的市场上成功开展竞争制订的战略计划。战略业务单位是指其产品和服务有着不同于其他 SBU 的外部市场,从事多元化经营的公司往往拥有多个战略业务单位。

3. 职能层战略

职能层战略是属于企业运营层面的战略，是为了贯彻和实施公司层战略与业务层战略在企业各职能部门制定的战略。职能战略是企业内各主要职能部门的短期战略计划，一般可分为研发战略、生产战略、营销战略、人力资源战略和财务战略等。

公司层战略、业务层战略和职能层战略共同构成了企业完整的战略体系，只有不同层次的战略彼此联系、相互配合，企业的经营目标才能实现。

二、战略管理会计研究的内容

一般而言，战略管理会计的体系内容是围绕外部环境分析、企业内部条件分析和竞争对手分析展开的，具体内容包括企业环境分析、价值链分析、成本动因分析、竞争能力分析、战略定位和综合业绩评价等。

（一）企业环境分析

1. 企业外部环境分析

企业外部环境包括宏观环境和特定产业环境两个方面：

（1）宏观环境

宏观环境主要是指对所有企业产生较大影响的宏观因素，如政治、法律、经济、科技、自然环境等因素。企业必须深入了解这些客观存在因素，并适应宏观环境对企业的要求。由于政治和法律因素从宏观上对企业的生产经营起着规范和导向作用，这要求企业管理人员要知法、懂法、守法，关注企业经营的社会效益；经济因素对企业生产经营的影响最直接具体，如居民收入水平、国民生产总值、产业结构、总体经济发展趋势等，均为企业的战略选择提供了依据；科技因素主要指产品开发、专利保护、新技术推广等，这为企业的新产品开发指明了方向；自然环境主要是指地理位置和资源状况，这为企业的生产经营提供了优良的先决条件。

（2）特定产业环境

特定产业环境是指企业所属产业中的目标市场。一个企业不可能拥有整个产业市场，这就要求对它所属产业的市场进行细分，将整个产业市场划分为若干个具有一定特点的细分市场，企业应根据自己生产经营的特点，选择目标市场，并了解目标市场的容量与饱和度，以及相关竞争者的数量、手段和影响力等。相比较而言，特定产业环境直接关系到企业的市场占有率和盈利水平，因此特定产业环境分析应当是企业外部环境分析的核心。

2. 企业内部环境分析

企业内部环境是指企业的内部条件，包括人力、物力资源、管理水平、经营者的领导才能等。对此进行分析的目的在于知己知彼，正确地选择并确定企业的竞争战略。

（二）价值链分析

1. 价值链的相关概念

所谓价值链，是企业为股东等利益相关者创造价值所进行的一系列经济活动的总称。价值链这一名称最早由美国学者迈克尔·波特在《竞争优势》一书中提出。按照其观点，每一个企业都是用来进行设计、生产、营销、交货及对产品起辅助作用的各种作业的集合。一个企业的价值链和它所从事的单个作业的方式反映了其历史、战略、推行战略的途径以及这些作业本身的根本经济效益。一定水平的价值链是企业在一个特定产业内的各种作业的组织。这一价值链形式可以通过图12—1来表现。

价值活动是指企业所从事的物质上的和技术上的界限分明的各项活动，它们是企业创造

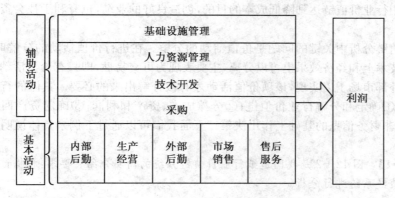

图 12—1 价值链形式

对买方来说有价值的产品的基础。利润是总价值与从事各种价值活动的总成本之差。价值活动(作业)可以分为两大类:基本活动和辅助活动。基本活动包括内外部后勤、生产经营、市场销售和售后服务等;辅助活动(支援作业)包括采购、技术开发、人力资源管理和基础设施管理。

2. 价值链分析的概念和意义

(1)价值链分析的概念

价值链分析就是以价值链为研究对象,分析价值链的构成、价值链上的每项价值活动的地位及相互关系、每项价值活动的成本及其动因、每项价值活动占用的资产及盈利状况等。它是用系统方法考察企业所有作业活动及其相互作用,具体包括行业价值链分析、企业内部价值链分析和竞争对手价值链分析。

(2)价值链分析的意义

传统成本分析关注的是企业内部价值链分析,其分析的焦点是确定企业成本耗费的合理性,实质是采用了价值增加的概念。而该概念从战略成本管理的角度来看,存在明显的缺陷:首先,它强调在采购后开始成本管理,失去了与上游供应商开展战略合作的机会,而这对于企业的低成本供应商优势的形成是至关重要的;其次,该观念以产品售出作为成本管理的终端,失去了与下游购买商进行战略合作的机会,这无疑会增加最终消费者的购买成本,进而影响企业产品的市场竞争力;再次,该观念没有从行业价值链的角度出发去分析供应商、本企业、购买商和消费者之间的合作关系,寻求降低成本的途径,以满足顾客的要求,增强整个行业的产品竞争力;最后,该观念忽略了竞争对手的成本情况,没有能够揭示出本企业同竞争对手相比的相对成本地位。

3. 价值链分析的内容

价值链分析的内容包括行业价值链分析、竞争对手价值链分析和企业内部价值链分析。

(1)行业价值链分析

行业价值链是从最初原材料投入到最终产品形成之间的所有价值形成和转移环节所构成的一条连锁链条。企业的价值转移和增值过程可以向前延伸至供应商、向后延伸至顾客环节,甚至延伸到供应商的供应商、顾客的顾客等一系列环节,企业最大的竞争优势可能就来自对上述企业价值转移和增值过程延伸环节的分析。行业价值链分析也就是从这个角度,除了分析自身所参与的那一部分价值链外,还关注从最初的原材料到最终产品之间的所有生产环节,探讨整个产业中所述的各个企业的竞争地位及它们之间的相应分化和整合。这样的分析有利于企业探索利用行业价值链达到降低成本的目的,创造良好的业绩,也有利于社会资源的优化和合理使用。

行业价值链分析中关键的问题是价值活动的分解。在进行价值活动的分解时,要求这些价值活动在技术上和经济效果上可以分离,主要表现为可交易性,即只有价值活动所创造的价值可以通过外部市场予以实现,该项价值活动才有被分解出来的必要。具体的行业价值链分析步骤如下:①确定和分解行业价值链;②分摊成本、资产和利润;③确定资产回报率和利润率;④在考虑非财务信息的基础上作出决策。下面我们可以通过下例来具体说明行业价值链分析。

【例12—1】 图12—2是我国造纸行业价值链系统的简明介绍。要求:根据该图对我国造纸行业的价值链系统进行分析。

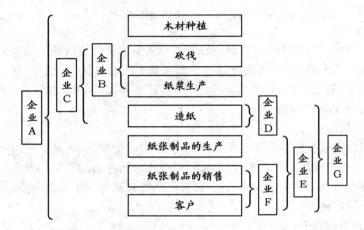

图12—2 我国造纸行业价值链系统的简明介绍

从图12—2可以看出,造纸行业是由许多经营范围不相同的企业共同构成的。它们之间既存在着业务上的供销联系,也存在着相互之间的竞争关系。图中的七家企业中,企业A的经营范围最广,若其在各个步骤之间的产品内部转移价格与外部竞争市场的价格一致的话,则可计算各个生产步骤的资产收益率,从中发现哪些产品从外部市场购买比自己生产更为经济,制定相应的自制或外购战略;而企业D的经营范围只限于造纸,是一家高度专业化的企业,在整个行业价值链中处于中心地位,但由于其经营范围单一,其战略毫无疑问是提高生产专业化程度,降低生产成本,提高产品质量。企业B和企业C都位于行业价值链中心的上游,这些企业都应该以产品为中心,通过技术、组织、管理等方面的不断创新,力求在新工艺、新产品的开拓以及现有产品的改进上不断取得新的突破,使企业具有鲜明特色的优质产品得以不断涌现,借以不断增强企业的核心竞争力。同时,企业还必须高度重视与相关企业的协作、互利关系,并明智地进行自制或外购的战略决策。企业E、F、G则均位于中心企业下游,这些企业在进行经营管理时应该以用户为中心,除了改进生产技术、提高产品质量外,更应该深刻了解不同用户群体的特点和要求,把及时提供符合他们实际需要的产品放在第一位,将这一方面的工作做深、做细,形成企业自身的独特竞争优势,为其长期、健康的发展奠定基础。

(2)竞争对手价值链分析

竞争对手价值链分析所需要做的工作就是测算出竞争对手的成本水平、成本构成情况,与企业的产品成本进行比较,揭示决定竞争优势的差异。在进行竞争对手价值链成本分析时,必须首先从各种渠道获取大量相关信息,初步估计竞争对手的各项成本指标,如找出竞争对手的供应商以及他们提供的零部件的成本、分析竞争对手的人工成本及其效率、评估竞争对手的资产及其利用情况等。可采用分拆法将竞争对手的产品分解为零部件,以明确产品的功能与设计特点,推断产品的生产过程,对产品成本进行深入了解。另外,还需根据竞争对手其他信息来调整上述估计指标,如竞争对手现在及未来的战略及其所导致的成本变化、企业环境的新趋势以及产业的潜在进入者的行为。当竞争对手的成本结构被确定下来之后,企业可以分析和模拟竞争对手的成本,确定企业与竞争对手相比成本上的优势与劣势,结合分析结果确定扬长避短的策略来战胜竞争对手。这一分析方法提供了企业与最佳业绩者之间现在和未来的成本差异,反映了企业所处的相对地位,并指出了改进的具体目标与途径。

(3)企业内部价值链分析

企业内部价值链分析表明,产品通过在企业内部价值链上的转移完成了价值的逐步积累和转移,最后转移给企业外部的顾客,企业凝聚在产品上的价值转化为顾客的认知价值,即顾客价值具体表现为顾客对所取得的产品愿意支付的价格,由此形成了企业收入。

战略管理会计认为通过优化价值链,尽可能提高顾客价值,是增强企业竞争优势的关键。企业价值链中的作业可以分为两类:一类为可增加价值的作业,如产品的设计、加工制造、包装以及销售方面的作业;另一类为不增加价值的作业,如与各种形式的存货有关的作业(存货的储存、维护、分类、整理等)和原材料、在产品、半成品、产成品等因质量不符合要求进行再加工、改造而形成的追加作业等。因此,优化价值链就是要尽可能消除不增加价值的作业,同时对可增加价值的作业也要尽可能提高其运作效率,并减少其对资源的占用和消耗。

企业内部价值链分析可以分为两个部分:内部价值链成本分析和内部差异价值分析。前者要求:①识别企业自身的价值链,即划分企业主要的价值活动;②为各项价值活动分配相应的成本、收入和资产;③找出统驭每个价值活动的成本动因;④优化价值链。而执行后者所需遵循的步骤为以下三步:①找出产生顾客价值的主要作业活动;②评估增加顾客价值的各种差异化策略,主要有优良的产品特性、良好的行销通路、经常化的消费者服务、优良的品牌形象等方式;③决定最佳的差异化策略。

综上所述,行业价值链分析、竞争对手价值链分析及企业内部价值链分析这三类价值链分析相互依存、相互联系地构成了一个有机整体,共同为实现企业生产经营目标服务。企业内部价值链分析是行业价值链分析和竞争对手价值链分析的交叉点。行业价值链分析的结果确定企业应该生产什么,竞争对手价值链分析指出企业生产该种产品的竞争优势所在,即确定企业应如何进行生产才有竞争优势。这两种分析都应建立在企业内部价值链分析的基础上,没有企业内部各种成本的挖潜,行业价值链分析和竞争对手价值链分析就失去了意义;没有对企业内部价值链分析的总体认识,行业价值链分析和竞争对手价值链分析就缺乏分析的基础,就无法做到有的放矢。

(三)成本动因分析

从战略的角度看,影响企业成本态势的动因主要来自企业经济结构和企业执行作业程序,这就构成了结构性成本动因和执行性成本动因。两类成本动因的划分,从不同的战略角度影响企业的成本态势,从而为企业的战略选择和决策提供支持。

1.结构性成本动因分析

结构性成本动因是与企业的战略定位和经济结构密切相关的成本因素。结构性成本动因往往发生在生产之前,其支出属资本性支出,构成了以后生产产品的约束成本,其决定了企业的产品成本,也会对企业的产品质量、人力资源、财务、生产经营等方面产生极其重要的影响,并最终决定企业的竞争态势。通常,企业战略层可选择的结构性成本动因主要包括以下几个方面:

(1)规模因素

规模因素是指一项投资将形成多大的生产、科研开发、市场营销等资源的组合。企业规模适度,有利于成本下降,形成规模经济;企业规模过大,扩张过度,会导致成本上升,造成规模不经济。显然,企业的经营规模越大,企业的成本也越大,成本发生变化的因素也越复杂。

(2)业务范围因素

业务范围因素是指纵向整合的深度,即企业垂直一体化的程度或企业跨越整个价值链的长度。纵向整合与企业规模经济有关,按其整合的取向分为前向整合和后向整合,可纵向延伸至供应、销售、零部件自制,这完全取决于企业和市场对垂直整合程度的要求。企业的垂直整合程度,即业务范围的扩张程度对成本产生正负双面影响:业务范围扩张适度,可降低成本,带来整合效益;反之,业务范围扩张过度,则提高成本,效益下滑。企业可通过战略成本动因分析,进行整合评价,确定选择或解除整合的战略。

(3)经验因素

经验因素是指企业过去从事该项产品或类似产品经营管理的经验。经验累积会使熟练程度提高,从而提高效率、降低人力成本,同时降低物耗、减少损失。经验累积程度越高,操作越熟练,成本降低的机会越多,经验的不断累积和发展是形成持久竞争优势的动因。但如果企业进入一个自己以前从未涉及的、全新的领域,那么企业将冒很大的风险,经验不足而导致的经营管理的不善将有可能导致企业成本发生重要变化。

(4)技术因素

技术因素是指企业价值链中每一步中的生产、研发、营销等各个方面的技术,它体现企业生产工艺技术的水平和能力。先进的技术和技术水平的提高,不仅直接降低成本,而且可以改变和影响其他成本动因从而间接影响成本。鉴于技术开发与应用付出的成本较高、技术更新迅速、开发技术被淘汰的风险较大,企业在选择能获得持久性成本优势的技术创新时,其革新的成本应与取得的利益保持平衡。技术领先或技术追随的策略选择,应视条件而定,能形成独特的持久领先技术,或获得独占稀有资源优势,可采用技术领先策略,否则应予放弃。

(5)厂址因素

工厂所处地理位置对成本的影响是多方面的。例如,所处位置的气候、文化、观念等人文环境对成本带来影响;地形、交通、能源及相关基础设施则对企业的产、供、销成本带来影响。工厂地理位置的改变和转移,可以带来成本降低的机会,当工厂处于不利地理位置,企业可利用地理位置这一成本动因,改变地理位置获得成本优势;地理位置的改变和转移也可导致其他成本上升,在有形成本降低的同时可能造成无形资源的流失,如厂址转移到工资水平较低的地区,在降低人工成本的同时造成人才流失。可见,厂址的改变或转移需权衡利弊,合理选择。

2. 执行性成本动因分析

执行性成本动因是指在企业按照所选择的战略定位和经营策略基础上,进行企业的日常经营管理过程时要成功控制成本所应考虑的因素,是决定企业成本水平的重要因素。执行性成本动因除了传统管理会计中所包含的生产量和销售量这两个业务因素以外,还包括员工参与管理、员工承诺持续不断地进步、坚持全面质量管理、全面使用有效的生产能力、保证生产流程的效率、充分利用价值链与顾客和供应商加强联系和沟通等。与结构性成本动因相比,执行性成本动因应属中观成本动因,即它是在结构性成本动因决定以后才成立的,是非量化的成本动因,其因企业而异,并无固定的因素,其形成与改变均需较长的时间。执行性成本动因通常包括以下六点:

(1)参与

员工是执行作业程序的决定因素,每个员工参与执行与成本相关,员工参与的责任感是影响成本的人力资源因素。企业取得成本优势而采取的组织措施,包括人力资源的开发管理,可促使员工积极参与,从而带来成本的降低。

(2)全面质量管理

质量与成本密切相关,质量与成本的优化是实现质量成本最佳、产品质量最优这一管理宗旨的内在要求。在质量成本较高的情形下,全面质量管理更是一个重要的成本动因,能为企业带来降低成本的契机。

(3)能力应用

在企业规模既定的前提下,员工能力、机器能力和管理能力是否充分利用,以及各种能力的组合是否最优,都将成为执行性成本动因。例如,进行技术改造、采用先进的生产管理方法,都会使企业的各种能力得到充分发挥,从而带来降低成本的机会。

(4)联系

这是指企业各种价值活动之间的相互关联,包括内部联系和外部联系。内部联系通过协调和最优化的策略提高效率或降低成本。外部联系主要是指与供应商和顾客的合作关系。上下游通力合作、互惠互利的临界式生产管理是重视联系的典范,它同时让企业、供方和销方获得降低成本的机会,从而成为重要的成本动因。

(5)产品外观

这是指产品设计、规格、样式的效果符合市场需要。

(6)厂内布局

这是指厂内布局的效率,即按现代工厂布局的原则和方法进行合理布局。

总之,在成本动因分析中,产量变动不是唯一有效的解释成本性态的原因,而应该从企业竞争优势——经济结构的选择和执行方式来说明成本的组成。对不同企业的不同战略,不是所有的结构性成本动因都同等重要,而是有所偏重。在价值链的每个环节都有各自独特的成本动因,因此,成本动因分析与价值链分析是紧密联系在一起的。竞争对手在价值链的同一环节保持着自己特有的成本动因,从而创造出各种竞争优势。

(四)竞争能力分析

企业的竞争能力分析又称 SWOT 分析,是指对企业的优势(Strengths)与劣势(Weaknesses)、机会(Opportunities)与威胁(Threats)所进行的分析。其理论基础是:有效的战略应该能最大限度地利用业务优势和环境机会,同时使业务弱势和环境威胁降至最低。其中,优势是指企业拥有的比其他企业更多的技术和资源,它是企业确立总的竞争战略的基础,也是企业克敌制胜的法宝。与之相反,劣势说明企业与竞争对手相比,企业所缺乏的重要技术和专长。机会是指企业环境中存在的对企业有利的情况。与之相反,威胁是指企业环境中存在的对企业不利的情况。在分析企业内外环境的基础上,关键是要确定企业的优势和劣势,同时发现机会,辨别可能存在的威胁,以此判断企业所处行业的竞争强度。

SWOT 分析法将企业面临的外部机会和威胁以及企业内部具有的强势和弱势进行组合,

得出四种组合方式,分别以四个区域表示,如图 12-3 所示。

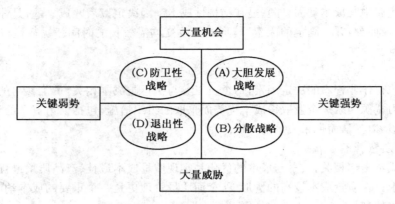

图 12-3　SWOT 分析模型

区域 A 是最理想的情况,这时企业面临许多机会,并具有多方面的优势,使企业足以利用外部机会。这种情况下,企业宜采用大胆发展战略,以充分利用环境机会和内部能力优势。

区域 B 的情况出现时,企业以其主要强势面对不利环境,可以采取两种策略:一种是利用现有的强势在其他产品或市场上寻找长期机会,这是具有其他发展机会的企业经常采取的策略;另一种策略是以企业的强势克服环境的威胁,而业务整合和多元化经营就是克服环境威胁的常用策略。一般而言,企业只有在优势十分突出、实力很强的情况下才适合与环境威胁正面对抗,如果失败,企业将面临更大的损失。

区域 C 的情况下,企业业务具有较大的市场机会,同时企业内部弱势也较明显。此时,企业应着力克服内部弱势,同时充分利用市场机会,采用防卫性战略。

区域 D 是最不理想的情况,处于该区域的企业,在能力条件相对弱势的情况下却面临着大量的环境威胁,企业最好采取减少产量、收缩战线,或是转产其他产品、转向其他市场的退出性战略。

在分析了企业内外部环境的基础上,企业可以从三个方面来制定相应战略:产业维、市场维和竞争维。通过产业维的分析,定位企业所应进入的产业;通过市场维的分析,定位企业应立足的市场;通过竞争维的分析,确定企业应以怎样的竞争战略来保证在既定的行业、市场和产品中站稳脚跟、击败对手,获取行业平均水平之上的利润。

1. 产业维的战略分析

进行产业维的战略分析可以运用产业分析模型,该模型也称产业结构分析模型。它以决定产业特征的一般因素为分析对象,分析结果可供该产业中的所有企业采用。产业分析模型一般包括对新进入企业的威胁、消费者和企业的谈判实力、替代品的威胁和行业现有竞争五个因素的分析,具体模型如图 12-4 所示。

(1)新进入企业的威胁

一个行业的新进入企业将新的生产能力和资源带进来,希望得到一定的市场份额,这将打破原有行业的竞争格局,对所有已处于该行业中的企业来说是一种极大的威胁。新进入企业威胁的大小通常取决于该行业进入障碍和门槛的高低以及原有企业的反应。

(2)替代品的威胁

通常替代品可以限制某种产品价格的方式来影响该行业的赢利能力。例如,即使铝合金

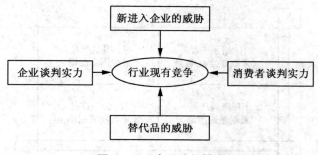

图 12—4 产业分析模型

门窗的供给严重不足,铝合金门窗的生产厂家也不能漫天要价,因为在市场上存在着钢门窗、木门窗等大量铝合金门窗的替代产品。

(3)行业现有竞争

通常来说,一个行业中的各个企业都是互相竞争和互相影响的,它们共同构成一个行业的竞争均衡。比如,一个企业如果采取某种竞争手段对竞争对手产生显著影响,那么该竞争对手也一定会采取相应的对策进行反击,它们之间的竞争和影响是相互的。一般情况下,在具有以下几个特征的竞争行业中,现有企业的竞争会非常激烈:竞争者较多且实力较为均衡;行业增长速度缓慢且进出行业门槛较高;产品质量差异不大;等等。

(4)消费者谈判实力

消费者可以通过讨价还价或要求企业提高产品质量和售后服务来降低企业的利润率。在下列情况中,消费者在与企业的博弈中占有较大优势:顾客的购买量占企业销售额的比重较大,是企业的主要顾客;顾客可能通过沿自身价值链向前扩展来自己生产该产品;该行业有很多家实力相似的企业,且产品质量差异不大;顾客改变供应渠道的成本很低;等等。

(5)企业谈判实力

企业可以通过提高产品售价或降低产品质量来提高自身利润率,增加企业利润。一般在下列情况中,企业在与消费者的竞争中占有优势地位:供应的产品被少数企业垄断且供不应求;所供应的产品属于不可替代产品;供应商有可能通过其自身价值链的向后扩展,参与该行业的竞争;等等。

2. 市场维的战略分析

进行市场维的战略分析可运用两种方法:市场份额矩阵分析法和产品市场生命周期分析法。

(1)市场份额矩阵分析法

该分析法又称 BCG 矩阵法,BCG 是波士顿顾问公司的缩写,因其首创此法而得名。这种方法的原理如图 12—5 所示。

如果企业某产品处于第一象限,称其为明星产品,其市场占有率较高,企业处于市场领导者地位,同时其市场增长率也处于高增长阶段,需要较多的现金投入才能维持高市场占有率和市场领导者地位,所以这种产品目前还是现金吸收者。企业应加大现金投入力度,使其成为金牛产品。

如果企业某产品处于第二象限,称其为幼童产品,说明该产品处于前景看好的市场,虽市场占有率不高,但极具获利潜力,企业应采取建立战略。具体到财务上要加大投入,在定价上

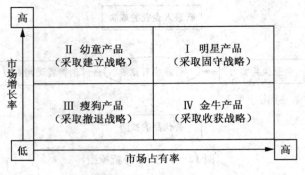

图 12—5　BCG 矩阵法

要不惜牺牲短期现金流量来换取市场占有率的扩大,以便与市场领导者抗衡甚至取而代之。待其市场占有率达到一定水平后,此种幼童产品便成为明星产品。

如果企业某产品处于第三象限,则该产品属于不能产生现金或产生现金很少的瘦狗产品,对这种产品加大投入谋求市场领先将事倍功半、劳而无功。产生瘦狗产品的原因可能是企业错过了产品的快速增长期,在其他企业已经取得市场领先地位、产品市场已基本达到饱和的情况下,再想在该产品上有所作为难度极大。因此,对此类产品,企业应终止资源投入,避免产生更大损失。

如果企业某产品处于第四象限,说明该产品市场占有率高,规模效益明显,产品成本较低,占据市场统治地位。由于市场增长率不高,对新的资金投入要求不高,因此产品处于收获期,将产生大量的现金流入,此时的产品成为金牛产品。这种情况下的合理目标是保持市场份额,收获其产生的现金流量,而不是谋求增加市场渗透。金牛产品产生的现金流量应不断投入到幼童产品和明星产品中,以便培育出新的金牛产品。

(2)产品市场生命周期分析法

产品的市场生命周期是指某种产品自投入市场开始到从市场上消失为止的整个时期。根据产品在各个时期的销售量变化情况,可绘制一条如图 12—6 所示的销售量随时间变化的曲线:

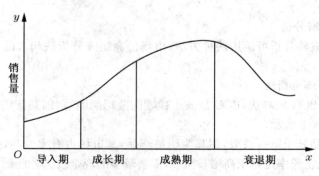

图 12—6　产品市场生命周期分析法

图 12—6 中曲线的每个拐点形成了划分产品市场生命周期各个阶段的标志。根据这些拐点可以把整个市场生命周期依次划分为导入期、成长期、成熟期和衰退期四个阶段。在导入

期,企业主要精力应致力于产品的市场化和各种标准的建立。此时在财务上,需要企业具备足够的支付能力和损失承受能力;在人力资源上,要注重技术培训,配备必备的技术人才;在技术上,要加大企业生产、工艺等方面的技术投入,了解有关的技术转让信息,保持技术研发的热情;在市场开发方面,要提高产品的市场渗透能力。在成长期,企业在营销方面侧重树立品牌形象,形成产品的细分市场,适当降低产品价格以扩大市场占有率,建立强大高效的分销网络,寻找新的销售渠道;在生产方面,努力增加产品品种,扩大生产规模,降低生产成本,提高产品质量;在财务上,加大融资力度,以满足规模扩张的需求,加大旨在扩张规模的投资强度;在人力资源上,配备足够的技术人员,要求企业具有不断补充技术人才的能力,注重人才激励机制的建立,提高关键技术人才对企业的忠诚度;在技术上,要在产品质量保证技术和后续产品研发技术上加大投入。在成熟期,企业在营销上应侧重保持已有的市场,开发新的市场,实现产品和服务的差异化,强化售后服务,保持用户的信任;在生产上,进一步改良产品、降低成本,发掘与其他企业共享生产能力的机会或降低生产能力;在财务上,要建立有效的成本控制机制,加大换代产品的投入;在人力资源上,谋求以较低的成本裁减职工人数,提高工作效率;在技术上,重点开发旨在降低成本的生产工艺技术,开发新的产品品种,实现产品的系列化和多样化,加大后继产品的研发力度。在衰退期,企业在营销上,要以企业良好的形象进入新市场和新的销售渠道;在生产上,要削减现有的生产能力,或为现有生产能力谋求其他用途;在财务上,要注重资源的重复和高效利用,人力资源安排上注重人员的重新安置,减少人力资源的成本投入;在技术上,要重点支持企业的其他发展领域,或适应客户的独特要求。

3. 竞争维的战略分析

进行产业维的战略分析使企业了解产业竞争环境,作出进入何种产业的战略决策,但进入某产业并不能说明企业能够在该产业中立足、发展并获得预期的利润,企业还需展开旨在取得持久竞争优势的竞争维战略分析。从竞争角度看,企业可选择的战略无非两种类型,即防守型和进攻型。防守型战略的目的是稳固企业现有的竞争地位,抵御入侵者和防范潜在进入者;进攻型战略的目的是在已被对手占领的市场上抢占一部分份额。不论是防守型战略还是进攻型战略,都包括两种基本战略:成本领先战略和产品差异化战略。成本领先战略从一定意义上说,也是一种差异化战略,即企业与竞争对手在产品成本上的差异,在产品的特性相当的情况下,如果产品具有较低的成本,就会提高企业产品的竞争力;差异化战略是指企业通过向顾客提供区别于竞争对手的独特的产品和服务,从而获得竞争优势。

(五)战略定位

从战略角度研究定位问题的代表人物是美国哈佛商学院的迈克尔·波特。他在理论界和企业界的研究与实践基础上,提出分析产业结构和竞争对手的理论与方法,形成了著名的战略定位。迈克尔·波特在对企业进行价值链、成本动因及 SWOT 分析之后,提出了以下三种竞争战略:低成本战略、差异化战略和集聚战略。

1. 低成本战略

低成本战略也称为成本领先战略,是指企业通过提供比竞争对手成本更低的产品或服务来超过竞争对手的一种竞争战略。成本领先者通过降低产品成本,能够在较低的价格下维持适当的利润,进而通过价格战,挤垮竞争对手。这种战略常常在广泛的产业内谋求竞争优势,成本领先者通常拥有相当大的市场份额,尽量避免局部市场,使用低价占有较广的市场。当大多数公司试图为降低成本而努力时,成本领先者可完全将精力放在降低成本上,从而在市场上取得有利的成本和价格优势。但实行低成本战略必须避免一种倾向,即降低产品成本的同时可能会降低产品的需求,原因是减少了产品的功能。只有在消费者认为企业的产品和服务与竞争对手的产品是相同(至少类似)的,且竞争对手的价格更高时,成本领先战略才能奏效。

成本领先战略是三种竞争战略中最明确的一种,其主题是如何使企业成本低于其竞争对手。在激烈的市场竞争中,成本领先企业在竞争力量的威胁中具有强大的防御作用。如果企业能够创造和维持全面的成本领先地位,那么它只要将价格控制在产业的平均水平或接近平均的水平,就可以获取优于平均水平的经营绩效。与竞争对手的价位相比,成本领先者的低成本地位将转化为高效益。成本优势的战略性价值取决于其持久性,如果企业成本优势的来源对于竞争对手来说是难以复制或模仿的,其持久性就会存在。企业可以通过控制成本动因和重构价值链这两种方法来获取成本优势。

2. 差异化战略

差异化战略又称别具一格战略,是指通过产品研究开发,力求就客户广泛重视的方面在产业内独树一帜、别具一格,或在成本差距难以进一步扩大的情况下,生产比竞争对手功能更多、质量更优、服务更好的产品,以获得竞争优势的竞争战略。换言之,就是要标新立异、提供与众不同的产品或服务,满足顾客的特殊要求。如果一个企业能够提供给顾客某种具有独特性的东西,那么它就具备有别于其竞争对手的经营差异化,经营差异化减少了竞争,保证了其市场份额,使企业可以得到价格溢价的报酬。因此,差异化战略是获得超常收益的战略,可有效防御竞争力量。实行差异化战略必须避免一种倾向,即可能试图降低产品成本而忽视产品的宣传。通常,实行差异化战略的企业为使消费者认识企业产品所具有的独特性,必须进行持续的、大规模的产品宣传,否则忽视产品宣传,差异化战略的作用就会降低。如果企业产品在消费者心目中的独特性不再重要时,则低成本竞争对手的产品对消费者就更具有吸引力。这要求企业采用此战略时,必须在促销方面投入大量的资金以扩大其产品的影响。

3. 集聚战略

集聚战略是指企业选择特定细分市场实施低成本战略或差异化战略,即选择特定的地区或特定的购买者群体提供产品和服务,获取成本或差异化竞争优势的竞争战略。前两种战略是面向全行业的,而集聚战略是企业集中有限的资源以更高的效率、更好的效果为界定的顾客或市场区域服务,从而超过服务于更广阔范围的竞争对手。集聚战略有两种形式,即成本领先集聚战略与差异领先集聚战略,前者寻求在目标市场上的成本优势,而后者追求目标市场上的差异优势。实行集聚战略需注意的问题是,企业所处的特定市场可能会由于行业技术改变或消费者消费倾向的变化,致使企业优势突然消失。因此,采用此战略时,要求企业必须密切关注市场消费者的消费动态,应适时调整产品的生产以满足消费者的消费需求,从而达到不断获利的目的。

以上三种竞争战略的特征比较如表12—2所示,企业可以通过比较、借鉴来选择和建立适合自身发展的竞争战略。

表 12—2

	低成本战略	差异化战略	集聚战略
战略目标	广阔的市场	广阔的市场	狭窄的市场
竞争优势	整个产品市场中的低成本	独特的产品或服务	特定细分市场中产品或服务的独特性、低成本或二者兼而有之
产品品种	产品品种有限	产品品种多	产品品种可能多,也可能有限

续表

	低成本战略	差异化战略	集聚战略
生产	在保证产品质量和基本性能的基础上尽可能做到低成本	力求生产创新,生产出差异化的产品	生产适应特定市场的产品需要
营销	低价格	价格较高	根据特定市场的具体状况灵活定价

（六）综合业绩评价

从战略角度看,企业的竞争能力受到外部环境、内部条件和竞争态势的强烈影响。竞争的加剧是以取得竞争优势和满足顾客需求为导向的经营理念,这成为企业一切经营战略的核心思想。竞争使企业经营的不稳定因素越来越多,市场的增长、顾客的需求、产品生命周期、技术更新等变化的速度大大提高。如何以最直接、最简便的方式满足顾客需求,如何构造企业的组织体系以便能够对环境变化做出灵敏反应,如何在激烈的竞争中获得优势等是管理人员必须认真考虑的问题。面对这些问题,传统的财务业绩评价受到挑战,需要在财务业绩评价的基础上,对业绩进行综合评价,以便从更高层次对企业的业绩进行更为全面的评价。

传统的财务业绩评价在企业业绩的评价方面占主导地位。然而,当竞争环境越来越需要管理人员重视和进行经营决策时,市场占有率、革新、顾客满意度、服务质量、业务流程、产品质量、市场战略、人力资源等非财务计量指标被更多地用于衡量企业的业绩,在企业业绩计量方面起着更大的作用。与严格的财务业绩指标相比,非财务指标具有两个优点:一是它直接计量一个企业在创造股东财富活动中的业绩,从而更好地完成业绩评价的诊断职能;二是因为它直接计量生产活动,所以可以更好地预测未来现金流量的方向。非财务业绩评价为管理人员改进企业业绩评价提供了一个宝贵的机会,这种评价指导管理层对企业长远经营评价给予足够的关注,比短期的、历史的财务业绩评价能够更好地反映企业所创造的价值。

非财务业绩评价指标的设立,必须充分结合公司的目标和发展战略。企业的目标和战略不同,其业绩衡量指标也会有所不同。目前,比较成熟且广为采用的包含非财务业绩评价的方法是平衡计分卡。而关于平衡计分卡的相关内容在之前的章节有所陈述,此处不再赘述。

任务三　战略管理会计在实际中的应用

为了正确理解战略管理会计在实际中的应用,我们以耐克公司为例。

一、基于五力模型的分析

迈克尔·波特在其经典著作《竞争战略》中提出了行业结构分析的五力模型,即行业现有的竞争状况、供应商的议价能力、客户的议价能力、替代产品或服务的威胁及新进入者的威胁这五大竞争驱动力。在分析耐克公司的核心竞争力前,我们先基于这五种力量的作用,对美国运动鞋企业的竞争状态进行分析。

第一,这个领域存在较高的进入壁垒。美国运动鞋产业由不用工厂生产的品牌型公司组成,大公司在广告、产品开发以及销售网络出口方面都更有成本优势,更重要的是,品牌个性与消费者忠诚度都给潜在的进入者设置了无形的屏障。第二,供应商的议价能力较弱。因为大多数运动鞋产业的投入是同质的,特别是在耐克发起了外包浪潮后,有超过90%的生产集中在低工资、劳动力远远供过于求的国家。第三,运动鞋的终端消费者在意价格,同时对时尚潮流更加敏感,但这对于公司的利润率并没有极为负面的影响。因为如果存在利润的减少,那么这将通过降低在发展中国家的生产来弥补。第四,大多数品牌在产品差异化方面很成功,这阻止了购买者将品牌与不断转换的品牌形象联系起来。第五,因为其他鞋类不适宜运动,所以现在还没有运动鞋类的完全替代产品。第六,美国运动鞋市场被看作是具有挑战性并已饱和、充满竞争且增长缓慢的市场,对于新进入者只有很小的空间。耐克、阿迪达斯和锐步,这些主要品牌抢占了超过一半的市场份额并保持相对稳定。

通过上面的分析可以看到,一方面,美国运动鞋市场是一个令人垂涎的市场,不过壁垒高筑,有较低的供应商议价能力、适度的购买者议价能力且没有焦点产品的替代产品,很难有基础利润;另一方面,当除了高度市场集中外没有任何垄断力量时,区域里的对抗十分激烈。因此,在这个竞争环境中,独立公司的超常利润的持续性在很大程度上依靠其策略。

而起源于1962年的耐克,由菲尔·耐特首创,当时命名为蓝丝带体育,20世纪70年代正式更名为耐克(Nike),1980年初步超过阿迪达斯在美国运动鞋业内坐上头把交椅,占据约50%的美国市场份额。从那时起,耐克开始实行积极进取的市场活动,签约顶级运动员,并创造了"Just do it"的口号。耐克将其运动鞋定位为具有创新设计与技术、高价位的高品质产品。耐克凭借丰富的产品类型以及杰出的设计,2000年占据了超过39%的美国运动鞋市场,几乎是阿迪达斯市场份额的两倍。从20世纪70年代开始,耐克就从一家产品导向的公司逐渐转变成一家市场导向的公司。它在全球范围内运营,在公司内部设计高技术和高品质的产品,在低成本的国家生产,再成功地通过营销建立起作为青少年亚文化标志的品牌。耐克的独特资源包括专利产品和商标、品牌声誉、公司文化与公司独特的人力资产。

二、价值链的分析

为了厘清耐克如何在其资源和实力的基础上发展成竞争优势,下面从生产、销售、市场营销三个方面分析其价值链:

(一)生产

20世纪70年代以后,耐克便把生产环节外包给一些亚洲国家。外包使耐克获得了廉价的劳动力,并从供应商那里得到大量折扣。同时,外包使顾客能更快从市场获得新产品,减少了资本投入的风险。

(二)销售

耐克允许零售商提前5~6个月定下运输保证书,保证90%的订货会以确定的价格在确定的时间运到,这个策略成功地将存货减少到最低,并缩短了存货的周转。在2003财务年度,耐克有91%的美国鞋类是以这种方式出货。同时,耐克有三种销售渠道:零售商、耐克城及电子商务。耐克城建立于20世纪90年代,展示耐克最新或最具创意的产品系列,在主干道上做广告,耐克城与其说是一个销售渠道,不如说是一种营销手段。电子商务始于20世纪90年代的"nike.com",耐克也允许其他网络公司销售其产品,电子商务策略使耐克重新点燃了与消费者之间的直接关系。

(三)市场营销

作为耐克的核心竞争力之一,市场营销不仅仅是做广告,更是吸引并留住顾客。耐克营销团队采用的市场策略始终反映公众意见。在20世纪八九十年代的大部分时期,专业运动员被像英雄一样崇拜,因此耐克投入大量资金,请成功、富有魅力的知名运动员为其产品代言。例如,当迈克尔·乔丹1984年加入耐克团队,"像迈克尔一样"就成为人们对迈克尔·乔丹仰慕之情的口号。而当乔丹1999年退役时,耐克无法找到一个运动员可以代替他的位置,因此,耐克转向一个名为"Nike Play"的新活动,这个活动由展示个人成就、鼓励所有人参与的系列短片组成。我们可以看到,市场策略要随着消费者的喜好而变。对市场变化做出快速反应,正是保持耐克在鞋类市场的核心竞争力的法宝。

关键术语

战略管理会计　价值链分析　SWOT分析

◎ 应知考核 ◎

一、单项选择题

1. 下列项目中,属于战略管理核心问题的是(　　)。
A. 确定企业目前的宗旨和目标　　　　　　　B. 分析环境
C. 制定战略　　　　　　　　　　　　　　　D. 组织实施

2. 影响企业成本态势的动因主要是(　　)。
A. 结构性成本动因　　　　　　　　　　　　B. 识别性成本动因
C. 规模性成本动因　　　　　　　　　　　　D. 技术性成本

3. 围绕企业的优势与劣势、机会与威胁所开展的分析,在战略管理会计中属于(　　)。
A. 经营环境分析　　　　　　　　　　　　　B. 战略定位分析研究
C. 价值链分析　　　　　　　　　　　　　　D. 竞争能力分析

4. 取决于该行业进入障碍和门槛的高低以及原有企业的反应的是(　　)。
A. 新进入企业的威胁　　　　　　　　　　　B. 替代品的威胁
C. 行业现有竞争　　　　　　　　　　　　　D. 消费者谈判实力

5. 要求企业必须密切关注市场消费者的消费动态,应适时调整产品的生产以满足消费者的消费需求的是(　　)。
A. 低成本战略　　　B. 差异化战略　　　C. 集聚战略　　　D. 高成本战略

6. 企业过去从事该项产品或类似产品经营管理的经验体现的是(　　)。
A. 规模因素　　　B. 业务范围因素　　　C. 经验因素　　　D. 技术因素

7. 企业通过避免直接竞争来取得成功,这种战略是(　　)。
A. 低成本战略　　　B. 差异化战略　　　C. 集聚战略　　　D. 竞争优势战略

8. (　　)是保证性目标,其明确了在实施竞争战略的过程中,公司各个职能部门应该发挥什么作用、达到什么目标。
A. 公司总战略目标　　　　　　　　　　　　B. 经营竞争性战略目标
C. 职能性战略目标　　　　　　　　　　　　D. 既成性战略目标

9. (　　)指企业通过提供比竞争对手成本更低的产品或服务来超过竞争对手的一种竞争战略。
A. 低成本战略　　　B. 差异化战略　　　C. 集聚战略　　　D. 竞争优势战略

10. 主要应用于分析从原材料供应商至最终产品的消费者相关作业的整合,是从战略层面上分析、控制成本的有效方法是(　　)。
A. 增值分析　　　B. 价值链分析　　　C. 竞争优势分析　　　D. 成本动因分析

二、多项选择题

1. 下列各项中,战略管理会计特征的表述有( )。
A. 外向性　　　　　B. 长期性和整体性　　　C. 全面性　　　　　D. 多样性
2. 战略管理会计的体系内容主要包括( )。
A. 战略管理目标　　　　　　　　　　B. 战略管理会计信息系统
C. 战略成本管理　　　　　　　　　　D. 战略性经营投资决策和绩效评价
3. 战略绩效指标应具有的基本特征包括( )。
A. 注重企业长远利益　　　　　　　　B. 集中体现与企业战略相关的内外部因素
C. 重视企业内部跨部门的合作　　　　D. 绩效的不可控性
4. 价值链分析的内容包括( )。
A. 企业外部价值链分析　　　　　　　B. 行业价值链分析
C. 竞争对手价值链分析　　　　　　　D. 企业内部价值链分析
5. 企业战略层可选择的结构性成本动因主要包括( )方面。
A. 规模因素　　　　　　　　　　　　B. 业务范围因素
C. 经验因素　　　　　　　　　　　　D. 技术因素、厂址因素
6. 执行性成本动因通常包括( )。
A. 参与　　　　　B. 技术因素　　　　C. 全面质量管理　　　D. 能力应用
7. 产业分析模型一般包括( )。
A. 新进入企业的威胁　　　　　　　　B. 消费者和企业的谈判实力
C. 替代品的威胁　　　　　　　　　　D. 行业现有竞争
8. 迈克尔·波特在对企业进行价值链、成本动因及 SWOT 分析之后,提出的竞争战略有( )。
A. 低成本战略　　　B. 差异化战略　　　C. 集聚战略　　　D. 竞争优势战略
9. 内部价值链成本分析的要求有( )。
A. 识别企业自身的价值链　　　　　　B. 为各项活动分配相应的成本、收入和资产
C. 找出统驭每个价值活动的成本动因　D. 找出产生顾客价值的主要作业活动
10. 战略管理会计的分析方法有( )。
A. 企业环境分析　　　B. 价值链分析　　　C. 成本动因分析　　　D. 竞争能力分析

三、判断题

1. 1981 年,英国学者大卫·李嘉图率先提出了战略管理会计的概念。 （ ）
2. 战略成本管理的基本框架是对于成本驱动因素,运用价值链分析工具,明确成本管理在企业战略中的功能定位。 （ ）
3. 战略管理会计注重长远性及整体利益的最大化。 （ ）
4. 战略管理在环节上包括战略的制定、战略的实施和战略的调整等。 （ ）
5. 企业战略的制定和实施必须将注意力全部集中在企业内部。 （ ）
6. 价值活动(作业)可以分为基本活动和辅助活动。 （ ）
7. 行业价值链分析中关键的问题是价值活动的分解。 （ ）
8. 成本动因是引发成本的一种推动力或成本的驱动因素。 （ ）
9. 市场维的战略分析的方法有市场份额矩阵分析法和价值链分析法。 （ ）
10. 非财务业绩评价指标的设立,必须充分结合公司的目标和发展战略。 （ ）

四、简述题

1. 决定行业竞争强度的五种基本的竞争力是什么?
2. 价值链分析的意义是什么?
3. 简述传统管理会计的局限性。
4. 简述战略管理会计主要研究的问题。
5. 简述战略管理会计的基本程序。

◎ 应会考核 ◎

★ 观念应用

【背景资料】

海天"冰茶"的陨落

人们记忆中的海天"冰茶"是 1993 年以一个供销社为基础发展起来的饮料巨头,初期发展迅猛。1995 年,海天冰茶销量达到 5 000 万元。1996 年,这个数字骤然升至 5 个亿,翻了 10 倍。在市场销售最高峰的 1998 年,海天的销售额达到了 30 亿元。短短几年间,海天集团一跃成为中国茶饮料市场的龙头老大。

海天的成功引来了众多跟风者的竞争。康师傅、统一、可口可乐、娃哈哈等一群"冰红茶"、"冰绿茶"相继出现在消费者面前。海天"冰茶"的独家生意很快就被分食、弱化了。2001 年,海天的市场份额从最初的 70%跌至 30%,销售额也随之大幅下降。

伴随着产品先行者的优势被削弱,管理上的问题也越来越多地暴露出来。据介绍,在渠道建设方面,不论进入哪一个城市,不论什么职位,海天集团都从本地派遣人马。但是,管理这些网点的制度规范却很滞后,总部与网点之间更多的是激励机制,少有约束机制。

海天集团实行按照回款多少来考核工作业绩的制度。有报道说,有些从集团派出的业务人员为了达到考核要求,私自和经销商商定;只要你答应我的回款要求,我就答应你的返利条件;可以从集团给你要政策,甚至允许你卖过期产品。更有些业务人员,主要精力除了用于催款和许诺,就是与经销商一起坑骗企业。

面对如此严峻的形势,海天集团开始了变革。变革的力度可以用"大破大立"来形容:

第一步是企业高层大换血。目标是将原来粗放、经验主义的管理转为量化、标准化管理。集团引进了 30 多位博士、博士后和高级工程师,开始接手战略管理、市场管理、品牌策划和产品研发方面的工作。

第二步是把 1 000 多名一线的销售人员重新安排到生产部门,试图从平面管理向垂直管理转变。集团总部建立了物流、财务、技术三个垂直管理系统,直接对大区公司进行调控,各大区公司再对所属省级公司进行垂直管理。这样的人员调动是集团成立以来最大的一次。

第三步是把集团的组织结构重新划分为五大事业部,包括饮料事业部、冰茶红酒事业部、茶叶事业部、资本经营事业部和纺织及其他事业部,实现多元化经营。

令人意想不到的是,大刀阔斧的变革并没有让产品的市场表现有所好转,相反,组织内部却先乱了起来。

在"空降兵"进入集团并担任要职后,新老团队之间的隔阂日益加深。由于公司最初没有明确的股权认证,大家都不愿意自己的那一份被低估,元老们心里想的是"当初我的贡献比你多",而新人则认为"今天我的作用比你大"。同时,1 000 多名一线业务人员被调回生产部门,不仅关系到个人利益的重新分配,而且关系到销售渠道的稳定性和持续性。于是,矛盾不可避免地尖锐起来,企业出现了混乱。自 2001 年,如日中天的海天开始明显地滑落,2002 年下半年,海天停止销货。一度风光无限的"海天"渐渐成为人们脑海中的一个回忆。

【考核要求】

依据上述资料,请回答以下三个问题:

1. 分析海天集团进行战略调整的动因。

2. 你认为海天集团战略调整失败的原因有哪些?

3. 假如你是当初海天集团的决策人,你会如何进行战略调整?

★ **技能应用**

东方电瓷厂战略管理会计的实施

东方电瓷厂是一家中型电瓷产品制造企业,历史悠久,技术力量雄厚,产品质量过硬,生产管理严格,在国内同行业中一直处于领先地位,占有较大的市场份额。2003年,国内生产电瓷产品的企业不到100家,企业的毛利率可达到70%;而到了2013年,同类企业达到几百家,竞争日趋激烈,企业产品的毛利率下降到35%。在激烈的竞争面前,该厂几年来实施战略管理会计,大力推行作业成本计算法,取得了显著效果。具体做法如下:

1. 分析企业的内外部环境,制定竞争战略

我国经济持续发展,为企业创造了良好的市场环境。威胁使同类企业竞争日趋加剧,很多江浙一带的民营企业加入竞争,由于国有企业的灵活性不如民营企业,有些民营企业甚至采用不正当手段进行竞争,这对企业也是很不利的。从企业内部资源看,企业的技术力量雄厚,管理水平较高,是企业的优势;劣势是企业的历史包袱较重,本地的劳动力成本也较高。由于电瓷产品的技术比较成熟,产品的技术含量在各厂家大同小异。因此,企业只有在价格上相互竞争。在进行了SWOT分析后,企业决定采取低成本战略。

2. 进行成本动因分析,有步骤地实施作业成本计算法

在战略定位后,企业开展了"深入了解业务过程"活动。使该厂认识到会计人员和制造部门人员进行了工艺分析,分析产品生产的作业和作业背后的成本动因。在分析的基础上实行作业成本计算法计算产品和应用作业成本法进行管理。

该厂把作业分为四个层次:单位级作业、批量级作业层次、产品级作业层次和管理级作业层次。单位级作业包括的项目有机器动力,其费用的分配是按机器工时。批量级作业以生产设备次数、材料移动次数和检验次数作为分配基础。产品级作业是产品的分类包装,以分类包装次数为分配费用的基础。管理级作业所分配的费用,包括生产设备折旧和管理人员工资等是按机器工时和产品的主要成本进行分配的。

在把按传统方法计算的产品成本和按作业成本计算法计算的成本进行比较后发现,传统计算方法的产品成本被严重扭曲了。该厂A部门生产高压电器产品H型和ZH型。H型产品为普通性产品,ZH产品是新型、复杂的产品。两种产品在同一生产线上制造。单独生产H型产品月产量可达10 000只;单独生产ZH型产品月产量可达1 000只。该厂2016年3月份的产品单位成本数据如表12—3所示。

表12—3 **H型产品和ZH型产品单位成本对照表**

产品成本计算方法	成本项目	H型产品	ZH型产品
传统方法	直接材料	19.35	22.15
	直接人工	12.76	21.24
	制造费用	56.87	94.68
	合　计	88.98	138.07

续表

产品成本计算方法	成本项目	H 型产品	ZH 型产品
作业成本法	直接材料	19.35	22.15
	直接人工	12.76	21.24
	制造费用	45.09	271.4
	合　计	77.20	314.79

在没有进行作业成本法进行成本核算前,H 型产品的售价是 150 元/台,ZH 型产品的售价是 250 元/台。在获得了新的产品数据后,该厂对产品的售价作了及时调整。H 型产品的售价降低到 135 元/台;ZH 型产品的售价提高到 288 元/台。

在实行了作业成本计算法后,不仅改变了企业成本数据不准确和售价不合理的情况,企业还深挖产品成本较高的背后原因,为降低 ZH 型产品成本奠定了基础。分析表明,ZH 型产品的单位机器动力成本和生产设备折旧成本明显偏高,进一步分析发现,这两个作业成本偏高的原因是由一个共同因素引起的,即 ZH 型产品的单位机器工时较高,为 H 型产品的 12 倍,这就为降低成本指明了方向。在有关人员的攻关下,通过采用新材料和新工艺使 ZH 型产品的工艺耗时降低了 25%,每批产量由原来的 1 只增加到 3 只,从而其机器工时降低到了原来的 1/4,成本大大降低。

3. 运用价值链分析,与上下游企业实现双赢

企业对供应商和顾客进行分析后发现,企业与他们合作的机会很多。例如,该厂每月需 5 000 只不锈钢盖,如果其上游企业——不锈钢餐具厂购入其加工余下的边角料作为原材料,经测算可节约成本 0.8 万元。之后又发现该厂有加工能力,企业只需出模具即可,这样每月可节约成本 0.91 万元。企业降低了成本,餐具厂以更高的价格出售了边角料,实现了双赢。

在销售阶段,该厂通过分析把原来的很多销售办事处换成了代理商,实行代理分销制。例如,在天津通过代理商使得销售有了快速增长,销售费用比设办事处时降低了 35%。

【技能要求】

依据上述资料,请回答以下问题:

1. 作业成本法与战略管理会计存在什么样的关系?
2. 实施战略管理会计应从哪些方面进行?

★ 案 例 分 析

【背景资料】

上海汽车齿轮总厂经营战略

上海汽车齿轮总厂是目前国内最大的变速器生产企业,各项技术经济指标在全国同行中居领先地位,连续三年获得德国大众质量体系评审 A 级,并于 1994 年通过了 ISO9002 质量认证,而国内其他齿轮厂无论是生产规模还是技术水平都达不到上海大众汽车有限公司对齿轮产品的要求。

该公司主要生产新桑塔纳轿车变速器,其主要原材料为优质合金钢材,其中大部分由上海第五钢铁集团有限公司等国内钢铁企业提供,部分从国外进口,因此钢材价格高低以及是否能够及时供应生产所需的优质钢材,将会影响公司的生产经营。

公司生产的变速器,主要供应给上海大众汽车有限公司,为新桑塔纳轿车配套。上海大众汽车有限公司对该产品的需求量也将直接影响该公司的生产经营。

由于该公司生产的变速器主要为新桑塔纳轿车配套,所以新桑塔纳轿车市场价格的高低也会对公司所产变速器价格产生间接影响。目前国内轿车市场已逐步变为买方市场,价格竞争日趋激烈,所以公司产品的售价将受到较大限制。

目前全国生产轿车零配件的企业较多,相互之间存在竞争。虽然上海汽车齿轮总厂在行业竞争中占有较大优势,但随着其他厂家不断提高生产水平,可能会对公司形成竞争压力。

【分析要求】

依据上述资料,请回答以下问题:

1. 通过该公司竞争优势分析,确定该公司的经营战略。

2. 通过该公司的价值链分析,确定该公司的竞争战略。

◎ 项目实训 ◎

【实训项目】

调查战略管理会计在企业中的运用。

【实训情境】

通过走访或调查等方式分析某一特定公司的成长过程,调研关注企业的战略思想,将自己所学的理论知识和企业实际相结合,培养良好的战略思想。

【实训任务】

要求:完成一篇字数不少于 1 000 字的分析报告,报告中请说明:

(1)公司的成长过程;

(2)企业的组织机构的构建;

(3)该公司的战略管理会计制度。

附　录

附表一　　　　　　　　　　　　　　　　复利终值系数表

期数	1%	2%	3%	4%	5%	6%	7%	8%	9%	10%
1	1.010 0	1.020 0	1.030 0	1.040 0	1.050 0	1.060 0	1.070 0	1.080 0	1.090 0	1.100 0
2	1.020 1	1.040 4	1.060 9	1.081 6	1.102 5	1.123 6	1.144 9	1.166 4	1.188 1	1.210 0
3	1.030 3	1.061 2	1.092 7	1.124 9	1.157 6	1.191 0	1.225 0	1.259 7	1.295 0	1.331 0
4	1.040 6	1.082 4	1.125 5	1.169 9	1.215 5	1.262 5	1.310 8	1.360 5	1.411 6	1.464 1
5	1.051 0	1.104 1	1.159 3	1.216 7	1.276 3	1.338 2	1.402 6	1.469 3	1.538 6	1.610 5
6	1.061 5	1.126 2	1.194 1	1.265 3	1.340 1	1.418 5	1.500 7	1.586 9	1.677 1	1.771 6
7	1.072 1	1.148 7	1.229 9	1.315 9	1.407 1	1.503 6	1.605 8	1.713 8	1.828 0	1.948 7
8	1.082 9	1.171 7	1.266 8	1.368 6	1.477 5	1.593 8	1.718 2	1.850 9	1.992 6	2.143 6
9	1.093 7	1.195 1	1.304 8	1.423 3	1.551 3	1.689 5	1.838 5	1.999 0	2.171 9	2.357 9
10	1.104 6	1.219 0	1.343 9	1.480 2	1.628 9	1.790 8	1.967 2	2.158 9	2.367 4	2.593 7
11	1.115 7	1.243 4	1.384 2	1.539 5	1.710 3	1.898 3	2.104 9	2.331 6	2.580 4	2.853 1
12	1.126 8	1.268 2	1.425 8	1.601 0	1.795 9	2.012 2	2.252 2	2.518 2	2.812 7	3.138 4
13	1.138 1	1.293 6	1.468 5	1.665 1	1.885 6	2.132 9	2.409 8	2.719 6	3.065 8	3.452 3
14	1.149 5	1.319 5	1.512 6	1.731 7	1.979 9	2.260 9	2.578 5	2.937 2	3.341 7	3.797 5
15	1.161 0	1.345 9	1.558 0	1.800 9	2.078 9	2.396 6	2.759 0	3.172 2	3.642 5	4.177 2
16	1.172 6	1.372 8	1.604 7	1.873 0	2.182 9	2.540 4	2.952 2	3.425 9	3.970 3	4.595 0
17	1.184 3	1.400 2	1.652 8	1.947 9	2.292 0	2.692 8	3.158 8	3.700 0	4.327 6	5.054 5
18	1.196 1	1.428 2	1.702 4	2.025 8	2.406 6	2.854 3	3.379 9	3.996 0	4.717 1	5.559 9
19	1.208 1	1.456 8	1.753 5	2.106 8	2.527 0	3.025 6	3.616 5	4.315 7	5.141 7	6.115 9
20	1.220 2	1.485 9	1.806 1	2.191 1	2.653 3	3.207 1	3.869 7	4.661 0	5.604 4	6.727 5
21	1.232 4	1.515 7	1.860 3	2.278 8	2.786 0	3.399 6	4.140 6	5.033 8	6.108 8	7.400 2
22	1.244 7	1.546 0	1.916 1	2.369 9	2.925 3	3.603 5	4.430 4	5.436 5	6.658 6	8.140 3
23	1.257 2	1.576 9	1.973 6	2.464 7	3.071 5	3.819 7	4.740 5	5.871 5	7.257 9	8.954 3
24	1.269 7	1.608 4	2.032 8	2.563 3	3.225 1	4.048 9	5.072 4	6.341 2	7.911 1	9.849 7
25	1.282 4	1.640 6	2.093 8	2.665 8	3.386 4	4.291 9	5.427 4	6.848 5	8.623 1	10.835
26	1.295 3	1.673 4	2.156 6	2.772 5	3.555 7	4.549 4	5.807 4	7.396 4	9.399 2	11.918
27	1.308 2	1.706 9	2.221 3	2.883 4	3.733 5	4.822 3	6.213 9	7.988 1	10.245	13.110
28	1.321 3	1.741 0	2.287 9	2.998 7	3.920 1	5.111 7	6.648 8	8.627 1	11.167	14.421
29	1.334 5	1.775 8	2.356 6	3.118 7	4.116 1	5.418 4	7.114 3	9.317 3	12.172	15.863
30	1.347 8	1.811 4	2.427 3	3.243 4	4.321 9	5.743 5	7.612 3	10.063	13.268	17.449

期数	12%	14%	16%	18%	20%	22%	24%	26%	28%	30%
1	1.120 0	1.140 0	1.160 0	1.180 0	1.200 0	1.220 0	1.240 0	1.260 0	1.280 0	1.300 0
2	1.254 4	1.299 6	1.345 6	1.392 4	1.440 0	1.488 4	1.537 6	1.587 6	1.638 4	1.690 0
3	1.404 9	1.481 5	1.560 9	1.643 0	1.728 0	1.815 8	1.906 6	2.000 4	2.097 2	2.197 0
4	1.573 5	1.689 0	1.810 6	1.938 8	2.073 6	2.215 3	2.364 2	2.520 5	2.684 4	2.856 1
5	1.762 3	1.925 4	2.100 3	2.287 8	2.488 3	2.702 7	2.931 6	3.175 8	3.436 0	3.712 9
6	1.973 8	2.195 0	2.436 4	2.699 6	2.986 0	3.297 3	3.635 2	4.001 5	4.398 0	4.826 8
7	2.210 7	2.502 3	2.826 2	3.185 5	3.583 2	4.022 7	4.507 7	5.041 9	5.629 5	6.274 9
8	2.476 0	2.852 6	3.278 4	3.758 9	4.299 8	4.907 7	5.589 5	6.352 8	7.205 8	8.157 3
9	2.773 1	3.251 9	3.803 0	4.435 5	5.159 8	5.987 4	6.931 0	8.004 5	9.223 4	10.605
10	3.105 8	3.707 2	4.411 4	5.233 8	6.191 7	7.304 6	8.594 4	10.086	11.806	13.786
11	3.478 6	4.226 2	5.117 3	6.175 9	7.430 1	8.911 7	10.657	12.708	15.112	17.922
12	3.896 0	4.817 9	5.936 0	7.287 6	8.916 1	10.872	13.215	16.012	19.343	23.298
13	4.363 5	5.492 4	6.885 8	8.599 4	10.699	13.264	16.386	20.175	24.759	30.288
14	4.887 1	6.261 3	7.987 5	10.147	12.839	16.182	20.319	25.421	31.691	39.374
15	5.473 6	7.137 9	9.265 5	11.974	15.407	19.742	25.196	32.030	40.565	51.186
16	6.130 4	8.137 2	10.748	14.129	18.488	24.086	31.243	40.358	51.923	66.542
17	6.866 0	9.276 5	12.468	16.672	22.186	29.384	38.741	50.851	66.461	86.504
18	7.690 0	10.575	14.463	19.673	26.623	35.849	48.039	64.072	85.071	112.46
19	8.612 8	12.056	16.777	23.214	31.948	43.736	59.568	80.731	108.89	146.19
20	9.646 3	13.744	19.461	27.393	38.338	53.358	73.864	101.72	139.38	190.05
21	10.804	15.668	22.575	32.324	46.005	65.096	91.592	128.17	178.41	247.06
22	12.100	17.861	26.186	38.142	55.206	79.418	113.57	161.49	228.36	321.18
23	13.552	20.362	30.376	45.008	66.247	96.889	140.83	203.48	292.30	417.54
24	15.179	23.212	35.236	53.109	79.497	118.21	174.63	256.39	374.14	542.80
25	17.000	26.462	40.874	62.669	95.396	144.21	216.54	323.05	478.90	705.64
26	19.040	30.167	47.414	73.949	114.48	175.94	268.51	407.04	613.00	917.33
27	21.325	34.390	55.000	87.260	137.37	214.64	332.96	512.87	784.64	1 192.5
28	23.884	39.205	63.800	102.97	164.84	261.86	412.86	646.21	1 004.3	1 550.3
29	26.750	44.693	74.009	121.50	197.81	319.47	511.95	814.23	1 285.6	2 015.4
30	29.960	50.950	85.850	143.37	237.38	389.76	634.82	1 025.9	1 645.5	2 620.0

附表二

复利现值系数表

期数	1%	2%	3%	4%	5%	6%	7%	8%	9%	10%
1	0.990 1	0.980 4	0.970 9	0.961 5	0.952 4	0.943 4	0.934 6	0.925 9	0.917 4	0.909 1
2	0.980 3	0.961 2	0.942 6	0.924 6	0.907 0	0.890 0	0.873 4	0.857 3	0.841 7	0.826 4
3	0.970 6	0.942 3	0.915 1	0.889 0	0.863 8	0.839 6	0.816 3	0.793 8	0.772 2	0.751 3
4	0.961 0	0.923 8	0.888 5	0.854 8	0.822 7	0.792 1	0.762 9	0.735 0	0.708 4	0.683 0
5	0.951 5	0.905 7	0.862 6	0.821 9	0.783 5	0.747 3	0.713 0	0.680 6	0.649 9	0.620 9
6	0.942 0	0.888 0	0.837 5	0.790 3	0.746 2	0.705 0	0.666 3	0.630 2	0.596 3	0.564 5
7	0.932 7	0.870 6	0.813 1	0.759 9	0.710 7	0.665 1	0.622 7	0.583 5	0.547 0	0.513 2
8	0.923 5	0.853 5	0.789 4	0.730 7	0.676 8	0.627 4	0.582 0	0.540 3	0.501 9	0.466 5
9	0.914 3	0.836 8	0.766 4	0.702 6	0.644 6	0.591 9	0.543 9	0.500 2	0.460 4	0.424 1
10	0.905 3	0.820 3	0.744 1	0.675 6	0.613 9	0.558 4	0.508 3	0.463 2	0.422 4	0.385 5
11	0.896 3	0.804 3	0.722 4	0.649 6	0.584 7	0.526 8	0.475 1	0.428 9	0.387 5	0.350 5
12	0.887 4	0.788 5	0.701 4	0.624 6	0.556 8	0.497 0	0.444 0	0.397 1	0.355 5	0.318 6
13	0.878 7	0.773 0	0.681 0	0.600 6	0.530 3	0.468 8	0.415 0	0.367 7	0.326 2	0.289 7
14	0.870 0	0.757 9	0.661 1	0.577 5	0.505 1	0.442 3	0.387 8	0.340 5	0.299 2	0.263 3
15	0.861 3	0.743 0	0.641 9	0.555 3	0.481 0	0.417 3	0.362 4	0.315 2	0.274 5	0.239 4
16	0.852 8	0.728 4	0.623 2	0.533 9	0.458 1	0.393 6	0.338 7	0.291 9	0.251 9	0.217 6
17	0.844 4	0.714 2	0.605 0	0.513 4	0.436 3	0.371 4	0.316 6	0.270 3	0.231 1	0.197 8
18	0.836 0	0.700 2	0.587 4	0.493 6	0.415 5	0.350 3	0.295 9	0.250 2	0.212 0	0.179 9
19	0.827 7	0.686 4	0.570 3	0.474 6	0.395 7	0.330 5	0.276 5	0.231 7	0.194 5	0.163 5
20	0.819 5	0.673 0	0.553 7	0.456 4	0.376 9	0.311 8	0.258 4	0.214 5	0.178 4	0.148 6
21	0.811 4	0.659 8	0.537 5	0.438 8	0.358 9	0.294 2	0.241 5	0.198 7	0.163 7	0.135 1
22	0.803 4	0.646 8	0.521 9	0.422 0	0.341 8	0.277 5	0.225 7	0.183 9	0.150 2	0.122 8
23	0.795 4	0.634 2	0.506 7	0.405 7	0.325 6	0.261 8	0.210 9	0.170 3	0.137 8	0.111 7
24	0.787 6	0.621 7	0.491 9	0.390 1	0.310 1	0.247 0	0.197 1	0.157 7	0.126 4	0.101 5
25	0.779 8	0.609 5	0.477 6	0.375 1	0.295 3	0.233 0	0.184 2	0.146 0	0.116 0	0.092 3
26	0.772 0	0.597 6	0.463 7	0.360 7	0.281 2	0.219 8	0.172 2	0.135 2	0.106 4	0.083 9
27	0.764 4	0.585 9	0.450 2	0.346 8	0.267 8	0.207 4	0.160 9	0.125 2	0.097 6	0.076 3
28	0.756 8	0.574 4	0.437 1	0.333 5	0.255 1	0.195 6	0.150 4	0.115 9	0.089 5	0.069 3
29	0.749 3	0.563 1	0.424 3	0.320 7	0.242 9	0.184 6	0.140 6	0.107 3	0.082 2	0.063 0
30	0.741 9	0.552 1	0.412 0	0.308 3	0.231 4	0.174 1	0.131 4	0.099 4	0.075 4	0.057 3

期数	12%	14%	16%	18%	20%	22%	24%	26%	28%	30%
1	0.892 9	0.877 2	0.862 1	0.847 5	0.833 3	0.819 7	0.806 5	0.793 7	0.781 3	0.769 2
2	0.797 2	0.769 5	0.743 2	0.718 2	0.694 4	0.671 9	0.650 4	0.629 9	0.610 4	0.591 7
3	0.711 8	0.675 0	0.640 7	0.608 6	0.578 7	0.550 7	0.524 5	0.499 9	0.476 8	0.455 2
4	0.635 5	0.592 1	0.552 3	0.515 8	0.482 3	0.451 4	0.423 0	0.396 8	0.372 5	0.350 1
5	0.567 4	0.519 4	0.476 1	0.437 1	0.401 9	0.370 0	0.341 1	0.314 9	0.291 0	0.269 3
6	0.506 6	0.455 6	0.410 4	0.370 4	0.334 9	0.303 3	0.275 1	0.249 9	0.227 4	0.207 2
7	0.452 3	0.399 6	0.353 8	0.313 9	0.279 1	0.248 6	0.221 8	0.198 3	0.177 6	0.159 4
8	0.403 9	0.350 6	0.305 0	0.266 0	0.232 6	0.203 8	0.178 9	0.157 4	0.138 8	0.122 6
9	0.360 6	0.307 5	0.263 0	0.225 5	0.193 8	0.167 0	0.144 3	0.124 9	0.108 4	0.094 3
10	0.322 0	0.269 7	0.226 7	0.191 1	0.161 5	0.136 9	0.116 4	0.099 2	0.084 7	0.072 5
11	0.287 5	0.236 6	0.195 4	0.161 9	0.134 6	0.112 2	0.093 8	0.078 7	0.066 2	0.055 8
12	0.256 7	0.207 6	0.168 5	0.137 2	0.112 2	0.092 0	0.075 7	0.062 5	0.051 7	0.042 9
13	0.229 2	0.182 1	0.145 2	0.116 3	0.093 5	0.075 4	0.061 0	0.049 6	0.040 4	0.033 0
14	0.204 6	0.159 7	0.125 2	0.098 5	0.077 9	0.061 8	0.049 2	0.039 3	0.031 6	0.025 4
15	0.182 7	0.140 1	0.107 9	0.083 5	0.064 9	0.050 7	0.039 7	0.031 2	0.024 7	0.019 5
16	0.163 1	0.122 9	0.093 0	0.070 8	0.054 1	0.041 5	0.032 0	0.024 8	0.019 3	0.015 0
17	0.145 6	0.107 8	0.080 2	0.060 0	0.045 1	0.034 0	0.025 8	0.019 7	0.015 0	0.011 6
18	0.130 0	0.094 6	0.069 1	0.050 8	0.037 6	0.027 9	0.020 8	0.015 6	0.011 8	0.008 9
19	0.116 1	0.082 9	0.059 6	0.043 1	0.031 3	0.022 9	0.016 8	0.012 4	0.009 2	0.006 8
20	0.103 7	0.072 8	0.051 4	0.036 5	0.026 1	0.018 7	0.013 5	0.009 8	0.007 2	0.005 3
21	0.092 6	0.063 8	0.044 3	0.030 9	0.021 7	0.015 4	0.010 9	0.007 8	0.005 6	0.004 0
22	0.082 6	0.056 0	0.038 2	0.026 2	0.018 1	0.012 6	0.008 8	0.006 2	0.004 4	0.003 1
23	0.073 8	0.049 1	0.032 9	0.022 2	0.015 1	0.010 3	0.007 1	0.004 9	0.003 4	0.002 4
24	0.065 9	0.043 1	0.028 4	0.018 8	0.012 6	0.008 5	0.005 7	0.003 9	0.002 7	0.001 8
25	0.058 8	0.037 8	0.024 5	0.016	0.010 5	0.006 9	0.004 6	0.003 1	0.002 1	0.001 4
26	0.052 5	0.033 1	0.021 1	0.013 5	0.008 7	0.005 7	0.003 7	0.002 5	0.001 6	0.001 1
27	0.046 9	0.029 1	0.018 2	0.011 5	0.007 3	0.004 7	0.003 0	0.001 9	0.001 3	0.000 8
28	0.041 9	0.025 5	0.015 7	0.009 7	0.006 1	0.003 8	0.002 4	0.001 5	0.001 0	0.000 6
29	0.037 4	0.022 4	0.013 5	0.008 2	0.005 1	0.003 1	0.002 0	0.001 2	0.000 8	0.000 5
30	0.033 4	0.019 6	0.011 6	0.007 0	0.004 2	0.002 6	0.001 6	0.001 0	0.000 6	0.000 4

附表三　　　　　　　　　　　　　　　　年金终值系数表

期数	1%	2%	3%	4%	5%	6%	7%	8%	9%	10%
1	1.000 0	1.000 0	1.000 0	1.000 0	1.000 0	1.000 0	1.000 0	1.000 0	1.000 0	1.000 0
2	2.010 0	2.020 0	2.030 0	2.040 0	2.050 0	2.060 0	2.070 0	2.080 0	2.090 0	2.100 0
3	3.030 1	3.060 4	3.090 9	3.121 6	3.152 5	3.183 6	3.214 9	3.246 4	3.278 1	3.310 0
4	4.060 4	4.121 6	4.183 6	4.246 5	4.310 1	4.374 6	4.439 9	4.506 1	4.573 1	4.641 0
5	5.101 0	5.204 0	5.309 1	5.416 3	5.525 6	5.637 1	5.750 7	5.866 6	5.984 7	6.105 1
6	6.152 0	6.308 1	6.468 4	6.633 0	6.801 9	6.975 3	7.153 3	7.335 9	7.523 3	7.715 6
7	7.213 5	7.434 3	7.662 5	7.898 3	8.142 0	8.393 8	8.654 0	8.922 8	9.200 4	9.487 2
8	8.285 7	8.583 0	8.892 3	9.214 2	9.549 1	9.897 5	10.260	10.637	11.029	11.436
9	9.368 5	9.754 6	10.159	10.583	11.027	11.491	11.978	12.488	13.021	13.580
10	10.462	10.950	11.464	12.006	12.578	13.181	13.816	14.487	15.193	15.937
11	11.567	12.169	12.808	13.486	14.207	14.972	15.784	16.646	17.560	18.531
12	12.683	13.412	14.192	15.026	15.917	16.870	17.889	18.977	20.141	21.384
13	13.809	14.680	15.618	16.627	17.713	18.882	20.141	21.495	22.953	24.523
14	14.947	15.974	17.086	18.292	19.599	21.015	22.551	24.215	26.019	27.975
15	16.097	17.293	18.599	20.024	21.579	23.276	25.129	27.152	29.361	31.773
16	17.258	18.639	20.157	21.825	23.658	25.673	27.888	30.324	33.003	35.950
17	18.430	20.012	21.762	23.698	25.840	28.213	30.840	33.750	36.974	40.545
18	19.615	21.412	23.414	25.645	28.132	30.906	33.999	37.450	41.301	45.599
19	20.811	22.841	25.117	27.671	30.539	33.760	37.379	41.446	46.019	51.159
20	22.019	24.297	26.870	29.778	33.066	36.786	40.996	45.762	51.160	57.275
21	23.239	25.783	28.677	31.969	35.719	39.993	44.865	50.423	56.765	64.003
22	24.472	27.299	30.537	34.248	38.505	43.392	49.006	55.457	62.873	71.403
23	25.716	28.845	32.453	36.618	41.431	46.996	53.436	60.893	69.532	79.543
24	26.974	30.422	34.427	39.083	44.502	50.816	58.177	66.765	76.790	88.497
25	28.243	32.030	36.459	41.646	47.727	54.865	63.249	73.106	84.701	98.347
26	29.526	33.671	38.553	44.312	51.114	59.156	68.677	79.954	93.324	109.18
27	30.821	35.344	40.710	47.084	54.669	63.706	74.484	87.351	102.72	121.10
28	32.129	37.051	42.931	49.968	58.403	68.528	80.698	95.339	112.97	134.21
29	33.450	38.792	45.219	52.966	62.323	73.640	87.347	103.97	124.14	148.63
30	34.785	40.568	47.575	56.085	66.439	79.058	94.461	113.28	136.31	164.49

期数	12%	14%	16%	18%	20%	22%	24%	26%	28%	30%
1	1.000 0	1.000 0	1.000 0	1.000 0	1.000 0	1.000 0	1.000 0	1.000 0	1.000 0	1.000 0
2	2.120 0	2.140 0	2.160 0	2.180 0	2.200 0	2.220 0	2.240 0	2.260 0	2.280 0	2.300 0
3	3.374 4	3.439 6	3.505 6	3.572 4	3.640 0	3.708 4	3.777 6	3.847 6	3.918 4	3.990 0
4	4.779 3	4.921 1	5.066 5	5.215 4	5.368 0	5.524 2	5.684 2	5.848 0	6.015 6	6.187 0
5	6.352 8	6.610 1	6.877 1	7.154 2	7.441 6	7.739 6	8.048 4	8.368 4	8.699 9	9.043 1
6	8.115 2	8.535 5	8.977 5	9.442 0	9.929 9	10.442	10.980	11.544	12.136	12.756
7	10.089	10.731	11.414	12.142	12.916	13.740	14.615	15.546	16.534	17.583
8	12.300	13.233	14.240	15.327	16.499	17.762	19.123	20.588	22.163	23.858
9	14.776	16.085	17.519	19.086	20.799	22.670	24.713	26.940	29.369	32.015
10	17.549	19.337	21.322	23.521	25.959	28.657	31.643	34.945	38.593	42.620
11	20.655	23.045	25.733	28.755	32.150	35.962	40.238	45.031	50.399	56.405
12	24.133	27.271	30.850	34.931	39.581	44.874	50.895	57.739	65.510	74.327
13	28.029	32.089	36.786	42.219	48.497	55.746	64.110	73.751	84.853	97.625
14	32.393	37.581	43.672	50.818	59.196	69.010	80.496	93.926	109.61	127.91
15	37.280	43.842	51.660	60.965	72.035	85.192	100.82	119.35	141.30	167.29
16	42.753	50.980	60.925	72.939	87.442	104.93	126.01	151.38	181.87	218.47
17	48.884	59.118	71.673	87.068	105.93	129.02	157.25	191.73	233.79	285.01
18	55.750	68.394	84.141	103.74	128.12	158.40	195.99	242.59	300.25	371.52
19	63.440	78.969	98.603	123.41	154.74	194.25	244.03	306.66	385.32	483.97
20	72.052	91.025	115.38	146.63	186.69	237.99	303.60	387.39	494.21	630.17
21	81.699	104.77	134.84	174.02	225.03	291.35	377.46	489.11	633.59	820.22
22	92.503	120.44	157.42	206.34	271.03	356.44	469.06	617.28	812.00	1 067.3
23	104.60	138.30	183.60	244.49	326.24	435.86	582.63	778.77	1 040.4	1 388.5
24	118.16	158.66	213.98	289.49	392.48	532.75	723.46	982.25	1 332.7	1 806.0
25	133.33	181.87	249.21	342.60	471.98	650.96	898.09	1 238.6	1 706.8	2 348.8
26	150.33	208.33	290.09	405.27	567.38	795.17	1 114.6	1 561.7	2 185.7	3 054.4
27	169.37	238.50	337.50	479.22	681.85	971.10	1 383.1	1 968.7	2 798.7	3 971.8
28	190.70	272.89	392.50	566.48	819.22	1 185.7	1 716.1	2 481.6	3 583.3	5 164.3
29	214.58	312.09	456.30	669.45	984.07	1 447.6	2 129.0	3 127.8	4 587.7	6 714.6
30	241.33	356.79	530.31	790.95	1 181.9	1 767.1	2 640.9	3 942.0	5 873.2	8 730.0

附表四　　　　　　　　　　　　　　　　　　**年金现值系数表**

期数	1%	2%	3%	4%	5%	6%	7%	8%	9%	10%
1	0.990 1	0.980 4	0.970 9	0.961 5	0.952 4	0.943 4	0.934 6	0.925 9	0.917 4	0.909 1
2	1.970 4	1.941 6	1.913 5	1.886 1	1.859 4	1.833 4	1.808 0	1.783 3	1.759 1	1.735 5
3	2.941 0	2.883 9	2.828 6	2.775 1	2.723 2	2.673 0	2.624 3	2.577 1	2.531 3	2.486 9
4	3.902 0	3.807 7	3.717 1	3.629 9	3.546 0	3.465 1	3.387 2	3.312 1	3.239 7	3.169 9
5	4.853 4	4.713 5	4.579 7	4.451 8	4.329 5	4.212 4	4.100 2	3.992 7	3.889 7	3.790 8
6	5.795 5	5.601 4	5.417 2	5.242 1	5.075 7	4.917 3	4.766 5	4.622 9	4.485 9	4.355 3
7	6.728 2	6.472 0	6.230 3	6.002 1	5.786 4	5.582 4	5.389 3	5.206 4	5.033 0	4.868 4
8	7.651 7	7.325 5	7.019 7	6.732 7	6.463 2	6.209 8	5.971 3	5.746 6	5.534 8	5.334 9
9	8.566 0	8.162 2	7.786 1	7.435 3	7.107 8	6.801 7	6.515 2	6.246 9	5.995 2	5.759 0
10	9.471 3	8.982 6	8.530 2	8.110 9	7.721 7	7.360 1	7.023 6	6.710 1	6.417 7	6.144 6
11	10.368	9.786 8	9.252 6	8.760 5	8.306 4	7.886 9	7.498 7	7.139 0	6.805 2	6.495 1
12	11.255	10.575	9.954 0	9.385 1	8.863 3	8.383 8	7.942 7	7.536 1	7.160 7	6.813 7
13	12.134	11.348	10.635	9.985 6	9.393 6	8.852 7	8.357 7	7.903 8	7.486 9	7.103 4
14	13.004	12.106	11.296	10.563	9.898 6	9.295 0	8.745 5	8.244 2	7.786 2	7.366 7
15	13.865	12.849	11.938	11.118	10.380	9.712 2	9.107 9	8.559 5	8.060 7	7.606 1
16	14.718	13.578	12.561	11.652	10.838	10.106	9.446 6	8.851 4	8.312 6	7.823 7
17	15.562	14.292	13.166	12.166	11.274	10.477	9.763 2	9.121 6	8.543 6	8.021 6
18	16.398	14.992	13.754	12.659	11.690	10.828	10.059	9.371 9	8.755 6	8.201 4
19	17.226	15.679	14.324	13.134	12.085	11.158	10.336	9.603 6	8.950 1	8.364 9
20	18.046	16.351	14.878	13.590	12.462	11.470	10.594	9.818 1	9.128 5	8.513 6
21	18.857	17.011	15.415	14.029	12.821	11.764	10.836	10.017	9.292 2	8.648 7
22	19.660	17.658	15.937	14.451	13.163	12.042	11.061	10.201	9.442 4	8.771 5
23	20.456	18.292	16.444	14.857	13.489	12.303	11.272	10.371	9.580 2	8.883 2
24	21.243	18.914	16.936	15.247	13.799	12.550	11.469	10.529	9.706 6	8.984 7
25	22.023	19.524	17.413	15.622	14.094	12.783	11.654	10.675	9.822 6	9.077 0
26	22.795	20.121	17.877	15.983	14.375	13.003	11.826	10.810	9.929 0	9.160 9
27	23.560	20.707	18.327	16.330	14.643	13.211	11.987	10.935	10.027	9.237 2
28	24.316	21.281	18.764	16.663	14.898	13.406	12.137	11.051	10.116	9.306 6
29	25.066	21.844	19.189	16.984	15.141	13.591	12.278	11.158	10.198	9.369 6
30	25.808	22.397	19.600	17.292	15.373	13.765	12.409	11.258	10.274	9.426 9

期数	12%	14%	16%	18%	20%	22%	24%	26%	28%	30%
1	0.892 9	0.877 2	0.862 1	0.847 5	0.833 3	0.819 7	0.806 5	0.793 7	0.781 3	0.769 2
2	1.690 1	1.646 7	1.605 2	1.565 6	1.527 8	1.491 5	1.456 8	1.423 5	1.391 6	1.360 9
3	2.401 8	2.321 6	2.245 9	2.174 3	2.106 5	2.042 2	1.981 3	1.923 4	1.868 4	1.816 1
4	3.037 3	2.913 7	2.798 2	2.690 1	2.588 7	2.493 6	2.404 3	2.320 2	2.241 0	2.166 2
5	3.604 8	3.433 1	3.274 3	3.127 2	2.990 6	2.863 6	2.745 4	2.635 1	2.532 0	2.435 6
6	4.111 4	3.888 7	3.684 7	3.497 6	3.325 5	3.166 9	3.020 5	2.885 0	2.759 4	2.642 7
7	4.563 8	4.288 3	4.038 6	3.811 5	3.604 6	3.415 5	3.242 3	3.083 3	2.937 0	2.802 1
8	4.967 6	4.638 9	4.343 6	4.077 6	3.837 2	3.619 3	3.421 2	3.240 7	3.075 8	2.924 7
9	5.328 2	4.946 4	4.606 5	4.303 0	4.031 0	3.786 3	3.565 5	3.365 7	3.184 2	3.019 0
10	5.650 2	5.216 1	4.833 2	4.494 1	4.192 5	3.923 2	3.681 9	3.464 8	3.268 9	3.091 5
11	5.937 7	5.452 7	5.028 6	4.656 0	4.327 1	4.035 4	3.775 7	3.543 5	3.335 1	3.147 3
12	6.194 4	5.660 3	5.197 1	4.793 2	4.439 2	4.127 4	3.851 4	3.605 9	3.386 8	3.190 3
13	6.423 5	5.842 4	5.342 3	4.909 5	4.532 7	4.202 8	3.912 4	3.655 5	3.427 2	3.223 3
14	6.628 2	6.002 1	5.467 5	5.008 1	4.610 6	4.264 6	3.961 6	3.694 9	3.458 7	3.248 7
15	6.810 9	6.142 2	5.575 5	5.091 6	4.675 5	4.315 2	4.001 3	3.726 1	3.483 4	3.268 2
16	6.974 0	6.265 1	5.668 5	5.162 4	4.729 6	4.356 7	4.033 3	3.750 9	3.502 6	3.283 2
17	7.119 6	6.372 9	5.748 7	5.222 3	4.774 6	4.390 8	4.059 1	3.770 5	3.517 7	3.294 8
18	7.249 7	6.467 4	5.817 8	5.273 2	4.812 2	4.418 7	4.079 9	3.786 1	3.529 4	3.303 7
19	7.365 8	6.550 4	5.877 5	5.316 2	4.843 5	4.441 5	4.096 7	3.798 5	3.538 6	3.310 5
20	7.469 4	6.623 1	5.928 8	5.352 7	4.869 6	4.460 3	4.110 3	3.808 3	3.545 8	3.315 8
21	7.562 0	6.687 0	5.973 1	5.383 7	4.891 3	4.475 6	4.121 2	3.816 1	3.551 4	3.319 8
22	7.644 6	6.742 9	6.011 3	5.409 9	4.909 4	4.488 2	4.130 0	3.822 3	3.555 8	3.323 0
23	7.718 4	6.792 1	6.044 2	5.432 1	4.924 5	4.498 5	4.137 1	3.827 3	3.559 2	3.325 4
24	7.784 3	6.835 1	6.072 6	5.450 9	4.937 1	4.507 0	4.142 8	3.831 2	3.561 9	3.327 2
25	7.843 1	6.872 9	6.097 1	5.466 9	4.947 6	4.513 9	4.147 4	3.834 2	3.564 0	3.328 6
26	7.895 7	6.906 1	6.118 2	5.480 4	4.956 3	4.519 6	4.151 1	3.836 7	3.565 6	3.329 7
27	7.942 6	6.935 2	6.136 4	5.491 9	4.963 6	4.524 3	4.154 2	3.838 7	3.566 9	3.330 5
28	7.984 4	6.960 7	6.152 0	5.501 6	4.969 7	4.528 1	4.156 6	3.840 2	3.567 9	3.331 2
29	8.021 8	6.983 0	6.165 6	5.509 8	4.974 7	4.531 2	4.158 5	3.841 4	3.568 7	3.331 7
30	8.055 2	7.002 7	6.177 2	5.516 8	4.978 9	4.533 8	4.160 1	3.842 4	3.569 3	3.332 1

参考文献

[1]于树彬、刘萍、王忠民:《管理会计》,东北财经大学出版社 2014 年版。

[2]于树彬、刘萍、王忠民:《管理会计习题与解答》,东北财经大学出版社 2014 年版。

[3]张慧学、张晶:《管理会计》,大连出版社 2010 年版。

[4]孔德兰:《管理会计》,大连出版社 2014 年版。

[5]孔德兰:《管理会计习题与实训》,大连出版社 2014 年版。

[6]王苹香、陈扬、王伟:《管理会计实务》,人民邮电出版社 2015 年版。

[7]徐哲、李贺、路萍:《财务管理基础》,上海财经大学出版社 2016 年版。

[8]王梦、张利:《管理会计实务》,上海财经大学出版社 2015 年版。

[9]于恕莲:《管理会计》,中国财政经济出版社 2009 年版。

[10]牛彦秀:《管理会计》,上海财经大学出版社 2013 年版。

[11]乐艳芬:《管理会计》,上海财经大学出版社 2012 年版。

[12]苏力:《管理会计》,上海财经大学出版社 2014 年版。

[13]潘飞:《管理会计》,上海财经大学出版社 2013 年版。

[14]任俊、余冠芳:《管理会计》,上海财经大学出版社 2012 年版。

[15]孙茂竹、文光伟、杨万贵:《管理会计》,中国人民大学出版社 2015 年版。

[16]中国注册会计师协会:《财务成本管理》,中国财政经济出版社 2016 年版。

[17]杨洁:《管理会计》,清华出版社 2015 年版。

[18]吴大军:《管理会计》,东北财经大学出版社 2013 年版。

[19]吴大军:《管理会计习题与案例》,东北财经大学出版社 2013 年版。